高等职业教育通识课系列

信息素养概论

（第三版）

◎主　编　段班祥　叶成景　李祖猛

◎副主编　吴伟美　赵　曦　陈红玲　张广云

　　　　　苑占江　刘　凯　方拥华

◎主　审　曾文权

西安电子科技大学出版社

内容简介

本书依据教育部办公厅 2021 年 3 月印发的《高等职业教育专科信息技术课程标准 (2021 年版)》，采用模块化方式编写。书中将各知识点融入典型案例的讲解中，适合教师采用"教学做一体化与案例驱动"方式进行教学。全书共 3 个模块 (计算机基本知识、数字化办公应用、新一代信息技术)，分为 10 章，主要内容包括信息技术概论、WPS 文字处理、WPS 表格处理与分析、WPS 演示文稿制作、信息检索技术、新媒体设计与制作、云计算的认知与体验、大数据技术与应用、人工智能应用和区块链技术及应用。

本书可作为高等职业学校各专业"信息技术与人工智能""数字技术应用基础""计算机文化基础""信息技术导论""信息技术基础"等课程的教材，也可作为全国计算机等级考试的培训教材。

图书在版编目 (CIP) 数据

信息素养概论 / 段班祥，叶成景，李祖猛主编. -- 西安: 西安电子科技大学出版社， 2025. 3. -- ISBN 978-7-5606-7522-0

Ⅰ . G254.97

中国国家版本馆 CIP 数据核字第 2025PB4531 号

策　　划　高　樱
责任编辑　高　樱
出版发行　西安电子科技大学出版社 (西安市太白南路 2 号)
电　　话　(029) 88202421　88201467　　　邮　　编　710071
网　　址　www.xduph.com　　　　　　　电子邮箱　xdupfxb001@163.com
经　　销　新华书店
印刷单位　咸阳华盛印务有限责任公司
版　　次　2025 年 3 月第 3 版　2025 年 3 月第 1 次印刷
开　　本　880 毫米 ×1230 毫米　1/16　　　印　张　21.5
字　　数　592 千字
定　　价　71.00 元

ISBN 978-7-5606-7522-0

XDUP 7823003-1

*** 如有印装问题可调换 ***

前 言

本书为职业教育国家在线精品课程"信息技术与人工智能"的配套教材。

1. 内容选取和编排

本书在第二版的基础上，按照教育部办公厅 2021 年 3 月印发的《高等职业教育专科信息技术课程标准 (2021 年版)》重新编排了相关内容，将第二版的"第 2 章 Word 文字处理""第 3 章 Excel 数据处理与分析""第 4 章 PowerPoint 演示文稿制作"这 3 章内容分别替换为国产软件 WPS Office 对应内容；更新了第 7 章 云计算的认知与体验和第 9 章的部分内容。

为充分体现职业教育特色，本书坚持"X+ 计算机"的建设理念，立足服务专业、赋能专业人才培养方针，以实用为导向，采用模块化方式编排了国产办公软件 WPS Office、新媒体设计与制作、云计算、大数据、人工智能、区块链等教学内容，旨在帮助学生了解并初步掌握计算机各应用领域的发展状况、相关知识与操作技能，从而为后续各专业课程的学习打下良好的基础。本书主要内容框架如下：

模块一 计算机基本知识，即第 1 章，介绍了计算机技术的相关知识。

模块二 数字化办公应用，包含第 2 ~ 4 章，即 WPS Office 办公软件的介绍和使用，运用"制作活动策划书""制作个人简历""员工信息表的创建与编辑""创建与编辑家乡文化宣传稿"等案例，详细介绍了 WPS 文字处理、WPS 表格处理与分析、WPS 演示文稿制作等知识。

模块三 新一代信息技术，包含第 5 ~ 10 章，其中，第 5 章介绍信息检索的相关知识和技术；第 6 章运用第三方平台介绍新媒体设计与制作；第 7 ~ 10 章详细介绍了云计算应用技术体验、大数据技术的特点与数据采集、生成式人工智能的核心技术、区块链技术及应用等知识。

2. 内容组织

本书以"技术应用导航 + 任务驱动与体验"为选取原则，选取多个信息技术应用场景作为典型案例，将各案例按照工作流程分解成多个工作任务，构建以工作任务为载体的学习情境。本书采取"章节导学—任务描述—课件演示—视频学习—任务实施"方式组织教材章节内容。

3. 本书特色

(1) 全面贯标，立德树人。

本书对接教育部《高等职业教育专科信息技术课程标准 (2021 年版)》，挖掘各章节蕴含的爱国主义、数字工匠、自主信创等思政元素，构建以家国情怀为主题的情感培育教育、以信息技术自主创新为主题的职业精神教育、以认同为核心的思想引领教育等思政教育主线，各章均编写了"思政聚焦"版块，将课程思政融入每个模块的培养目标、教学内容、示范演示等环节，把立德树人作为本书编写的根本任务，将思政育人落到实处。

(2) 书码一体，立体配套。

本书嵌入了配套课程"信息技术与人工智能"的相关微视频、动画、课件等立体化资源，读者扫描本书二维码即可学习。本书的相关资源同时部署在学银在线平台和国家智慧职教平台，支持任课教师开展以学生为中心的教学活动。

4. 学时安排

全书共 10 章，建议在教学做一体化教室或多媒体教室组织教学。各章教学内容和学时建议安排如下：

章　节	主要教学内容	教学学时
第 1 章	信息技术概论	4
第 2 章	WPS 文字处理	6
第 3 章	WPS 表格处理与分析	6
第 4 章	WPS 演示文稿制作	6
第 5 章	信息检索技术	4
第 6 章	新媒体设计与制作	6
第 7 章	云计算的认知与体验	6
第 8 章	大数据技术与应用	6
第 9 章	人工智能应用	6
第 10 章	区块链技术及应用	4
合计		54

本书由段班祥、叶成景、李祖猛担任主编，吴伟美、赵曦、陈红玲、张广云、苑占江、刘凯、方拥华担任副主编，曾文权担任主审。本书的配套资源部署在学银在线平台，网址为 https://www.xueyinonline.com/detail/240765854；读者也可登录西安电子科技大学出版社官网 (www.xduph.com) 下载。

在编写本书的过程中，我们得到了深圳数阔信息技术有限公司的支持和帮助，在此表示衷心的感谢。

本书作者拥有多年教授"信息技术与人工智能"课程的教学经验和项目开发经历，但由于水平有限，书中不妥之处在所难免，欢迎读者提出宝贵意见，并将信息反馈至邮箱 duanbanx@163.com。

作　者

2024 年 12 月

目 录

模块三　新一代信息技术

模块一
计算机基本知识

第1章　计算机技术概论

随着计算机技术的高速发展，计算机已经应用到了人们生活、学习和工作的各个领域。利用计算机，人们可以更加方便快捷地学习和工作，相应的就业岗位也增加了不少。掌握信息技术的一般应用，已成为国民生产各行业对广大从业人员的基本素质要求。本章主要内容包括计算机的发展历史、计算机的各种硬件和软件、数据的表示方法、数制及不同进制数的转换。

任务 1.1

了 解 计 算 机

计算机是人们工作、学习、生活及娱乐中不可缺少的重要工具，信息时代的人们都有必要了解计算机的基础知识，掌握计算机的基本操作技能，从而能够正确使用计算机，并可以对简单故障进行处理。

1.1.1　计算机的发展历史

相关知识

计算机是一种能按照预先存储的程序自动、高速进行大量数据计算和信息处理的电子设备，具有运算速度快、精度高、可靠性好等特点。计算机具有存储能力和逻辑判断能力，能按照程序自动执行命令，不需要人工干预。

1. 计算机的发展历程

1946 年 2 月，世界上第一台电子数字计算机在美国宾夕法尼亚大学研制成功，标志着计算机时代的到来，揭开了人类科技的新纪元。根据电子元件材料的不同，电子计算机的发展大致分为四代，如表 1-1 所示。

计算机的
前世今生

表 1-1　电子计算机发展的四个时代

发展阶段	起止时间	主要元件	速度/(次/秒)	应 用
第 1 代	1946—1957 年	电子管	5000 ～ 10 000	科学与工程应用
第 2 代	1958—1964 年	晶体管	几万至几十万	数据处理、事务管理类、工业控制领域
第 3 代	1965—1970 年	集成电路	几十万至几百万	文字处理、企业管理、自动控制
第 4 代	1971 年至今	大规模、超大规模集成电路	几千万至千百亿	广泛应用于社会生活的各个领域

2. 电子计算机的发展特点

1946 年,美籍匈牙利数学家冯·诺依曼和他的同事研制成功了世界上首台能够存储程序的离散变量自动电子计算机,其主要设计思想体现在以下 3 个方面:

(1) 计算机的硬件核心由 5 部分组成,即控制器、运算器、存储器、输入设备和输出设备;

(2) 计算机采用二进制表示数据;

(3) 程序与数据一起存储在内存中。

现代电子计算机基本上都是基于冯·诺依曼思想设计的,其主要特点是:

(1) 运算速度快,计算能力强;

(2) 计算精度高,数据准确度高;

(3) 具有超强的记忆和逻辑判断能力;

(4) 自动化程度高。

1.1.2　计算机的发展趋势

相关知识

未来计算机将朝着超高速、超小型、智能化等方向发展,具有感知、思考、判断、学习和理解一定自然语言的能力。未来的计算机将是微电子技术、光学技术、超导技术和电子仿生技术相结合的产物。

1. 量子计算机

量子计算机是一类遵循量子力学规律进行高速数学和逻辑运算、存储及处理量子信息的全新概念的计算机,其运算速度可能比目前计算机的奔腾 4 芯片快 10 亿倍。它不仅运算速度快、存储量大、功耗低,而且体积小。

2. 光子计算机

光子计算机是一种由光信号进行数字运算、逻辑操作、信息存储和处理的新型计算机,它的运算速度可达 1 万亿次/秒,存储容量是现代计算机的几万倍,还可以对语言、图形和手势进行识别和合成。目前,光子计算机的许多关键技术已获得突破,将使运算速度呈指数级别上升。

3. 分子计算机

分子计算机具有体积小、耗电少、运算快、存储量大等特点。其运算过程是蛋白质分子与周围介质相互作用的过程。分子计算机的运行速度比人的思维速度快 100 万倍,其消耗的能量极小。分子计算机将在医疗诊治、遗传追踪和仿生工程中发挥无法替代的作用。

4. 纳米计算机

纳米计算机是用纳米(nm，1nm=10^{-9}m，大约是氢原子直径的 10 倍)技术研发的新型高性能计算机。纳米管元件尺寸在几到几十纳米之间，其体积只有数百个原子大小，相当于头发直径的千分之一，有较强的导电性，几乎不耗费任何能量。纳米计算机的性能比现在的计算机强大许多倍。

1.1.3　计算机的应用领域

相关知识

现代计算机已广泛应用于人们生活和工作的各个领域。在生活、工作中，人们使用计算机对各种数据进行收集、存储、整理、分析、统计等一系列操作。另外，随着生活水平的提高，人们在家居安全方面的意识越来越强烈，不少家庭都安装了智能家居系统，如图 1-1 所示。智能家居系统即利用先进的计算机技术、网络通信技术和综合布线技术，将与家庭生活有关的各种子系统有机地结合在一起，简单来说就是一个统一管理居室的灯光、冰箱、空调、电话、传真、计算机、音乐播放器、影碟机、数字电视、投影仪、安防监控设备和其他网络信息的管理系统。通过计算机统筹管理，可使家居生活更加舒适、安全、有效。

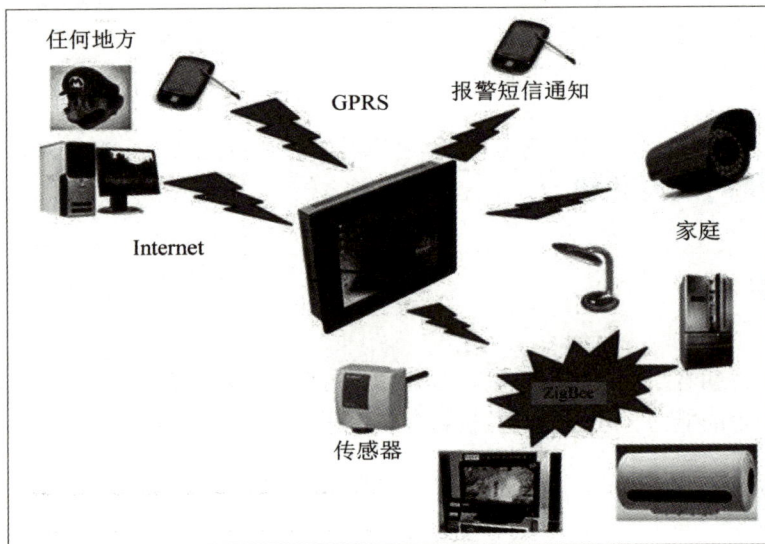

图 1-1　智能家居系统

归纳起来，计算机主要应用在以下几个方面：

(1) 科学研究与科学工程计算。利用电子计算机可完成科学研究与科学工程设计中的数学计算，这是计算机最早的应用领域。

(2) 信息传输与信息处理。信息处理又称数据处理，是对数据进行收集、存储、整理、分类、加工、利用、传播等活动的总称，为用户提供检索和排序等服务。据统计，80% 以上的计算机主要用于数据处理，办公自动化、情报检索、人口统计、银行业务、机票预订等都属于该范畴。

(3) 自动化控制。自动化控制又称为过程控制或实时控制，是指利用计算机及时采集检索数据，按最优值迅速地对受控对象进行自动调节或控制。该领域涉及的范围很广，例如对工业、交通运输的自动控制，对导弹、人造地球卫星的跟踪和控制等。

(4) 计算机辅助技术。计算机辅助技术是指利用计算机自动或半自动地完成一些相关的工作，主要包括：

① 计算机辅助设计 (Computer Aided Design，CAD)，指利用计算机帮助人们进行产品设计的技术，这不仅可以加快设计过程，还可以缩短产品的研制周期。

② 计算机辅助制造 (Computer Aided Manufacturing，CAM)，指利用计算机控制各种机床和设备，从而实现产品的加工、装配、检测、包装等的一种自动化技术。

③ 计算机辅助教学 (Computer Aided Instruction，CAI)，指学生通过与计算机之间的交互实现教学的技术。

(5) 人工智能。人工智能 (Artificial Intelligence，AI) 是一门研究和开发用于模拟、延伸和扩展人类智能的理论、方法、技术及应用系统的新兴学科，被认为是 21 世纪的三大尖端技术 (基因工程、纳米技术、人工智能) 之一。人工智能在软件和在线服务领域已经得到广泛应用，并且由于机器学习算法和很多相关技术的进步，人工智能的应用变得越来越普遍。人工智能的研究有两个广阔的领域：第一个是关于让系统在没有人介入的状态下存活的科学；第二个是与增强人类能力有关的，能够帮助人们在日常生活中做出更好决定的系统。

(6) 网络应用。计算机网络是计算机技术和通信技术相结合的产物，其目标是实现资源共享。

(7) 多媒体技术。多媒体技术是利用计算机对文本、图形、图像、声音、动画、视频等多种信息进行综合处理、建立逻辑关系并实现人机交互的技术。目前，多媒体技术在知识学习、电子图书、视频会议中都得到了极大的推广。

任务实施

简要描述计算机的发展历程与主要趋势，结合自己的专业，介绍计算机能够帮助我们做哪些事情。

任务 1.2

计算机的系统组成

随着计算机应用的逐渐普及，使用计算机的人越来越多，但是很多人对计算机如何工作及计算机内部的硬件结构和软件系统并不了解。通过本任务的学习，可以初步了解计算机的工作原理，并熟悉计算机内部的硬件结构和软件系统。

1.2.1　计算机系统的组成

相关知识

计算机系统由硬件系统和软件系统两部分组成。硬件系统和软件系统相辅相成，硬件是软件运行的物质基础，软件是硬件的灵魂，两部分协同工作，才能真正发挥计算机系统的作用。

计算机硬件系统是指构成计算机的物理设备，由五大部分构成，如图 1-2 所示。该系统是由数学家冯·诺依曼提出的。

了解计算机与计算机的系统组成

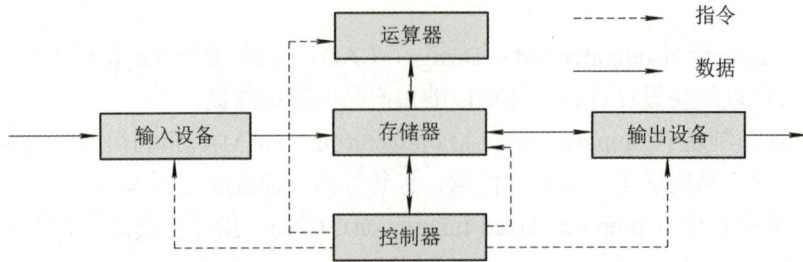

图 1-2　计算机硬件系统

各种信息或数据通过输入设备送入计算机的存储器，然后送到运算器，运算完毕将运算结果送回存储器，最后通过输出设备将结果输出。整个过程由处理器发出指令，控制器进行控制。

计算机软件系统是计算机中程序、数据以及相关文档的总称。通常计算机软件可以分为系统软件和应用软件两类，如图 1-3 所示。

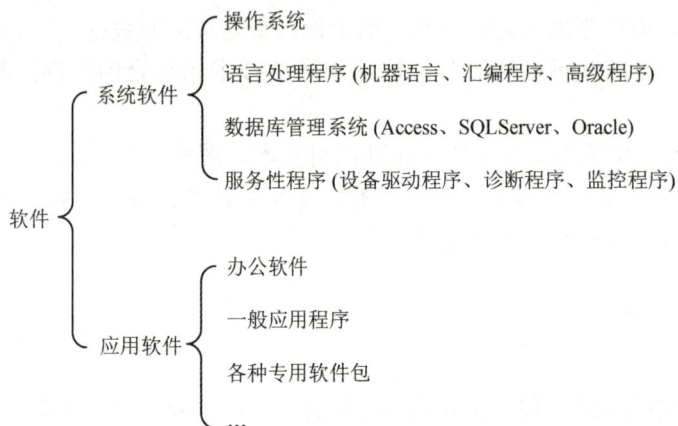

图 1-3　计算机软件系统

在所有软件中，操作系统是最基本、最重要的，是对"裸机"在功能上的一次开发和补充。其他软件都是通过操作系统对硬件功能进行扩充的。

1.2.2　计算机的硬件系统

相关知识

在计算机的硬件系统中，运算器和控制器合称为中央处理器 (Central Processing Unit，CPU)，CPU 和内存储器合称为计算机的主机，而输入设备、输出设备、外存储器合称为计算机的外部设备，如图 1-4 所示。

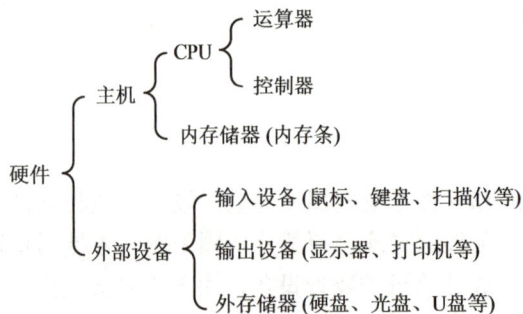

图 1-4　计算机的硬件系统

计算机的
硬件组成

下面对计算机的主要部件进行介绍。

1. 主板

主板是整个计算机的基板，是 CPU、内存、显卡及各种扩展卡的载体，是计算机各部件的连接桥梁，对所有部件的工作起统一协调作用，如图 1-5 所示。

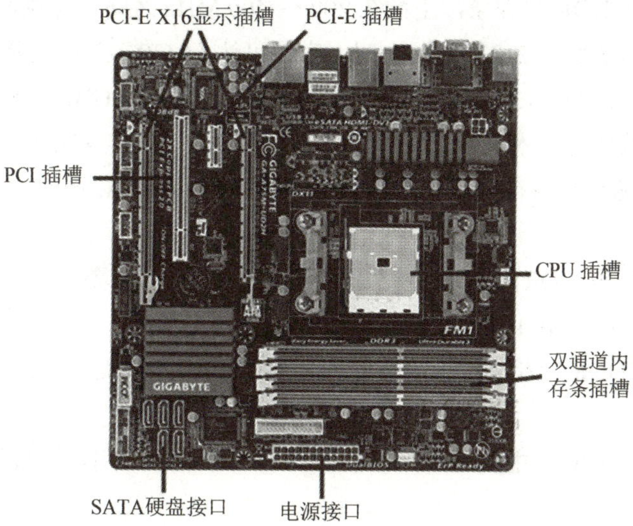

图 1-5　主板

2. 中央处理器

中央处理器 (CPU) 是整个计算机系统的核心，负责整个计算机系统指令的执行、数学与逻辑运算、数据存储、传送以及输入 / 输出的控制。CPU 外形如图 1-6 所示。CPU 及其插口如图 1-7 所示。

中央处理器、内存及硬盘

图 1-6　CPU 外形

图 1-7　CPU 及其插口

3. 内存条

内存条是用于临时存放数据与指令的半导体存储器，它只负责数据的中转，不能永久保存数据，如图 1-8 所示。

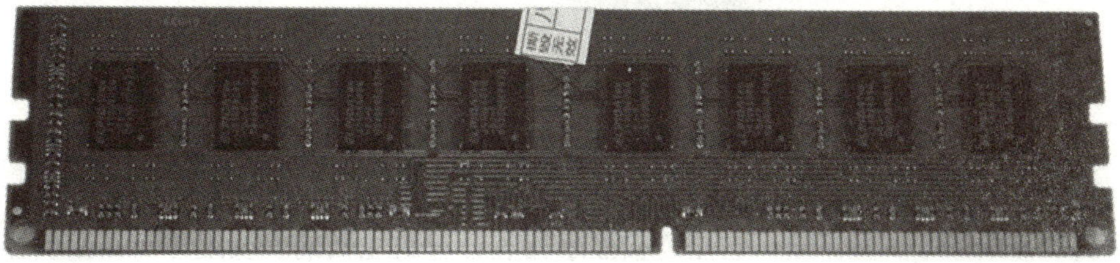

图 1-8　内存条

目前市场上常见的内存条主要有以下几种类型：

(1) DDR 内存条：这是一系列内存技术，包括 DDR、DDR2、DDR3、DDR4 以及最新的 DDR5。

① DDR：第一代 DDR 内存条，主频一般在 100 ～ 200 MHz 之间，容量在 1 GB 左右。

② DDR2：第二代 DDR 内存条，主频在 200 ～ 400 MHz 之间，容量可达 8 GB。

③ DDR3：主频在 800 ～ 2133 MHz 之间，容量可达 64 GB，市面上常见的是 16 GB。

⑤ DDR4：主频在 2133 ～ 3000 MHz 之间，单条容量可达 128 GB，市面上常见的是 32 GB。

⑥ DDR5：最新的内存技术，带宽较 DDR4 提升约三分之一，容量提升，电压低至 1.1 V。

(2) SRAM(静态随机存取存储器)：SRAM 比其他类型的 RAM 更快，通常用于高速缓存和 CPU 寄存器。

(3) LPDDR(低功耗 DDR)：DDR 内存的低功耗版本，主要应用于移动设备，包括 LPDDR2、LPDDR3、LPDDR4 和 LPDDR5。

(4) GDDR(图形 DDR)：专门用于图形处理器 (GPU) 的内存类型，常用于显卡，特点是带宽大、延迟低。

(5) HBM(高宽带内存)：主要用于高性能计算和图形处理应用，通过堆叠式封装技术提升内存带宽，减少功耗。

> **·说明·**
>
> 计算机信息容量的常用单位有 B(字节)、KB(千字节)、MB(兆字节)、GB(十亿字节) 和 TB(万亿字节) 等，其换算关系如下：
>
> 1 KB = 1024 B　　　1 MB = 1024 KB　　　1 GB = 1024 MB　　　1 TB = 1024 GB

4. 硬盘

硬盘是计算机的仓库，用来存储数据和程序。硬盘的外形如图 1-9 所示。目前，市场上的硬盘品牌有希捷 (Seagate)、西部数据 ((Westdigital))、迈拓 (Maxtor)、三星 (Samsung)、日立 (Hitachi) 等。

图 1-9　硬盘

5. 显卡

显卡又称显示适配、显示卡，它是连接显示器和计算机主板的重要组件，其主要作用是将 CPU 传送过来的数据信号经过处理后送至显示器。显卡的外形如图 1-10 所示。

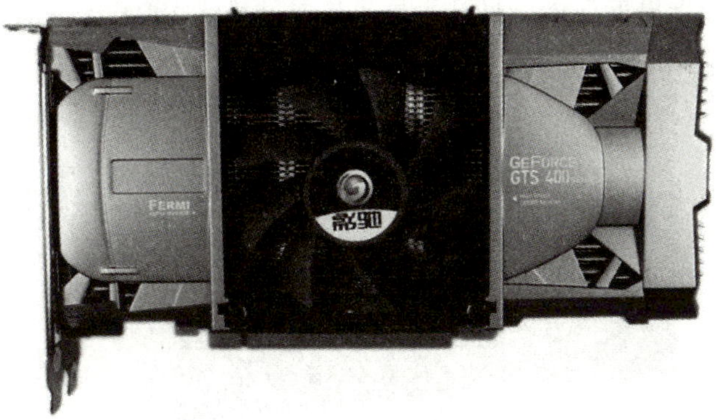

图 1-10　显卡

6. 输出设备

输出设备用于查看信息或输出处理的数据，主要包含显示器、打印机和音箱，它们的外形分别如图 1-11 ～图 1-13 所示。

图 1-11　显示器 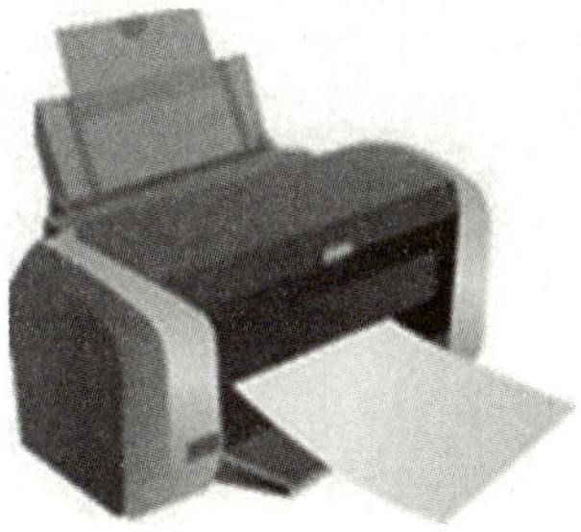　　　　　　图 1-12　打印机 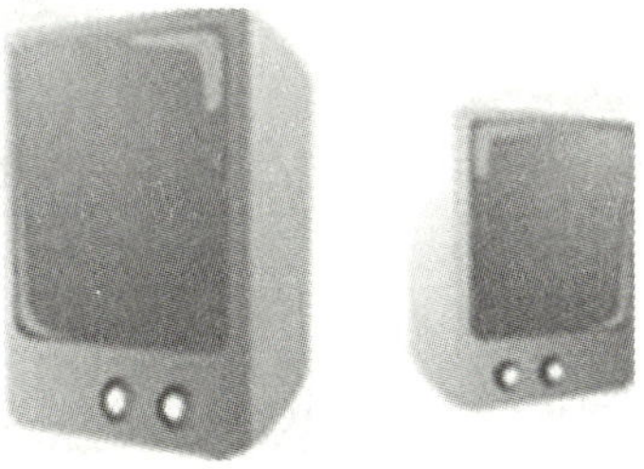　　　　　　图 1-13　音箱

7. 电源

电源用来给计算机中所有的部件供给电能，其外形如图 1-14 所示。

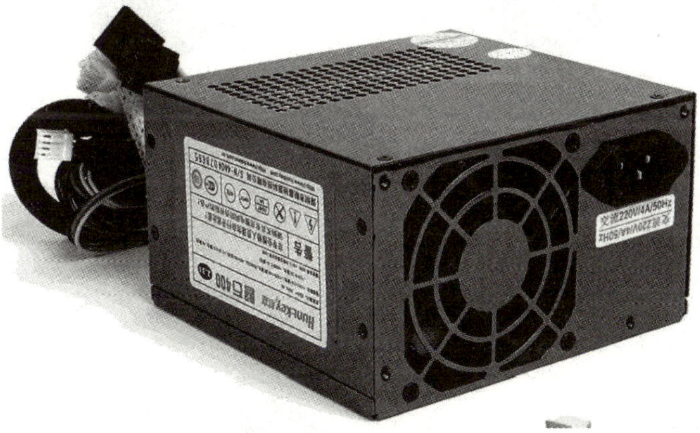

图 1-14　电源

8. 光驱

光驱又称为光盘驱动器，其外形如图 1-15 所示。目前市场上常见的产品有 DVD-ROM、COMBO(康宝) 和 DVD 刻录机、BD-ROM 等。DVD-ROM 能够读取 CD 和 DVD 格式的光盘。COMBO 不仅能读取 CD 和 DVD，还能将数据以 CD 格式刻录到光盘中。DVD 刻录机不仅包含以上光驱的所有功能，还能将数据以 CD 或 DVD 格式刻录到光盘中。BD-ROM 又叫蓝光刻录机。蓝光刻录机是新一代光技术刻录机，具有海量数据存储能力和快速数据读取能力，其速

度是普通 DVD 刻录机速度的 3 倍，且其光盘单片容量已达 100 GB 以上。

图 1-15   光驱

9. 其他外设

其他还需要的基本设备有键盘、鼠标以及机箱，它们的外形分别如图 1-16 ～图 1-18 所示。

图 1-16   键盘

图 1-17   鼠标   图 1-18   机箱

键盘和鼠标是计算机主要的输入设备，其质量的好坏直接影响到用户使用时的舒适度，特别对于那些长时间使用键盘和鼠标的用户。

机箱主要是为各种板卡提供支架，防止外界损害和电磁干扰。

10. 其他存储设备

其他常见的存储设备还有光盘、移动硬盘和 U 盘，其外形分别如图 1-19 ～图 1-21 所示。

图 1-19   光盘   图 1-20   移动硬盘   图 1-21   U 盘

光盘有 CD 和 DVD 两类，其中 CD 的容量大概有 700 MB，DVD 的容量大概有 4.7 GB。光盘按是否可擦写分为不可擦写光盘 (CD-ROM、DVD-ROM 等) 和可擦写光盘 (CD-RW、DVD-RW 等)。

移动硬盘有容量大、存储速度快、即插即用等特点。目前常见移动硬盘的容量有 8 TB、4 TB、2 TB、1 TB、750 GB、640 GB、500 GB、320 GB 等。

U 盘又叫闪存，其特点是 USB 接口、小巧美观并且使用方便。目前常见 U 盘容量有 8 GB、16 GB、32 GB、64 GB、128 GB、256 GB 等。

1.2.3　计算机的软件系统

相关知识

相对于硬件而言，软件 (Software) 是计算机的灵魂。软件是一系列按照特定顺序组织的计算机数据和指令的集合。软件可分为系统软件、应用软件和介于二者之间的中间件。用户主要通过软件与计算机进行交流，计算机系统层次关系如图 1-22 所示。

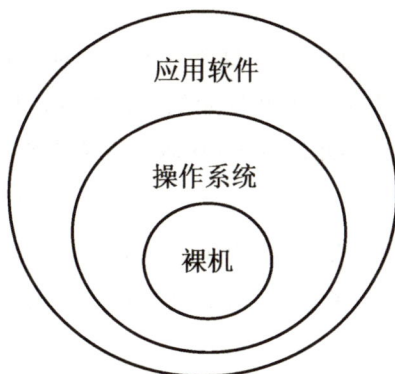

图 1-22　计算机系统层次关系

1. 系统软件

系统软件是指控制和协调计算机及外部设备，支持应用软件开发和运行的系统，是无须用户干预的各种程序的集合。系统软件的主要功能是调度、监控和维护计算机系统；负责管理计算机系统中各种独立的硬件，使得它们可以协调工作。系统软件使得计算机使用者和其他软件将计算机当作一个整体而不需要顾及底层每个硬件是如何工作的。系统软件一般是在计算机系统购买时随机携带的，也可以根据需要另行安装。

系统软件的主要特点是：与硬件有很强的交互性；能对资源共享进行调度管理；能解决并发操作处理中存在的协调问题；其中的数据结构复杂，外部接口多样化，便于用户反复使用。

系统软件主要有以下三类软件：

1) 操作系统

操作系统 (OS) 管理计算机的硬件设备，使应用软件能方便、高效地使用这些设备。在计算机软件中最重要且最基本的就是操作系统。它是最底层的软件，它控制所有计算机运行的程序并管理整个计算机的资源，是计算机裸机与应用程序及用户之间的桥梁。如果没有它，用户也就无法使用某种软件或程序了。常用的操作系统有 DOS 操作系统、Windows 操作系统、UNIX 操作系统、Linux 操作系统、Netware 操作系统等。

2) 语言处理程序

编译软件执行每一条指令都只完成一项十分简单的操作，一个系统软件或应用软件要由成千上万甚至上亿条指令组合而成。直接用基本指令来编写软件是一件极其繁重而艰难的工作。

为了提高效率，人们规定了一套新的指令，称为高级语言，其中每一条指令完成一项操作，这种操作相对于软件总的功能而言是简单而基本的，而相对于 CPU 的操作而言又是复杂的。用这种高级语言来编写程序 (称为源程序) 就像用预制板代替砖块来造房子，其效率要高得多。

但 CPU 并不能直接执行这些新的指令，需要编写一个软件，专门用来将源程序中的每条指令翻译成一系列 CPU 能接受的基本指令 (也称机器语言)，使源程序转化成能在计算机上运行的程序。完成这种翻译的软件称为高级语言编译软件，通常把它们归入系统软件。目前常用的高级语言有 VB、C++、Java 等，它们各有特点，分别适用于编写某一类型的程序，它们都有各自的编译软件。

计算机只能直接识别和执行机器语言，因此要在计算机上运行高级语言程序就必须配备程序语言翻译程序，翻译程序本身是一组程序，不同的高级语言都有相应的翻译程序。

3) 数据库管理系统

数据库管理系统有组织地、动态地存储大量数据，使人们能方便、高效地使用这些数据。数据库管理系统是一种操纵和管理数据库的大型软件，用于建立、使用和维护数据库。Foxpro、Access、Oracle、Sybase、DB2 和 Informix 都是数据库系统。

2. 应用软件

应用软件包括各种程序设计语言，以及用程序设计语言编制的应用程序。应用软件已发展成为一个巨大的产业，其应用覆盖了生产、生活等方面。常用的应用软件如表 1-2 所示。

表 1-2　常用的应用软件

种　类	举　例
办公应用	Office、WPS
程序开发	Visual C++、C#、VB、Java、Eclipse、Python
网站开发	Dreamweaver、HTML5、FrontPage
辅助设计	AutoCAD、Rhino
三维制作	3DMAX、Maya
平面设计	Photoshop、CorelDraw
通信工具	QQ、微信、MSN

任务实施

简要概述计算机硬件由哪几部分组成；现场检测自身使用计算机的 CPU 内存和显卡设置；熟悉压缩软件、PDF 文档阅读器、网页浏览器等常用工具软件的基本操作。

任务 1.3

计算机中的数制和信息编码

在计算机内部，无论是存储、处理、传输，还是用户数据、各种指令，使用的全部是由 0、1 组成的二进制数。了解二进制、十进制等数制的概念、运算，各种数制之间的转换以及二进制编码等知识，对于学好计算机是非常重要的。

1.3.1　计算机中的数和数制

相关知识

计算机中的
数制系统

1. 数制

数制是一种记数的方法，该方法指用一组固定的符号和统一的规则来表示数值，如在计数的过程中采用进位的方法则称为进位计数制。进位计数制有数位、基数和位权 3 个要素。

(1) 数位：数字符号在一个数中所处的位置。

(2) 基数：在某种进位计数制中数位上所能使用的数字符号的个数。例如，十进制数的基数是 10，八进制数的基数是 8。

(3) 位权：一个数码处在不同的位置所代表的值不同，每个数码所代表的真正数值等于该数码乘以一个与数码所在位置相关的常数，这个常数称为位权。例如，4 在十进制的十位数位置上表示 40，在百位上表示 400。

位权的大小以基数为底、数码所在的位置的序号为指数的整数次幂，其中位置序号的排列规则是：小数点左边，从右至左依次为 0，1，2，…；小数点右边，从左至右分别为 -1，-2，-3，…。

可以给数字加上括号，使用下标来表示该数字的数制 (当没有下标时默认为十进制)。以十进制为例，十进制的个位数位置的位权为 10^0，十位数位置的位权为 10^1，小数点右边第 1 位的位权为 10^{-1}，十进制数 3456.65 的值等于

$$(3456.65)_{10} = 3 \times 10^3 + 4 \times 10^2 + 5 \times 10^1 + 6 \times 10^0 + 6 \times 10^{-1} + 5 \times 10^{-2}$$

除了用下标表示外，还可以用后缀字母来表示数制：十进制数 (Decimal Number) 用后缀 D 表示或无后缀；二进制数 (Binary Number) 用后缀 B 表示；八进制数 (Octal Number) 用后缀 O 表示；十六进制数 (Hexadecimal Number) 用后缀 H 表示。在数制中，还有一个规则，就是 N 进制必须是"逢 N 进一"。

2. 二进制

在现代电子计算机中，采用 0 和 1 表示的二进制数来进行计算，基数为 2，其加法法则是"逢二进一"。二进制数 11001101 可以表示为 $(11001101)_2$ 或 11001101B。计算机使用二进制而不使用其他进制的主要原因是：

(1) 二进制的运算法则较少，运算简单，使得运算器的硬件结构大幅简化。例如：二进制的加法法则只有 4 条，即 $0 + 0 = 0$，$0 + 1 = 1$，$1 + 0 = 1$，$1 + 1 = 10$；二进制的乘法法则也有 4 条，即 $0 \times 0 = 0$，$0 \times 1 = 0$，$1 \times 0 = 0$，$1 \times 1 = 1$。

(2) 二进制的 0 和 1 对应逻辑中的真假，可以方便地进行逻辑运算。

3. 十进制

日常生活中，人们使用的数制是十进制，采用 0、1、2、3、4、5、6、7、8 和 9 表示的十进制数来进行计算，基数为 10，其加法法则是"逢十进一"。十进制数 354 可以表示为 354 或 354D。

4. 八进制和十六进制

八进制的基数是 8，采用 0、1、2、3、4、5、6 和 7 表示的八进制数来进行计算，加法规则是"逢八进一"。

十六进制的基数是 16，采用 0、1、2、3、4、5、6、7、8、9、A、B、C、D、E 和 F 表示的十六进制数来进行计算，加法规则是"逢十六进一"。

常用数制之间的对应关系如表 1-3 所示。

表 1-3　常用数制之间的对应关系

二进制	十进制	八进制	十六进制	二进制	十进制	八进制	十六进制
0000	0	0	0	1000	8	10	8
0001	1	1	1	1001	9	11	9
0010	2	2	2	1010	10	12	A
0011	3	3	3	1011	11	13	B
0100	4	4	4	1100	12	14	C
0101	5	5	5	1101	13	15	D
0110	6	6	6	1110	14	16	E
0111	7	7	7	1111	15	17	F

1.3.2　数制的转换

相关知识

不同数制间的转换

使用计算机的人每时每刻都在与数打交道，在计算机内部，数是以二进制表示的，而我们习惯上使用的是十进制数，所以计算机从我们这里接收到十进制数后，要经过翻译，把十进制数转换为二进制数才能进行处理，这个过程是由计算机自动完成的。但是对程序员来说，有时需要把十进制数转换为二进制数、十六进制数和八进制数，或者把十六进制数转换为十进制数等，这都不是一件轻松的工作。下面介绍数制之间的转换法则。

1. 数制转换的原理

数制转换的基本原理是：将一个指定进制的数，从高位到低位一位一位取出，并计算出每一位的十进制值，然后乘以其数基的特定幂指数，得出这一位数的十进制值，将所有各位的十进制值相加得出这个数的十进制值，然后再将该十进制数转换为指定数制的数。此过程可以采用求余法进行，用这个十进制数作为被除数，用指定的数基作除数，连续求余，得出的余数依由个位到十位等的顺序组成新数，即可得到指定数制的数。这就是进制转换的方法。

2. 非十进制数转换为十进制数

转换方法：用该数制的各个位数乘以各自位权数，然后将乘积相加。

例 1.1　将二进制数 $(11010011)_2$、$(10011111)_2$ 转换为十进制数。

$$(11010011)_2 = 1 \times 2^7 + 1 \times 2^6 + 0 \times 2^5 + 1 \times 2^4 + 0 \times 2^3 + 0 \times 2^2 + 1 \times 2^1 + 1 \times 2^0 = 211$$

$$(10011111)_2 = 1 \times 2^7 + 1 \times 2^6 + 0 \times 2^5 + 1 \times 2^4 + 1 \times 2^3 + 1 \times 2^2 + 1 \times 2^1 + 1 \times 2^0 = 159$$

例 1.2　将八进制数 $(576)_8$ 转换为十进制数；将十六进制数 $(5DE)_{16}$ 转换为十进制数。

$$(576)_8 = 5 \times 8^2 + 7 \times 8^1 + 6 \times 8^0 = 382$$

$$(5DE)_{16} = 5 \times 16^2 + 13 \times 16^1 + 14 \times 16^0 = 1502$$

3. 十进制数转换为二进制数

将十进制数转换为二进制数时，可以将数字分为整数和小数分别进行转换，然后再拼接起来。

整数部分的转换方法采用"除 2 取余倒读"法，即将十进制数整数部分不断除以 2 取余数，直到商位是 0 为止，余数从右到左排列。

小数部分的转换方法采用"乘 2 取整正读"法，即将十进制数小数部分不断乘以 2 取整数，直到小数部分是 0 或达到所要求的精度为止，所得的整数自左往右排列。

例 1.3　将十进制数 150 转换为二进制数。

将 150 除 2 取余法，即十进制数除以 2，余数为权位上的数，得到的商值继续除以 2，依此步骤继续向下运算直到商为 0 为止，如图 1-23 所示。

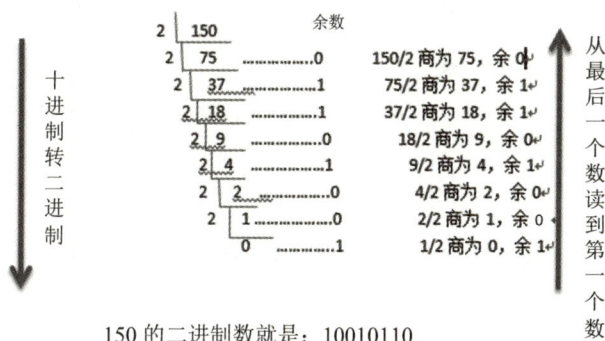

150 的二进制数就是：10010110

图 1-23　十进制数转换为二进制数的具体过程

4. 二进制数转换为八进制数、十六进制数

二进制数转八进制数与二进制数转十六进制数的方法近似。二进制数转换为八进制数是取三合一，即 3 位二进制数转成八进制数是从右到左开始转换，不足时补 0；二进制数转换为十六进制数是取四合一，即 4 位二进制数转成十六进制数是从右到左开始转换，不足时补 0。

例 1.4　将二进制数 $(100101100)_2$ 转换为十六进制数。

具体解法如图 1-24 所示，最后的结果如下：

$$(100101100)_2 = (12C)_{16}$$

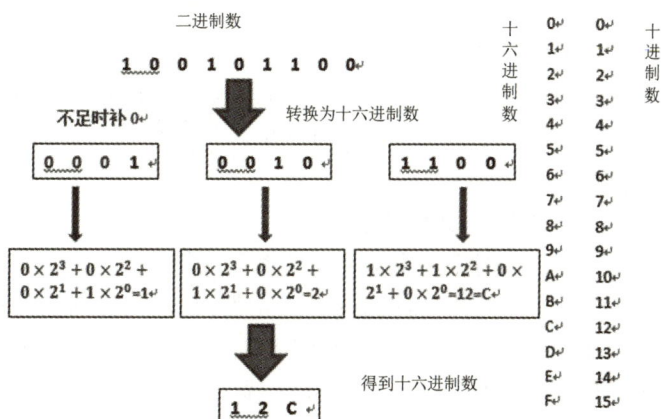

图 1-24　二进制数转换为十六进制数的具体过程

5. 八进制数、十六进制数转换为二进制数

八进制数通过除 2 取余法，得到二进制数，每个八进制数对应 3 个二进制数，不足时在最左边补零；十六进制数通过除 2 取余法，得到二进制数，每个十六进制数对应 4 个二进制数，不足时在最左边补零。

例 1.5　将十六进制数 $(12C)_{16}$ 转换为二进制数。

具体解法如图 1-25 所示，最后的结果如下：

$$(12C)_{16} = (100101100)_2$$

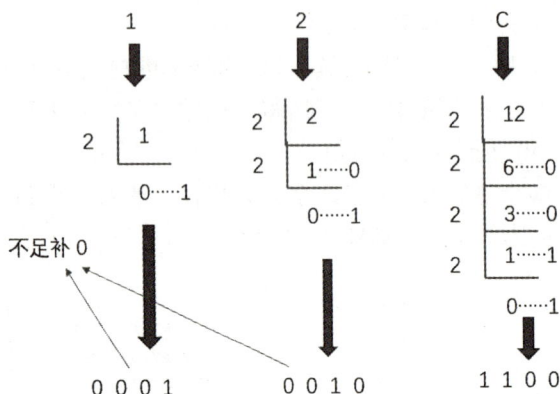

得到最终的二进制数：1 0010 1100

图 1-25　十六进制数转换为二进制数的具体过程

1.3.3　计算机中的信息编码

相关知识

信息需要按照规定好的二进制形式表示才能被计算机处理，这些规定的形式就是编码。在计算机硬件中，编码 (Coding) 是为数据存储、管理和分析的目的而转换信息为编码值（典型的如数字）的过程；在软件中，编码意味着逻辑地使用一个特定的语言（如 C 或 C++）来执行一个程序字符编码（使用二进制数对字符进行的编码称为字符编码）。下面详细介绍各种不同类型的信息在计算机中采用二进制进行编码的方法。

1. ASCII 码

ASCII(American Standard Code for Information Interchange，美国信息交换标准代码) 是基于罗马字母表的一套计算机编码系统，它主要用于显示现代英语和其他西欧语言。它是现今最通用的单字节编码系统，并等同于国际标准 ISO 646。

ASCII 包含以下内容：

(1) 控制字符：回车键、退格、换行键等。

(2) 可显示字符：英文大小写字符、阿拉伯数字和西文符号。

(3) ASCII 扩展字符集：表格符号、计算符号、希腊字母和特殊的拉丁符号。

(4) 第 0 ～ 31 号及第 127 号（共 33 个）是控制字符或通信专用字符，如控制字符 LF（换行）、CR（回车）、FF（换页）、DEL（删除）、BEL（振铃）等，通信专用字符 SOH（文头）、EOT（文尾）、ACK（确认）等。

(5) 第 32 ～ 126 号（共 94 个）是字符。其中第 48 ～ 57 号为 0 ～ 9 十个阿拉伯数字；

65 ～ 90 号为 26 个大写英文字母；97 ～ 122 号为 26 个小写英文字母；其余为一些标点符号、运算符号等。

注意：在计算机的存储单元中，一个 ASCII 码值占一个字节 (8 个二进制位)，其最高位 (b7) 用作奇偶校验位。所谓奇偶校验，是指在代码传送过程中用来检验是否出现错误的一种方法，一般分奇校验和偶校验两种。奇校验规定：正确的代码一个字节中 1 的个数必须是奇数，若非奇数，则在最高位 b7 添 1；偶校验规定：正确的代码一个字节中 1 的个数必须是偶数，若非偶数，则在最高位 b7 添 1。

2. Unicode 码

Unicode(统一码、万国码、单一码) 是计算机科学领域里的一项业界标准，包括字符集、编码方案等。Unicode 是为了解决传统的字符编码方案的局限而产生的，它为每种语言中的每个字符设定了统一并且唯一的二进制编码，以满足跨语言、跨平台进行文本转换、处理的要求。Unicode 于 1990 年开始研发，1994 年正式公布。Unicode 为每种语言的每个字符设定了统一并且唯一的二进制编码，以满足跨语言、跨平台进行文本转换及处理的要求，目前已广泛应用于 Windows 操作系统、Office 等软件中。

需要注意的是，Unicode 只是一个符号集，它只规定了符号的二进制代码，却没有规定这个二进制代码应该如何存储。比如，汉字"严"的 Unicode 是十六进制数 4E25，转换成二进制数足足有 15 位 (100111000100101)，也就是说这个符号的表示至少需要 2 个字节。表示其他更大的符号，可能需要 3 个字节或者 4 个字节，甚至更多。这里就有两个严重的问题：第 1 个问题是，如何才能区别 Unicode 和 ASCII？计算机怎么知道 3 个字节表示 1 个符号，而不是分别表示 3 个符号呢？第 2 个问题是，英文字母只用 1 个字节表示就够了，如果 Unicode 统一规定，每个符号用 3 个或 4 个字节表示，那么每个英文字母前必然都有 2 ～ 3 个字节是 0，这对于存储来说是极大的浪费，文本文件的大小会因此大出两三倍，这对用户来说是无法接受的。

Unicode 码没有规定二进制代码如何存储造成的结果是：

(1) 出现了 Unicode 的多种存储方式，也就是说有许多种不同的二进制格式，可以用来表示 Unicode。

(2) Unicode 在很长一段时间内无法推广，直到互联网出现之后，Unicode 才被人们广泛认识。

3. 汉字编码

汉字编码 (Chinese Character Encoding) 是为汉字设计的一种便于输入计算机的代码。由于电子计算机现有的输入键盘与英文打字机键盘完全兼容，因而如何输入非拉丁字母的文字 (包括汉字) 便成了多年来人们研究的课题。汉字信息处理系统一般包括编码、输入、存储、编辑、输出和传输。编码是关键，不解决这个问题，汉字就不能进入计算机。

计算机中汉字的表示也是用二进制编码的，同样是人为编码的。根据应用目的的不同，汉字编码分为外码、交换码、机内码和字形码。

1) 外码 (输入码)

外码也叫输入码，是用来将汉字输入计算机的一组键盘符号。常用的输入码有拼音码、五笔字型码、自然码、表形码、认知码、区位码、电报码等，一种好的编码应有编码规则简单、易学好记、操作方便、重码率低、输入速度快等优点，每个人可根据自己的需要进行选择。

2) 交换码 (国标码)

计算机内部处理的信息都是用二进制代码表示的，汉字也不例外。而二进制代码使用起来是不方便的，于是需要采用信息交换码。中国标准总局 1981 年制定了中华人民共和国国家标准 GB2312—1980《信息交换用汉字编码字符集 基本集》，即国标码。

区位码是国标码的另一种表现形式，把国标 GB 2312—1980 中的汉字、图形符号组成一个 94×94 的方阵，分为 94 个"区"，每区包含 94 个"位"，其中"区"的序号为 01～94，"位"的序号也是 01～94。94 个区中位置总数 = 94×94 = 8836 个，其中 7445 个汉字和图形字符中的每一个占一个位置后，还剩下 1391 个空位，这 1391 个位置空下来保留备用。

3) 机内码

根据国标码的规定，每一个汉字都有了确定的二进制代码，在微机内部汉字代码都用机内码，在磁盘上记录汉字代码也使用机内码。

4) 字形码

字形码是汉字的输出码，输出汉字时都采用图形方式，无论汉字的笔画多少，每个汉字都可以写在同样大小的方块中。目前，汉字的产生方式大多数采用数字式，即以点阵方式形成汉字。因此，汉字字形码主要是指汉字字形点阵的代码。汉字字形点阵有 16×16 点阵、24×24 点阵、32×32 点阵、64×64 点阵等，点阵不同，需要的存储空间也不同。一个 16×16 点阵的汉字，每行 16 个点就是 16 个二进制位，存储一行代码需要 2 B，16 行共占用 2×16 = 32 B。计算一个汉字字形码所占用的字节为每行点数除以 8 再乘以行数。以此类推，对于一个 24×24 点阵的汉字，一个汉字字形码需要占用的存储空间为 24/8×24 = 3×24 = 72 B；一个 32×32 点阵汉字的字形码需要 128 B，而一个 48×48 点阵汉字的字形码需要 288 B。一个汉字方块中行数、列数分得越多，描绘的汉字也就越细致，但占用的存储空间也越大。

5) 地址码

汉字地址码是指汉字库中存储汉字字形信息的逻辑地址码。它与汉字的机内码有着简单的对应关系，以简化机内码到地址码的转换。

思政聚焦——中国科技之路

中国科技
之路 .mp4

17 世纪之后，世界进入工业文明后，西方国家在科技上突飞猛进，反观中国，我们在做什么？让我们一起来看看历次工业革命中国与欧美大事件对比，如表 1-4 所示。

表 1-4　历次工业革命中国与欧美大事件对比

	时间	欧美大事件	中国大事件
第一次工业革命	1765 年	珍妮纺织机标志工业革命开始	乾隆皇帝开始第四次南巡
	1785 年	瓦特蒸汽机标志进入蒸汽时代	中国政治家林则徐出生
	1807 年	发明蒸汽船	英国传教士马礼逊来到广州（基督教新教来华传教的第一人）
	1814 年	发明蒸汽火车	洪秀全——太平天国天王诞生
	1840 年	英国成为世界上第一个工业国家	第一次鸦片战争，中国走上亡国之路
第二次工业革命	1866 年	发电机问世标志进入电气时代	洪秀全死后第二年
	1867 年	诺贝尔发明了炸药	清廷镇压东捻军，12 月 1 日东捻军被清军消灭
	1876 年	贝尔发明了电话机	中国第一条铁路诞生
	1877—1879 年	爱迪生发明了灯泡	左宗棠筹设兰州机器织布局

	时间	欧美大事件	中国大事件
第二次工业革命	1885 年	德国工程师卡尔·本茨发明了世界上第一辆三轮内燃机汽车	中法镇南关战争,中法临洮战争,签订《中法新约》
	1895 年	马可尼发明了无线电报	中日威海卫战役中北洋舰队全军覆没,标志着洋务运动彻底失败 签订《马关条约》
	1903—1904 年	莱特兄弟发明了飞机	日本军队占领大连
第三次工业革命	1945 年	美国在日本广岛投下一颗原子弹	中国人民终于取得了抗日战争的伟大胜利
	1946—1951 年	第一代电子管计算机研制成功	新中国成立第三年;抗美援朝第二年
	1957 年	第一颗人造卫星研制成功	中国哈尔滨工业大学研制成功中国第一台模拟式电子计算机
	1959 年	第二代晶体管计算机研制成功	中国研制成功 104 型电子计算机,运算速度为 1 万次 / 秒
	1961 年	加加林进入太空	三年大饥荒 中国对印度自卫战的前一年
	1964 年	第三代集成电路计算机研制成功	中国第一颗原子弹引爆成功 (1967 年第一颗氢弹爆炸)
	1969 年	阿姆斯特朗登月 第一个阿帕网 (ARPANET) 连接建立	中华人民共和国和苏联在珍宝岛发生武装冲突
	1970 年	第四代电子计算机研制成功	中国首枚人造卫星东方红一号发射
	1973 年	世界上第一台手机由美国摩托罗拉公司发明	中国第一台百万次集成电路电子计算机研制成功
	1979 年	旅行者 2 号飞跃木星,先驱者 11 号飞跃土星	对越自卫反击战开始 中美建交,中国开始改革开放
	1990 年	万维网 WWW 诞生	中国首次成功发射商用卫星

　　改革开放之后,中国的科技可以用"突飞猛进"来概括:1991 年,我国第一座自行设计、自行建造的核电站——秦山核电站并网发电;2003 年,杨利伟驾驶的神舟五号载人飞船成功升空并安全返回;2008 年 9 月 27 日,神舟七号载人飞船实施宇航员空间出舱活动,我国成为世界上第三个独立掌握空间出舱技术的国家;2010 年,中国 GDP5.75 万亿美元,超越日本,世界排名第二;2016 年 10 月 1 日起,人民币将正式纳入特别提款权 (SDR) 货币篮子;截至 2017年年底,中国连续 10 次蝉联全球最快超级计算机;2016 年 8 月 16 日,我国成功发射世界首颗量子科学实验卫星"墨子号";2017 年 5 月 3 日,世界首台单光子量子计算机在中国诞生;2018 年 10 月 23 日,港珠澳大桥开通仪式在广东省珠海市举行,它是世界上最长的跨海大桥;2019 年,中国实现 5G 网络预商用。

在过去 40 年内，中国人几乎完整地经历了第一次、第二次、第三次工业革命，现在开始经历第四次工业革命。习近平主席说："我们用几十年时间走完了发达国家几百年走过的工业化历程。在中国人民手中，不可能成为了可能。我们为创造了人间奇迹的中国人民感到无比自豪、无比骄傲！"今天，中国弯道超车，"第四次工业革命"将是中国的机会。中国已经成功站在了第一梯队，并且在部分领域（如物联网和 5G）中国已经领先世界。

信息技术概论上课课件和素材

模块二
数字化办公应用

第 2 章　WPS 文字处理

WPS Office 是金山办公开发的一款多平台办公软件套装，其中包含了 WPS 文字处理、WPS 表格处理与分析、WPS 演示文稿制作等组件。WPS 文字提供了良好的文字处理功能，可用来处理电子文档，可插入图片，也可制作表格、流程表，甚至可以制作一些简单的图案并添加颜色。例如，利用 WPS 制作实验报告、毕业论文、公司简介、产品说明书、个人工作总结、公司年度计划、合同书等。利用 WPS 可以方便地对页面进行排版、快速编辑文档，从而可以提高办公效率。

任务 2.1

制作活动策划书

计算机安装了 WPS Office 个人版之后，就可以使用 WPS 文字了，WPS Office 的各类组件的启动和退出方式基本相同。本节首先主要介绍 WPS 文字的启动和退出；其次，重点讲述 WPS 文字文稿的新建、打开、保存、内容编辑与修饰、查找、替换等基本操作；最后，利用 WPS 文字创建一个"图书漂流活动策划书"，通过案例详细介绍文本输入、字符格式、段落格式、页面格式的设置，从而使读者具备基本的文档处理能力。

2.1.1　WPS 文字的基本操作

相关知识

制作活动
策划书

1. 启动 WPS 文字并新建一个文字文稿

WPS 文字的启动和 WPS Office 中其他组件的启动方法相似，常用的方法有以下 3 种。

(1) 通过开始菜单启动：单击【开始】→【所有程序】→【WPS Office】命令，如图 2-1 所示。WPS Office 启动之后，可单击左栏【新建】按钮，打开【新建文稿】向导，在该窗口中选择【文字】会打开【新建文档】页面，单击【空白文档】会创建一份空文稿，默认文件名为【文字文稿 1】。

(2) 通过桌面快捷方式启动：一般在安装完 WPS Office 后，会在桌面上生成该软件的快捷方式，可以通过双击桌面的【WPS Office】快捷图标启动，或者右键单击桌面的【WPS Office】快捷图标，从弹出的快捷菜单中选择【打开】，也可以启动 WPS Office，如图 2-2 所示。WPS Office 启动之后，可以用与第一种方法中同样的方式新创建一份文字文稿。

(3) 通过已有的 WPS 文字文稿启动：打开一个现有的文字文稿也可以启动 WPS Office。WPS Office 启动之后，可单击左栏【文件】按钮，选择【新建】→【新建】，打开【新建文档】页面，单击【空白文档】会创建一份空文稿。

2. 退出 WPS 文字

WPS 文字的退出方式也有多种，具体介绍如下。

(1) 使用关闭按钮：单击文字文稿标题栏右上角的关闭按钮×，可关闭当前的这一份 WPS 文字文稿。单击 WPS Office 窗口右上角的关闭按钮×，可关闭当前所有的 WPS 文字文稿并退出 WPS Office。

(2) 使用文件菜单：单击【文件】→【退出】命令，可关闭当前打开的所有 WPS 文字文稿，如图 2-3 所示。

(3) 使用快捷键：当 WPS Office 属于当前活动窗口时，同时按下键盘上的 Alt + F4，可关闭当前所有的 WPS 文字文稿并退出 WPS Office。

(4) 使用右键快捷菜单：在打开文档的标题栏的任意位置右键单击，在弹出的快捷菜单中选择【关闭】命令，可关闭当前打开的 WPS 文字文稿。

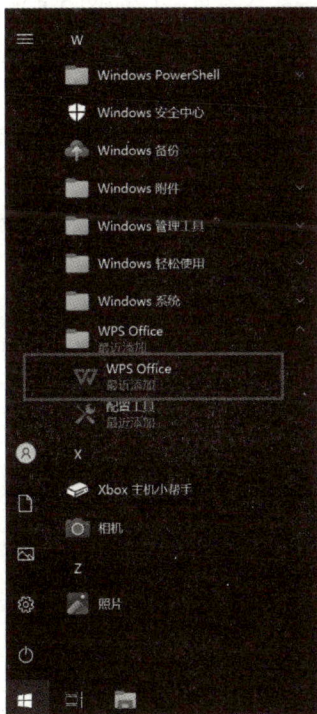

图 2-1　通过开始菜单启动 WPS　　　　图 2-2　通过桌面快捷方式启动　　图 2-3　使用文件菜单退出 WPS

3. 熟悉 WPS 文字工作界面

WPS 文字的窗口和 WPS 表格，以及 WPS 演示文稿的窗口大同小异，如图 2-4 所示。

图 2-4　WPS 文字工作界面

下面介绍 WPS 文字工作界面。

(1) 标题栏：标题栏位于窗口的顶部，显示当前文稿的文件名，标题栏最右端有【最小化】、【最大化】和【关闭】三个按钮，可分别用来控制窗口的最小化、最大化和关闭操作。

(2) 快速访问工具栏：这是一个可以自定义的工具栏，在默认状态下，显示一些最常用的命令。根据需要，还可以增加或删除快速访问工具栏里的命令。其方法是，单击快速访问工具栏右边的 ∨ 按钮，从弹出的【快速访问工具栏】→【自定义命令】菜单中选中或取消相应的命令。

(3) 功能选项卡：用于提供文字操作的主要命令，在该区域有【开始】、【插入】、【页面】、【引用】、【审阅】、【视图】和【工具】等选项卡。在每个选项卡中，命令分组显示。如图 2-5 所示，在【开始】选项卡中，将所有与开始有关的操作命令分为【剪贴板】组、【字体】组、【段落】组、【样式】组、【编辑】组和【排版】组，这样设计的目的是符合用户的操作习惯、便于记忆、提高操作效率。单击快速访问工具栏右边的 ∨ 按钮，从弹出的【功能区】菜单中取消【显示功能区】命令，可以隐藏功能面板，如图 2-6 所示，此时功能区只显示选项卡的名字，这样可以增大文档显示的空间。右键单击功能选项卡的空白区域，通过弹出的快捷菜单，选择"显示功能区"，可恢复功能面板显示。

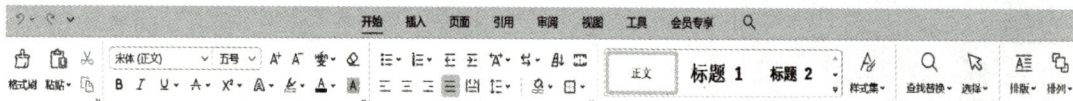

图 2-5　【开始】选项卡

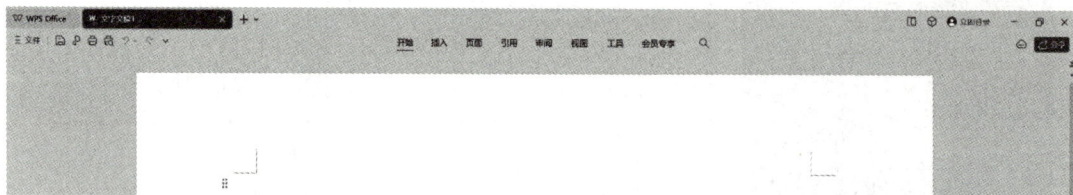

图 2-6　最小化功能区

(4) 功能面板：该部分是 WPS 文字的控制中心，根据激活的选项卡不同，该部分展示对应选项卡分类中的常用功能按钮。

(5) 文档编辑区：用来进行文档编辑的区域，是 WPS 文字处理中区域最大的部分，在该区域中光标闪烁的地方称为文本插入点，用于定位文本的输入位置。

(6) 滚动条：当文档中的内容比较多，无法在窗口中完全显示出来时，就会显示出滚动条。WPS 文字窗口中有水平滚动条和垂直滚动条，拖动滚动条的滑块或单击滚动条两端的滚动箭头按钮，可以查看文档的不同位置。单击 ▼ 或 ▲ 按钮可以将文档显示内容向下或向上滚动一行，单击【前一页】按钮 ▲ 或【下一页】按钮 ▼ 可以向前或向后翻页。

(7) 状态栏：位于 WPS 文字窗口的底部的一个条形区域，用于显示状态信息。默认状态下，状态栏从左至右依次显示当前光标所处的页数和文档的总页数 页面: 1/1、文档包含的字符数 字数: 0、拼写检查 拼写检查: 打开 ▾、文档校对 校对、护眼模式 ◉、视图快捷方式 ▤ ▤ ▷ ⊕ ⬚、显示比例调整 ◨ 160% ━ ●━━ ╋ ⤢。

4. 文稿的新建和保存

1) 创建空文稿

WPS Office 启动之后，可单击左栏【新建】按钮，打开【新建文稿】向导，在该窗口中选择【文字】会打开【新建文档】页面，单击【空白文档】会创建一份默认文件名为【文字文稿1】的空白文档。另外，还可以用下面的步骤创建其他名称的文档。单击【文件】，在弹出的下拉菜单中选择【新建】→【新建】命令，如图 2-7 所示。打开【新建文档】页面，单击【空白文档】会创建一份空文稿。

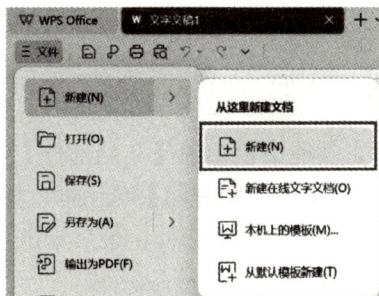

图 2-7　新建命令

2) 保存文档

在编辑文档时，应养成经常保存文档的习惯，以防因为死机或者停电等原因引起的突然关机而使未保存的文档丢失的情况发生。保存文档的步骤如下：

(1) 单击【快速访问工具栏】中的【保存】按钮，弹出【另存为】对话框。

(2) 在【保存位置】下拉列表框中选择文件的保存位置。这里选择保存在 "C:\Users\huawei\我的文档\MyWord" 文件夹下，如果 "C:\Users\huawei\我的文档" 下没有 MyWord 文件夹，则可以单击【另存为】对话框中的【新建文件夹】按钮，将新建文件夹的名字修改为 "MyWord"，如图 2-8 所示。

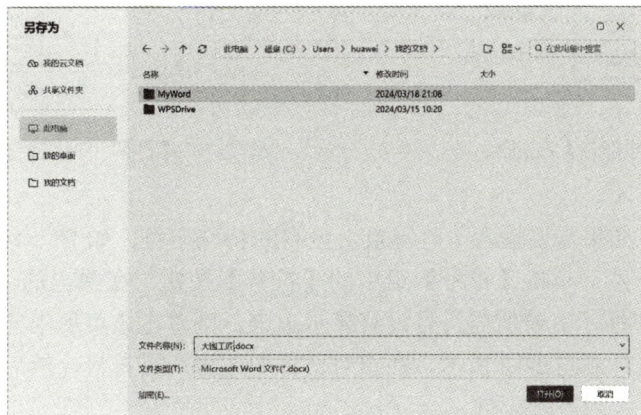

图 2-8　【另存为】对话框

(3) 在【文件名称】文本框中输入文件名即可。

(4) 单击【保存】按钮，此时 WPS 文字文稿就永久性地保存到了硬盘中。

○ 任务实施

按照上述文档的新建和保存步骤，创建一个空白文档，保存为"图书漂流活动策划书 .docx"。

2.1.2　内容编辑与修饰

○ 相关知识

1. 文本的输入

1) 输入的两种状态

WPS 文字的输入有【插入】和【改写】两种状态。

(1)【插入】：输入文本时，光标后面的内容会随着文字的输入自动后移。

(2)【改写】：输入文本时，新输入的内容会覆盖光标后面的内容。

可通过单击键盘上的"Insert"键切换以上两种状态。

2) 输入日期和时间

切换到【插入】选项卡，单击功能面板中的【文档部件】按钮，如图 2-9 所示。然后在弹出的下拉菜单中选择【日期】，弹出【日期和时间】对话框，如图 2-10 所示，在【可用格式】框中选择日期格式，然后选中【自动更新】复选框，最后单击【确定】按钮。

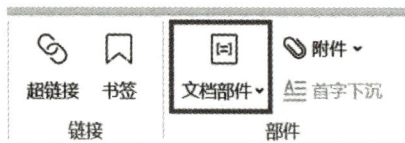

图 2-9　【文档部件】按钮

图 2-10　【日期和时间】对话框

3) 特殊符号的输入

在输入内容时，如果需要输入一些键盘上没有的特殊字符，如 ☏、⌘ 等，则可以通过选择【插入】选项卡，然后单击【符号】组中的【符号】按钮，在弹出的下拉菜单中单击所需符号即可，如图 2-11 所示。若所需符号没有显示出来，则单击该菜单中的【其他符号】命令，弹出【符号】对话框，如图 2-12 所示。在该对话框中选择所需符号，然后单击【插入】按钮，即可将选定的符号插入到当前文档。

图 2-11　【符号】下拉菜单

图 2-12　【符号】对话框

4) 插入对象

切换到【插入】选项卡，功能面板的【常用对象】组中有若干经常使用的插入对象，例如表格、图片、截屏、形状、图标、文本框、艺术字等。若需要插入已有文档中的文字到当前文档中，则可以通过单击【部件】组中的【附件】下拉按钮，在弹出的下拉菜单中单击【文件中的文字】命令，如图 2-13 所示，弹出【插入文件】对话框，在该对话框中选择相应文件，最后单击【打开】按钮，如图 2-14 所示。

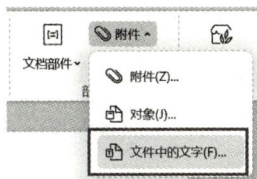

图 2-13　【附件】下拉菜单

图 2-14　【插入文件】对话框

5) 公式的输入

WPS 文字支持公式的编辑，WPS 文字内置了一些常用公式，也可以根据需要输入自定义公式。

将光标定位到需要输入公式的位置，切换至【插入】选项卡，在【符号】功能组中单击【公式】的下拉按钮，在弹出的列表中选择相应的内置公式，如图 2-15 所示。

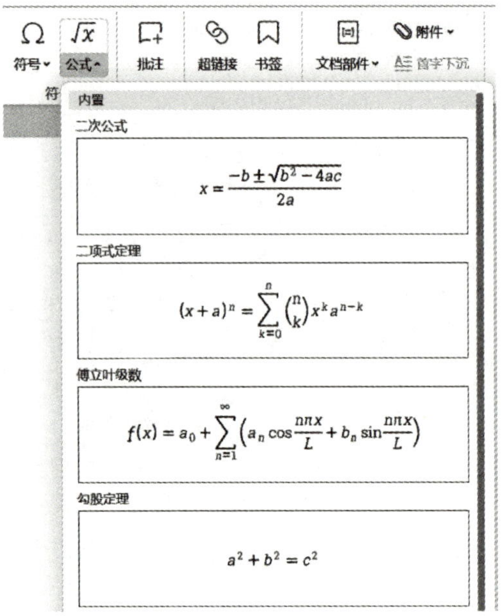

图 2-15　内置公式列表

2. 文本复制和粘贴

1) 文本的选定

WPS 文字对文本操作的原则是"先选择，后操作"，所以，文本的选定是文本操作的基础。文本的选定可以单独通过鼠标或键盘实现，也可以通过将鼠标和键盘结合起来实现，选定后的文本内容以灰底高亮度显示。文本选定的基本方法如表 2-1 所示。

表 2-1　文本选定方法

选择样式	操 作 方 法
选定一个词语	将鼠标移动到要选定的词语上，快速双击鼠标左键
选定一个句子	按住 Ctrl 键，然后单击要选定的句子
选定一行文本	将鼠标移动到要选定行的左侧空白处，当鼠标指针变成 ⤢ 形状时，单击鼠标左键
选定整段文本	将鼠标移动到要选定行的左侧空白处，当鼠标指针变成 ⤢ 形状时，快速双击鼠标左键
选定任意连续的文本	鼠标移动到要选定文本的开始位置，按住鼠标左键不放，拖动到选择文本的结束位置
选定较大的文本块	将鼠标移动到要选定文本的开始位置，按住 Shift 键不放，再单击选择文本的结束位置
选定不连续的文本	先拖动鼠标选择第一块文本，然后按住 Ctrl 键，再依次拖动鼠标到选定的其他文本
选定纵向的文本	按住 Alt 键不放拖动鼠标，可以按列选定矩形区域的文本
选定整篇文本	将鼠标移动到左侧空白处，当鼠标指针变成 ⤢ 形状时，连续单击三次鼠标左键；或者通过快捷键 Ctrl+A 即可选定整篇文本
选定格式相近的文本	将鼠标指针定位到要选取的格式文本，在【开始】选项卡的功能面板中单击【选择】下拉列表中的【选择格式相似的文本】按钮

2) 文本的复制与剪切

文本的复制是指在其他位置创建一个与选择文本完全一样的内容，文本的剪切是指把文本从当前位置移动到另一个位置。如果需要复制一些重复的内容，则使用复制或剪切操作可以节省输入时间、提高效率。主要有两种方法实现文本的复制和剪切：剪贴板操作、鼠标操作。

(1) 剪贴板操作。复制或剪切方法：将需要复制与剪切的文本选定，单击【开始】选项卡下功能面板【剪贴板】组中的【复制】或【剪切】按钮；或者将需要复制与剪切的文本选定，单击鼠标右键，从弹出的菜单中选择【复制】或【剪切】按钮；或者将需要复制与剪切的文本选定，使用快捷组合键，Ctrl+X 表示剪切，Ctrl+C 表示复制。粘贴方法：将光标定位到目标位置，单击【开始】选项卡下功能面板【剪贴板】组中的【粘贴】按钮；或者单击鼠标右键，从弹出的快捷菜单中选择【粘贴】按钮；或者使用快捷组合键 Ctrl+V 表示粘贴。

(2) 鼠标操作。首先用鼠标拖动选择文本，如果要进行剪切，则按住鼠标左键不放，拖动鼠标到目标位置；如果进行复制，则先按住 Ctrl 键，再按住鼠标左键不放，拖动鼠标到目标位置。

3) 文本的删除

如果输入错误，需要删除文本，则删除的方式主要有：

(1) 选择需要删除的文本，按键盘上的 Back Space 键或者 Delete 键。

(2) 按键盘上的 Back Space 键删除光标前的字符，按键盘上的 Back Space+Ctrl 键删除光标前的一个词组。

(3) 按 Delete 键删除光标后的字符，按 Delete+Ctrl 键删除光标后的一个词组。

任务实施

(1) 打开"图书漂流活动策划书"，切换到【插入】选项卡，然后单击功能面板【部件】组中的【附件】下拉按钮，在弹出的下拉菜单中单击【文件中的文字】命令，弹出【插入文件】对话框，如图 2-16 所示。

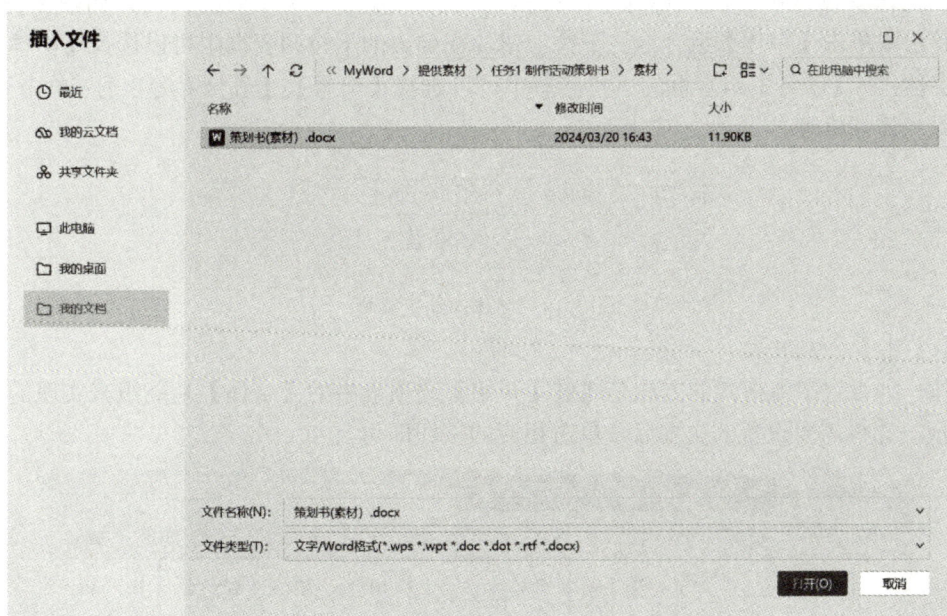

图 2-16　【插入文件】对话框

(2) 在文件位置中选择文件路径，如"第 2 章 \ 任务 1 制作活动策划书 \ 素材"，选中【策划书 (素材).docx】文件，单击【打开】按钮，如图 2-16 所示，插入文字后的效果如图 2-17 所示。

图 2-17　插入文字后的效果

2.1.3　字符和段落格式

○ 相关知识

1. 字符格式

字符格式的设置包括对选中字符的字体、字号、颜色、加粗、倾斜、字间距以及各种修饰效果的设置。在 WPS 文字中，可以通过浮动工具栏和【开始】选项卡中【字体】组里的按钮来设置字符格式。

1) 浮动工具栏

首先把需要设置字体的文本选中，在指针的右上方会出现浮动工具栏，如图 2-18 所示。在该工具栏中单击【字体】组合框的下拉按钮，在弹出的下拉列表框中可以选择【楷体】、【宋体】等字体；在【字号】组合框的下拉菜单中可以选择【一号】、【五号】等字号；单击 B 按钮，可以设置字体加粗等。

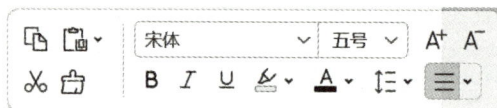

图 2-18　字体浮动工具栏

2) 【字体】功能组

另外一种设置字体格式的方法是通过【开始】选项卡中的【字体】功能组来实现的，如图 2-19 所示，选择需要设置的文本后，单击相应的按钮即可。

图 2-19　【字体】功能组

3) 【字体】对话框

选择需要设置字体格式的文本，单击【开始】选项卡中的【字体】功能组右下角的对话框启动器◢，弹出如图 2-20 所示的【字体】对话框；或者选择文本后，单击鼠标右键，从弹出的快捷菜单中选择【字体】，也可以打开【字体】对话框。【字体】对话框相比浮动工具栏和【字体】功能组而言，所提供的格式设置更加全面。

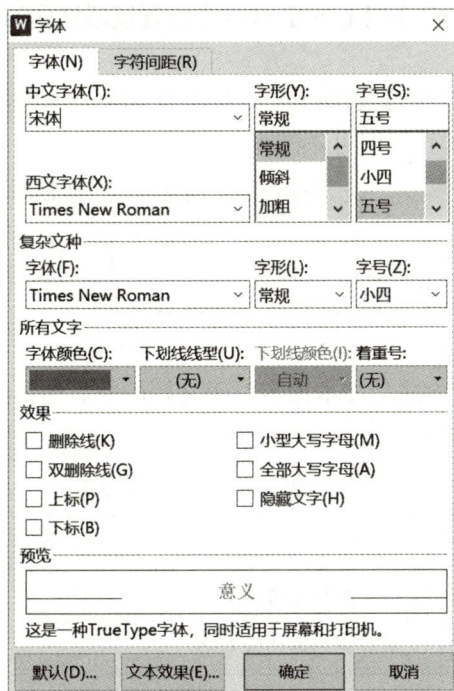

图 2-20　【字体】对话框

4) 复制和清除格式

(1) 复制格式。在 WPS 文字中也可以只复制文本的格式。首先选择已应用格式的文本，然后单击【开始】选项卡中的【剪贴板】功能组的【格式刷】按钮，这时指针将变成刷子的形状，再拖动鼠标，即用刷子覆盖要复制格式的文本即可。如果要将同一格式复制到多处，则双击【格式刷】按钮，拖动鼠标，即用刷子覆盖要复制格式的文本，指针一直保持刷子形状，复制完毕后再单击【格式刷】按钮或者按键盘上的 Esc 退出键退出格式刷状态。

(2) 清除格式。如果要清除所选内容的所有格式，将其变成普通、无格式的文本，则可以单击【开始】选项卡中的【字体】功能组的【清除格式】按钮。

· 技巧 ·

　　(1) 如果要在一处复制格式，则只需单击【格式刷】按钮，当完成复制操作后，【格式刷】按钮自动弹起，表明格式复制功能自动关闭。

　　(2) 若选定的文本包括几种字符格式，则格式刷只复制选定的第一个字符的字符格式；若选定的文本范围中包含段落标记"↵"，则格式刷将复制段落格式和选定的第一个字符的字符格式；若只选定段落标记"↵"，则格式刷只复制该段落的段落格式。

2. 段落格式

在输入文档时，每次按【Enter】键，便产生一个段落标记"↵"，预示着前一段结束，后一段开始。每一段都可以设置自己的段落格式，一旦段落标记被删除，那么后一段的段落格式消失，后一段的段落格式和当前段落的段落格式保持一致。

段落格式的设置包括对齐方式、缩进、段落间距、行间距等设置。要设置某个段落的段落格式，只需将光标移到该段落的任意位置即可。如果设置多个段落的格式，则需选定这些段落以及段落标记"↵"。段落格式也可以通过【浮动工具栏】、【段落】功能组、【段落】对话框来设置。

1) 浮动工具栏

浮动工具栏包含【两端对齐】、【行距】这两个设置段落格式的下拉菜单按钮。

2)【段落】功能组

【段落】功能组从属于【开始】选项卡，如图 2-21 所示，选中需要设置段落格式的内容后，单击【段落】功能组中相应的按钮即可。

图 2-21　【段落】功能组

【段落】功能组中的对齐方式是文本内容对于文档的左右边界的横向排列方式，WPS 文字中有 5 种对齐方式，如表 2-2 所示。

表 2-2　段落的 5 种对齐方式

对齐方式	功　能　描　述
左对齐	文本左侧与左边缘对齐
右对齐	文本右侧与右边缘对齐
居中对齐	文本距离左右两边的边缘距离相等排列
两端对齐	文本左右两端的边缘都对齐，但段落的最后一行靠左对齐
分散对齐	文本左右两端的边缘都对齐，如果一行短，则在字符之间增加额外空格，使其与段落宽度匹配

3)【段落】对话框

【浮动工具栏】、【段落】功能组包含的是比较常用的一些段落格式设置按钮，在【段落】对话框中包含所有的段落格式设置命令，如图 2-22 所示。选择需要设置段落格式的文本，单击鼠标右键，从弹出的快捷菜单中选择【段落】，可以打开【段落】对话框；或者通过【开始】选项卡中的【段落】功能组右下角的对话框启动器 ↘，也可以打开【段落】对话框。

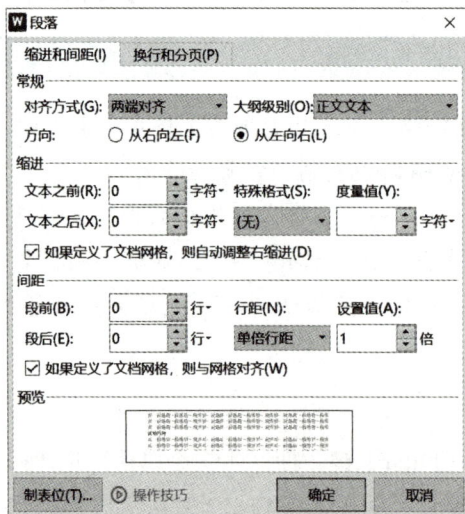

图 2-22　【段落】对话框

(1) 调整段落缩进。缩进指的是文本和页面边界之间的距离。在 WPS 文字中可以通过拖动标尺、【段落】功能组或者【段落】对话框调整缩进量，主要包括以下四种缩进方式。

① 左缩进：设置整个段落左端距离页面左边界的起始位置。

② 右缩进：设置整个段落右端距离页面右边界的起始位置。

③ 悬挂缩进：设置整个段落除了首行以外其他行的缩进。

④ 首行缩进：段落首行从左向右缩进一定的距离，首行以外的各行都保持不变。

(2) 调整段落间距。调整段落间距包括调整段落的行距和段前段后距离，主要有两种方法：① 在【开始】选项卡的【段落】组中打开【行距】下拉列表，从中进行设置；② 在【段落】对话框的【缩进和间距】选项卡下进行设置。

4) 设置项目符号和编号

使用项目符号和编号来组织文档，可以使文档结构清晰、层次分明，尤其是对长文档的排版更是效果突出。

对文档设置项目符号和编号，可以在录入文档时让其自动添加，也可以在文档录入完毕后另外设置。

如果录入文档时自动添加编号，则应在录入文档之前，先录入数字或字母，如"1.""A."等格式，当按【Enter】键时，WPS 文字自动将该段转换为项目编号列表。

下面是在文档录入完毕后，给已经存在的段落设置项目符号。

(1) 选择要设置项目符号的文本。

(2) 在【开始】选项卡中单击【段落】组中【项目符号】右侧的下拉按钮，在弹出的下拉菜单中单击【自定义项目符号】命令，如图 2-23 所示。弹出【项目符号和编号】对话框，在该对话框中，可选择已有项目符号或单击【自定义】按钮，打开【自定义项目符号列表】对话框，如图 2-24 所示。

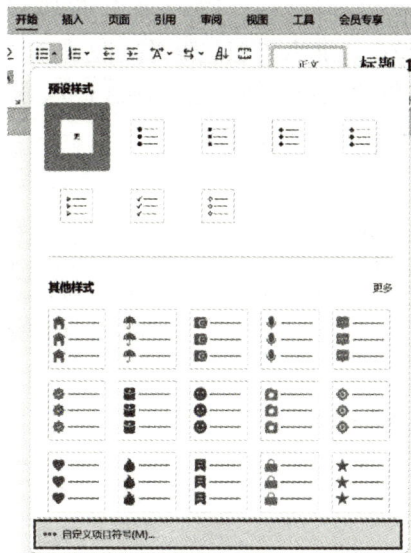

图 2-23　项目符号下拉菜单　　　　图 2-24　【自定义项目符号列表】对话框

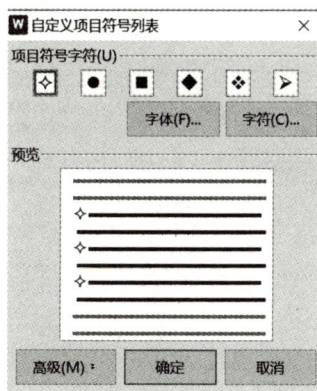

(3) 单击【字符】按钮，选择其中一个字符，单击【插入】按钮，再次单击【确定】按钮，完成项目符号的设置。

下面是在文档录入完毕后，给已经存在的段落设置项目编号。

(1) 选择要设置项目编号的文本。

(2) 切换到【开始】选项卡，单击【段落】组中【编号】右侧的下拉按钮，在弹出的下拉菜单中选择需要的编号样式，如 (1)、(2)、(3)、…，如图 2-25 所示。

图 2-25 编号下拉菜单

·技巧·

　　(1) 有时设置好的项目符号或者编号距离正文的间距很大或者正文距离页边的距离不合适，如图 2-26 所示。这时，选中要设置项目符号或编号的段落，切换到【视图】选项卡，选中【显示】组中的【标尺】复选框☑标尺，此时 WPS 文字文稿窗口的上方显示出水平标尺，水平标尺上有 4 个滑块，分别对应图 2-22【段落】对话框中的 4 种缩进方式，要修改各种缩进位置，只需拖动相应的滑块即可，如图 2-27 所示。

　　(2) 如果要调整文字和编号之间的距离，则需在标尺上单击，此时标尺上显示制表符，移动制表符的位置，即可调整编号和文字之间的距离。

图书回收阶段
1. 在期末做一次集中的收漂活动宣传，收回漂流书籍。
2. 每个漂流点的负责人将图书和其他工具收回，并按分类整理好。
3. 将漂友们的感言和意见整理上传校园网站，专栏公布。

图 2-26 【编号】列表

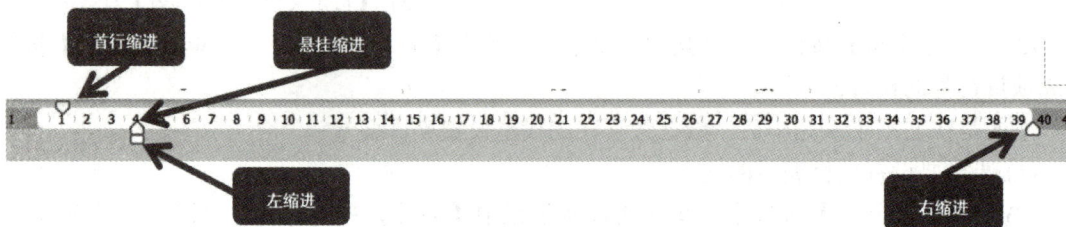

图 2-27 WPS 文字的【标尺】

任务实施

(1) 设置字符格式: 将所有正文的字号设置为【宋体、四号】。

① 打开"图书漂流活动策划书",按 Ctrl + A 组合键选择所有文本。

② 单击【开始】选项卡【字体】组中的【字号】下拉按钮,在弹出的下拉列表中选择【四号】选项,单击【字体】下拉列表,在弹出的下拉列表中选择【宋体】选项,如图 2-28 所示。

图 2-28　字体设置

(2) 将"策划书"正文中的红色文本"活动时间""活动地点""参加对象"和"活动流程"的字体格式设置为【黑体、三号、加粗】。

① 选择要设置的文本"活动时间"。

② 单击【开始】选项卡【字体】组右下角的对话框启动器↘,弹出【字体】对话框。在【中文字体】下拉列表中选择【黑体】选项;在【字形】列表中选择【加粗】选项;在【字号】列表中选择【三号】选项,如图 2-29 所示,最后单击【确定】按钮。

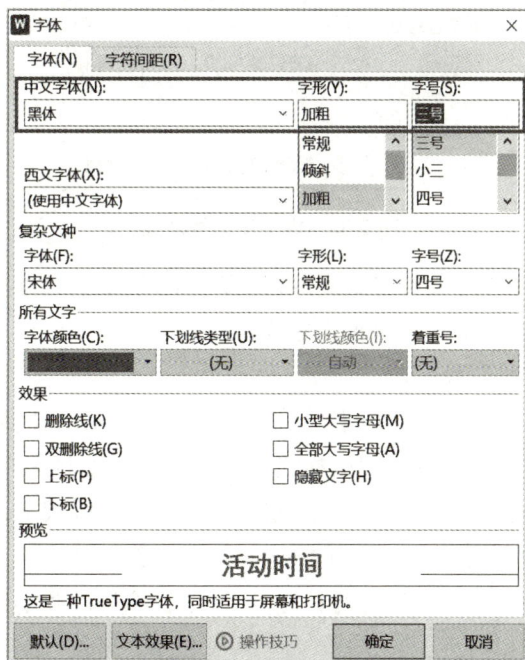

图 2-29　【字体】对话框

③ 双击【开始】选项卡【剪贴板】组中的【格式刷】按钮。当鼠标指针变成格式刷形状时,选择文本"活动地点""参加对象"和"活动流程"。

④ 再次单击【开始】选项卡【剪贴板】组中的【格式刷】按钮，关闭格式刷功能。

(3) 为"策划书"中各一级标题（红色文字）段落添加【一．二．三．…】编号，为"策划书"中各二级标题（蓝色文字）段落添加【（一）（二）（三）…】编号。

① 选择"活动时间"段落。

② 单击【开始】选项卡【段落】组中的【编号】下拉按钮，弹出【编号】下拉列表，选择【自定义编号】选项，弹出【项目符号和编号】对话框，选择【自定义】按钮，弹出【自定义编号列表】对话框。

③ 在【编号样式】下拉列表中选择【一，二，三，…】选项，在【编号格式】文本框中输入"①."，单击【字体】按钮，在弹出的【字体】对话框中选择【加粗】，单击【高级】按钮，在【编号位置】下拉列表中选择【左对齐】选项，将【对齐位置】、【制表位位置】、【缩进位置】均置为【0】，如图 2-30 所示，然后单击【确定】按钮。

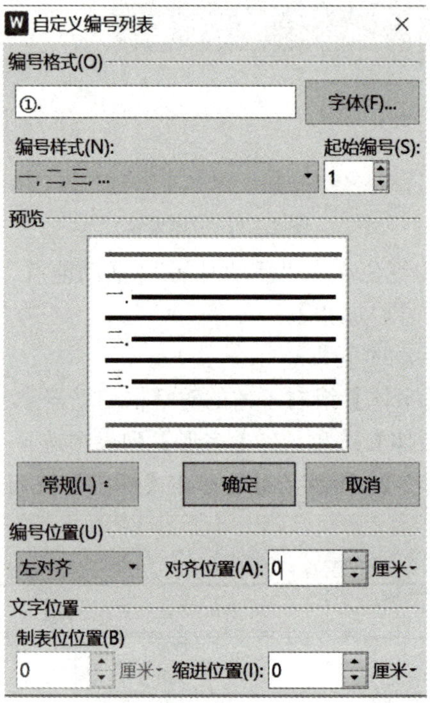

图 2-30　定义新编号格式

④ 选择"活动时间"段落，双击格式刷，并选择"活动地点""参加对象"和"活动流程"三个段落。最后按键盘上的 Esc 退出键退出格式刷状态。

⑤ 选择"前期活动宣传"段落。

⑥ 在【编号样式】下拉列表中选择【（一），（二），（三），…】选项。

⑦ 选择"前期活动宣传"段落，双击格式刷，并选择"收书阶段""书漂流阶段"和"图书回收阶段"三个段落。最后按键盘上的 Esc 退出键退出格式刷状态。

(4) 为"策划书"中绿色文字段落添加【1，2，3，…】编号。

① 选择第一部分绿色文字，并添加【1，2，3，…】编号，并用格式刷对所有绿色文字进行编号设置。

② 将光标定位于编号为"3."的段落中，然后右击鼠标，在弹出的快捷菜单中选择【重新开始编号】，如图 2-31 所示，此时该段落重新从 1 开始编号。重复此操作，可将其他相应段落设置为从 1 开始编号。

图 2-31　重新开始编号

·技巧·

　　添加自定义项目符号：当【项目符号】下拉列表中没有满意的项目符号时，还可以自定义项目符号，在【项目符号】下拉列表中单击【自定义项目符号】命令，弹出【项目符号和编号】对话框，在该对话框中，可选择已有项目符号或单击【自定义】按钮，打开【自定义项目符号列表】对话框，在【项目符号字符】中选择需要添加的项目符号类型。

　　(5) 将"策划书"中所有的段落设置为【左缩进 0 字符，首行缩进 2 字符】，所有的字体颜色设置为【黑色，文字 1】。

　　① 选择正文，单击【开始】选项卡【段落】组中的右下角的对话框启动器，弹出【段落】对话框。

　　② 选择【缩进和间距】选项卡，在【缩进】选项组的【文本之前】微调框中输入【0】字符，在【缩进】选项组的【特殊格式】下拉列表中选择【首行缩进】选项，在右侧的【度量值】微调框中输入【2】，单位选择【字符】，如图 2-32 所示。

　　③ 通过快捷键 Ctrl+A 选择所有文字，单击【开始】选项卡【字体颜色】下拉按钮，从弹出的下拉列表中选择【黑色，文本 1】，如图 2-33 所示。

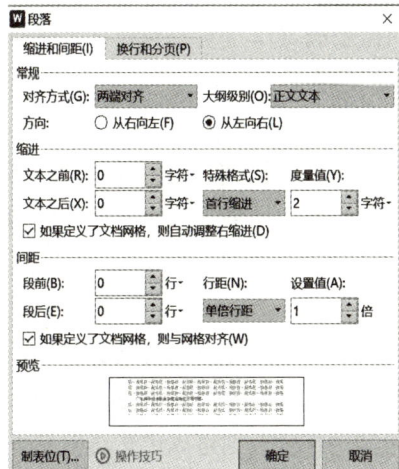

图 2-32　【段落】对话框

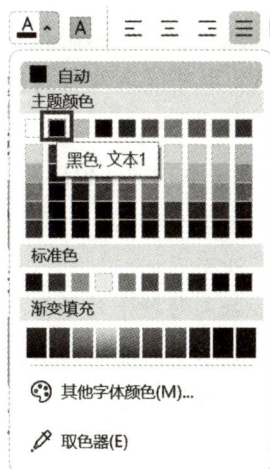

图 2-33　设置文字格式

　　(1) 在图 2-32【段落】对话框【缩进和间距】选项卡的【缩进】区域【文本之前】数值框中输入的数值，表示段落左边界离页面左边的距离，对选定段落中的每一行文字都有效;【文本之后】数值框中输入的数值，表示段落右边界离页面右边的距离，对选定段落中的每一行文字都有效。

　　(2) 在图 2-32【段落】对话框【缩进和间距】选项卡中,【缩进】区域【特殊格式】下拉列表框有两个常用选项【首行缩进】和【悬挂缩进】，都配合右侧的数值框一起使用。【首行缩进】指选定段落中第一行文字的起始位置相对于其他行的起始位置的距离，只对第一行文字有效;【悬挂缩进】指选定段落中除第一行外的所有行的起始位置相对于第一行起始位置的距离，【悬挂缩进】和【首行缩进】不能同时设置，只能选择其一。

任务 2.2

论 文 排 版

　　本任务将排版一篇论文，通过该任务，介绍长文档的排版方法和技巧，包括使用查找、替换功能、应用样式、添加目录等内容。

论文排版

2.2.1　文本的查找与替换

◎ 相关知识

1. 文本的查找

　　通过查找功能，用户可以快速搜索并定位到需要的文本位置，查找分为【查找】和【高级查找】两种方式，其中【高级查找】可以设定详细的查找条件。

　　1) 使用【导航】窗格

　　在【视图】选项卡功能面板中的【显示】功能组中选中【导航窗格】 ，在文稿左侧单击【查找和替换】按钮，输入查找的内容后，单击回车确认键，如果文档中有匹配的内容，则该内容会以黄色高亮度显示。

　　2) 使用【查找与替换】对话框

　　在【开始】选项卡功能面板中的【编辑】功能组中单击【查找替换】按钮，会弹出【查找和替换】对话框，并处于【查找】选项卡，输入要查找的内容，单击【查找上一处】或【查找下一处】即可，如图 2-34 所示。如果需要查找相同的格式，则可以单击该对话框中的【格式】按钮，从弹出的下拉列表中选择查找某种字体或段落格式的内容。

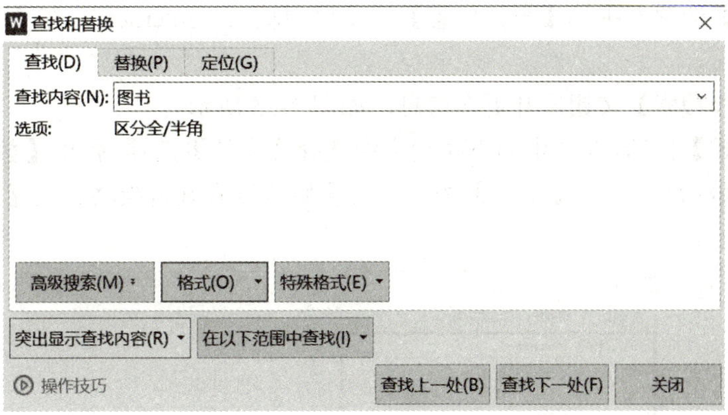

图 2-34　【查找和替换】对话框

2. 文本的替换

使用替换功能，将查找到的文档或文档格式替换为新的文本或格式，且可进行部分替换或全部替换。

1) 使用【查找和替换】对话框

在【开始】选项卡功能面板中的【编辑】功能组中单击【查找替换】下拉按钮，选择【替换】会弹出【查找和替换】对话框，并处于【替换】选项卡，如图 2-35 所示。依次输入查找内容和替换内容，单击【替换】按钮进行单个替换，或者单击【全部替换】按钮一次性全部替换。单击【高级搜索】按钮，可将对话框展开，进行一些高级操作。

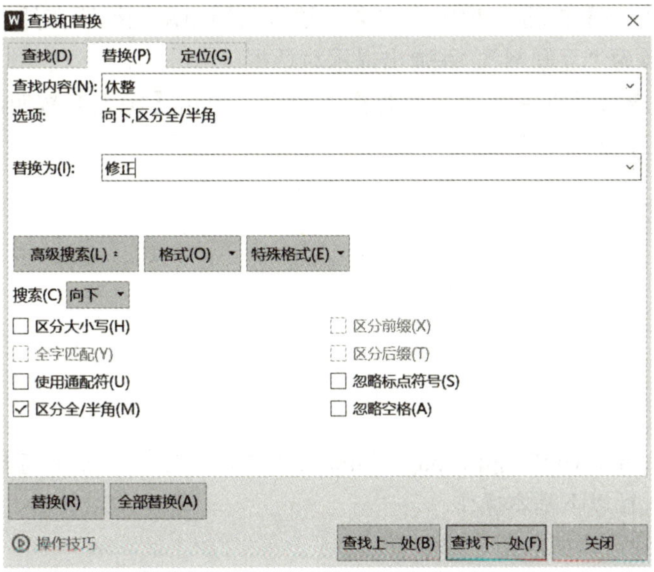

图 2-35　替换选项卡

2) 使用快捷键

按住快捷组合键 Ctrl+H，也可以快速打开如图 2-35 所示的对话框。

任务实施

将论文中的"Internet"替换为"互联网"，并设置颜色为红色。

(1) 打开"第 2 章 \ 任务 2 论文排版 \ 素材 \Internet 前景预测 (素材).docx"文档。

(2) 将光标定位于文档的开头，在【开始】选项卡功能面板中的【编辑】功能组中单击【查找替换】下拉按钮，选择【替换】会弹出【查找和替换】对话框。

(3) 在【替换】选项卡中的【查找内容】文本框中输入"Internet"，在【替换为】文本框中输入"互联网"。

(4) 单击【高级搜索】按钮展开更多信息，如图 2-35 所示。

(5) 单击【格式】按钮，在弹出的下拉列表中选择【字体】选项，弹出【替换字体】对话框，将字体颜色设置为红色，单击【确定】按钮，设置后可以看到替换格式为【字体颜色：红色】，如图 2-36 所示。

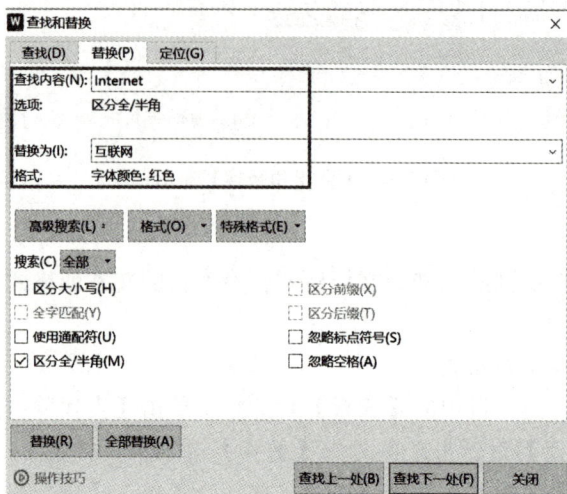

图 2-36　替换操作

(6) 单击【全部替换】按钮，WPS 文字会自动将文档中从光标所在处到文档结尾所有查找到的"Internet"替换为"互联网"，并弹出提示对话框。

(7) 弹出全部完成对话框并显示完成替换的数量，单击【确定】按钮，完成文本的替换，最后关闭【查找和替换】对话框。

2.2.2　插入图表

相关知识

1. 插入图片

WPS 文字支持 emf、wmf、jpg、png、bmp 等多种格式图片，如果需要将计算机中的图片插入文档中，则可执行以下基本操作。

(1) 将鼠标移动到需要插入图片的位置。

(2) 切换到【插入】选项卡，单击【常用对象】功能组中的【图片】按钮，在下拉菜单中选择【本地图片】，打开【插入图片】对话框，如图 2-37 所示。

(3) 在【位置】下拉列表中选择要搜索的图片位置。

(4) 双击要插入的图像文件名，这时选取的图片便插入到插入点位置了。

2. 插入形状

在 WPS 文字中绘制图形时经常使用【插入形状】，通过它可以在文档中绘制各种线条、图形、箭头、标注、形状、艺术字等，绘制一般图形的操作步骤如下。

(1) 单击【插入】选项卡的【常用对象】功能组中的【形状】按钮，弹出形状列表，如图 2-38 所示。

(2) 在列表中单击需要添加的图像列表。

(3) 在页面中按住并拖动鼠标，即可绘制出需要的图形。

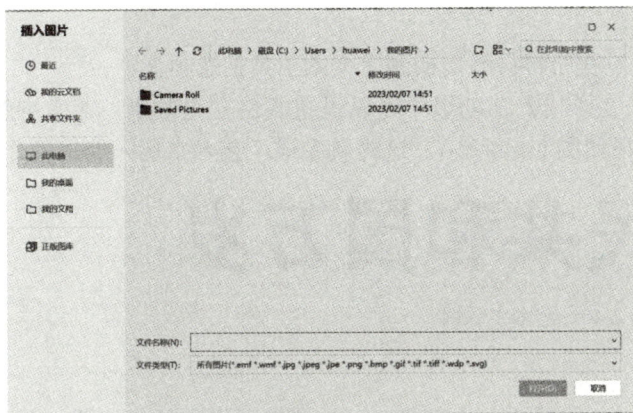

图 2-37　【插入图片】对话框

图 2-38　图形选项

3. 插入智能图形

智能图形是信息的视觉表示形式，使用智能图形可以制作出专业的流程、循环、关系等不同的布局图形。WPS 文字中预设了很多图表类型，从而使用户可以方便、快捷地制作出美观、专业的图形。

1) 插入智能图形的步骤

在文档中插入智能图形时，选择了图形的类别与布局后，程序会自动插入相应的图形，基本步骤如下：

(1) 切换到【插入】选项卡，单击【常用对象】功能组中的【智能图形】按钮，如图 2-39 所示。

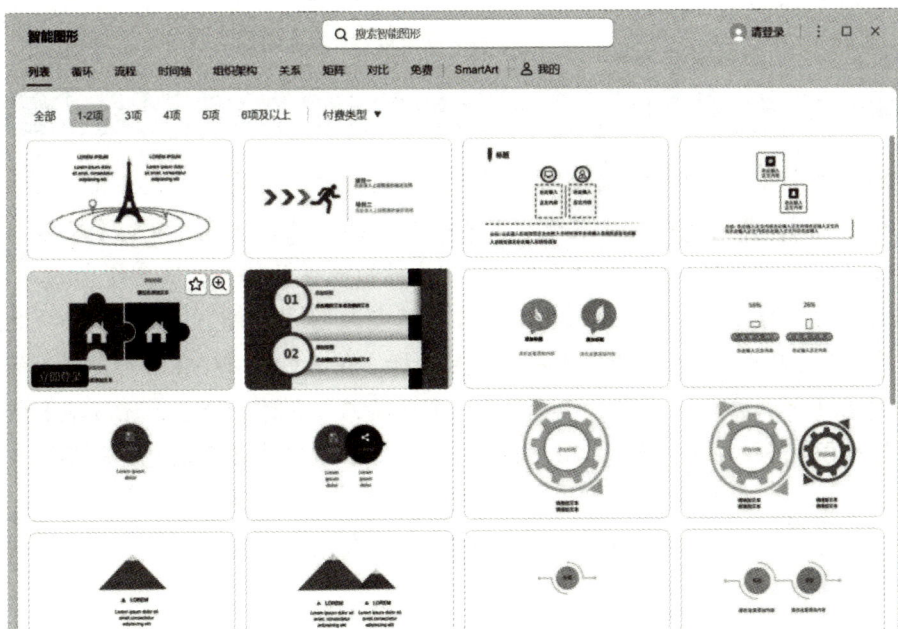

图 2-39　【智能图形】对话框

(2) 从弹出的【智能图形】对话框中找到要插入的图形，单击即可插入。

2）为智能图形添加文本

智能图形是形状和文本框的结合，插入智能图形后，单击【文本】字样，可输入相应的文字。

4. 插入艺术字

艺术字是一些具有特效的文本，在艺术字样式中包括了字体的填充颜色、阴影、映像、发光、柔化边缘、棱台、旋转等样式。插入艺术字的操作步骤如下。

(1) 切换到【插入】选项卡，单击【常用对象】功能组中的【艺术字】按钮，在弹出的列表中选择艺术字样式。

(2) 在编辑区输入艺术字内容，输入后程序将自动切换到【文本工具】选项卡。

(3) 在【文本工具】选项卡的【艺术字样式】功能组中可以设置文字发光效果、艺术字颜色填充、艺术字轮廓颜色等，设置后的效果如图 2-40 所示。这样就完成了艺术字插入编辑操作。

中华人民共和国万岁

图 2-40　艺术字示例

5. 插入文本框

文本框是一种图形对象，是用来存放文本或图形的容器，可放置在页面的任何位置，并可以随意调整大小。文本框有横排和竖排两种。

切换到【插入】选项卡，单击【常用对象】功能组中的【文本框】下拉按钮，在下拉列表中选取【横向】或者【竖向】选项，单击后光标变成十字形状，即可在编辑区绘制文本框，绘制完后可在文本框中输入文字并设置格式，如图 2-41 所示。

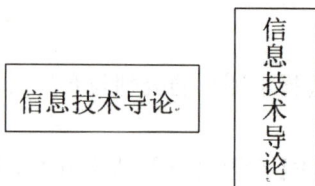

信息技术导论　　　　信息技术导论

图 2-41　文本框

· 说明 ·

WPS 文字提供了多种文本框样式供选择，这些样式主要在排版位置、颜色、大小方面有所区别，用户可根据需要选择其中一种。插入文本框后可看到【文本工具】选项卡已经弹出，通过选项卡下面各个功能组中的功能可以对文本框进行美化。

(1) 在【字体】组中，可对文本框中文本填充颜色进行调整，还可单击功能组右下角的对话框启动器按钮，弹出【字体】对话框，在其中可对字体进行更详细的设置。

(2) 在【形状样式】组中，可对文本框形状填充颜色进行调整，还可单击该功能组右下角的启动器按钮，弹出【形状样式】属性框，在其中设置填充与轮廓、效果等。

任务实施

在论文中，根据素材"图表数据 .xlsx"中给定的数据，制作图表，要求图表类型为【簇状柱形图】，并应用【布局 2】。

(1) 在论文的最后一页将素材中的绿色文字"在此插入图表"删除。

(2) 单击【插入】选项卡【常用对象】功能组中的【图表】按钮，弹出【图表】对话框，在左侧的图表类型中选择【柱形图】选项，在右侧的图表样式中选择【簇状】图表样式，单击【插入预设图表】，如图 2-42 所示。

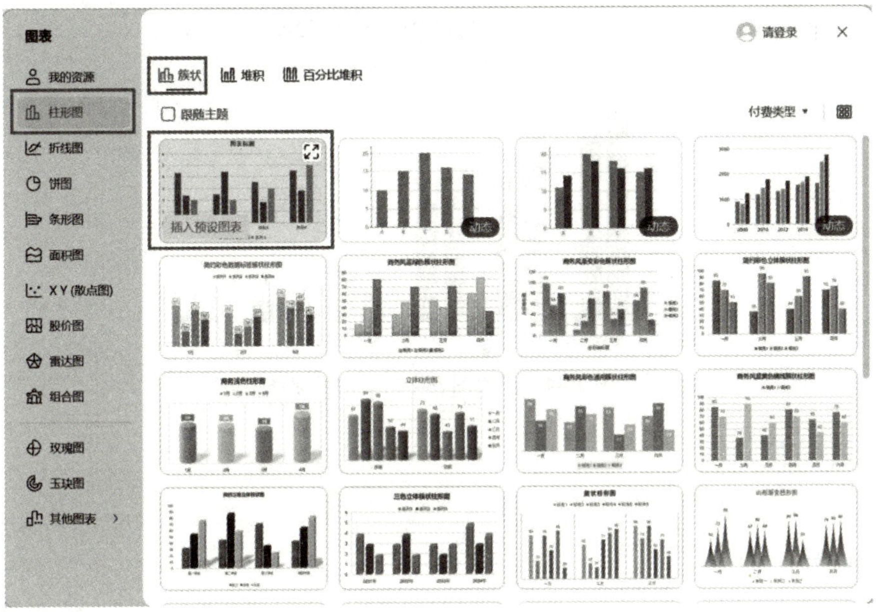

图 2-42　插入图表

(3) 选中插入的【柱形图】，弹出【图表工具】选项卡，单击【数据】功能组中的【编辑数据】按钮，弹出 WPS 表格，删除表中所有示例数据，将"图表数据 .xlsx"中的数据全部复制粘贴到 WPS 表格示例数据显示位置。

(4) 单击【图表工具】选项卡【数据】功能组中的【选择数据】按钮，弹出【编辑数据源】对话框，拖动鼠标选择 WPS 表格窗口的数据区域，完成图表数据源的选取，如图 2-43 所示，最后单击【编辑数据源】对话框中的【确定】按钮。

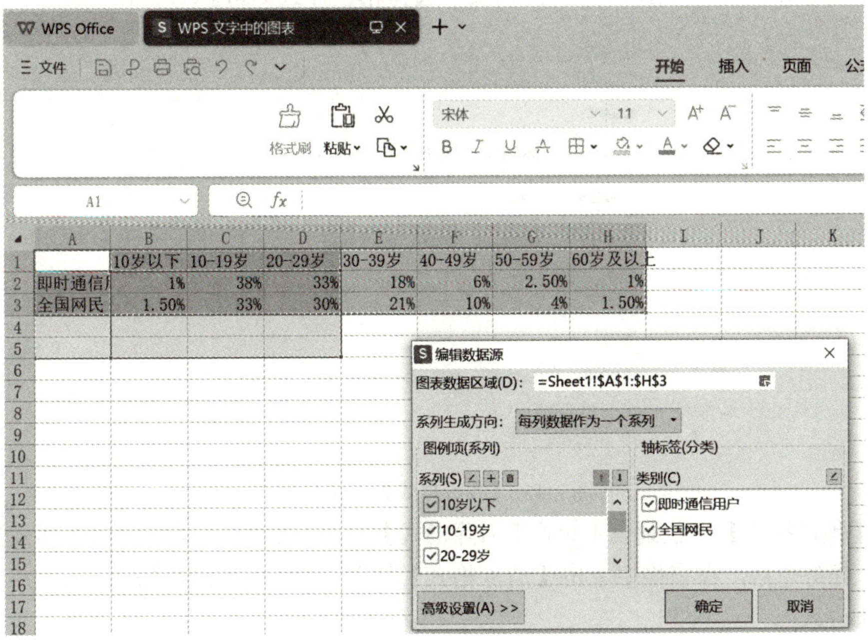

图 2-43　选择图表数据源

(5) 在【系列生成方向】下拉列表中选择【每行数据作为一个系列】，单击【确定】按钮，关闭【编辑数据源】对话框。

(6) 单击【图标工具】选项卡的【图标布局】功能组中的【快速布局】按钮，在下拉列表中选择【布局2】，双击【图表标题】将其修改为"即时通信用户与全国网民数量对比表"，完成后的效果如图 2-44 所示。

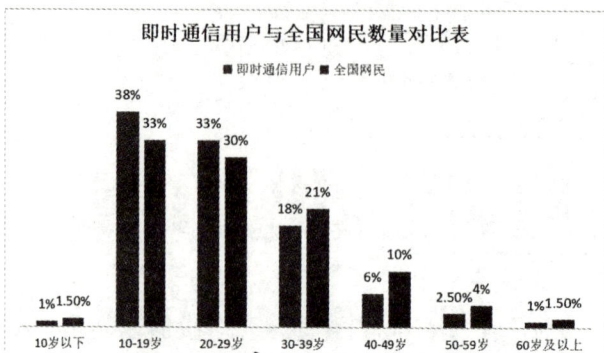

图 2-44　更改图表样式后的效果图

2.2.3　样式与目录

相关知识

1. 使用样式

样式能快速改变 WPS 文字文稿的外观，一个样式可以包含一组格式，可以保证文档格式的统一性，样式的具体使用方法介绍如下。

1) 使用系统内置样式

(1) 将鼠标定位到要应用某种内置样式的段落。

(2) 打开【开始】选项卡，单击【样式】功能组中的下三角按钮，弹出【预设样式】下拉列表，如图 2-45 所示，从弹出的下拉列表中选择相应样式即可。

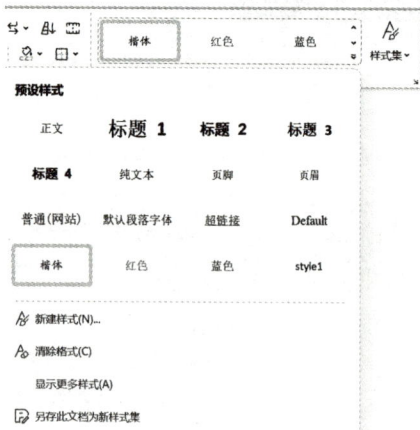

图 2-45　【预设样式】下拉列表

(3) 在【预设样式】下拉列表中单击【清除格式】命令；或者单击【显示更多样式】弹出【样式和格式】任务窗格，在窗格中单击【清除格式】按钮，清除应用的样式格式。

2) 修改样式

如果某些样式不满足格式要求，则可以先修改样式后再应用样式。

在【预设样式】列表中或者在【样式和格式】任务窗格中选择某种样式，单击鼠标右键，从弹出的快捷菜单中选择【修改】命令，在打开的如图 2-46 所示的【修改样式】对话框中更改相应的选项，单击【确定】按钮完成修改。

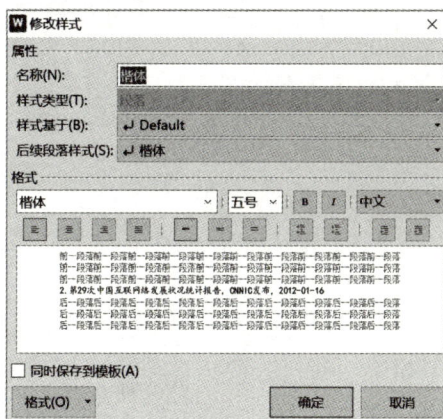

图 2-46　【修改样式】对话框

3) 创建新样式

在打开的【样式和格式】任务窗格中单击【新样式】按钮，打开如图 2-47 所示的【新建样式】对话框，在对话框中进行相应的设置即可创建新样式。

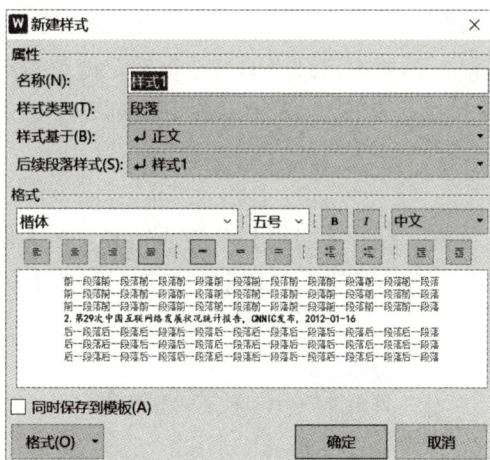

图 2-47　【新建样式】对话框

4) 删除样式

在【样式和格式】任务窗格中选择某种样式，单击鼠标右键，从弹出的快捷菜单中选择【删除】命令即可删除样式。

2. 创建目录

目录清晰地列出了文档中各级标题及每个标题所在的页码。单击目录中的某个页码，可以快速跳转到该页码所对应的标题处。

1) 插入目录

插入目录的步骤如下：

(1) 将光标定位到要插入目录的位置。

(2) 打开【引用】选项卡，在【目录】功能组中单击【目录】按钮，如图 2-48 所示，从弹出的下拉列表中选择相应的内置目录即可；或者在下拉列表中单击【自定义目录】命令，弹出如图 2-49 所示的【目录】对话框，在该对话框中进行制表符前导符、显示级别、选项等设置，设置完成后单击【确定】按钮。

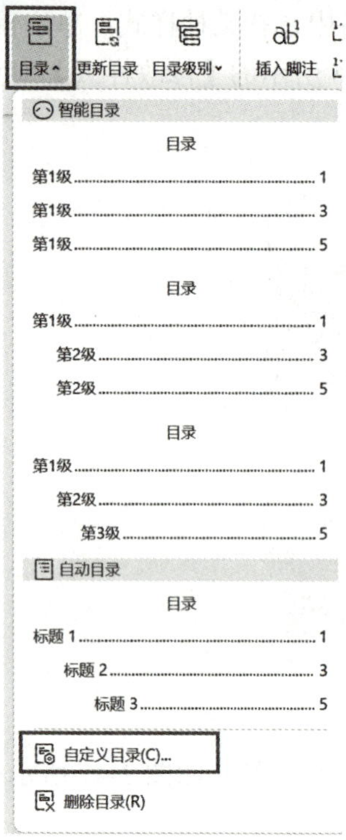

图 2-48　内置目录列表

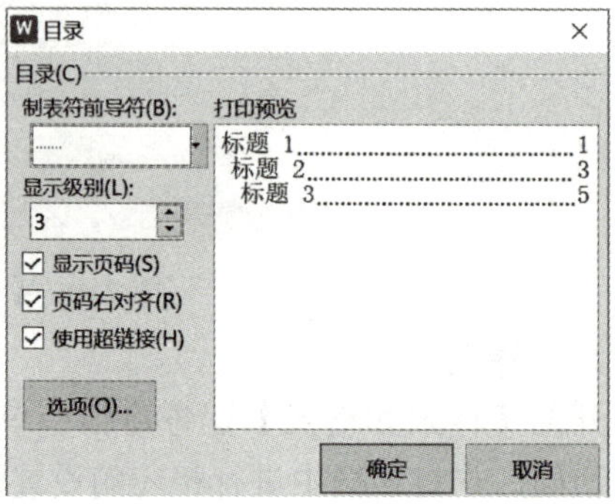

图 2-49　【目录】对话框

目录生成后，按下 Ctrl 键，再单击目录中的某个页码，即可自动跳转到该页的标题处。如果要删除目录，则可选中该目录，在图 2-48 所示的下拉列表中单击【删除目录】命令；或者直接按 Delete 键即可。

2）更新目录

将光标定位到目录中的位置，打开【引用】功能选项卡，在【目录】功能组中单击【更新目录】按钮，将打开如图 2-50 所示的【更新目录】对话框，在该对话框中进行相应的更新选择，单击【确定】按钮。

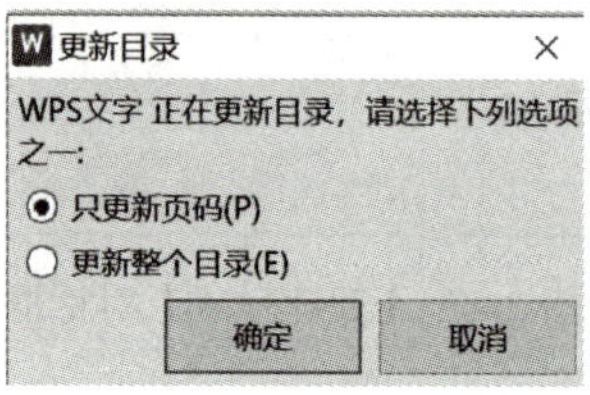

图 2-50　【更新目录】对话框

任务实施

（1）将论文标题"互联网前景预测"应用【标题】样式，并设为黑色居中显示，将文中所有红色文字应用【标题 1】样式，将文中所有蓝色文字应用【标题 2】样式。

① 移动光标到"互联网前景预测"所在段落的任意位置，单击【开始】选项卡的【样式】功能组中的【预设样式】下拉按钮 ▿，在弹出的下拉列表中单击【显示更多样式】，弹出【样式和格式】任务窗格，在窗格的【显示】框中选择【所有样式】，然后在样式列中单击【标题】，就将【标题】样式应用到了"互联网前景预测"上面，最后将该标题设为居中显示。

② 移动光标到红色文字所在段落的任意位置，在【开始】选项卡中单击【编辑】功能组中的【选择】按钮，选择下拉列表中的【选择格式相似的文本】命令，如图 2-51 所示，此时

所有的红色段落文字全部选中，再选择【样式和格式】任务窗格中的【标题 1】样式，则所有红色文字就应用了【标题 1】样式。

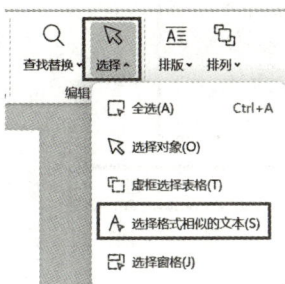

图 2-51　选中所有红色样式

③ 用相同的方法，将论文中所有蓝色文字全部应用为【标题 2】样式。

(2) 按表 2-3 的要求，修改 WPS 文字的内置样式。

表 2-3　修改 WPS 文字的内置样式要求

样式名称	字体	字体大小	段 落 格 式
标题	黑体	二号	段前，段后 1 行，单倍行距，对齐方式居中
标题 1	宋体	四号	段前，段后 13 磅，单倍行距
标题 2	新宋体	四号	段前，段后 0 磅，1.5 倍行距

① 将光标定位于标题所在段落，在【样式和格式】任务窗格中单击【标题】右边的下拉按钮，在弹出的下拉菜单中选择【修改】命令，如图 2-52 所示。

② 在弹出的【修改样式】对话框中选择字体为【黑体，二号】，如图 2-53 所示。单击【格式】按钮，在弹出的下拉列表中选择【段落】选项，在弹出的【段落】对话框中设置段落格式为【段前，段后 1 行，单倍行距，对齐方式居中】。

③ 按照表 2-3 的要求，重复①、②，修改【标题 1】和【标题 2】。

图 2-52　样式修改菜单

图 2-53　【修改样式】对话框

(3) 新建样式"论文正文"，要求：格式为【仿宋，五号，多倍行距 1.25 倍，首行缩进 2 字符】，并将"论文正文"样式应用于字体为【楷体】的文本中。

① 移动光标到【楷体】所在段落的任意位置，在【样式和格式】任务窗格中单击【新样式】按钮，弹出【新建样式】对话框，在【名称】文本框中输入"论文正文"，在【样式类型】下拉列表中选择【段落】选项，在【样式基于】下拉列表中选择【正文】选项，在【后续段落样式】下拉列表中选择【论文正文】选项，再通过【格式】按钮设置行距和缩进，如图 2-54 所示。

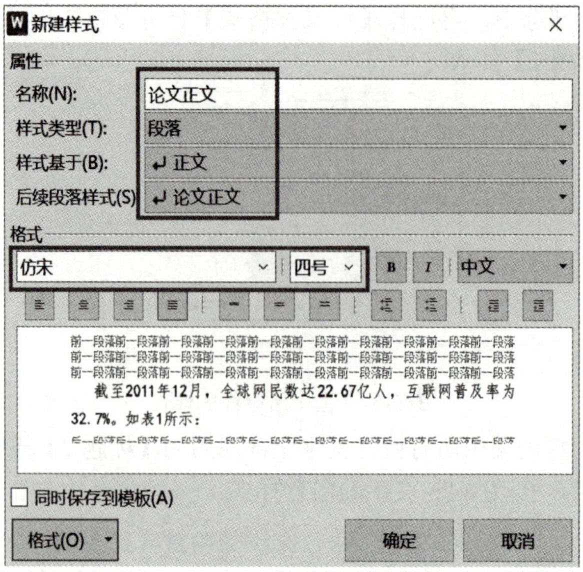

图 2-54 【新建样式】对话框

② 将"论文正文"样式应用于【楷体】文本中。

(4) 设置多级编号：一级目录 1，2，3，…，二级目录 1.1，1.2，…。

① 将光标定位于【标题 1】文本中，单击【开始】选项卡【段落】功能组中的【编号】按钮右侧的下拉按钮，在下拉菜单中选择【自定义编号】选项，弹出【项目符号和编号】对话框。

② 在【项目符号和编号】对话框中切换到【多级编号】选项卡，选中一个带标题 1、标题 2 样式的【多级编号】样式后，再单击【自定义】按钮，弹出【自定义多级编号列表】对话框，在【级别】列表中选择【1】级，并选择此级别的【编号样式】为【1,2,3,…】,在【编号格式】文本框中删除【.】号后添加顿号【、】,使得一级编号变为【1、】。

③ 在【级别】列表中选择【2】级，并选择此级别的编号样式为【1，2，3，…】,单击【高级】按钮，出现如图 2-55 所示的选项，勾选【正规形式编号】后，单击【确定】按钮完成设置。

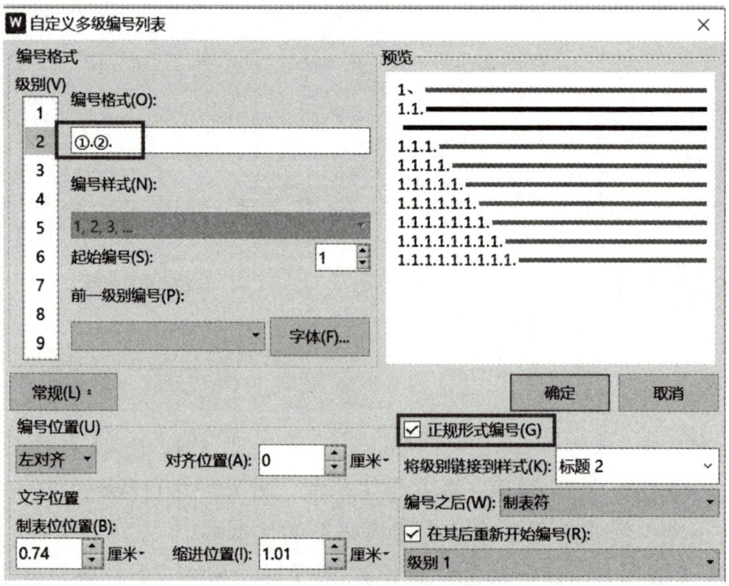

图 2-55　多级列表标题设置

(5) 利用标题样式生成论文目录，要求目录中含有【标题 1】、【标题 2】。

① 将光标定位于标题后面，单击【插入】选项卡【页】功能组中的【分页】按钮，将论

文正文移动到下一页显示，同时将论文中一级标题"1、社会环境对于互联网发展前景的影响"前面的空白段删除。

②将光标定位于标题"互联网前景预测"后面并按 Enter 键。

③单击【引用】选项卡【目录】功能组中的【目录】按钮，从弹出的下拉列表中选择两级标题的智能目录选项，如图 2-56 所示，生成论文目录。

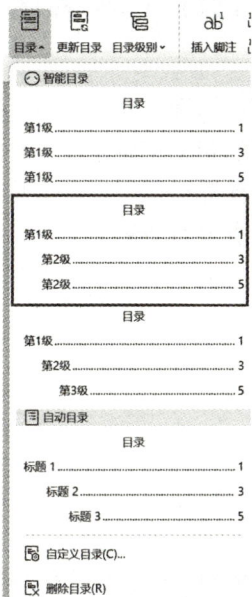

图 2-56　目录下拉列表

(6)目录格式要求：将【目录】修改为【黑体，三号】；【WPSOffice 手动目录 1】修改为【黑体，四号】；【WPSOffice 手动目录 2】修改为【华文雅黑 Light，小四】；标题不在目录中显示。

①单击相应【标题 1】生成目录的文字处，在【样式和格式】任务窗格中，【标题 1】样式定位到【WPSOffice 手动目录 1】，如图 2-57 所示。移动鼠标到【WPSOffice 手动目录 1】的右边，单击出现的下三角按钮，选择下拉列表【修改】选项，弹出【修改样式】对话框。

②在【修改样式】对话框中，按照要求修改【WPSOffice 手动目录 1】的样式，完成后单击【确定】按钮，如图 2-58 所示。用相同的方法修改【WPSOffice 手动目录 2】的样式。

③用鼠标单击生成目录文字第一行的左端空白处，选中所在行，单击键盘 Delete 键删除【标题】生成的目录文字，最后选中【目录】设为要求的格式。

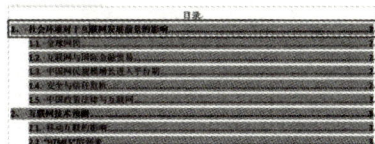

图 2-57　"WPSOffice 目录 1"样式

图 2-58　【修改样式】对话框

任务 2.3

制作个人简历

个人简历用来收集应聘者的信息，以筛选应聘人员，提高面试效率，挑选优秀人才。因此个人简历的内容是非常重要的，它可以帮助招聘单位挑到适合自己的员工，一般报名表里都包含个人概况、教育背景、外语水平、计算机水平、性格特点、业余爱好等内容。之所以用表格收集这些信息，是因为表格可以使信息显得清晰、整洁、有条理，从而节省阅读时间，帮助招聘单位从大量的应聘者信息库中排除明显不合格者。本任务将制作一份求职简历，涉及的内容主要是表格的创建、设置等。

个人简历制作

2.3.1　插入表格

相关知识

创建表格的方法主要有三种：一是利用插入表格区域创建表格，二是通过插入表格对话框创建表格，三是手动绘制表格。对于单元格规则的表格一般使用第二种方法创建，对于单元格不规则的表格常用第三种方法制作，有时两种方法混合使用，另外还可以通过表格的拆分、合并功能以达到需要的效果。

1. 利用插入表格区域创建表格

单击【插入】选项卡【常用对象】功能组中的【表格】按钮，打开如图 2-59 所示的 24 列 8 行组成的网格框，用鼠标直接在网格框上滑动，所选择的网格在网格框顶端显示行数和列数，单击鼠标，则在页面插入一个表格。

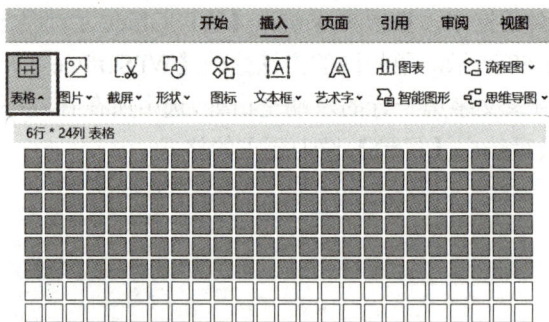

图 2-59　利用插入表格区域插入表格

当鼠标定位到表格中时，系统将自动激活【表格工具】和【表格样式】选项卡，【表格工具】选项卡可以对表格属性等进行调整，如图 2-60 所示，【表格样式】可以设置表格样式、底纹、边框等，如图 2-61 所示。

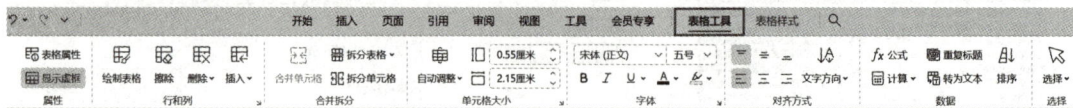

图 2-60　【表格工具】选项卡

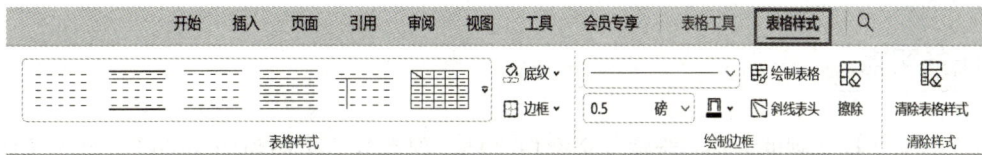

图 2-61　【表格样式】选项卡

2. 通过插入表格对话框创建表格

单击【插入】选项卡【常用对象】功能组中的【表格】按钮，从弹出的列表中选择【插入表格】命令，弹出【插入表格】对话框，如图 2-62 所示，在该对话框中直接输入表格的列数和行数。

图 2-62　【插入表格】对话框

3. 手动绘制表格

手动绘制表格是指用画笔工具绘制表格的边线，它可以很方便地、随心所欲地绘制出结构复杂的不规则的表格。手动绘制表格可以通过【绘制表格】命令完成，具体如下：

单击【插入】选项卡【常用对象】功能组中的【表格】按钮，从弹出的下拉列表中选择【绘制表格】命令选项，如图 2-63 所示，当光标变为铅笔样式时，按下鼠标左键并拖动鼠标指针绘制表格，并在适当位置释放左键，就完成了表格的绘制。绘图结束后退出绘制表格状态的方法有两种：最简单快捷的方法是按【Esc】键；另外一种方法是单击【表格工具】中的【绘制表格】按钮退出绘制模式，如图 2-64 所示。

图 2-63　【绘制表格】命令

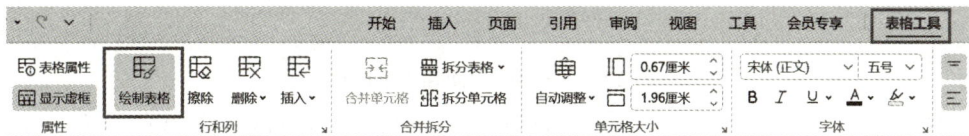

图 2-64　【绘制表格】按钮

创建一个 7 行 2 列的表格：新建一个空白文档，保存为"求职简历 .docx"，单击【插入】选项卡【常用对象】功能组中的【表格】按钮，在弹出的下拉列表中拖动鼠标选择 7 行 2 列，单击插入一个 7 行 2 列的表格，如图 2-65 所示；也可以在下拉列表中选择【插入表格】命令，弹出【插入表格】对话框，自定义设置行数和列数，如图 2-66 所示。

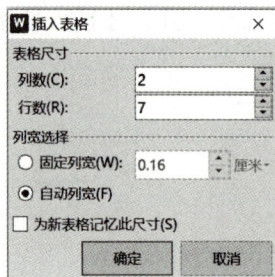

图 2-65　利用插入表格区域插入表格　　　　图 2-66　【插入表格】对话框

2.3.2　调整表格布局

相关知识

1. 插入或删除操作

插入操作主要有如下七种方式：

(1) 鼠标定位到表格中，单击鼠标右键，从弹出的快捷菜单中选择【插入】，再在子菜单中选择相应的命令即可。

(2) 切换到【表格工具】，单击相应的按钮即可。

(3) 切换到【表格工具】，使用【绘图工具】绘制。

(4) 把鼠标指针定位到表某一行末尾处，按【Enter】键即可在该行下方插入新一行。

(5) 将光标移动到要添加行上方的行边框线的左侧，并单击显示出的"⊕"按钮，即可在所选边框线的上方插入一行空白行，如图 2-67 所示。

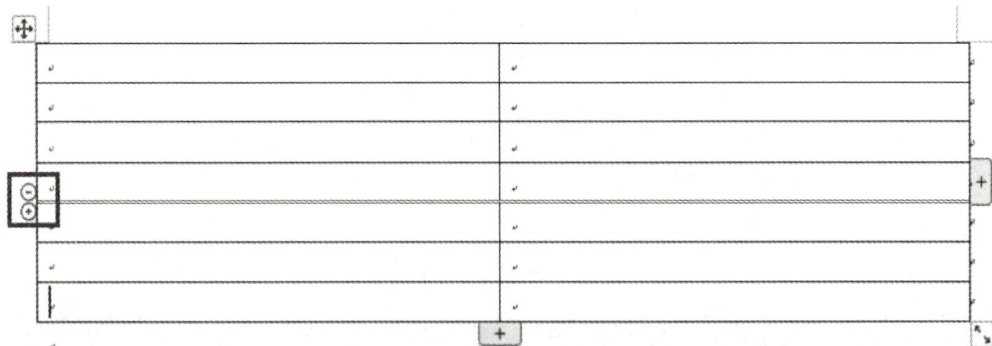

图 2-67　在表格中间插入空白行

(6) 插入列的方法与上面类似，将光标移动到要添加列上方的列边框线的上方，并单击显示出的"⊕"按钮，即可在所选边框线的右边插入一个空白列，如图 2-68 所示。

图 2-68　在表格中间插入空白列

(7) 先单击表格中的任意位置，再单击右边框中间位置出现的"▯"按钮，就可以在最右边插入一个空白列；单击下边框中间位置出现的"▭"按钮，就可以在最下边插入一个空白行，如图 2-69 所示，也可以拖动加号来增加多行或多列。

图 2-69　在表格最右边插入列 / 最下边插入行

删除单元格、行、列、表格的主要方式有如下三种：

(1) 单击鼠标右键，从弹出的快捷菜单中选择【删除单元格】，弹出如图 2-70 所示的【删除单元格】对话框，选择相应的命令后单击【确定】即可删除相应的单元格。

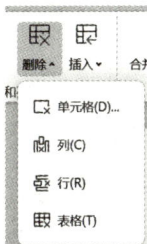

(2) 切换到【表格工具】选项卡，单击【行和列】功能组中的【删除】按钮，在弹出的下拉列表中选择相应的操作即可，如图 2-71 所示，可以删除指定单元格、删除整列及删除整行，还可以删除整个表格。

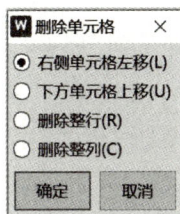

图 2-70　【删除单元格】对话框　　　　图 2-71　【删除】按钮下拉菜单

(3) 切换到【表格工具】选项卡，单击【行和列】功能组中的【擦除】按钮，把需要删除的边框线擦掉。

2. 合并与拆分单元格

通过下面两种方式进行单元格合并：

(1) 把需要合并的单元格选中，单击鼠标右键，从弹出的快捷菜单中选择【合并单元格】。

(2) 把需要合并的单元格选中，切换到【表格工具】选项卡，单击【合并拆分】功能组中的【合并单元格】按钮，如图 2-72 所示。

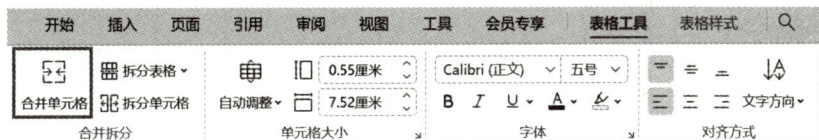

图 2-72　【合并单元格】按钮

通过下面两种方式进行单元格拆分：

(1) 把需要拆分的单元格选中，单击鼠标右键，从弹出的快捷菜单中选择【拆分单元格】命令，打开如图 2-73 所示的【拆分单元格】对话框，输入将要拆分的列数和行数，再单击【确定】按钮。

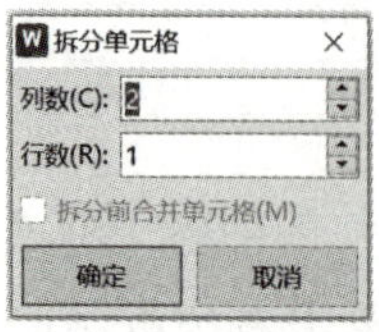

图 2-73 【拆分单元格】对话框

(2) 把需要拆分的单元格选中，切换到【表格工具】选项卡，单击【合并拆分】功能组中的【拆分单元格】按钮，如图 2-74 所示，也可以打开【拆分单元格】对话框。

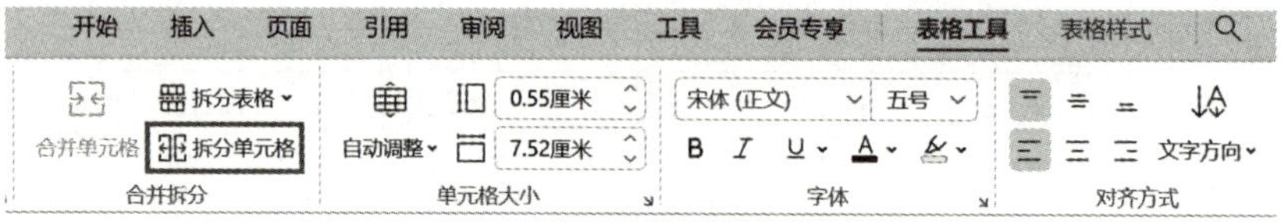

图 2-74 【拆分单元格】按钮

拆分表格的方法：把光标定位到表格中需要拆分的位置，切换到【表格工具】选项卡，单击【合并拆分】功能组中的【拆分表格】按钮；或者将鼠标定位在表格拆分位置的行，按组合键 Ctrl+Shift+Enter 即可。

任务实施

按照图 2-75，将表格的相应单元格进行拆分。

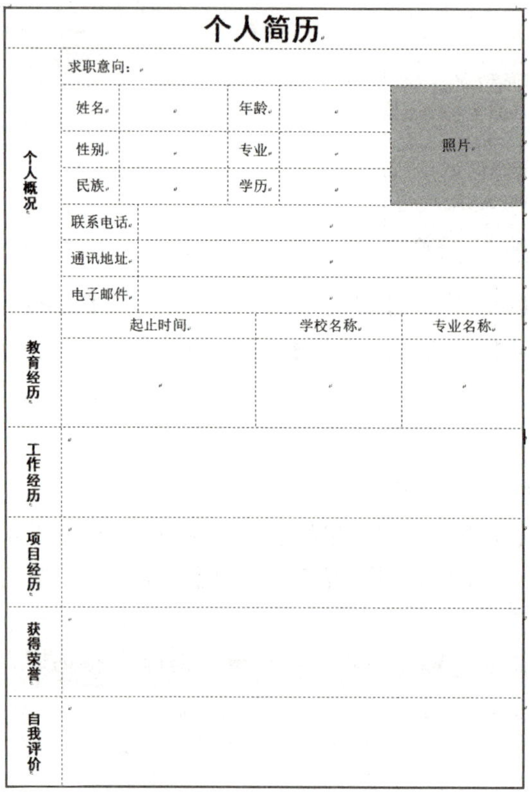

个人简历					
个人概况	求职意向：				
	姓名		年龄		照片
	性别		专业		
	民族		学历		
	联系电话				
	通讯地址				
	电子邮件				
教育经历	起止时间		学校名称		专业名称
工作经历					
项目经历					
获得荣誉					
自我评价					

图 2-75 求职简历效果图

(1) 将光标定位在第 2 行第 2 列单元格，右击，在弹出的快捷菜单中选择【拆分单元格】命令，弹出【拆分单元格】对话框，设置"1 列 3 行"，效果如图 2-76 所示。

图 2-76　拆分单元格

(2) 按照相同的方法，将单元格进一步拆分 (第 3 行第 2 列拆分为 3 行 5 列，第 6 行第 2 列拆分为 3 行 2 列，第 9 行第 2 列拆分为 2 行 3 列)，效果如图 2-77 所示。

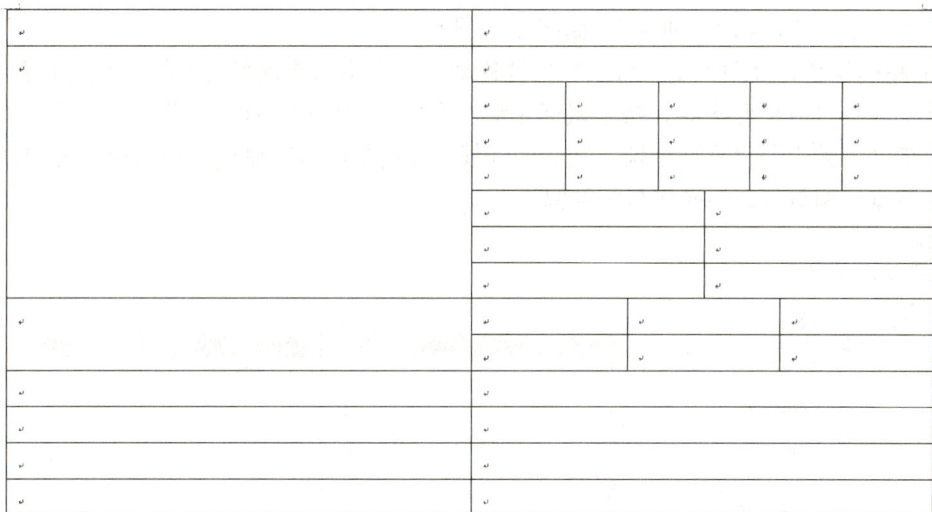

图 2-77　拆分单元格最终效果

(3) 选择表格中第 1 行的两个单元格，单击鼠标右键，在弹出的快捷菜单中选择【合并单元格】命令，将第 1 行的两个单元格合并为 1 个单元格；按同样的方法，将表格的第 3、第 4、第 5 行最后 1 列单元格合并，最终效果如图 2-78 所示。

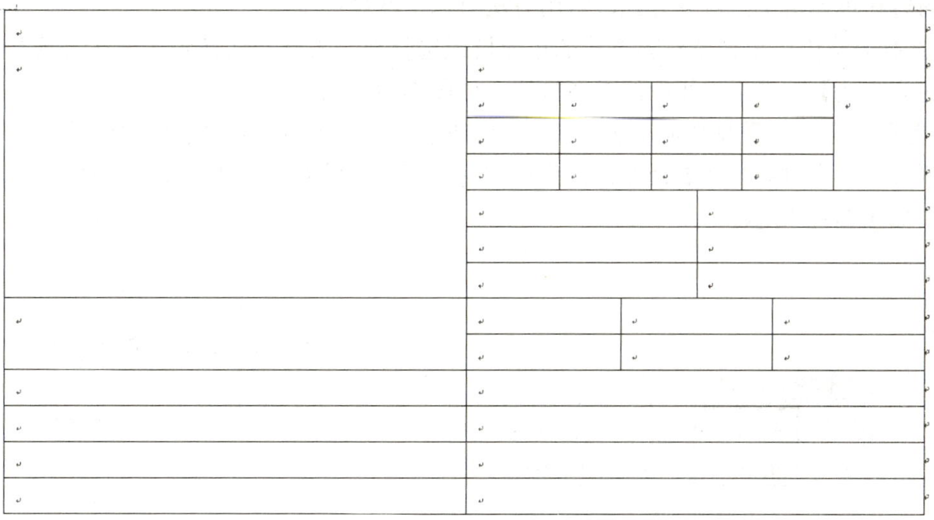

图 2-78　合并单元格最终效果

2.3.3　设置表格格式

相关知识

此处格式包括表格的格式（例如行高、列宽、底纹、边框等），以及字符在表格中的格式设置。调整表格行高和列宽的方式有两种，即精确调整和非精确调整。使用鼠标拖动的方式属于非精确调整，使用对话框设置具体的数字可以做到精确调整行高和列宽。

1. 行高和列宽

调整表格行高和列宽的两种方式如下：

(1) 精确调整行高和列宽。选中需调整行高和列宽的单元格区域，切换到【表格工具】选项卡，单击【属性】功能组中的【表格属性】按钮，弹出【表格属性】对话框，切换到【行】或【列】选项卡，在【尺寸】区域中，选中【指定高度】或【指定宽度】复选框，在后面的数值框中输入长度数值，如"1 厘米"，如图 2-79 所示。

(2) 非精确调整行高和列宽。将鼠标指针移动到表格中需要调整列宽的单元格的表格线上，此时指针变成双向箭头形状↔，按下鼠标左键左右拖动列标记，此时表格出现垂直虚线（如图 2-80 所示的"年龄"与"家庭地址"之间的虚线）跟随鼠标指针移动，拖动列标记到合适位置即可改变列宽。调整行高的操作与此类似。

图 2-79　【表格属性】对话框　　　　　　　　图 2-80　调整列宽

2. 设置单元格对齐方式

表格中添加的文本内容默认在单元格中靠左对齐，为了满足排版的需要，往往要适当地调整这些内容在单元格中的对齐方式，常用方法有以下两种：

(1) 选择表格中需要调整对齐方式的单元格或选择整个表格，切换到【表格工具】选项卡，单击【对齐方式】功能组中相应的对齐按钮，如图 2-81 所示。

(2) 选择表格中需要调整对齐方式的单元格或选择整个表格，右击所选区域，弹出快捷菜单，然后选择【单元格对齐方式】命令，在弹出的九种形象化的对齐方式按钮中选择一种合适的对齐方式，如图 2-82 所示。

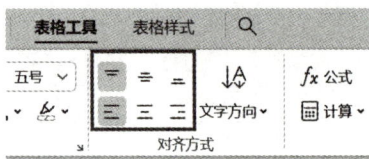

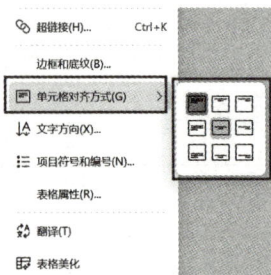

图 2-81　【对齐方式】菜单　　　　　　　　图 2-82　通过快捷菜单选择对齐方式

3. 设置表格对齐方式

表格的对齐方式是指整个表格在页面中水平方向上的对齐方式，具体的对齐方式有表格在页面中水平方向上整体靠左、水平居中和整体靠右，可以为表格设置不同的对齐方式，具体操作如下。

将光标定位在表格中任意位置，切换到【表格工具】选项卡，单击【属性】功能组中的【表格属性】按钮，在弹出的【表格属性】对话框中选择【表格】选项卡，如图 2-83 所示。在对话框中的【对齐方式】区域中，分别选中【左对齐】、【居中】、【右对齐】按钮，可以分别将表格设置为左对齐、居中、右对齐。

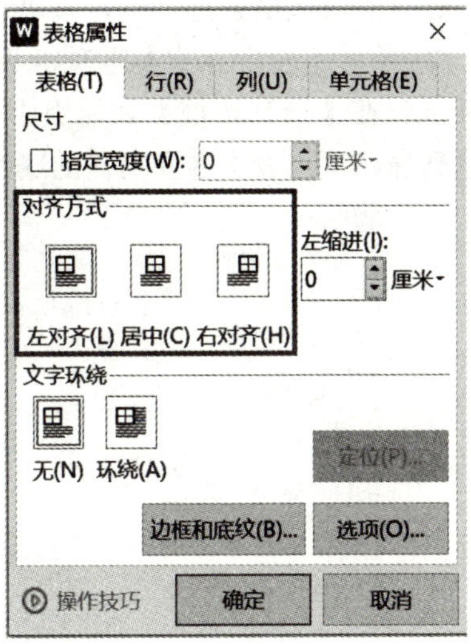

图 2-83 【表格属性】对话框

任务实施

(1) 参照图 2-75，调整各单元格的列宽和行高，同时在相应单元格输入"个人简历""求职意向"等内容。

① 把光标移到第 1 行的边框线上，单击并拖动鼠标，在新位置将显示一条虚线，到合适的位置释放鼠标；按照相同的方法，设置其他单元格的行高和列宽。

② 将光标定位在第 1 行，输入"个人简历"，按 Tab 键，将光标移到下一个单元格，输入"个人概况"；按照同样的方法，参照图 2-75，分别输入相应的内容。

(2) 参照图 2-75，将"个人简历"所在单元格设置成【黑体，小一，加粗，水平居中】；将"个人概况""教育经历"等文字所在单元格设置成【黑体，小四，加粗，水平居中，垂直居中】，文字方向改为竖排；其他单元格设置成【宋体，小四，水平居中，垂直居中】。

① 将光标定位在第 1 行单元格，单击【表格工具】选项卡的【对齐方式】功能组中的相应按钮，选择【水平居中】，并设置字体为【黑体，小一，加粗】。

② 将光标定位在"个人概况"所在单元格，按住鼠标左键向下拖动到"自我评价"所在的单元格，并将单元格的格式设置为【黑体，小四，加粗，水平居中，垂直居中】；单击【表格工具】选项卡的【对齐方式】功能组中的按钮，选择【水平居中】和【垂直居中】，将选择的单元格中的文字改为【垂直方向从右往左】。

③ 按照同样的方法，将其他单元格设置成【宋体，小四，水平居中，垂直居中】。

2.3.4 设置表格边框和底纹

相关知识

1. 边框和底纹

通过【表格样式】选项卡或者右键快捷菜单设置表格的边框和底纹。

(1) 通过【表格样式】选项卡设置：选择要设置边框或底纹的单元格，打开【表格样式】选项卡，在【绘制边框】功能组中单击【边框】按钮旁边的下拉按钮，从弹出的下拉列表中选择【边框和底纹】命令，打开如图 2-84 所示的【边框和底纹】对话框。单击【边框和底纹】

对话框中的【边框】选项卡，可以设置表格边框；单击【底纹】选项卡，可以设置表格底纹。

(2) 通过【表格样式】选项卡设置：选择要设置边框或底纹的单元格，打开【表格样式】选项卡，在【绘制边框】功能组中单击【底纹】按钮旁边的下拉按钮，打开如图 2-85 所示的颜色列表，从列表中选择所需的底纹颜色即可设置表格或单元格的底纹。

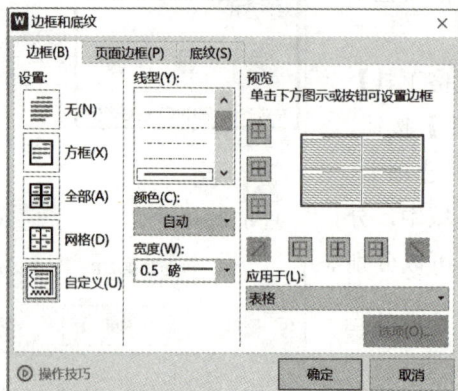

图 2-84 【边框和底纹】对话框　　　　图 2-85 【底纹】颜色列表

(3) 通过右键快捷菜单设置：选择要设置边框或底纹的单元格，单击鼠标右键，选择【边框和底纹】命令，打开如图 2-84 所示的【边框和底纹】对话框进行设置。

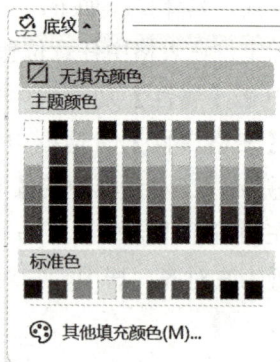

2. 表格中函数的使用

在 WPS 文档中插入的表格也可以像 WPS 表格一样进行数据的计算和处理，不仅可以使用 LEFT、ABOVE 来对单元格左侧连续单元格或上方连续单元格进行求和运算，也可使用类似 C2:F4 的方式来指定连续区域中的数据（计算公式可以引用单元格，表格中的列号用 A，B，C，…来表示，行号用 1，2，3，…表示，列在前、行在后，组合起来就是一个单元格号。例如，C5 代表第 3 列第 5 行的单元格，而 "C5:F8" 表示从单元格 C5 到 F8 之间的全部单元格区域）。可以使用的函数也有许多，如 SUM、MIN、MAX、COUNT、AVERAGE 等。甚至还可以对指定列的数据进行多关键字排序。

1) 表格中数据的计算

打开【表格工具】选项卡，然后在【数据】功能组中单击【fx 公式】按钮，弹出【公式】对话框，在【公式】文本框中输入公式，如 "=SUM(ABOVE)"，表示计算单元格上方数据的和，再在【数字格式】下拉列表中选择数字的格式，如图 2-86 所示，指定小数位数为一位，最后单击【确定】按钮，即可计算指定单元格上方所有单元格中的数据之和，并且将结果保留一位小数。

图 2-86 【公式】对话框

2) 表格中数据的排序

在 WPS 文档中插入的表格不仅可以进行求和、求最大值、求最小值、求平均值等运算，还可以对指定列的数据进行多关键字排序，具体操作如下：

(1) 打开需要排序的文档，首先用鼠标单击表格中的任一单元格，再单击【表格工具】选项卡，在【数据】功能组中单击【排序】按钮，弹出【排序】对话框，如图 2-87 所示。

图 2-87　【排序】对话框

(2) 在【排序】对话框中，分别设置【主要关键字】及【类型】、【次要关键字】及【类型】、【第三关键字】及【类型】以及每个关键字的排序方法——升序或降序，最后单击【确定】按钮，就完成了多关键字排序。

任务实施

(1) 参照图 2-75，将表格的内部框线设置为"虚线……"，外侧框线设置为"双细线==========="。

① 选中整个表格，单击【表格样式】选项卡【绘制边框】功能组中的【线型】下拉菜单，在弹出的下拉列表中选择"…………"线型，如图 2-88 所示。

② 单击【表格样式】选项卡【表格样式】功能组中的【边框】下拉按钮，在弹出的下拉列表中选择【内部框线】命令，如图 2-89 所示。

③ 单击【表格样式】选项卡【表格样式】功能组中的【边框】下拉按钮，在弹出的下拉列表中选择【边框和底纹】命令，打开如图 2-90 所示的【边框和底纹】对话框，选择【边框】选项卡，在【设置】选项组中选择【自定义】选项，在【线型】列表中选择【双细线】选项，在【预览】区域，单击如图 2-90 所示的上、下、左、右边框线按钮，最后单击【确认】按钮。

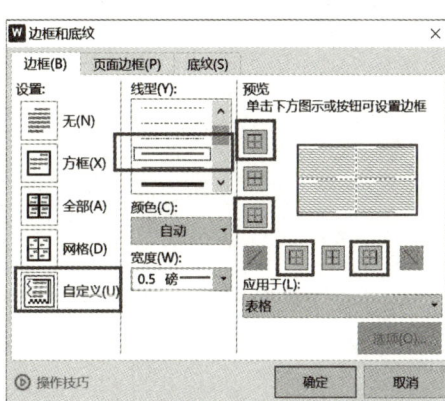

图 2-88　【线型】下拉列表　　　图 2-89　边框类型　　　图 2-90　【边框和底纹】对话框

(2) 参照图 2-75，为"照片"单元格添加【白色，背景 1，深色 15%】底纹。

选择"照片"单元格，单击【表格样式】选项卡【表格样式】功能组中【底纹】按钮旁边的下拉按钮，从颜色列表中选择【白色，背景 1，深色 15%】即可，如图 2-91 所示。

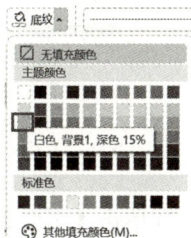

图 2-91　底纹设置

任务 2.4

制作家庭报告书

有时候用户需要处理一批信函、邮件、工资单或录取通知书，这类文档的主要内容基本上都是相同的，只是具体数据有所变化。此时可以使用邮件合并来简化操作。本任务将使用WPS 文字的邮件合并功能制作出"家庭报告书"，涉及的内容主要是文档的排版、页眉页脚的增加、页面布局和背景设置及邮件合并。

2.4.1　页面布局设置

页面布局的设置主要包含纸张大小、页边距、分栏等的设置。

制作家庭
报告书

相关知识

1. 设置页面纸张

设置页面纸张的方法如下：

(1) 单击【页面】选项卡【页面设置】功能组中的【纸张大小】按钮，弹出下拉列表，根据需要在其中选取一个适当的纸张大小，如图 2-92 所示。

图 2-92　【纸张大小】下拉列表

(2) 单击【页面】选项卡【页面设置】功能组中右下角的按钮↘，打开【页面设置】对话框，如图 2-93 所示，选择【纸张】选项卡，在【纸张大小】列表中选择需要的纸张型号，如图 2-94

所示，单击【确定】按钮即可设置页面纸张。

図 2-93　【页面设置】对话框

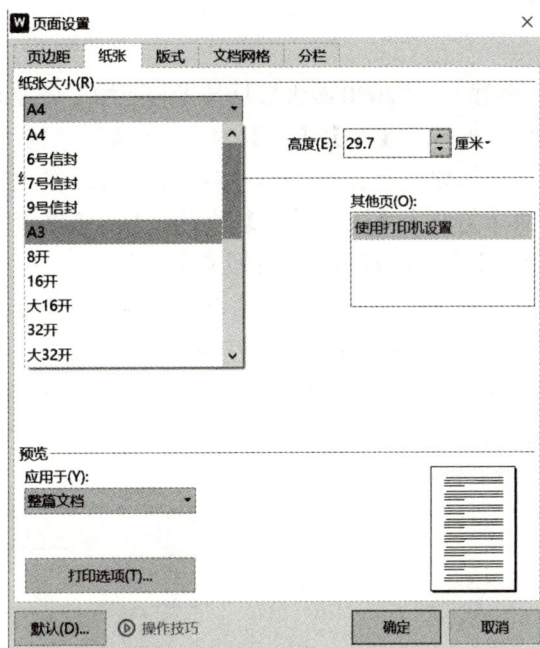

图 2-94　列表中选择纸张大小

2. 设置页边距

设置页边距的方法如下：

(1) 打开【页面设置】对话框后，切换到【页边距】选项卡，如图 2-95 所示，在【页边距】栏中设置上、下、左、右的边距值，同时可以设置装订线的宽度以及装订线的位置是左边还是右边。此外，也可以在【方向】选项卡功能区选择【纵向】或【横向】显示页面，设置完成后单击【确定】按钮即可。

(2) 可以在【页面】选项卡【页面设置】功能组中单击【页边距】按钮，弹出【页边距】下拉列表，根据需要在其中选取适当的页边距，如图 2-96 所示。

图 2-95　【页边距】选项卡

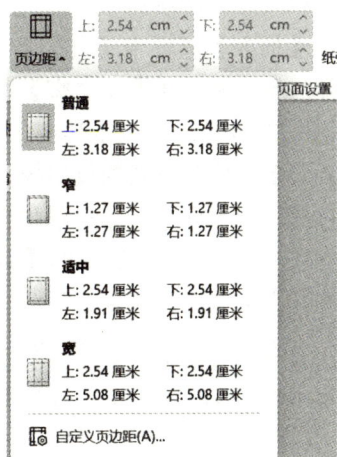

图 2-96　【页边距】下拉列表

任务实施

新建一个"2020 级大数据技术与应用 1 班家庭报告书 .docx"文档，设置页边距【上】、【下】为"2.5 厘米"，【左】、【右】为"3 厘米"，把素材中的文字复制进来。

(1) 新建一个空白文档，保存为"2020 级大数据技术与应用 1 班家庭报告书 .docx"。单击【页面】选项卡【页面设置】功能组中的【页边距】按钮，在弹出的下拉菜单中选择【自定义页边距】命令，打开【页面设置】对话框。

(2) 在【页面设置】对话框中的【页边距】选项组中的【上】、【下】微调框中输入"2.5 厘米"，【左】、【右】微调框中输入"3 厘米"，如图 2-97 所示。

(3) 打开任务 4 素材"邮件合并 - 主文档 - 素材 -2020 级大数据技术与应用 1 班家庭报告书 .docx"，将其中的内容全部复制到"2020 级大数据技术与应用 1 班家庭报告书 .docx"文档中，最后保存文档。

图 2-97　设置页边距

2.4.2　页眉页脚设置

相关知识

1. 页眉、页脚和页码

单击【插入】选项卡【页】功能组中的【页眉页脚】按钮，如图 2-98 所示，此时，系统会自动开启一个新的【页眉页脚】选项卡，单击其中的不同按钮，可以对页眉和页脚进行各种设置，如图 2-99 所示。单击其中【页眉页脚】功能组中的【页眉】按钮，拖拉右边的滚动条，可以看到许多免费或收费的页眉样式，选择合适的页眉样式，登录账号后，单击其中的【立即使用】按钮，就可获得一个已经设置好的精美的页眉样式，如图 2-100 所示。如果需要自定义页眉，则可单击图 2-100 底部的【编辑页眉】按钮。单击文档中的页眉页脚切换按钮，插入点可在页眉和页脚区之间切换。

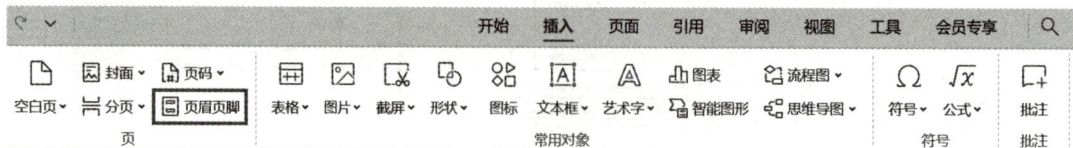

图 2-98　页眉页脚按钮

图 2-99　页眉页脚选项卡

图 2-100　选择合适的页眉

单击【页眉页脚】功能组中的【页码】下拉按钮，系统会弹出【预设样式】下拉面板，如图 2-101 所示，选择其中的合适的预设样式，单击即可使用。还可以单击图 2-101 底部的【页码】命令，在弹出的【页码】对话框中，进一步地对页码进行各种设置，如图 2-102 所示。

图 2-101　页码预设样式列表

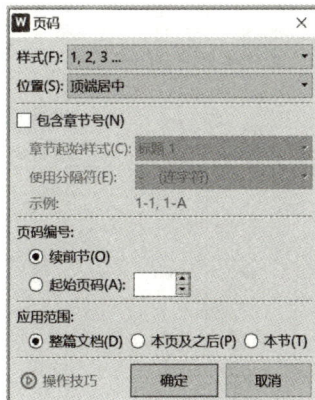

图 2-102　【页码】对话框

在设置页码样式中，有多种表达式，如数字、字母等。要回到主文档，可单击【页眉页脚】选项卡最右侧的【关闭】按钮或者双击主文本区。

2. 页面背景设置

1) 页面颜色设置

默认情况下，WPS文字的背景颜色为白色，可单击【页面】选项卡【效果】功能组中的【背景】按钮，如图2-103所示，在弹出的下拉列表中进行相应的设置。

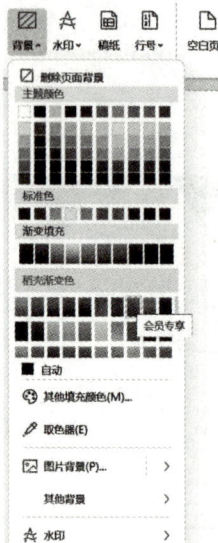

图2-103　页面背景下拉列表

2) 水印设置

水印是一种让文字或图片以透明或者半透明的方式呈现在正文下面的效果。若想放一张图片在正文里面作为背景，则可以使用WPS文字的水印功能。

单击【页面】选项卡【效果】功能组中的【水印】按钮，如图2-104所示。在预设水印中选择适合的水印样式，如图2-105所示，就可以对当前文档设置水印。在图2-105中单击【插入水印】选项，可以打开【水印】对话框，对水印作进一步的设置，如图2-106所示。

图2-104　【水印】按钮

图2-105　选择水印样式　　　　图2-106　【水印】对话框

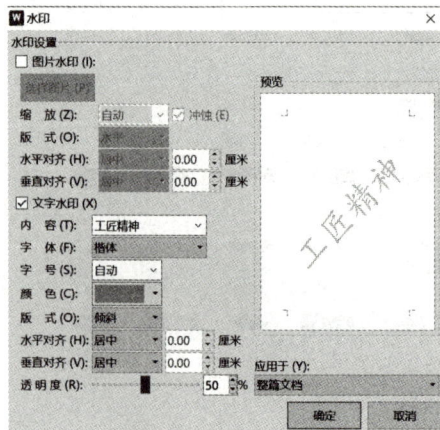

此外，也可以通过单击【页面】选项卡【效果】功能组中的【背景】按钮，在弹出的下拉列表底部单击【水印】按钮，打开插入水印下拉菜单，如图 2-107 所示。

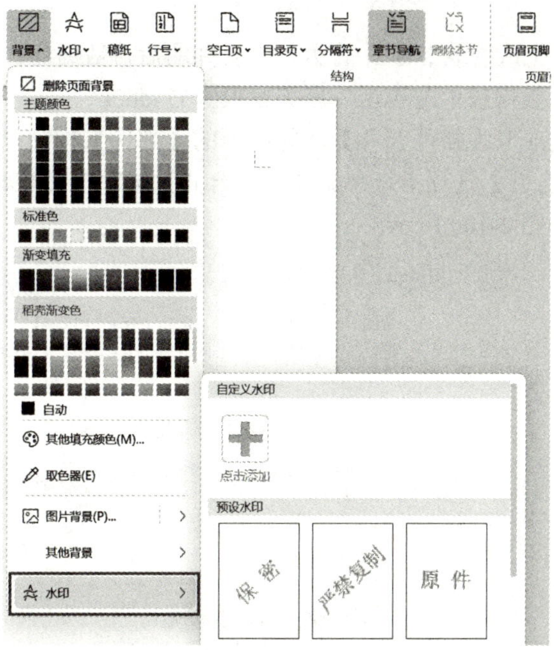

图 2-107　插入水印

任务实施

为"2020 级大数据技术与应用 1 班家庭报告书 .docx"文档添加页眉"2020 级大数据技术与应用 1 班"，不需要页脚，页面背景设置为自定义文字（"计算机学院"）水印。

(1) 打开"2020 级大数据技术与应用 1 班家庭报告书 .docx"，单击【插入】选项卡【页】功能组中的【页眉页脚】按钮，在文档的最上方【页眉】处输入文本"2020 级大数据技术与应用 1 班"，居中显示，再单击【页眉页脚】选项卡最右侧的【关闭】按钮。

(2) 单击【页面】选项卡【效果】功能组中的【水印】按钮，在图 2-105 列表中选择【插入水印】命令，打开插入水印对话框，在图 2-106 中选择【文字水印】单选按钮，然后在【内容】后面的文本框中输入文字"计算机学院"，颜色设置为【白色，背景 1，深度 15%】，字体设置为【楷体】，版式设置为【倾斜】，其他默认，单击【确定】按钮即可。

2.4.3　邮件合并

相关知识

同一种证书，在内容上除了证书编号、姓名等项目外，其他内容、格式都是一致的，如果需要批量制作校牌、证书、成绩单、录取通知书等，可以使用 WPS 文字中的邮件合并功能快速高效地完成任务。

邮件合并需要在两个电子文档之间进行，一个叫主文档，一个叫数据源，主文档是一个样板，用来保存制作内容中相同的部分，在 WPS 中任何一个普通文档都可以作为主文档来使用。数据源用来保存制作内容中的不同部分，又称为收件人列表，一般用 WPS 表格保存数据源。

邮件合并的基本步骤为创建主文档、准备数据源、选取数据源、插入合并域及合并。

◉ 任务实施

(1) 打开数据源"学生成绩表 .xls"，作为邮件合并的后台数据库。

① 打开"2020 级大数据技术与应用 1 班家庭报告书 .docx"。

② 单击【引用】选项卡【邮件合并】功能组中的【邮件】按钮，如图 2-108 所示。此时，系统会自动开启【邮件合并】选项卡，单击【邮件合并】选项卡【开始邮件合并】功能组中的【打开数据源】按钮，如图 2-109 所示。

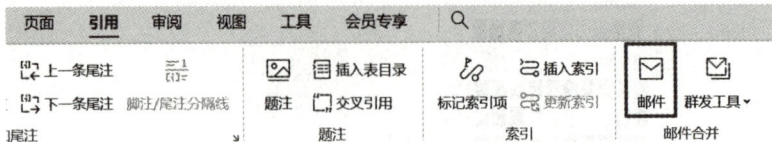

图 2-108　启用邮件合并功能

图 2-109　打开数据源

③ 弹出【选取数据源】对话框，找到并打开"学生成绩表 .xls"，如图 2-110 所示，单击【打开】按钮，在弹出的【选择表格】对话框中选取其中的"各科成绩表 $"数据表，再单击【确定】按钮，如图 2-111 所示。

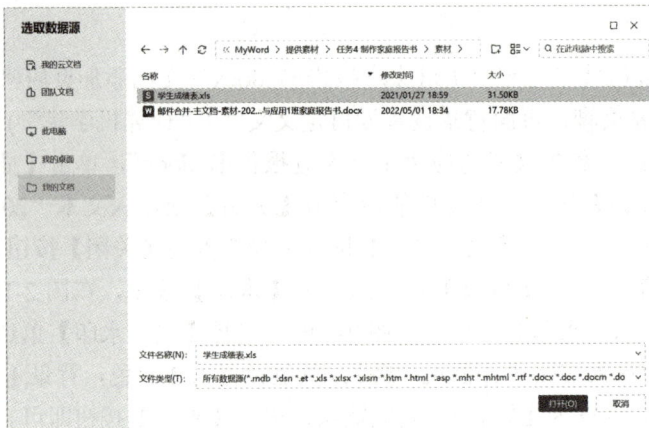

图 2-110　【选取数据源】对话框

图 2-111　【选择表格】对话框

(2) 插入合并域。

① 将光标定位到主文档中"＿＿＿＿＿学生家长："的横线上，单击【邮件合并】选项卡【编写和插入域】功能组中的【插入合并域】按钮，弹出【插入域】对话框，如图 2-112 所示。在该对话框中选择需要插入的域【姓名】选项，单击【插入】按钮，此时在横线上会插入域"《姓

名》"，如图 2-113 所示。

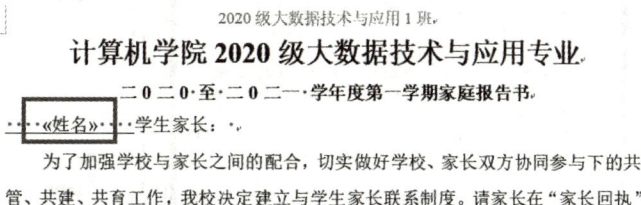

图 2-112　【插入域】对话框　　　　　　　　　图 2-113　插入姓名域

　② 用同样的方法在"2020 级大数据技术与应用 1 班家庭报告书 .docx"的对应位置一一插入其他科目成绩的对应域。

　③ 在"下学期应缴学费＿＿＿元"的横线上输入"6800"，将光标定位在"班主任签名："的后面输入"伊夫林"。

　(3) 运用【合并到新文档】命令，生成全班的"家庭报告书"。

　单击【邮件合并】选项卡【完成】功能组中的【合并到新文档】按钮，在弹出的【合并到新文档】对话框中，根据数据源文件"学生成绩表 .xls"中的数据项设置从 1 至 63 条记录，如图 2-114 所示，再单击【确定】按钮，此时 WPS 文字会生成合并后的 63 份家庭报告书。最后单击【邮件合并】选项卡最右侧的【关闭】按钮，退出邮件合并。

图 2-114　【合并到新文档】对话框

任务 2.5

任 务 体 验

任务体验

【体验目的】

(1) 掌握新建、保存、打开 WPS 文字的方法。

(2) 掌握字符、段落、文本框的格式设置步骤。

(3) 掌握表格的制作和格式化方法。

【体验内容】

制作一份大学生"求职简历"，该简历的最终效果如图 2-115 所示。

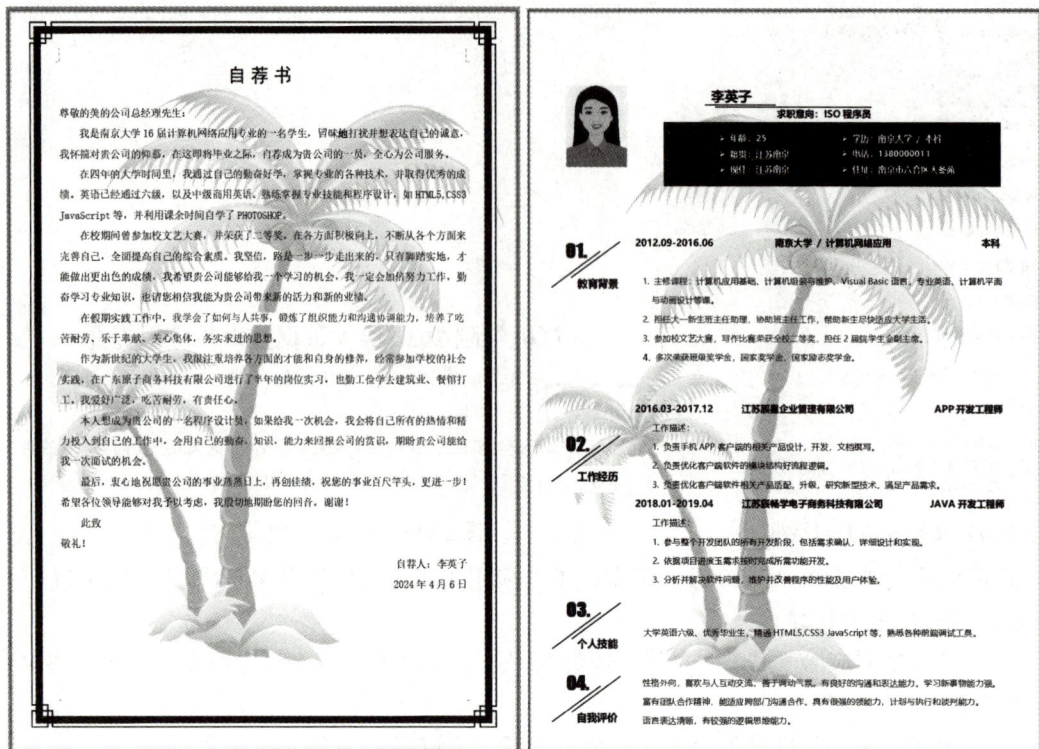

图 2-115　个人简历效果图

【体验步骤】

1. 制作个人简历

(1) 打开【新建文档】页面，如图 2-116 所示，单击【求职简历】按钮选项，在搜索框中输入"免费简历"，可以快速查找到可以借鉴使用的部分简历模板，在弹出的简历列表中单击选择喜欢的免费模板，如图 2-117 所示，最后单击【免费使用】按钮。

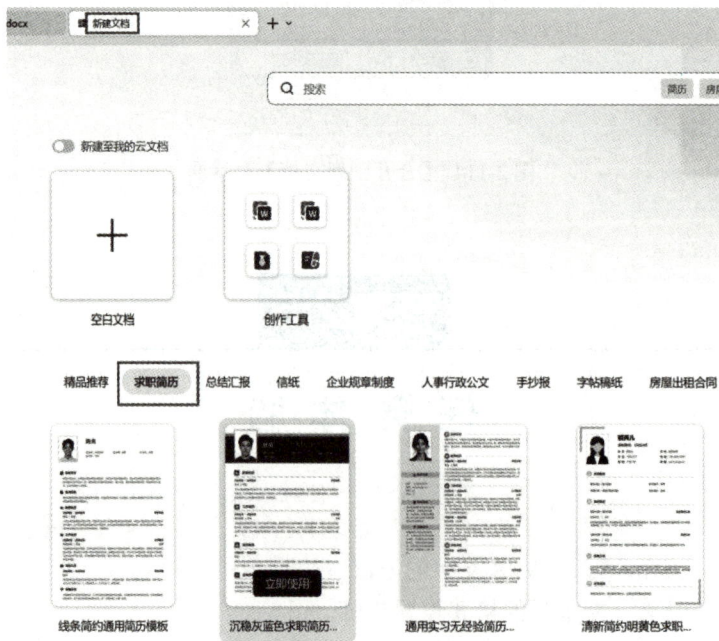

图 2-116　求职简历列表

图 2-117　选择简历模板

(2) 加载完成后，自动生成一个本地文字文稿的简历文档。

下面修改"个人简历"模板，制作属于自己的简历。

(1) 根据个人情况对简历模板中的内容进行调整和修改。

(2) 添加水印效果，切换到【页面】选项卡，单击【效果】功能组中的【水印】按钮，在弹出的列表中选择【插入水印】命令，弹出【水印】对话框，在该对话框中选择【图片水印】单选按钮，再单击【选择图片】按钮，选择一张图片作为文档的背景水印，最后单击【确定】按钮，如图 2-118 所示。

(3) 完成修改和调整后的效果如图 2-119 所示。

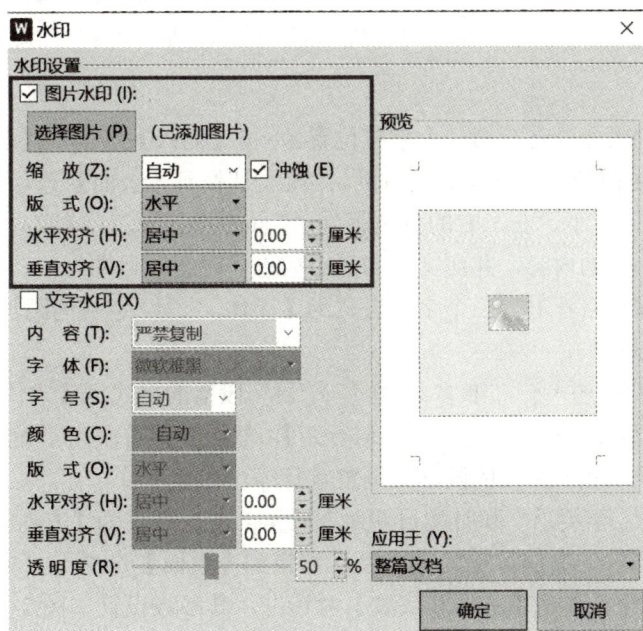

图 2-118　插入图片水印

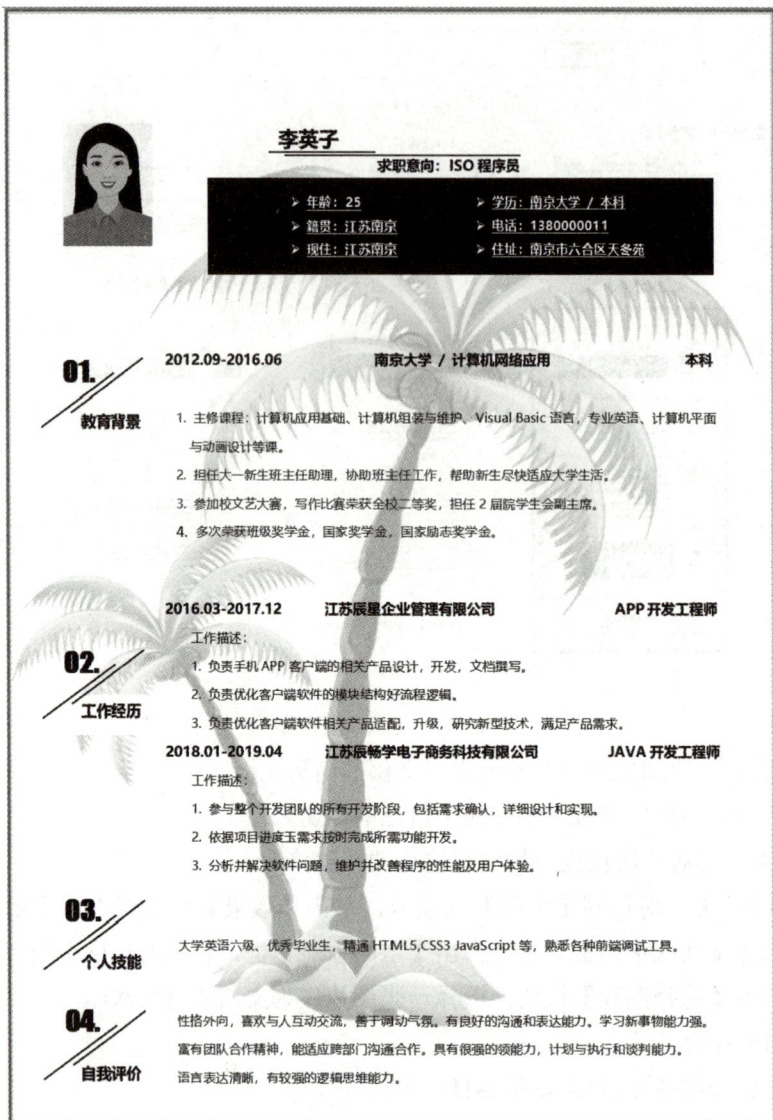

图 2-119　插入水印后的效果

2. 制作自荐书

(1) 将光标定位到页面的首行第一个字符位置，单击【插入】选项卡【页】功能组中的【空白页】按钮，在简历之前插入一页新的空白页。然后，切换到【页面】选项卡，在【页面设置】功能组中，分别设置上、下、左、右的页边距为"2 cm"。

(2) 输入"自荐书"的内容，并在文章的最后插入"时间和日期"。

(3) 设置文档标题"自荐书"三个字的格式为【黑体，二号，字符间距加宽 3 磅，居中对齐，段后距 1 行】。

(4) 设置从"尊敬的……××年××月××日"段落的格式为【宋体、小四、两端对齐、首行缩进 2 字符，段后距 0 行，行距为 1.5 倍行距】，然后调整首段为不缩进。

(5) 移动光标到"敬礼"所在的段落，调整首行缩进为 0 字符。

(6) 设置"自荐人：李英子"和时间日期所在段落的对齐方式为【右对齐】。

(7) 设置"自荐书"的页面边框为艺术型，切换到【页面】选项卡，单击【效果】功能组中的【页面边框】按钮，弹出【边框和底纹】对话框，其参数设置如图 2-120 所示，最后单击【确定】按钮。

(8) 将该文档保存为"简历 .docx"。

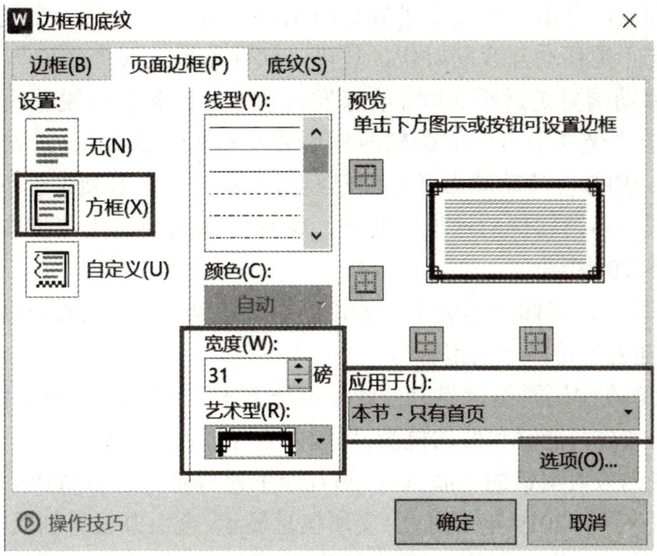

图 2-120　设置页面边框

思政聚焦——金山的逆袭

除非国家吹起了撤退集结号，否则金山绝不退缩。

——求伯君

1988 年，当推出 Windows 不久的微软正陷入与苹果的司法鏖战时，求伯君在深圳蔡围屋酒店 501 房间里，醒着就敲代码、困了就躺会儿、饿了吃泡面，求伯君就这样把自己关起来单枪匹马、夜以继日地开发 WPS。第二年初秋的一天，当求伯君从 501 房间内走出来的时候，由十万行代码构建起来的 WPS 1.0 悄然面世。没有铺天盖地的广告，没有高规格的发布会，甚至连具体发售日期都没有，仅凭口口相传的美誉，横空出世的 WPS 就迅速风靡全国，拿下了90% 的市场份额。

这是中国软件行业最辉煌的一页，然而翻篇就是一败涂地。

1994 年微软希望金山 WPS 在文档格式上能与自家 Word 互通，金山公司欣然答应了微软的要求并且一分钱都没要。金山以为这是橄榄枝，然而微软琢磨的却是"赢者通吃"，是如何通过捆绑销售挖走 WPS 的用户。在微软纵容下，国内盗版系统泛滥，个人电脑从 DOS 过渡到 Windows 平台，随之而来的是 WPS 用户短时间迅速流失。短短一两年，中国办公软件的格局就彻底变天，成为国产软件最痛苦的教训。到 1996 年，金山公司已经连工资都快发不出了。对此雷军后来检讨：我们上了微软的当。

1998 年，为了生存下去，WPS 苦苦挣扎，经过几年的拼搏，WPS 97 列入国家计算机模拟考试内容，彼时，有感于国产基础软件羸弱的柳传志出手注资重组了金山，并将其改造成了一支"正规军"。这次重组也被认为是中国信息技术行业的软硬强强联合，重组之后的金山趁热打铁不断推出新版本 WPS，以更高的性价比超越了微软同类产品，国人信心为之一振。

2001 年，为了维持垄断地位，微软竟然不惜将多年前的互通协定撕毁，抹去了 MS Office 兼容 WPS 的功能。这种封杀举动导致 WPS 一度在市场上销声匿迹。事实上，如同封杀 WPS 一样，微软一直以来都在配合美国政府，利用操作系统的垄断优势，充当随意制裁他国的工具。对于此间的种种磨难，用雷军的话说，金山开发 WPS 就是在微软的盐碱地里种草。

金山的逆袭

2011 年，金山没有倒下，它像一只打不死的小强，再一次崛起。金山开始了又一次移动互联网时代的内部创业，金山率先发布了安卓版 WPS，并以一个月一个版本的速度不断优化更新。接下来的几年正是移动互联网时代，凭借"软件免费 + 服务增值"的策略，WPS 用户年增速超过 15%，移动端更是近乎 300% 的爆发式增长。比起金山脱胎换骨的改革魄力，安于在 Windows 系统上"坐享金山"的微软两年后才发布 iOS 版 Office，安卓版更是推迟到了 2015 年 6 月。如今，WPS 在移动端市场份额已经高达 90%，遥遥领先于包含微软在内的其他所有对手，确立了国产办公软件的地位。此外，WPS 还覆盖所有主流操作系统，彻底突破了微软或者谷歌单一平台的限制。

2019 年 5 月 17 日，在媒体沟通会上，金山副总裁庄湧宣告：在办公软件这个跑道上，金山 WPS 已经从"追随者"转向"领跑者"。

"因为 WPS，微软在中国乃至世界办公软件市场上才不敢掉以轻心；因为 WPS，让全世界了解到在中国还有一家公司能够和微软抗衡。"国内软件界人士曾如此评价。

如果说海思是华为应对封锁的"底气"，那几经生死考验的金山 WPS，也算是中国办公软件应对封锁的"底气"了。2019 年 5 月，上交所信息显示，金山办公科创板 IPO 申请已获受理。这意味着而立之年的 WPS 终于有望在资本市场敲响开盘的钟声了。到目前，国内金山 WPS 注册用户已经达到 2.8 亿，占有了 42.75% 的市场份额，与微软 Office 形成了两强垄断的局面。

金山不是个例，外来的打压同样出现在华为、中兴、大疆等企业身上，将来，还会有更多的企业受到打压。习近平主席说：关键核心技术是要不来、买不来、讨不来的。中国如何才能不被别人"卡脖子"呢？

WPS 文字处理上课课件和素材

第 3 章　WPS 表格处理与分析

WPS 表格是一个灵活、高效的电子表格制作工具，它是广泛应用的电子表格类处理软件之一，可以实现各种数据的处理、统计分析和辅助决策操作，广泛应用于财务、行政、金融、经济、统计等众多领域。本章通过六个任务的内容详细介绍了 WPS 表格的基础知识与基本操作，包括 WPS 表格的基本操作、表格中数据的编辑、表格中数据的计算、表格中数据的处理、表格中数据的分析、表格中数据的展示与打印等。

任务 3.1

员工信息表的创建

小张是天天向上公司财务部员工，经理需要他制作一份公司员工信息表，用于本月员工工资的计算、分析等，表格文件以"天天向上员工信息表 .xlsx"命名保存，表格文件里面包含"员工信息表"等工作表。

要完成该任务，需要熟悉 WPS 表格的工作界面，掌握 WPS 表格中工作簿、工作表和单元格的基本操作等内容。

员工信息表
的制作与创建

3.1.1　工作簿的基本操作

○ 相关知识

使用 WPS 表格创建的文件称为工作簿，它是用于存储和处理数据的主要文件，是保存在磁盘上的一种扩展名为"*.xlsx"的工作文件。默认新建的工作簿以"工作簿 1"命名，并显示在工作簿标签栏处。工作簿的基本操作包括新建、保存、保护等操作。

工作簿的
基本操作

1. 新建工作簿

要使用 WPS 表格制作所需的电子表格，首先应创建工作簿，常用方法有以下两种：

(1) 打开 WPS Office 软件，在页面中单击【新建】按钮，进入新建页面，在页面上方选择【表格】选项，单击【空白文档】按钮即可新建一个名为"工作簿 1"的空白工作簿，或者按需选用推荐模板。

(2) 如果当前活动窗口中已经打开了某个工作簿，则直接按【Ctrl+N】组合键即可快速创建一个同类型的空白工作簿。

WPS 表格工作窗口主要由工作簿标签栏、快速访问工具栏、功能区（选项卡标签栏＋选项卡功能面板）、名称框、编辑栏、行号和列标、活动单元格、工作表标签栏、滚动条、状态栏、视图切换按钮、显示比例滑块等元素组成，如图 3-1 所示。

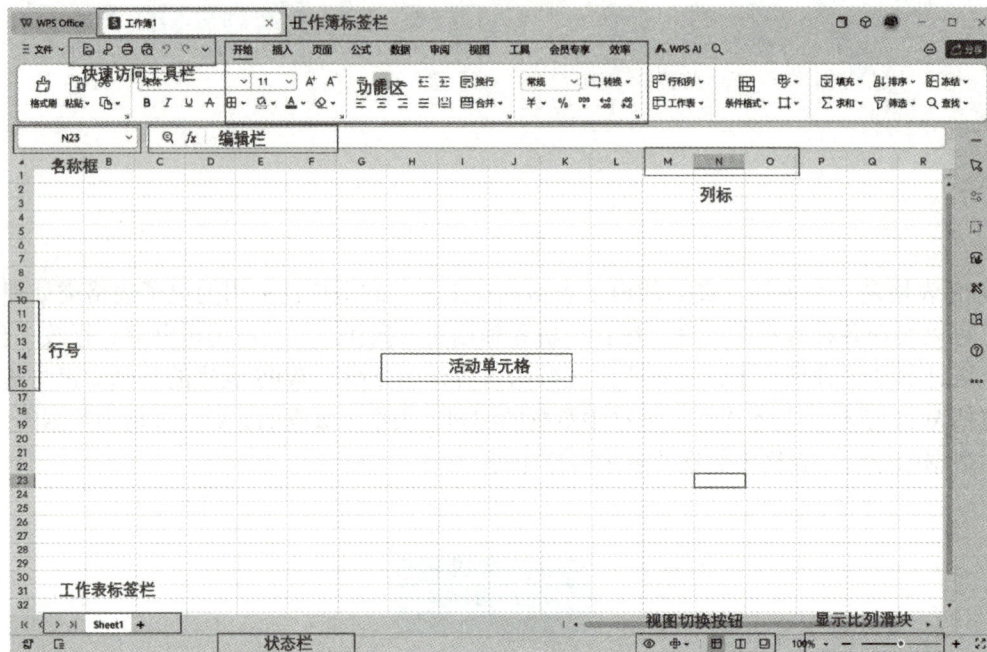

图 3-1　WPS 2019 表格工作窗口

WPS 表格工作窗口元素的功能说明如表 3-1 所示。

表 3-1　WPS 表格工作窗口元素的功能说明

窗口元素名称	功　　能
工作簿标签栏	显示当前打开的所有工作簿，单击工作簿标签名可以激活该文档，单击工作簿标签名后的 [×] 按钮可以关闭该工作簿，单击＋按钮可以新建一个工作簿
快速访问工具栏	集成了设计中使用频率最高的工具按钮，如打开、保存、撤销等，使用其中的工具进行操作更加便捷
功能区	WPS 表格的控制中心，将各种重要功能分类集中在一起，由选项卡、工具组和工具按钮 3 个部分组成
名称框	显示当前单元格的地址或函数名称
编辑栏	显示和编辑当前活动单元格中的数据或公式内容
单元格、行号和列标	它是 WPS 表格中存储数据的基本元素，通过行号和列标进行标记，其中行号用"1、2、3、…"等数字标识，列标用"A、B、C、…"等大写字母标识
工作表标签栏	一个工作簿中可以包含多个工作表，工作表标签栏用于显示工作表名称
滚动条	可以查看窗口中因超出屏幕显示范围而未显示出来的内容
状态栏	显示当前工作表和单元格中的相关信息
视图切换按钮	显示文档的视图模式，有普通视图、分页预览、阅读模式和护眼模式等几种模式
显示比例滑块	调节文档的显示比例

2. 打开工作簿

打开已有的工作簿常用的方法有以下几种：

(1) 在资源管理器文件夹下找到相应的文件，选中后双击鼠标左键。

(2) 打开 WPS Office 软件，在页面中单击【打开】按钮，在弹出的【打开文件】对话框中找到文件所在的位置，选中文件，然后单击【打开】按钮。

(3) 打开 WPS Office 软件，在页面右侧展开的【最近】文件列表中选择相应的文件双击鼠标左键。

3. 保存工作簿

对于新建的工作簿，按【Ctrl+S】组合键，或在【文件】菜单中选择【保存】命令，或在【自定义快速访问工具栏】中单击【保存】按钮，都可以打开【另存为】对话框，依次选择保存位置和文件类型并输入文件名，最后单击【保存】按钮即可保存当前工作簿。

对于已保存过的工作簿，按【Ctrl+S】组合键则会直接将编辑修改后的内容保存到当前工作簿中。或在【文件】菜单中选择【另存为】命令，打开【另存为】对话框，可以在新的路径下以新的文件类型和文件名保存，得到当前工作簿的另一个副本。

保存工作簿文件时可以进行密码加密，以保证数据的安全性。在【另存为】对话框的下方单击【加密】选项，打开【密码加密】对话框，如图 3-2 所示。若设置了【打开文件密码】，则需要输入该密码才能打开工作簿。若设置了【修改文件密码】，则需要输入该密码才能解锁编辑，否则将以只读模式打开工作簿。两种权限密码可以分别独立设置或同时设置，设置密码完成后单击【应用】按钮即可。若要取消密码加密，则只需打开工作簿后，在【文件】菜单中依次选择【文档加密】→【密码加密】命令，进入【密码加密】对话框删除密码并单击【应用】按钮即可。

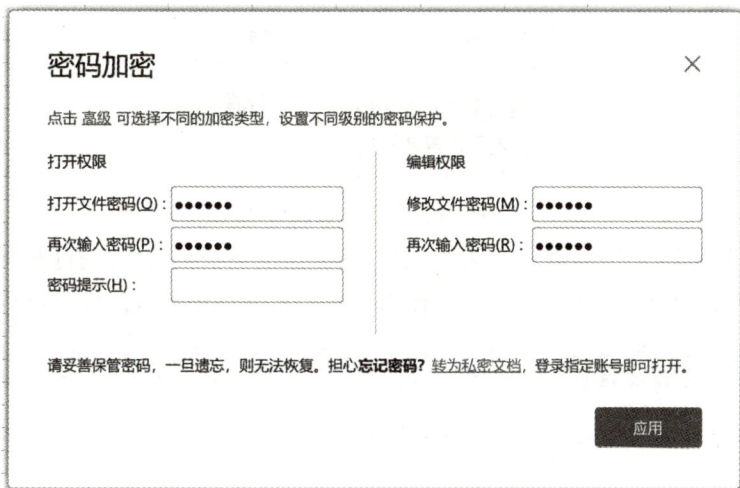

图 3-2　工作簿【密码加密】对话框

4. 关闭工作簿

关闭工作簿可以按【Ctrl+W】组合键或单击文档标签上的【×】按钮，如果工作簿文件中的更新尚未保存，则会弹出提示保存的对话框。

任务实施

创建一个空白 WPS 表格，并将其保存到 D 盘，命名为"天天向上员工信息表 .xlsx"。

(1) 打开 WPS Office 软件，在页面中单击【新建】按钮，进入新建页面，在页面上方选择【表格】选项，单击【空白表格】按钮。

(2) 在【文件】菜单中选择【另存为】命令，打开【另存为】对话框。在【另存为】对话框中单击【本地位置】列表中【此电脑】选项，在右边列表中选择 D 盘，在【文件名称】文本框中把"工作簿 1"改为"天天向上员工信息表"，单击【保存】按钮。

(3) 单击文档标签上的【×】按钮，关闭"天天向上员工信息表 .xlsx"文件。

3.1.2　工作表的基本操作

相关知识

工作表是 WPS 表格中的基本操作对象，任何数据的处理均需要在工作表中完成。新建的空白工作簿中默认包含 1 个名为 Sheet1 的工作表，用户可以根据需要进行添加、删除、移动、重命名等操作。

1. 插入工作表

在实际工作中有时需要用到更多的工作表，那么此时就需要在工作簿中插入新的工作表。在 WPS 表格中插入工作表的常用方法有以下几种：

(1) 单击工作表标签右侧的【新建工作表】按钮，即可在工作表标签右侧插入新的工作表，新插入的工作表将会依照现有工作表数目自动编号命名，如 Sheet2 等。

(2) 右击当前工作表标签，在快捷菜单中选择【插入工作表】命令，打开【插入工作表】对话框，如图 3-3 所示，输入插入数目并选中插入的位置，单击【确定】按钮。

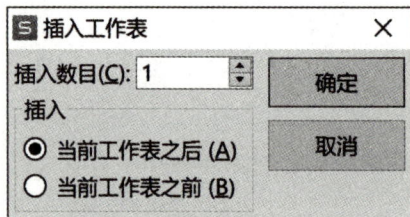

图 3-3　【插入工作表】对话框

(3) 在【开始】选项卡中单击【工作表】按钮，在弹出的下拉列表中选择【插入工作表】命令，打开【插入工作表】对话框，如图 3-3 所示，输入插入数目并选中插入的位置，单击【确定】按钮。

> · 说明 ·
>
> 插入工作表的操作无法通过"撤销"命令进行撤销。

2. 删除工作表

在编辑工作簿时，如果工作簿中存在多余的工作表，则可以将其删除。删除工作表的常用方法有以下两种：

(1) 右击要删除的工作表标签，在弹出的快捷菜单中选择【删除】命令。

(2) 在【开始】选项卡中单击【工作表】按钮，在弹出的下拉列表中选择【删除】命令，删除当前活动工作表。

3. 重命名工作表

在默认情况下，工作表以 Sheet1、Sheet2、Sheet3 等依次命名，在实际应用中，为了区分工作表，可以根据表格名称、创建日期、表格编号等对工作表进行重命名。重命名工作表的常

用方法有以下几种:

(1) 双击工作表标签,工作表标签名将进入编辑状态,输入新的工作表名后按【Enter】键确认修改。

(2) 右击要重命名的工作表标签,在弹出的快捷菜单中选择【重命名】命令。

(3) 在【开始】选项卡中单击【工作表】按钮,在弹出的下拉列表中选择【重命名】命令,即可重命名当前活动工作表。

4. 设置工作表标签颜色

为了突出显示特定的工作表,可以为工作表标签设置特殊的颜色,常用方法有以下两种:

(1) 右击要改变标签颜色的工作表标签,在弹出的快捷菜单中选择【工作表标签颜色】命令,并从展开的【颜色】面板中选择一种颜色。

(2) 在【开始】选项卡中单击【工作表】按钮,在弹出的下拉列表中选择【工作表标签】→【标签颜色】命令,为当前活动工作表设置标签颜色。

5. 移动或复制工作表

通过移动操作可以在同一工作簿中改变工作表的位置或将工作表移动到其他工作簿中,通过复制操作可以在同一工作簿或不同工作簿中快速生成工作表副本。

若要在同一工作簿内移动或复制工作表,则可以直接通过鼠标进行快捷操作:使用鼠标拖动工作表标签即可快速移动工作表的位置,拖动鼠标的同时长按【Ctrl】键即可快速复制工作表。

若要跨工作簿移动或复制工作表,则具体操作步骤如下:

(1) 右击要移动或复制的工作表标签,在弹出的快捷菜单中选择【移动】命令,或者在【开始】选项卡中单击【工作表】按钮,在弹出的下拉列表中选择【移动或复制工作表】命令,打开【移动或复制工作表】对话框,如图 3-4 所示。

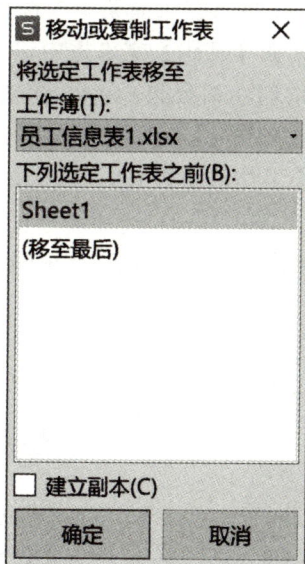

图 3-4　【移动或复制工作表】对话框

(2) 在【工作簿】下拉列表中选择要移动或复制到的目标工作簿 (下拉列表显示的是当前已打开的全部工作簿,若要执行跨工作簿操作,则必须先将目标工作簿打开)。

(3) 在【下列选定工作表之前】列表框中指定工作表要插入的位置。

(4) 如果是复制工作表,则需要选中【建立副本】复选框,否则将移动工作表。

(5) 单击【确定】按钮即可完成操作,并自动切换到目标工作簿窗口。

6. 显示或隐藏工作表

如果工作簿中的某个工作表暂时不需要，则可以将其隐藏，常用方法有以下两种：

(1) 右击要隐藏的工作表标签，在弹出的快捷菜单中选择【隐藏工作表】命令。

(2) 在【开始】选项卡中单击【工作表】按钮，在弹出的下拉列表中选择【隐藏】命令，隐藏当前活动工作表。

若要将隐藏的工作表重新显示出来，则常用方法有以下两种：

(1) 右击任意一个工作表标签，在弹出的快捷菜单中选择【取消隐藏】命令，打开【取消隐藏】对话框，在【取消隐藏工作表】列表框中选中要取消隐藏的工作表名，单击【确定】按钮。

(2) 在【开始】选项卡中单击【工作表】按钮，在弹出的下拉列表中选择【取消隐藏工作表】命令，打开【取消隐藏】对话框，在【取消隐藏工作表】列表框中选中要取消隐藏的工作表名，单击【确定】按钮。

> **· 说明 ·**
>
> 　　若要批量隐藏或取消隐藏多个工作表，则按【Ctrl】键的同时选定多个工作表标签或工作表名即可。隐藏工作表操作不会改变工作表的排列顺序，且被隐藏的工作表仍然可以被其他工作表引用。工作簿内应至少含有一张可视工作表，因此对唯一可见的工作表将无法执行隐藏、删除或移动操作。

7. 保护工作表

为了防止他人在未经授权的情况下对工作表中的数据进行编辑或修改，需要为工作表设置密码进行保护，常用方法有以下两种：

(1) 右击要保护的工作表标签，在弹出的快捷菜单中选择【保护工作表】命令，打开【保护工作表】对话框，如图3-5所示。在【密码】文本框中输入密码，然后在【允许此工作表的所有用户进行】列表框中勾选或取消勾选相应的复选框，单击【确定】按钮，打开【确认密码】对话框，如图3-6所示。在【重新输入密码】文本框中再次输入密码，最后单击【确定】按钮。

(2) 在【开始】选项卡中单击【工作表】按钮，在下拉列表中选择【保护工作表】命令，也可以保护当前活动工作表。

在完成工作表的保护设置后，如果要对工作表进行编辑操作，则只有撤销工作表保护，才能进行操作。

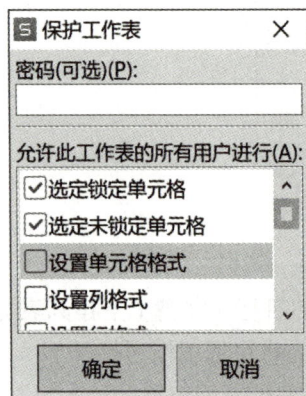

图 3-5　【保护工作表】对话框　　　　　图 3-6　【确认密码】对话框

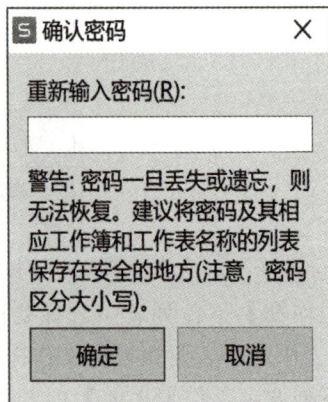

任务实施

将"第 3 章 \ 任务 1\ 标题 .xlsx"文件中的"表格标题"工作表复制到"天天向上员工信息表 .xlsx"文件中；将"天天向上员工信息表 .xlsx"文件中的"表格标题"工作表名称重命名为"员工信息表"，并且复制一个工作表并重命名为"备份"工作表；设置"备份"工作表标签颜色为"红色"并删除"Sheet1"工作表。

(1) 打开上一任务创建的"天天向上员工信息表 .xlsx"文件。

(2) 打开"第 3 章 \ 任务 1\ 标题 .xlsx"文件，右击"表格标题"工作表标签，在弹出的快捷菜单中选择【移动】命令，打开【移动或复制工作表】对话框。在【工作簿】下拉列表中选择"天天向上员工信息表 .xlsx"，选中【建立副本】复选框，然后单击【确定】按钮。

(3) 此时，可看到"标题 .xlsx"文件中的"表格标题"工作表已复制到"天天向上员工信息表 .xlsx"文件中，关闭"标题 .xlsx"文件，然后在"天天向上员工信息表 .xlsx"文件中双击"表格标题"工作表标签，进入标签编辑状态，输入"员工信息表"，按【Enter】键。

(4) 在"员工信息表"工作表标签上右击，在弹出的快捷菜单中选择【创建副本】命令，此时在"员工信息表"工作表标签右侧添加了"员工信息表 (2)"工作表，双击"员工信息表 (2)"工作表标签，进入标签编辑状态，输入"备份"，按【Enter】键。

(5) 右击"备份"工作表标签，在弹出的快捷菜单中选择【工作表标签】→【标签颜色】命令，并从【颜色】面板中选择"红色"。

(6) 右击"Sheet1"工作表标签，在弹出的快捷菜单中选择【删除】命令，即可删除"Sheet1"工作表。

3.1.3　单元格的基本操作

相关知识

单元格是 WPS 表格中的基本元素，可以存放文字、数字、公式等信息。单元格的基本操作包括选择单元格、调整单元格的行高和列宽、插入和删除行列、拆分与合并单元格等操作。

1. 基本概念

1) 单元格的基本概念

单元格的基本概念如下：

(1) 单元格是工作表的基础构成元素和最小操作对象，由行和列相交而成。

(2) 单元格地址是用以标识单元格位置的，由单元格所在行和列的行号和列标构成，其形式通常为"字母 (列标)+ 数字 (行号)"，如"B3"单元格就是位于 B 列第 3 行的单元格。

(3) 活动单元格即当前正在操作的单元格，活动单元格边框显示为绿色粗框线，活动单元格所在的行和列标签也会以高亮显示。

2) 区域的基本概念

区域是由多个单元格所构成的单元格群组。相互连续的单元格构成的矩形区域称为"连续区域"，反之则称为"非连续区域"。连续区域可以使用矩形区域左上角和右下角的单元格地址进行标识，形式为"左上角单元格地址 : 右下角单元格地址"，如地址为"B3:C10"的连续区

单元格的
基本操作

域表示从 B3 单元格到 C10 单元格的矩形区域。

选定区域后，区域中将总是会包含一个活动单元格，名称框中显示的是活动单元格的地址，编辑栏中显示的是活动单元格的内容。选定区域后，按【Enter】或【Tab】键，可以在区域范围内切换其他单元格为当前活动单元格；按【Shift+Enter】或【Shift+Tab】组合键，则会以相反的次序切换活动单元格。

3) 行和列的基本概念

在工作表编辑区域中，由横竖交叉的"网格线"划分出了若干行和若干列，由横线分隔出来的区域称为"行"，由竖线分隔出来的区域称为"列"。

在 WPS 表格工作表窗口中，左侧的一组灰色标签中的阿拉伯数字标识了"行号"，上方的一组灰色标签中的英文字母标识了"列标"。

· 说明 ·

工作簿、工作表、单元格之间的关系是包含与被包含的关系，即工作簿中包含了一张或多张工作表，而工作表又是由排列成行或列的单元格组成的。

2. 选择单元格

在单元格中输入内容之前，通常需要先选择单元格或单元格区域。

(1) 选择一个单元格：单击需要选择的单元格即可，选中单元格后，按下键盘上的方向键，可以选择相邻区域的单元格。

(2) 选择连续的多个单元格：选中需要选择的单元格区域左上角的单元格，然后按住鼠标左键，拖到需要选择的单元格区域右下角的单元格后松开鼠标左键即可；或者选中第一个单元格后，在按下【Shift】键的同时单击最后一个单元格，也可选定以这两个单元格为首尾单元格所构成的连续区域。

(3) 选择不连续的多个单元格：按下【Ctrl】键的同时使用鼠标分别单击需要选择的单元格即可，此时，鼠标最后一次单击的单元格为当前非连续区域的活动单元格。

(4) 选择整行（列）：使用鼠标单击行号或列标可以选定一整行或一整列，按住鼠标左键，在行号或列标上拖动可以选定连续的多行或多列，按下【Ctrl】键并单击行号或列标可以选定不连续的多行或多列。

(5) 选择全部单元格：按【Ctrl+A】组合键或单击【全选】按钮即可。【全选】按钮在工作表的左上角，即行与列的交汇处。

3. 调整行高和列宽

在默认情况下，列宽与行高是固定的，当单元格中的内容较多时，可能无法将其全部显示出来，这时就需要调整单元格的列宽或行高，常用方法有以下几种：

(1) 将光标放在要调整行高的行号下边线或列宽的列标右边线上，当光标变成上下或左右双箭头时，按住鼠标左键拖动即可手工调整行高或列宽。

(2) 在【开始】选项卡的【行和列】按钮下拉列表中选择【行高】或【列宽】命令，或者右击行号或列标并在弹出的快捷菜单中选择【行高】或【列宽】命令，打开【行高】或【列宽】对话框，选择计量单位并输入具体数字，单击【确定】按钮即可精确调整行高或列宽。

(3) 在【开始】选项卡的【行和列】按钮下拉列表中选择【最合适的行高】或【最合适的列宽】命令，或者双击行号下边线或列标右边线，即可根据选定的行或列中的字符高度和长度自动调整到最适合的行高或列宽。

(4) 在【开始】选项卡的【行和列】按钮下拉列表中选择【标准列宽】，打开【标准列宽】对话框，选择计量单位并输入具体数字，单击【确定】按钮即可修改当前工作表的默认列宽。该命令只在当前工作表中生效，并且对已经设置过列宽的列无效。

4. 插入或删除行列

一个工作表创建之后并不是固定不变的，用户可以根据实际情况重新设置工作表的结构，例如根据实际情况插入或删除行列，以满足使用需求，常用方法有以下几种：

(1) 在【开始】选项卡的【行和列】按钮下拉列表中选择【插入单元格】命令，在其二级列表中选择【插入行】或【插入列】命令，即可在活动单元格上方或左侧插入一行或一列。

(2) 右击要插入行列位置处的单元格，在弹出的快捷菜单中选择【插入】选项，在其二级列表【插入行】或【插入列】文本框中输入行数或列数，单击【√】按钮或按【Enter】键确认，即可在活动单元格上方或左侧插入指定数目的整行或整列。

(3) 右击要插入行或列位置处的行号或列标，在弹出的快捷菜单的【插入】文本框中输入行数或列数，单击【√】按钮或按【Enter】键确认，即可在选中的行上方或列左侧插入指定数目的整行或整列。

5. 合并或拆分单元格

合并单元格是将两个或多个单元格合并为一个单元格，选中要合并的单元格区域，在【开始】选项卡中单击【合并居中】按钮即可。合并单元格后，单元格的数据将居中显示。

如果要取消单元格的合并，则可选中合并的单元格区域，在【开始】选项卡中单击【合并居中】按钮，在弹出的下拉列表中选择【取消合并单元格】命令。

任务实施

将"员工信息表"工作表中的 A2 单元格和第一行删除，然后将 A1:H1 单元格区域合并居中并调整行高为 30。

(1) 在"员工信息表"工作表中选中 A2 单元格，在【开始】选项卡中单击【行和列】按钮，在弹出的下拉列表【删除单元格】选项中选择【删除列】命令。

(2) 右击第一行的行号，在弹出的快捷菜单中选择【删除】命令。

(3) 选定 A1:H1 单元格区域，在【开始】选项卡中单击【合并居中】按钮，在弹出的下拉列表中选择【合并居中】命令。

(4) 右击第一行的行号，在弹出的下拉列表中选择【行高】命令，打开【行高】对话框，在行高文本框中输入"30"，单击【确定】按钮。

任务 3.2

员工信息表中数据的编辑

小张通过上一任务的相关知识，创建了"员工信息表"工作表，现需录入工作表内容，对其进行整理和美化，并在"员工信息表"工作表基础上快速制作"月考勤表"工作表。

要完成该任务，需要掌握工作表中数据的编辑等操作，包括工作表中数据录入、查找与替换、批注、整理和修饰等内容。

员工信息表中
数据的编辑

3.2.1　数据录入

相关知识

数据录入

WPS 表格主要是用来处理及分析数据的，因此数据的录入是最基本的操作，在工作表中录入数据可以使用多种方法实现。

1. 认识数据类型

在单元格中的数据按形式可以分为常量和公式两种，而按数据类型则可以分为以下 5 种：

(1) 数值型：数值是指所有代表数量的数字形式，如学生成绩、员工年龄、销售金额等，也包括日期和时间。数值有正、负之分，可以用于各种数值计算，如四则运算、求平均值等。WPS 表格的最大数值计算精度为 15 位，对于超过 15 位有效数字的长数值，超出的整数部分将变为 0，超出的小数部分将被截去。

(2) 文本型：文本通常用于作解释性说明的文字或符号，如学生姓名、岗位职称、产品编号等。文本不能用于数值运算，但可以比较大小。

(3) 逻辑值：逻辑值通常是条件判断或逻辑运算表达式的结果，包括 TRUE 和 FALSE，分别表示真和假。逻辑值还可以参与计算，逻辑值之间进行四则运算或者逻辑值与数值之间进行计算时，TRUE 将被视作 1，FALSE 被视作 0。

(4) 错误值：错误值通常是由公式计算错误而产生的结果，常见的出错信息符号及其含义详见表 3-2。

(5) 公式：公式是在工作表中对数据进行计算的表达式，是运算符将数值、单元格地址、函数等连接在一起的式子。

2. 输入数据

选定了需要输入数据的单元格或单元格区域后，便可以在其内直接输入数据（或单击编辑栏输入），输入完毕后按【Enter】键确认（或按【Tab】键或单击编辑栏左侧的输入按钮【√】或单击非编辑区）。在按【Enter】等键确认之前，按【Esc】键（或单击编辑栏左侧的取消按钮【×】）可取消输入的内容，如果已经按【Enter】等键确认，则可以单击【快速访问工具栏】中的【撤销】按钮取消操作。

WPS 表格能自动识别所输入的数据属于哪一种类型，并进行适当的处理，但在输入时需注意以下一些问题。

(1) 如果把输入的数字当作文本处理，则可以在输入数字前先输入半角字符的单引号。例如，要输入电话号码 07567796213，应输入"'07567796213"。当第一个字符是"="时，也可先输入半角字符的单引号，再输入其他内容，否则输入的数据按公式处理。

(2) 输入分数时，应在分数前输入"0"和一个空格，否则按日期型数据处理。例如，要输入 1/2，应输入"0 1/2"。

(3) 带括号的数字被认为是负数。例如，输入"(123)"，在单元格显示的是"-123"。

(4) 在单元格中输入带千分撇","的数据时，编辑栏中显示的数据是没有","的。

(5) 如果要在单元格中输入当前系统日期或当前系统时间，则按【Ctrl+；】组合键可以在单元格中快速输入当前系统日期（静态的日期戳），按【Ctrl+Shift+；】组合键可以在单元格中快速输入当前系统时间（静态的时间戳）。

(6) 需要强制在某处换行时，可在换行处按【Alt+ Enter】组合键。

(7) 如果要在多个单元格或单元格区域内同时输入相同数据，则在输入数据完毕后必须按

【Ctrl+ Enter】组合键。

(8) 当单元格中的数据出错时，将显示以 # 号开头的提示信息符号，常见的出错信息符号及其含义见表 3-2。

表 3-2　出错信息符号及其含义

出错信息	含　义	出错信息	含　义
###...	数值长度超过了单元格的宽度	#N/A	引用了不可使用的数值
#VALUE!	参数或运算对象有错误	#NAME	引用了不可识别的名字
#NUM!	数字有错误	#REF!	引用了无效的单元格地址
#DIV/0!	公式的除数为 0	#NULL	指定的两个区域不相交

· 说明 ·

若要在区域中连续输入数据，则建议避免以方向键或鼠标单击来移动活动单元格，而是采用【Tab】键和【Enter】键来移动活动单元格，因为后者会自动按照符合输入习惯的 Z 字形制表顺序来录入数据，可以有效提高效率。在活动单元格中输入数据后，按【Tab】键向右移动活动单元格以继续输入，一行数据录入完毕后，按【Enter】键向下另起一行并从头输入。

3. 修改数据

在工作表中输入数据时，难免会出现错误。若发现输入的数据有误，则可以根据实际情况进行修改，包括以下两种情况：

(1) 重新输入：选定需修改数据的单元格，重新输入新内容。

(2) 编辑修改：即只需修改部分内容。选定需修改数据的单元格后单击编辑栏或按【F2】键，将插入符光标移动到需修改数据的位置，进行修改，修改完毕后确认即可。若要取消修改，则单击编辑栏左侧的取消按钮【×】。

4. 快速填充数据

有时需要输入一些有规律或相同的数据，如序号。手动输入则会增大工作量，为此，使用快速填充数据的功能，可以提高输入数据的准确性和工作效率。

1) 输入等差序列数据

以工作表中输入起始数值为"1"，步长为"2"的等差序列为例，如图 3-7 所示。在 A1 单元格中输入"1"，在 A2 单元格中输入"3"，选中 A1:A2 单元格，将光标移至 A2 单元格右下角，当鼠标指针变为"十"字形状(填充句柄)时，按住鼠标左键不放，拖动至所需位置，再释放鼠标左键，即可在所选单元格区域中输入等差序列数据。

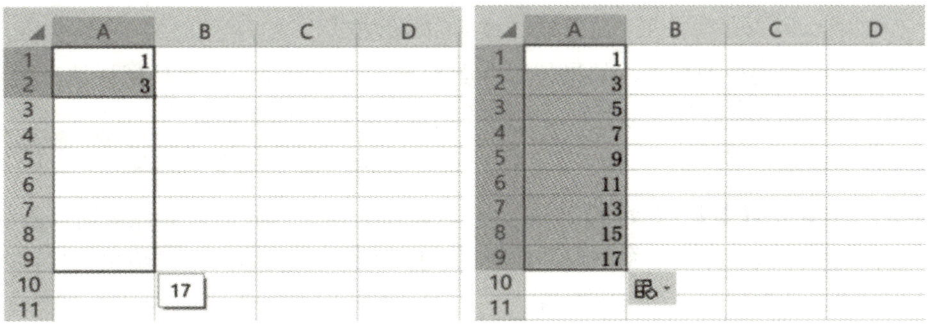

图 3-7　输入等差序列数据

对于步长为"1"的等差序列，只需要输入起始数值后使用填充柄进行填充即可。

2) 输入等比序列数据

所谓等比序列数据，是指成倍数关系的序列数据，如"2、4、8、16、…"，如图3-8所示。在A1单元格中输入"2"，在A2单元格中输入"4"，在A3单元格中输入"8"，选中A1:A3单元格，将光标移至A3单元格右下角，当鼠标指针变为"十"字形状（填充句柄）时，按住鼠标左键不放，拖动至所需位置，再释放鼠标左键，即可在所选单元格区域中输入等比序列数据。

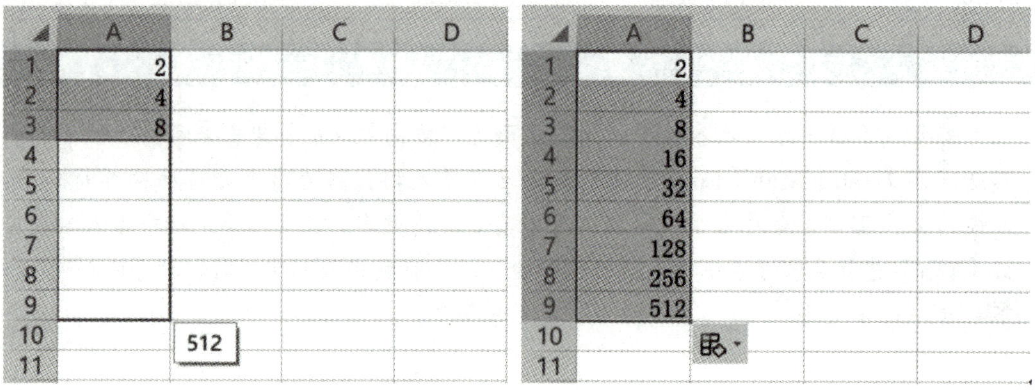

图3-8　输入等比序列数据

3) 填充相同的数据

填充相同的数据是指在同一列数据中出现多个连续相同数据的情况，如产品名称、性别、职务等，此时只需要输入第一个数据即可进行快速填充。如图3-9所示，选中B2单元格，将光标移到单元格右下角，当鼠标指针变为"十"字形状（填充句柄）时，按住鼠标左键不放，拖动至所需位置，再释放鼠标左键，即可在所选单元格区域中输入相同的数据。

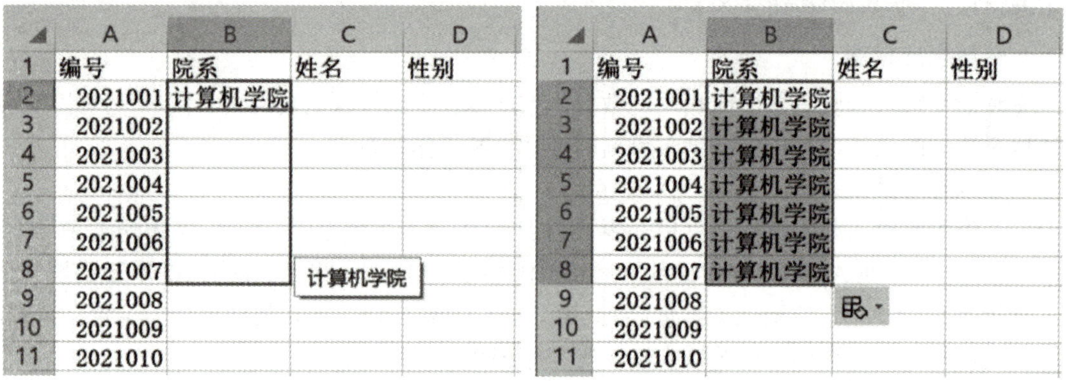

图3-9　填充相同的数据

对于数字或编号类型的数据，如果使用上面的方法进行填充，则会被默认填充为步长为1的等差序列；如果需要填充为相同序列，则需要先输入两组相同的数据。

5. 输入有效数据

使用WPS表格的【数据有效性】功能，可以指定数据录入时的有效性规则，限制输入数据的类型、范围和格式，并依靠系统自动检查输入的数据是否符合约束，防止用户输入无效数据，或者在输入无效数据时自动发出警告。

若要在单元格或区域中设置数据有效性规则，则可以在【数据】选项卡中单击【有效性】

按钮，打开【数据有效性】对话框，分别设置【有效性条件】、【输入信息】和【出错警告】，设置完成后单击【确定】按钮即可，如图 3-10 所示。若要清除单元格或区域中应用的数据有效性规则，则可以再次打开【数据有效性】对话框，单击【全部清除】按钮即可。

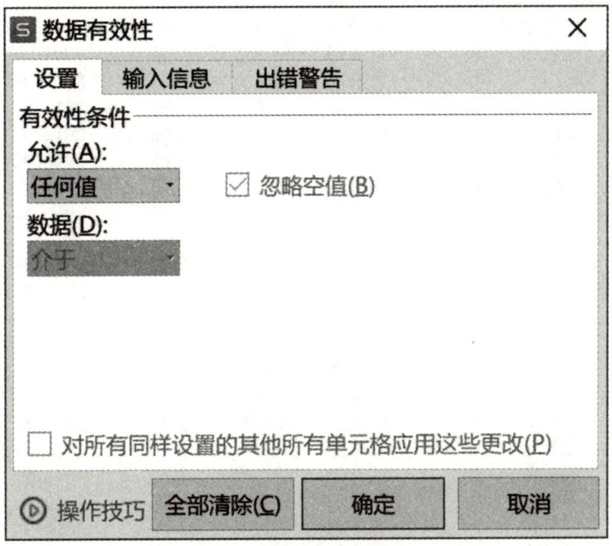

图 3-10　【数据有效性】对话框

在【数据有效性】对话框中有三个可以设置的选项卡，其设置方法和注意事项如下：

(1)【设置】选项卡：可以设置有效性条件，包括数据类型、范围和格式。默认的【任何值】表示单元格内可以输入任意数据。【整数】、【小数】、【日期】、【时间】常用于将数据输入限制为指定的数值范围，如介于某个范围的整数或小数、某时段内的日期或时间。【序列】常用于将数据输入限制为指定序列的值，可以在单元格或单元格区域中制作下拉列表，以实现快速且准确的数据录入，序列【来源】允许直接引用工作表中已经存在的数据序列，或者手动输入以半角逗号分隔元素的数据序列。【文本长度】常用于将数据输入限制为指定长度的文本，以防止录入身份证号码或产品编号等长数字时在字符数目上出错。【自定义】则允许用户应用公式和函数来表达更加复杂的有效性条件。例如，要在 A 列中设置【拒绝录入重复项】，则可以输入自定义公式 "=COUNTIF($A:$A,A1)<2"。

(2)【输入信息】选项卡：可以设置在选定单元格时显示预先定义的输入提示信息，例如 "请在此处输入 18 位身份证号码！" 等。

(3)【出错警告】选项卡：可以设置在输入无效数据时显示预先定义的出错警告信息，例如 "您输入的身份证号码有误！" 等。【出错警告样式】有三种可选，【停止】代表完全禁止录入无效数据，【警告】代表提示出错告警并允许按【Enter】键强制录入无效数据，【信息】代表仅给出提示信息但完全不影响录入无效数据。

6. 使用下拉列表输入数据

通过【插入下拉列表】功能，设置自定义下拉列表选项，可以实现快速输入学历、岗位、部门等重复性数据项目。可以使用【数据有效性】功能的【序列】条件来制作下拉列表，或者直接在【数据】选项卡中单击【下拉列表】按钮，打开【插入下拉列表】对话框，手动添加下拉选项或从单元格选择下拉选项，单击【确定】按钮即可。

任务实施

在 "员工信息表" 工作表中输入如图 3-11 所示的内容。

图 3-11　员工信息表

(1) 打开"第 3 章 \ 任务 2\ 天天向上员工信息表 .xlsx"文件。

(2) 在"员工信息表"工作表的 A2 单元格中输入"工号"，按向右方向键【→】或【Tab】键，使 B2 单元格成为当前活动单元格，输入"姓名"。

(3) 用相同的方式依次输入"性别""部门""职位""学历""入职日期"和"工龄"。

(4) 在 A3 单元格中输入"'01001"并按回车键后，将光标移至 A3 单元格右下角，鼠标指针变为"十"字形状（填充句柄）时，按住鼠标向下拖动填充柄，拖动至 A24 单元格时释放鼠标。

(5) 输入"姓名""部门""职位""学历"列中的数据。

(6) 输入"性别"列中的数据时，选中 C3 单元格，输入"男"，使用填充柄，将所有员工的性别都输入"男"，再在按住【Ctrl】键的同时选中性别为"女"的单元格，输入一个"女"，同时按【Ctrl + Enter】组合键，即在选中的所有单元格中都输入"女"。

(7) 输入"入职日期"，选择单元格 G3，输入"2010/6/15"或"2010-6-15"，用相同的方式输入其他日期数据。

3.2.2　查找与替换数据

相关知识

在对工作表进行数据编辑时，查找指定的数据是一项最常见的操作，有时还需要将一种数据替换为另一种数据，这时可以使用查找或替换数据操作来实现。

1. 查找数据

若要查找工作表中的数据，则具体操作步骤如下：

(1) 选定需要查找数据的单元格区域，如果要在整个工作表中查找，则可以选中任意一个单元格。

(2) 在【开始】选项卡中单击【查找】按钮,在弹出的下拉列表中选择【查找】命令,打开【查找】对话框,在【查找】选项卡中单击【选项】按钮展开设置选项,如图 3-12 所示。

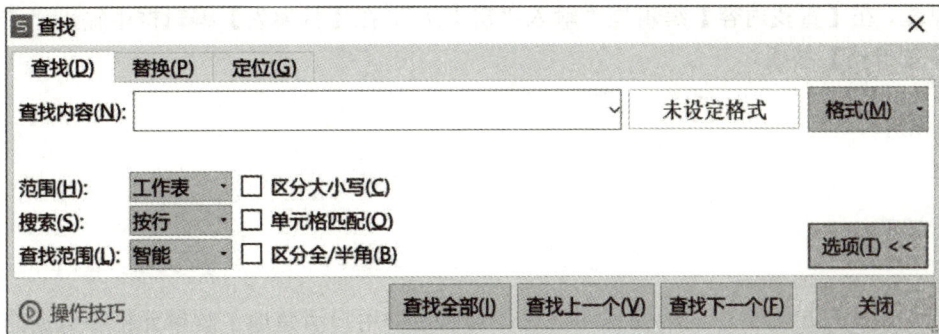

图 3-12　【查找】对话框

(3) 在【查找内容】编辑框中输入需要查找的内容,可根据需要设置其他项目。

(4) 单击【查找下一个】按钮,开始查找,当找到指定内容后,系统会把该单元格定位为活动单元格,要继续查找,再单击【查找下一个】按钮即可。

(5) 如果单击【查找全部】按钮,将在对话框下部显示全部找到的内容,单击其中的项目,系统会把该单元格定位为活动单元格。

(6) 操作完成后单击【关闭】按钮。

2. 替换数据

若要替换工作表中的数据,则具体操作步骤如下:

(1) 选定需要替换数据的单元格区域,如果要在整个工作表中进行替换,则可以选中任意一个单元格。

(2) 在【开始】选项卡中单击【查找】按钮,在弹出的下拉列表中选择【替换】命令,打开【替换】对话框,在【替换】选项卡中单击【选项】按钮展开设置选项,如图 3-13 所示。

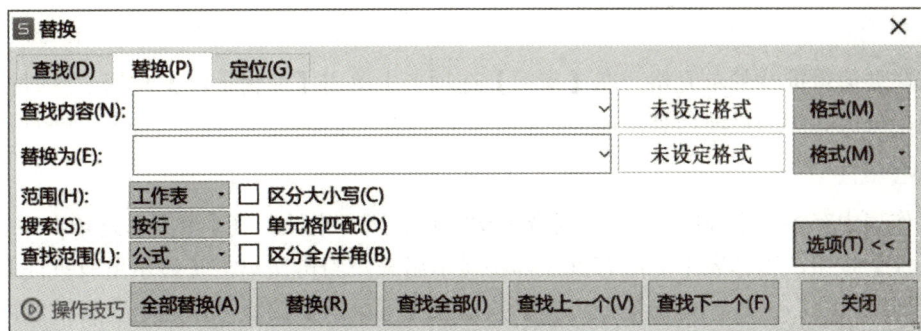

图 3-13　【替换】对话框

(3) 在【查找内容】编辑框中输入将被替换的内容。

(4) 在【替换为】编辑框中输入替换内容,可根据需要设置其他项目。如果只是想删除查找到的内容,则在【替换为】编辑框内不输入任何内容。

(5) 单击【替换】按钮,则只替换当前查到的内容,下一次替换操作需与【查找下一个】按钮配合使用。如果要替换所有查找到的内容,则单击【全部替换】按钮。

(6) 替换完毕后单击【关闭】按钮,返回工作表,即可看到替换后的内容。

任务实施

使用替换功能,把"员工信息表"工作表中的姓名"雷大历"改为"雷大力"。

(1) 选中"员工信息表"工作表中任意一个单元格。

(2) 在【开始】选项卡中单击【查找】按钮，在弹出的下拉列表中选择【替换】命令，打开【替换】对话框，在【查找内容】编辑框中输入"雷大历"，在【替换为】编辑框中输入"雷大力"，单击【全部替换】按钮。

3.2.3　批注

○ 相关知识

批注是附加在单元格中的辅助说明信息，可以帮助用户清楚地了解单元格中数据的含义。

1. 添加批注

选中需要添加批注的单元格，在【审阅】选项卡中单击【新建批注】按钮，这时在相应单元格旁边出现一个文本框（批注框），在其中输入批注内容即可，如图 3-14 所示。在工作表中单击批注文本框以外的区域，完成批注的添加，添加批注的单元格右上角会出现一个小红三角形标记，将鼠标指针移动到添加了批注的单元格上，即可看到批注内容。

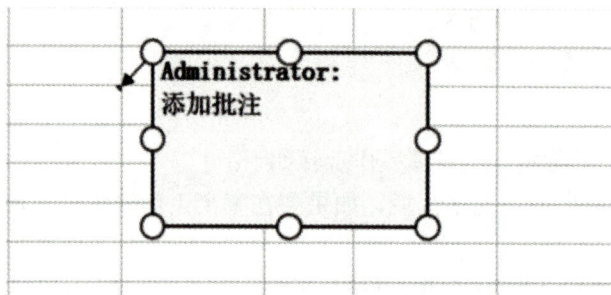

图 3-14　添加批注

2. 编辑批注

选中需要编辑批注的单元格，在【审阅】选项卡中单击【编辑批注】按钮，这时批注框为编辑状态，修改其中的批注内容即可。

3. 查看批注

当工作表中有多个批注时，可以使用查看功能查看所有批注。在【审阅】选项卡中单击【显示所有批注】按钮，工作表中的所有批注都将显示出来，当再次单击【显示所有批注】按钮时又可关闭所示批注。另外，单击【上一条】按钮或【下一条】按钮可以逐个查看批注内容。

4. 删除批注

在需要删除批注的单元格上右击，在弹出的快捷菜单中选择【删除批注】命令或在【审阅】选项卡中单击【删除批注】按钮。

○ 任务实施

为"员工信息表"工作表中姓名为"雷大力"的单元格添加批注，内容为"更改之前为：雷大历"。

(1) 选中"员工信息表"工作表中姓名为"雷大力"的单元格。

(2) 在【审阅】选项卡中单击【新建批注】按钮，在弹出的文本框（批注框）中输入"更改之前为：雷大历"。

3.2.4　整理和修饰

⊙ 相关知识

在工作表中输入数据后，还需要进一步对工作表进行格式化操作，如单元格格式及背景等设置，使工作表显得美观，更易于阅读。

整理和修饰

1. 设置单元格格式

设置单元格格式不会改变其数据和公式，只是改变其显示形式，可使用以下两种方法设置单元格格式：

(1) 功能区命令：在【开始】选项卡中提供了多个命令组用于设置单元格格式，如【字体设置】组包括字体、字号、颜色、边框等命令，【对齐方式】组包括对齐缩进、合并居中、自动换行等命令，【数字】组包括对数字进行格式化的常用命令。

(2) 单元格格式对话框：按【Ctrl+1】组合键，或者在任意单元格上右击，在弹出的快捷菜单中选择【设置单元格格式】命令，都可以打开【单元格格式】对话框，在此对话框中可以对单元格格式进行更加详细的设置，如图 3-15 所示。

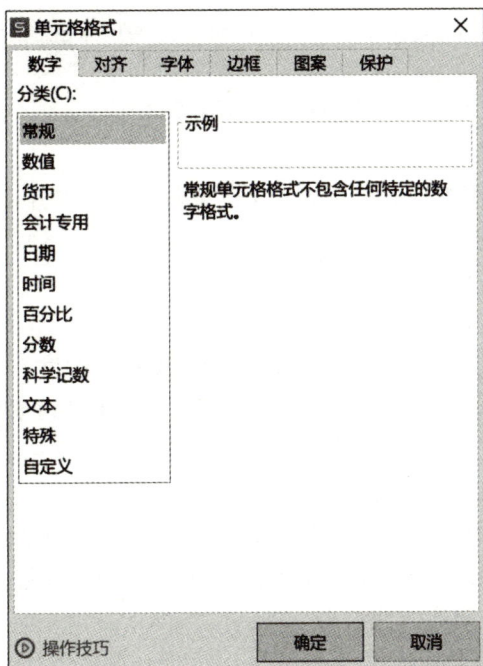

图 3-15　【单元格格式】对话框

在【单元格格式】对话框中有六个可以设置的选项卡，其设置方法和注意事项如下。

1) 数字

数字样式很多，有数值、科学记数、货币、分数等，不同样式的数字可以设置不同的数字格式。设置数字的格式可通过【单元格格式】对话框中的【数字】选项卡进行，如图 3-15 所示。在【分类】列表框中选择要设置的格式，单击【确定】按钮即可完成设置。

若在【分类】列表框中选择【文本】选项，则单元格内的数值以文本方式处理，这样可以解决以"0"开头的数值显示问题，如邮政编码、电话号码等。注意：在输入前需预先设置单元格为该格式。

2) 对齐

在【对齐】选项卡中，可以对文本对齐方式、排版方向和其他控制选项进行详细设置，如

图 3-16 所示。

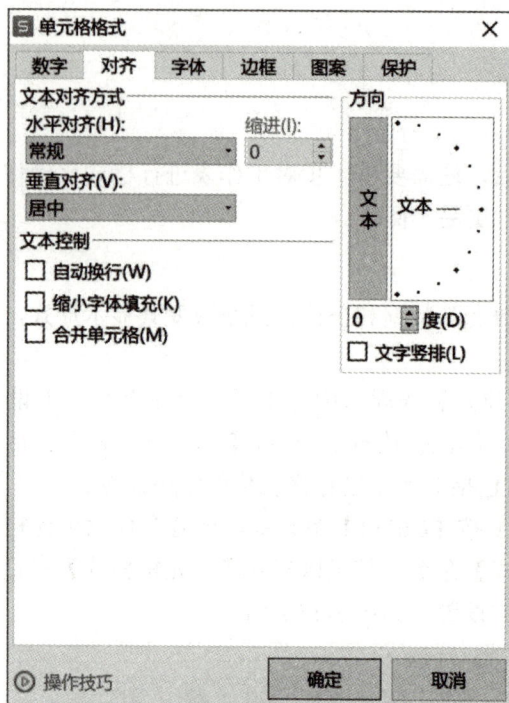

图 3-16 【对齐】选项卡

水平对齐包括以下八种对齐方式：

(1) 常规（默认）：数值型数据靠右对齐、文本型数据靠左对齐、逻辑值和错误值居中。

(2) 靠左（缩进）：靠左对齐。

(3) 居中：居中对齐。

(4) 靠右（缩进）：靠右对齐。

(5) 填充：重复显示文本，直至单元格被填满或右侧剩余宽度不足以显示完整文本为止。

(6) 两端对齐：单行文本类似靠左方式对齐，文本长度超过列宽时会自动换行显示。

(7) 跨列居中：单元格内容在选定的同一行内连续多个单元格居中显示。应用此对齐方式可以在不进行合并单元格操作的情况下居中显示表格标题。

(8) 分散对齐（缩进）：在单元格内平均分布中文字符，两端靠近单元格边框，对于连续的数字或字母符号等文本则不产生作用，可以微调到侧边框的缩进范围。

垂直对齐包括以下五种对齐方式：

(1) 靠上：沿单元格顶端对齐。

(2) 居中（默认）：垂直居中。

(3) 靠下：靠单元格底端对齐。

(4) 两端对齐：单元格内容在垂直方向上向两端对齐，并且在垂直距离上平均分布。应用此对齐方式的单元格，当文本内容过长时会自动换行显示。

(5) 分散对齐：当文字横排时，显示效果与"两端对齐"相同；而当文字竖排 (±90º) 时，多行文本的末行文字会在垂直方向上平均分布排满整个单元格高度，并且两端靠近单元格边框。应用此对齐方式的单元格，当文本内容过长时会自动换行显示。

文本排版方向包括以下两种设置方法：

(1) 文本倾斜：可以鼠标拖动【方向】指针直接选择倾斜角度，或者通过下方的【度】微调框来设置文本的倾斜角度（范围介于 ±90°），改变文本的显示方向。

(2) 文本竖排：选中【文本竖排】复选框，即可将文本由水平排列转为竖直排列状态，文本中的每一个字符仍保持水平显示。

文本显示控制包括【自动换行】、【缩小字体填充】、【合并单元格】等复选框。【缩小字体填充】可以缩小字号使单元格内过长的内容恰好填满单元格，其不能与【自动换行】同时使用。

3) 字体

在【字体】选项卡中，可以详细设置字体、字形、字号、下画线（界面中为"下划线"）、颜色等常见格式，还可以设置删除线、上标、下标等特殊效果，如图 3-17 所示。

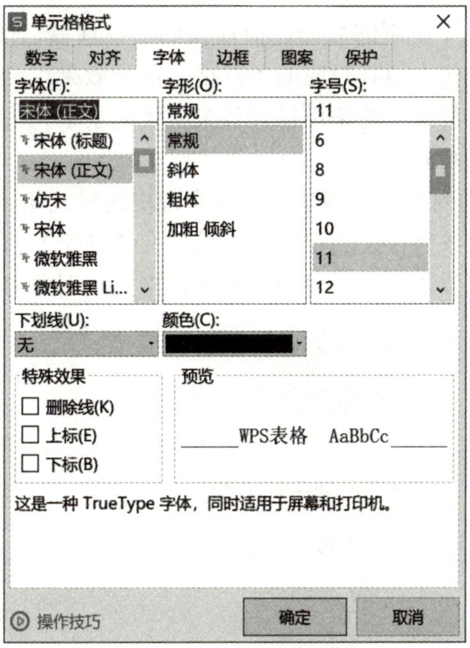

图 3-17　【字体】选项卡

4) 边框和图案

在【边框】选项卡中，可以设置单元格边框的线条样式。在【图案】选项卡中，可以设置单元格填充颜色、填充效果、图案样式和图案颜色。

5) 保护

在【保护】选项卡中，可以详细设置选定单元格数据受保护的方式。保护方式有锁定和隐藏两种，只有在工作表被保护时，锁定和隐藏才有效，在工作表被保护时，所有格式命令均不可使用，被锁定的单元格数据不能改动。

2. 应用单元格样式

工作表的整体外观由各单元格的样式构成，【单元格样式】是一组特定单元格格式的组合。使用【单元格样式】可以快速格式化单元格，增强工作表的规范性和可读性。

1) 使用和修改单元格样式

WPS 表格中内置了部分典型的单元格样式，可以直接套用样式来快速设置单元格格式。选中需要套用单元格样式的目标单元格或单元格区域，在【开始】选项卡中单击【单元格样式】下拉按钮，在弹出的下拉列表中选择相应的样式即可应用。

若要修改某个内置的单元格样式使其更符合特定的使用要求，则可以在弹出的下拉列表库中相应的样式上右击，在弹出的快捷菜单中选择【修改】命令，打开【样式】对话框，单击【格式】按钮，打开【单元格格式】对话框，即可根据需要对相应样式的单元格格式进行修改。

2) 新建和合并单元格样式

除了使用 WPS 表格内置的单元格样式外，还可以通过新建单元格样式来创建自定义的单元格格式。在样式下拉列表库中选择【新建单元格样式】命令，打开【样式】对话框，在【样式名】文本框中输入样式名称，单击【格式】按钮，打开【单元格格式】对话框，根据需求设置单元格的数字格式、对齐方式、字体、边框、图案等项目。单元格样式创建完毕后，在样式下拉列表库上方会出现【自定义】样式区，其中展示了用户自定义的单元格样式。

自定义单元格样式只会保存到当前工作簿中，只在当前工作簿中生效，而通过【合并样式】可以应用其他工作簿中的自定义单元格样式。

3. 应用条件格式

条件格式常用于标记某个范围的数据、快速找到重复项目、使用图形增加数据可读性等。如果目标单元格的值发生变化，则其对应的条件格式显示效果也会随之自动更新。在工作表中应用条件格式规则时，用户自定义的条件格式效果将优先于单元格初始的格式设置。

1) 应用内置的条件格式规则

WPS 表格提供了大量的内置条件格式规则以实现快速格式化。

选定工作表中需要设置条件格式的单元格区域，在【开始】选项卡中单击【条件格式】下拉按钮，在弹出的下拉列表中选择所需要的内置条件格式规则即可，如图 3-18 所示。

图 3-18　内置的条件格式规则

各条内置条件格式规则说明如下：

(1) 突出显示单元格规则：按指定数值或日期范围、包含指定文本或重复值进行标记。

(2) 项目选取规则：按数值排序靠前或靠后、数值高于或低于区域平均值进行标记。

(3) 数据条：根据单元格中数值的大小显示不同长度的水平颜色条，颜色条越长表示值越高，颜色条越短表示值越低。在观察大量数据中的较高值和较低值时，数据条尤其有用。

(4) 色阶：通过使用两种或三种颜色的渐变效果来直观地比较单元格区域中的数据，用来显示数据分布和数据变化。一般情况下，颜色的深浅表示值的高低。

(5) 图标集：可以使用图标集对数据进行注释，每个图标代表一个值的范围。使用图标集时不能添加外部图标样式。如果单元格中同时显示图标和数字，则图标将靠单元格左侧显示。

(6) 新建规则：用于自定义条件格式，以便根据特定条件突出显示单元格或单元格区域。

(7) 清除规则：用于删除已应用于单元格或单元格区域的条件格式。

(8) 管理规则：用于供用户查看、修改和删除工作表中已应用的条件格式规则。

2) 设置自定义条件格式规则

WPS 表格还允许用户自定义更加复杂的规则以实现高级格式化。

选定需要设置条件格式的单元格区域，在【开始】选项卡中单击【条件格式】下拉按钮，在弹出的列表中选择【新建规则】命令，打开【新建格式规则】对话框，如图 3-19 所示。

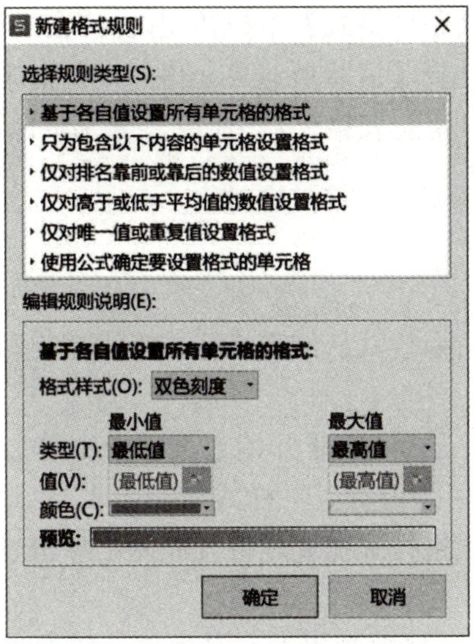

图 3-19　【新建格式规则】对话框

在【选择规则类型】列表中包含六种可选的规则类型，其功能说明如表 3-3 所示，当选择不同的规则类型时，底部的【编辑规则说明】区域中将显示不同的选项。

表 3-3　条件格式的规则类型

规则类型	说　　明
基于各自值设置所有单元格的格式	创建显示数据条、色阶或图标集的规则
只为包含以下内容的单元格设置格式	创建基于数值大小比较的规则，如大于、小于、不等于、介于等。也可以基于文本内容创建"文本包含"规则
仅对排名靠前或靠后的数值设置格式	创建可标记前 n 个、前百分之 n、后 n 个、后百分之 n 项的规则
仅对高于或低于平均值的数值设置格式	创建可标记特定范围内数值的规则
仅对唯一值或重复值设置格式	创建可标记指定范围内的唯一值或重复值的规则
使用公式确定要设置格式的单元格	创建基于公式运算结果的规则

3) 管理和清除条件格式规则

选定应用了条件格式的单元格区域，在【开始】选项卡中单击【条件格式】下拉按钮，在弹出的列表中选择【管理规则】命令，打开【条件格式规则管理器】对话框，如图 3-20 所示。选中规则并单击【编辑规则】按钮，打开【编辑规则】对话框，即可查看和修改已有的条件格式规则。单击【删除规则】按钮，即可删除指定的条件格式规则。

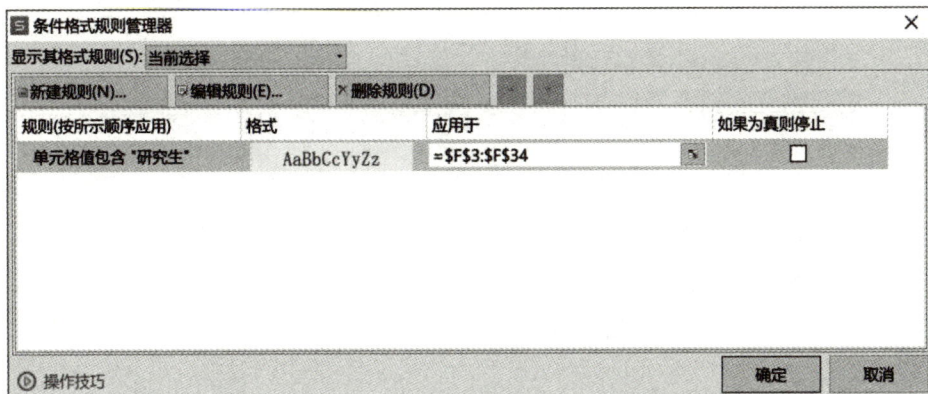

图 3-20　【条件格式规则管理器】对话框

在【开始】选项卡中单击【条件格式】下拉按钮，在弹出的列表中选择【清除规则】命令，在展开的二级下拉列表中可以选择【清除所选单元格的规则】、【清除整个工作表的规则】、【清除此表的规则】（此表指的是"智能表格"）等命令，分别清除不同目标区域中已有的条件格式规则。

4. 套用表格样式

1) 套用内置的表格样式

工作表创建完成后，如果对系统默认的表格样式不满意，则可以进一步套用其他更合适的表格样式，具体操作步骤如下：

(1) 单击工作表中的任意单元格，在【开始】选项卡中单击【表格样式】按钮，在弹出的下拉列表中提供了多种可供套用的内置表格样式，如图 3-21 所示。表格样式列表中还推荐了更多在线表格样式，加载这些表格样式需要连接互联网。单击表格样式列表中的样式即可快速套用。

(2) 如果预先已经为某些单元格单独设置了某种单元格格式（如数值保留两位小数、字体颜色标红、单元格底纹标黄等），则单击套用表格样式时将保留这些手工设置。若希望在套用表格样式的同时清除这些原始格式，则应右击表格样式列表中的样式，在弹出的快捷菜单中选择【应用并清除格式】命令即可。

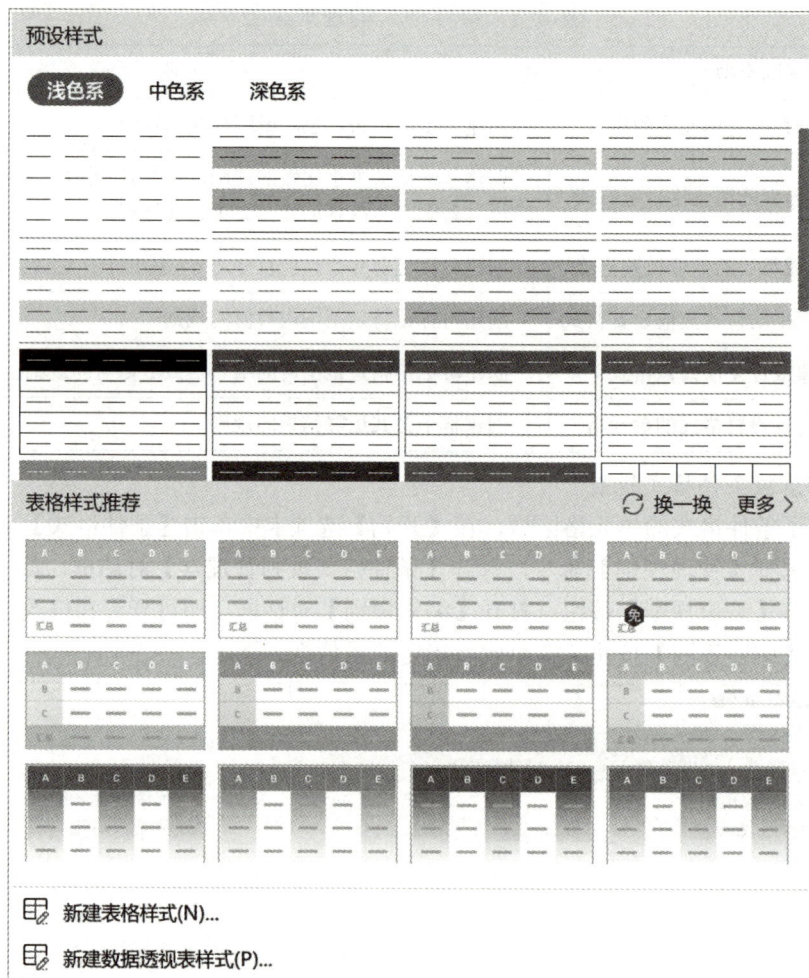

图 3-21　内置的表格样式列表

2) 新建表格样式

新建表格样式可以自定义个性化的样式，具体操作步骤如下：

(1) 选中数据列表区域的单元格，在【开始】选项卡中单击【表格样式】按钮，在弹出的下拉列表中选择【新建表格样式】命令，打开【新建表样式】对话框，如图 3-22 所示。

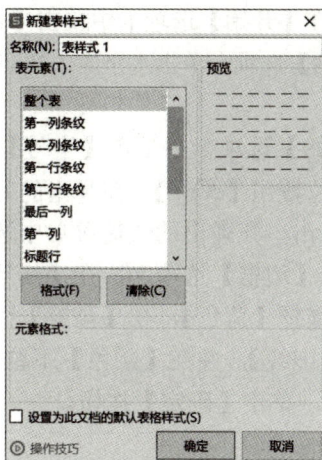

图 3-22　【新建表样式】对话框

(2) 在【名称】文本框内输入自定义样式的名称，在【表元素】列表框中选择要设置格式的区域，单击【格式】按钮可打开【单元格格式】对话框以设置字体、边框和底纹，单击【确定】按钮关闭【单元格格式】对话框。同理，可继续设置其他表元素的格式。最后单击【确定】按钮关闭【新建表样式】对话框，即完成了全部设置。

(3) 新建的表格样式将被保存至【表格样式】列表中，方便随时调用。

(4) 若希望将自定义表格样式设为默认样式，则应在最后单击【确定】按钮关闭【新建表样式】对话框之前，选中【设置为此文档的默认表格样式】复选框。

任务实施

(1) 整理及美化"员工信息表"工作表，效果如图 3-23 所示。

	A	B	C	D	E	F	G	H
1	天天向上员工信息表							
2	工号	姓名	性别	部门	职位	学历	入职日期	工龄
3	01001	李一飞	男	财务部	总经理	硕士	2010/6/15	
4	01002	张行通	男	销售部	经理	本科	2010/8/21	
5	01003	张燕燕	女	财务部	财务专员	专科	2010/9/7	
6	01004	赵闯	男	研发部	总工程师	硕士	2011/10/8	
7	01005	张飞	男	销售部	销售员	专科	2011/12/9	
8	01006	夏佳佳	女	财务部	财务专员	专科	2012/3/10	
9	01007	陈晓然	男	销售部	销售员	专科	2012/12/5	
10	01008	林丽诗	女	客服部	秘书	中专	2013/9/12	
11	01009	马仕华	男	研发部	经理	博士	2013/10/3	
12	01010	蔡华诗	女	销售部	销售员	专科	2014/6/14	
13	01011	吴三桂	男	研发部	工程师	本科	2014/10/5	
14	01012	林焕泽	男	运营部	经理	硕士	2015/3/28	
15	01013	陈佳	女	客服部	工程师	本科	2015/4/15	
16	01014	雷大力	男	研发部	工程师	本科	2016/3/10	
17	01015	陈广源	男	客服部	经理	本科	2016/9/21	
18	01016	王小冰	女	运营部	设计师	本科	2017/2/9	
19	01017	洪其良	男	研发部	工程师	硕士	2017/5/24	
20	01018	龙琳琳	女	研发部	秘书	中专	2018/4/25	
21	01019	陈东浩	男	运营部	策划师	本科	2018/9/18	
22	01020	李小佳	女	销售部	销售员	专科	2019/4/20	
23	01021	吴强强	男	客服部	工程师	本科	2019/11/4	
24	01022	彭泽国	男	运营部	推广员	本科	2020/1/18	

图 3-23　整理及美化后的"员工信息表"工作表

①在"员工信息表"工作表中选中 A1:H1 区域，在【开始】选项卡中单击【单元格样式】按钮，在弹出的下拉列表中选择【标题】样式。

②选中 A2:H24 单元格区域，在【开始】选项卡中单击【表格样式】按钮，在弹出的列表中选择【表样式 13】样式，再在【开始】选项卡单击水平居中按钮【三】，单击垂直居中按钮【＝】，设置水平和垂直居中对齐。

③选中 A2:H2 区域，在【开始】选项卡中单击【字号】下拉列表按钮，在弹出的下拉列表中选择【12】，单击填充颜色下拉按钮【⬠ ▾】，在弹出的列表中选择【浅蓝】。

④选中 A1:H24 单元格区域右击，在弹出的快捷菜单中选择【设置单元格格式】命令，打开【单元格格式】对话框，切换到【边框】选项卡，在【线条】栏的【样式】列表中选择【双实线】，并在【颜色】下拉列表中选择【蓝色】，在【预置】栏中选择【外边框】；然后再在【线条】栏的【样式】列表中选择【细虚线】，并在【颜色】下拉列表中选择【蓝色】，在【预置】栏中选择【内部】，如图 3-24 所示，单击【确定】按钮。

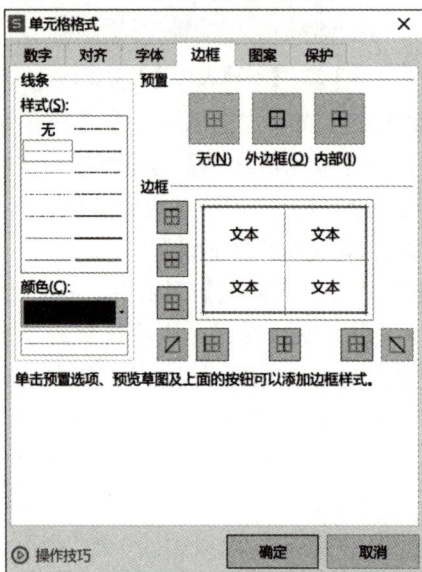

图 3-24　设置边框

⑤选定第 2 行右击，在弹出的快捷菜单中选择【行高】命令，打开【行高】对话框，在【行高】文本框中输入"25"，再选择 3 ～ 24 行，然后在选定的任一行号上右击，在弹出的快捷菜单中选择【行高】命令，打开【行高】对话框，在【行高】文本框中输入"20"。

⑥选择 A ～ H 列，然后在选定的任一列标上右击，在弹出的快捷菜单中选择【列宽】命令，打开【列宽】对话框，在【列宽】文本框中输入"12"。

⑦选中 F3:F24 单元格区域，在【开始】选项卡中单击【条件格式】按钮，在弹出的下拉列表中选择【突出显示单元格规则】子菜单中的【文本包含】命令，打开【文本中包含】对话框，如图 3-25 所示。在【为包含以下文本的单元格设置格式】输入框中输入"硕士"，在【设置为】下拉列表框中选择【自定义格式】，打开【单元格格式】对话框，在【字体】选项卡中设置字体颜色为【红色】，在【图案】选项卡中设置单元格底纹颜色为【黄色】。

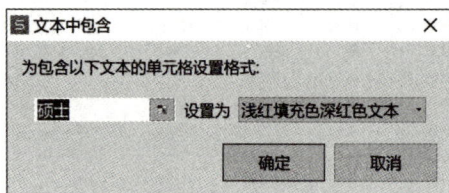

图 3-25　条件格式设置

(2) 使用"员工信息表"工作表，快速完成"月考勤表"工作表的创建、整理及美化，效果如图 3-26 所示。

工号	姓名	迟到次数	早退次数	加班天数	请假天数	奖金	排名
01001	李一飞	1	0	2	0		
01002	张行通	1	0	4	1		
01003	张燕燕	1	1	5	0		
01004	赵闯	0	0	4	1		
01005	张飞	0	0	3	1		
01006	夏佳佳	1	1	3	0		
01007	陈晓然	0	0	2	1		
01008	林丽诗	1	1	5	0		
01009	马仕华	1	0	4	1		
01010	蔡华诗	0	1	3	1		
01011	吴三桂	1	0	2	0		
01012	林焕泽	0	1	1	2		
01013	陈佳	0	1	0	1		
01014	雷大力	1	0	0	1		
01015	陈广源	1	1	4	1		
01016	王小冰	0	0	0	0		
01017	洪其良	1	1	0	0		
01018	龙琳琳	1	0	5	3		
01019	陈东浩	1	0	3	1		
01020	李小佳	0	0	4	2		
01021	吴强强	1	0	2	1		
01022	彭泽国	1	1	2	0		

图 3-26　"月考勤表"工作表

① 将"员工信息表"工作表复制一个新的工作表并命名为"月考勤表"。

② 在"月考勤表"工作表中将"天天向上员工信息表"改为"天天向上员工考勤表"。

③ 将"月考勤表"工作表中的"性别"改为"迟到次数"，"部门"改为"早退次数"，"职位"改为"加班天数"，"学历"改为"请假天数"，"入职日期"改为"奖金"，"工龄"改为"排名"，并且将 C3:G24 单元格区域的内容删除，并输入图 3-26 所示内容。

④ 如图 3-26 所示，分别在 J3:K7 和 J10:K16 单元格区域输入相应内容。

⑤ 将 J3:K3 和 J10:K10 单元格合并居中及所有单元格水平居中，将 J4:J7、J11:K11、J13:K13 和 J15:K15 单元格区域填充颜色【浅蓝】。

⑥ 将第 J、K 列的列宽设置为 12，并分别将 J3:K7 和 J10:K16 单元格区域设置为蓝色的双实线外边框和蓝色的细虚线内边框。

任务 3.3

员工工资表中数据的计算

小张通过上一任务完成了"员工信息表"和"月考勤表"工作表的创建、整理及美化。现需结合其他工作表及规定的数据计算每位员工的本月工资，如奖金、应发工资、个税、实发工资等，并统计各工资段的人数及各部门工资信息。

完成该任务，需掌握工作表中数据的计算等操作，包括单元格引用、公式和函数的应用等

员工工资表中
数据的计算

内容。

3.3.1　公式与单元格引用

🔵 **相关知识**

　　公式是由数字、单元格引用、函数、运算符等元素组成的计算式，是对数据进行计算的等式。单元格引用的作用是标识工作表上的单元格或单元格区域，并指明公式中所用的数据在工作表中的位置。在 WPS 表格中利用公式及单元格引用可以对表格中的各种数据进行快速计算。下面将介绍公式的输入、修改、复制和引用单元格等操作以及公式中的运算符。

1. 输入公式

　　公式可以在单元格或编辑栏中输入。输入公式都是以 "=" 开始的，然后再输入运算项和运算符，输入完毕按下【Enter】键后，计算结果就会显示在单元格内。以下是几个公式的示例。

　　=3+2*5：表示 3 加上 2 乘以 5，单元格显示的运算结果为 13。

　　=8^2*20%：表示 8 的平方再乘以 0.2，结果为 12.8。

　　=5*8/2^3 − A2/4：若单元格 A2 的值是 12，则结果为 2。

　　= "计算机" & "基础"：运算结果是 "计算机基础"。

　　=A2<42：比较结果为 TRUE(假设 A2 的值是 12)。

　　=A2>=32：比较结果为 FALSE(假设 A2 的值是 12)。

　　如图 3-27 所示，在单元格 C1 中输入公式 =A1+B1*3%，具体操作步骤如下：

　　(1) 选定要输入公式的 C1 单元格。

　　(2) 输入等号 "="。

　　(3) 从键盘输入公式的内容，即 A1+B1*3%，该内容同时显示在单元格和编辑栏中。A1、B1 是单元格地址，其输入也可通过鼠标单击单元格 A1、B1 来实现 (这样往往更快捷)。

　　(4) 输入完毕后，按【Enter】键或单击编辑栏左侧的输入按钮【√】。

　　这时在 C1 单元格上显示运算结果 "10.6"，若再选定 C1 单元格，则在编辑栏中将显示其公式的内容，便于用户检查和修改。

图 3-27　公式及其运算结果

2. 修改公式

　　如果需要修改已有公式，则可以通过以下方法进入单元格编辑状态。

　　(1) 直接用鼠标双击公式所在单元格，在单元格中修改公式。

　　(2) 选定公式所在单元格，在编辑栏中修改公式。

3. 复制公式

　　当某个单元格区域遵循一致的运算规则时，可以在区域内快速复制粘贴或自动填充公式，而不必逐个单元格编辑公式。事实上，此时复用的并非公式本身的字符串或公式运算结果，而是公式运算规则，公式中的单元格地址将按引用位置的相对性关系自动调整。

4. 公式中的运算符

运算符是一种符号，是公式的组成元素之一，用于确定对公式中的其他元素进行计算的类型，如加法、减法或乘法等。WPS 表格中包含四种类型的运算符：引用运算符、算术运算符、文本运算符和关系运算符。

表 3-4 列出了 17 个公式中常用的运算符，对每个运算符的名称、功能、所属类型进行了介绍，并适当用示例进行了相应的说明。

运算符的运算优先级在表 3-4 中由上至下依次降低，置于同一行的运算符的运算优先级相同。如果公式中包含多个相同优先级的运算符 (如同时包含乘法和除法运算)，则从左到右进行计算。如果要修改规定的计算顺序，则必须把先计算的部分用圆括号括起来。

表 3-4　常用运算符

类　型	功　能	运算符	名　称	示　例
引用运算符	将单元格区域内的所有单元格进行引用	:(冒号)	区域运算符	=A1:G12
	将多个引用合并为一个引用	,(逗号)	联合运算符	=MAX(A1:B2,C5)[对单元格区域 A1:B2 和单元格 C5 内的数据求最大值]
	将几个单元格区域所共有 (重叠) 的单元格进行引用	(空格)	交叉运算符	=SUM(A2:C3 B1:B5)[对这两个单元格区域的共有单元格 (B2 和 B3) 内的数据求和]
算术运算符	进行基本的数学运算	−	负号	−2
		%	百分号	3%
		^	乘方	=8^2
		*、/	乘、除	=2*3、=3/5
		+、−	加、减	=1+2、=4−1
文本运算符	将一个或多个文本链接为一个组合文本	&	连接符	=" 计算机 "&" 基础 "(运算结果为 " 计算机基础 ")
关系运算符	用于比较两个数值或字符串，比较结果是逻辑值，TRUE(真)、FALSE(假)	=	等于	=2=3(比较结果为 FALSE)
		<>	不等于	=2<>3(比较结果为 TRUE)
		>	大于	="a">"b"(比较结果为 FALSE)
		<	小于	="a"<"b"(比较结果为 TRUE)
		>=	大于等于	=2>=3(比较结果为 FALSE)
		<=	小于等于	=2<=3(比较结果为 TRUE)

5. 引用单元格

单元格的引用通常分为相对引用、绝对引用和混合引用，另外，还有跨工作表引用和跨工作簿引用。默认情况下 WPS 表格使用的是相对引用。

1) 相对引用

使用相对引用，单元格引用会随公式所在单元格位置的变更而改变，如在相对引用中复制公式时，公式中引用的单元格地址将被更新，指向与当前公式位置相对引用的单元格。例如，

B1 单元格公式为 =A1，当公式向右复制时，将依次变为 =B1、=C1、……，当公式向下复制时，将依次变为 =A2、=A3、……。

2) 绝对引用

在单元格地址的行号和列标前添加绝对引用符号"$(美元符号)"，则当复制公式到其他单元格时，引用单元格的绝对位置将保持不变。例如，B1 单元格公式为 =$A$1，当公式向右或向下复制时，始终保持引用 A1 单元格不变。

3) 混合引用

混合引用介于绝对引用和相对引用之间，只单独固定引用地址的行号或者列标。当复制公式到其他引用单元格时，仅保持引用单元格的行或列方向之一的绝对位置不变。例如，B1 单元格公式为 =A$1，表示"仅固定行"，当公式向右复制时，将依次变为 =B$1、=C$1……，而公式向下复制不改变引用关系；B1 单元格公式为 =$A1，表示"仅固定列"，公式向右复制不改变引用关系，而当公式向下复制时，将依次变为 =$A2、=$A3……。

> **· 说明 ·**
>
> 当在公式中输入单元格地址时，可以连续按【F4】功能键，在四种不同的引用方式之间进行循环切换，其顺序依次为：相对引用 (=A1)(默认) →绝对引用 (=$A$1) →仅固定行 (=A$1) →仅固定列 (=$A1) →相对引用 (=A1)……。

4) 跨工作表引用

引用单元格时，不仅可在同一工作表中引用，还可引用同一工作簿中其他工作表上的单元格或单元格区域中的数据，只需在单元格地址前添加工作表的名称和感叹号"!"即可，格式为：工作表名称! 单元格地址。

5) 跨工作簿引用

引用其他工作簿中工作表的单元格数据的方法与引用同一工作簿不同工作表的单元格数据的方法类似，格式为：[工作簿名称] 工作表名称! 单元格地址。

> **· 说明 ·**
>
> 若打开了引用数据的工作簿，则引用格式为：=[工作簿名称] 工作表名称! 单元格地址；若关闭了引用数据的工作簿，则引用格式为：' 工作簿存储地址 [工作簿名称] 工作表名称 '! 单元格地址。

任务实施

把上一任务完成的"员工信息表"和"月考勤表"工作表复制到"\ 任务 3\ 工资表 .xlsx"文件中，并且在"月考勤表"工作表中使用 J10:K16 单元格区域中给定的条件计算每位员工的奖金，如图 3-28 所示。

奖金的计算公式如下：

奖金 = 迟到次数 × 扣除金额 + 早退次数 × 扣除金额 + 加班天数 × 奖励金额 + 请假天数 × 扣除金额

因为迟到和早退扣除的金额相同，所以公式可以改为：

奖金 = (迟到次数 + 早退次数)× 扣除金额 + 加班天数 × 奖励金额 + 请假天数 × 扣除金额

天天向上员工考勤表

工号	姓名	迟到次数	早退次数	加班天数	请假天数	奖金	排名
01001	李一飞	1	0	2	0	¥900.00	14
01002	张行通	1	0	4	1	¥1,900.00	6
01003	张燕燕	1	1	5	0	¥2,400.00	1
01004	赵闯	0	0	4	1	¥2,200.00	1
01005	张飞	0	0	3	1	¥1,600.00	5
01006	夏佳佳	1	1	3	0	¥1,200.00	8
01007	陈晓然	0	0	2	1	¥1,000.00	8
01008	林丽诗	1	1	5	1	¥2,200.00	1
01009	马仕华	1	0	4	1	¥1,900.00	3
01010	蔡华诗	0	1	3	1	¥1,300.00	4
01011	吴三桂	1	0	2	0	¥900.00	5
01012	林焕泽	0	1	1	2	(¥100.00)	8
01013	陈佳	0	1	0	0	(¥300.00)	8
01014	雷大力	1	1	0	0	(¥600.00)	8
01015	陈广源	1	1	4	1	¥1,600.00	3
01016	王小冰	0	0	0	0	¥0.00	6
01017	洪其良	1	1	0	0	(¥600.00)	6
01018	龙琳琳	1	0	5	3	¥2,100.00	1
01019	陈东浩	1	0	3	1	¥1,300.00	2
01020	李小佳	0	0	4	2	¥2,000.00	1
01021	吴强强	1	0	2	1	¥700.00	1
01022	彭泽国	1	1	2	0	¥600.00	1

奖金统计表	
最高奖金额	
最低奖金额	
总奖金额	
平均奖金额	

奖励与扣除表	
加班天数	奖励
1	600
请假天数	扣除
1	200
迟到/早退	扣除
1	300

图 3-28　奖金计算

(1) 打开上节完成的“天天向上员工信息表 .xlsx”文件，并打开“\ 任务 3\ 工资表 .xlsx”文件。

(2) 切换到“天天向上员工信息表”文件中，按【Ctrl】键的同时选定“员工信息表”和“月考勤表”工作表标签，然后右击，在弹出的快捷菜单中选择【移动】命令，打开【移动或复制工作表】对话框。在【工作簿】下拉列表中选择“工资表 .xlsx”，选中【建立副本】复选框，然后单击【确定】按钮。此时，可看到“员工信息表”和“月考勤表”工作表已复制到“工资表 .xlsx”文件中，关闭“天天向上员工信息表 .xlsx”文件。

(3) 切换到“月考勤表”工作表。

(4) 选择单元格 G3，输入公式“=(C3+D3)*(−300)+E3*600+F3*(−200)”，按【Enter】键或单击编辑栏左侧的输入按钮【√】，此时，G3 单元格中显示出日期类型的计算结果。

(5) 选定 G3 单元格，在【开始】选项卡中单击【数字格式】下拉列表按钮，在弹出的下拉列表中选择【货币】，即可将结果以货币的类型显示 (默认带 2 位小数)。

(6) 鼠标指向单元格 G3 右下角的填充柄，当鼠标指针变成“+”时，双击填充柄，计算出每位员工的奖金。

· 说明 ·

此处双击填充柄的作用是对公式进行复制，且自动将粘贴区域的公式调整为与该区域有关的相对位置。

在进行公式计算的时候，很可能由于公式的错误导致计算结果出现某些意外的数值，常见错误信息如表 3-2 所示。

3.3.2　函数

相关知识

函数

在 WPS 表格中，将一组特定功能的公式组合在一起就形成了函数。利用公式可以计算一些简单的数据，而利用函数则可以很容易地完成各种复杂数据的处理工作。

1. 函数的概念

函数实际上是一类特殊的、预先定义好的公式。例如，要计算单元格 A1、A2、A3、A4、A5、A6、A7、A8、A9、A10 中数据的和，可以输入公式"= A1+A2+…+A10"来计算，也可以使用求和函数"=SUM(A1:A10)"来实现，显然，使用函数简捷得多，所以应尽可能地使用系统提供的函数来编写公式。使用函数不仅能够提高输入效率，也能够减少错误和工作表所占的内存空间。另外，有些函数功能是自编公式难以比拟的 (如 SUM 函数)，有些函数功能是自编公式无法完成的 (如 RAND 函数)，有些函数功能可以允许"有条件地"执行公式 (如 IF 函数)。

2. 函数的结构

函数的结构也是从"="开始的，然后是函数名称和用括号括起来的参数，其语法形式如下：

= 函数名 (参数 1,[参数 2],[参数 3],…)

例如：

=SUM(A1:A10,B2:B10)

函数名后面应该紧跟圆括号，中间不能有空格。参数可以有多个，参数之间用逗号隔开，也可以没有参数，但圆括号不能省略。参数可以是数字、文本、逻辑值、数组、单元格引用、公式或其他函数。作为参数使用的函数称为嵌套函数，公式中可以包含多级嵌套函数。

3. 函数的类型

WPS 表格提供了大量的内置函数以供使用，按其功能和用途可分为九种类型，如表 3-5 所示。

表 3-5　WPS 中的函数类型

函数类型	典型函数示例
财务函数	=NPV(贴现率 , 收益 1,[收益 2],[收益 3],…) 通过使用贴现率以及一系列未来支出 (负值) 和收入 (正值)，返回一项投资的净现值
逻辑函数	=IF(测试条件 , 真值 ,[假值]) 判断一个条件是否满足：如果满足，则返回一个值；如果不满足，则返回另外一个值
文本函数	=MID(字符串 , 开始位置 , 字符个数) 从文本字符串中指定的位置开始，返回指定长度的字符串
日期和时间函数	=DATEDIF(开始日期 , 终止日期 , 比较单位) 计算两个日期之间相隔的天数、月数或年数
查找与引用函数	=VLOOKUP(查找值 , 数据表 , 列序数 ,[匹配条件]) 在表格或数值数组的首列查找指定的数值，并由此返回表格或数组当前行中指定列处的数值 (默认情况下，表是升序排序的)
数学和三角函数	=INT(数值) 将数字向下舍入到最接近的整数
统计函数	=COUNTIF(区域 , 条件) 计算区域中满足给定条件的单元格个数
工程函数	=CONVERT(数值 , 初始单位 , 结果单位) 将数值从一个度量系统转换到另一个度量系统
信息函数	=ISERROR(值) 检测一个值是否为错误值 , 返回 TRUE 或 FALSE

4. 使用函数

1) 手动输入函数

若已知晓所需函数名的全部或开头部分字母，则可直接在单元格或编辑栏中手工输入函数。WPS 表格的"函数记忆键入"功能可以根据用户输入公式时的关键字符，自动显示相匹配的函数列表作为备选，如输入查找函数"VLOOKUP"（如图 3-29 所示）按上下方向键从弹出的函数列表中选定所需函数，双击鼠标、按【Tab】键或按【Enter】键都可以将该函数快速添加到当前编辑位置。

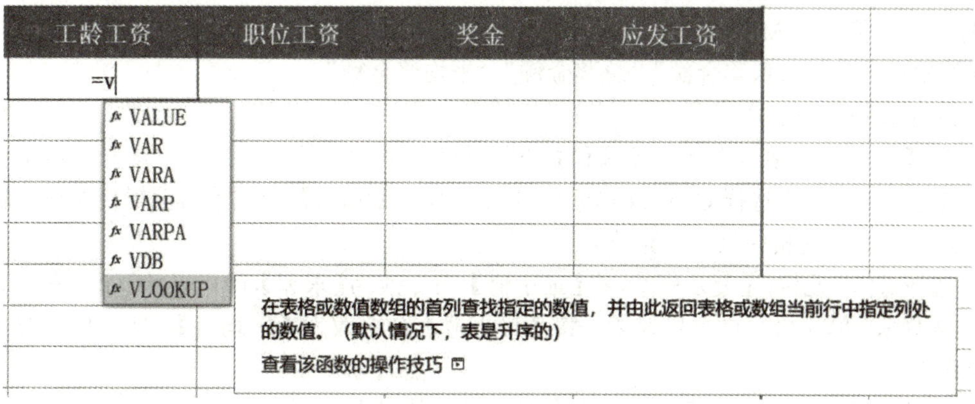

图 3-29　函数记忆键入

2) 从函数库选取函数

如果已明确知晓所需函数的类型，则可以从函数库选择并插入函数。

在【公式】选项卡中提供了【财务】、【逻辑】、【文本】等按钮，在【其他函数】按钮的下拉列表中还提供了【统计】、【工程】、【信息】等函数扩展菜单，从这些按钮或扩展菜单的函数列表中按需选用函数即可。

在【公式】选项卡中还提供了【求和】组合按钮，在【开始】选项卡中也有此按钮。默认情况下，单击【求和】按钮，即可快速插入用于求和的 SUM 函数。单击【求和】下拉按钮，在下拉列表中可以选择其他简单计算，包括平均值、计数、最大值、最小值等。

3) 模糊搜索函数

当无法确定所使用的具体函数或其所属类别时，可通过【插入函数】对话框进行"模糊"搜索所需函数。单击【编辑栏】左侧的插入函数按钮【fx】或在【公式】选项卡中单击【插入】按钮都可以打开【插入函数】对话框。

如图 3-30 所示，使用向导搜索函数 VLOOKUP，可在【查找函数】文本框中输入要查找的函数名称或函数功能的简要描述。例如，输入关键字"查找"，程序将自动进行模糊搜索，【选择函数】列表框中将显示推荐的函数列表。从函数列表中选中函数 VLOOKUP，单击【确定】按钮即可插入该函数并弹出【函数参数】对话框。

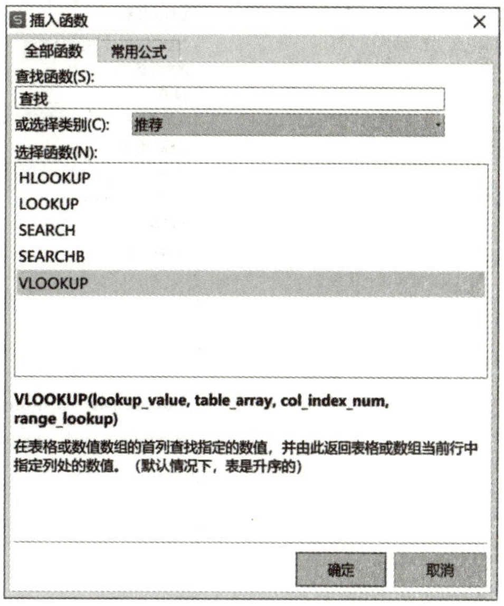

图 3-30　使用函数向导

✎

任务实施

(1) 用最大值函数 MAX()，在"月考勤表"工作表中计算员工所得的"最高奖金额"。

① 选择单元格 K4。

② 在【开始】选项卡中单击【求和】下拉按钮，从弹出的下拉列表中选择【最大值】命令。此时 K4 单元格中出现了求最大值函数【=MAX】，用鼠标在工作表选择 G3:G24 单元格区域，单击【Enter】键或单击编辑栏左侧的输入按钮【√】，在 K4 单元格中显示出计算结果。

(2) 用最小值函数 MIN、求和函数 SUM、求平均值函数 AVERAGE，在"月考勤表"工作表中计算出员工的"最低奖金额""总奖金额""平均奖金额"。

① 选择 K5 单元格。

② 在【开始】选项卡中单击【求和】下拉按钮，从弹出的下拉列表中选择【最小值】命令，用鼠标在工作表中选择 G3:G24 单元格区域，单击【Enter】键或单击编辑栏左侧的输入按钮【√】，在 K5 单元格中显示计算结果。

③ 选择 K6 单元格，重复步骤②，将【最小值】命令改为【求和】，即可以计算出"总奖金额"。

④ 选择 K7 单元格，重复步骤②，将【最小值】命令改为【平均值】，即可以计算出"平均奖金额"。

(3) 用排序函数 RANK 计算出员工所得奖金的"排名"。

RANK 函数：返回某数字在一列数字中相对于其他数值的大小排名。

格式：RANK(number,ref,order)。

number(数值)：指定的数字。

ref(引用)：一组数或对一个数据列表的引用。ref 中的非数字值将被忽略。

order(排位方式)：指定排位的方式。如果 order 为 0 或省略，则按照降序排列；若非零，则按照升序排列。

① 选中 H3 单元格。

② 单击编辑栏左侧的插入函数按钮【fx】，打开【插入函数】对话框，在【查找函数】文本框中输入"rank"，在【选择函数】列表框中即可显示【RANK】函数名，如图 3-31 所示。选择【RANK】函数，单击【确定】按钮，打开【函数参数】对话框。

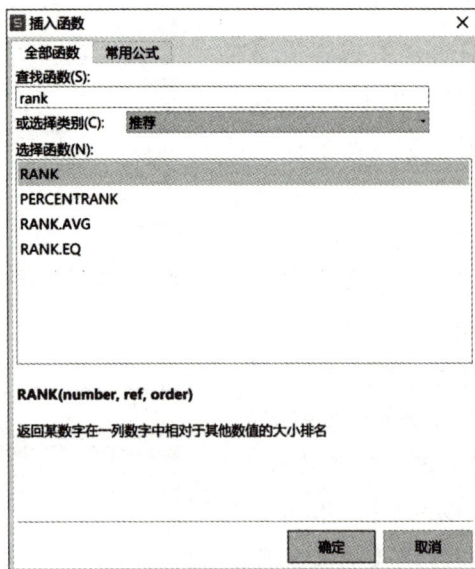

图 3-31　查找 RANK 函数

③ 定位到【数值】编辑框，选择 G3 单元格；定位到【引用】编辑框，选择 G3:G24 单元格区域，如图 3-32 所示。

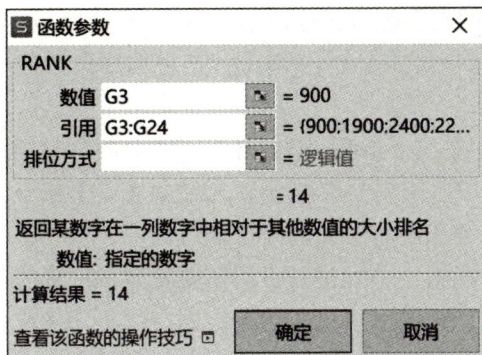

图 3-32　设置 RANK 函数参数

④ 单击【确定】按钮，在 H3 单元格中计算出第 1 个员工的"排名"。拖动 H3 单元格中的填充柄至单元格 H24，计算出所有员工所获奖金的排名。

·说明·

　　RANK 函数对重复数的排位相同，但重复数的存在将影响后续数值的排位。例如，序列"2,2,7,4"，整数 2 出现两次，其排位都为 1，则 4 的排位为 3(没有排位为 2 的数值)。

　　"排名"结果如图 3-33 所示，此时，发现员工的奖金排名出错，出现多个第 1 名、多个第 8 名等问题。这是因为，在用填充柄对函数进行复制时，函数里面的参数会随函数位置的变化而变化，如 H3 单元格中的函数为"=RANK(G3,G3:G24)"，填充柄复制到 G24 单元格，函数变为"=RANK(G24,G24:G45)"，这就是相对引用。

	A	B	C	D	E	F	G	H
1	天天向上员工考勤表							
2	工号	姓名	迟到次数	早退次数	加班天数	请假天数	奖金	排名
3	01001	李一飞	1	0	2	0	￥900.00	14
4	01002	张行通	1	0	4	1	￥1,900.00	6
5	01003	张燕燕	1	1	5	0	￥2,400.00	1
6	01004	赵闯	0	0	4	1	￥2,200.00	1
7	01005	张飞	0	0	3	1	￥1,600.00	5
8	01006	夏佳佳	1	1	3	0	￥1,200.00	8
9	01007	陈晓然	0	0	2	1	￥1,000.00	8
10	01008	林丽诗	1	1	5	1	￥2,200.00	1
11	01009	马仕华	1	0	4	1	￥1,900.00	3
12	01010	蔡华诗	0	1	3	1	￥1,300.00	4
13	01011	吴三桂	1	0	2	0	￥900.00	5
14	01012	林焕泽	0	1	1	2	(￥100.00)	8
15	01013	陈佳	0	1	0	1	(￥300.00)	8
16	01014	雷大力	1	0	1	1	(￥600.00)	8
17	01015	陈广源	1	1	4	1	￥1,600.00	6
18	01016	王小冰	0	0	1	1	￥0.00	6
19	01017	洪其良	1	1	0	1	(￥600.00)	6
20	01018	龙琳琳	1	0	5	3	￥2,100.00	1
21	01019	陈东浩	1	0	3	0	￥1,300.00	2
22	01020	李小佳	0	0	4	2	￥2,000.00	1
23	01021	吴强强	1	0	2	1	￥700.00	1
24	01022	彭泽国	1	1	2	0	￥600.00	1

图 3-33　"排名"结果

RANK 函数的【引用】文本框的参数代表所有员工的奖金，它不应该随着函数位置的变化而变化，因此，此处不能使用相对引用，而应该使用绝对引用。使用绝对引用的方法是在列标和行号前加上"$"符号即可。如将"G3:G24"变成"$G$3:$G$24"。纠正"排名"出错的操作如下：

① 选择 H3 单元格。

② 在编辑栏中，分别在第二个参数"G3:G24"的列标和行号前加上"$"符号，将第二个参数变成"$G$3:$G$24"，单击编辑栏左侧的输入按钮【√】确认修改，再双击 H3 单元格右下角的填充柄，即可准确计算出所有员工的"排名"。

由此可见，当公式或者函数中单元格的引用需要随所在位置的不同而改变时，应使用相对引用，相反，则使用绝对引用。绝对引用总是指定固定的单元格或单元格区域，无论公式怎么复制也不会改变引用地址。

(4) 使用日期函数 TODAY、YEAR，在"员工信息表"工作表中计算出每位员工的"工龄"。计算"工龄"的公式如下：

工龄 = 当前年份 - 参加工作年份

其中，在计算"当前年份"时，先使用 TODAY 函数获取系统日期，再用 YEAR 函数获取当年的年份，即当前年份 =YEAR(TODAY())；参加工作年份 =YEAR(工作日期)。

① 切换到"员工信息表"工作表。

② 单击 H3 单元格。

③ 在【公式】选项卡中单击【时间】按钮，从弹出的下拉列表中选择【TODAY】命令，打开相应的【函数参数】对话框，单击【确定】按钮，此时 H3 单元格中显示当前系统的日期，编辑栏中显示【=TODAY()】。

④ 在编辑栏中选定【TODAY()】，按【Ctrl+X】组合键，将选定内容剪切到剪贴板上。

⑤ 再次在【公式】选项卡中单击【时间】按钮，从弹出的下拉列表中选择【YEAR】命令，打开相应的【函数参数】对话框。

⑥ 将插入点放置到【日期序号】编辑框，按【Ctrl+V】组合键，将剪贴板中的内容粘贴到该处，如图 3-34 所示，单击【确定】按钮。

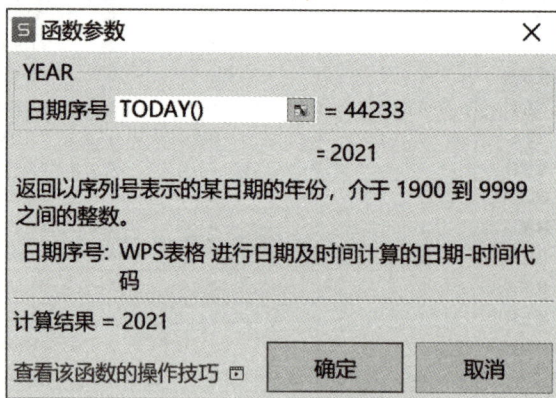

图 3-34　设置 YEAR 函数参数

⑦ 将插入点放置到编辑栏中"=YEAR(TODAY())"的后面，输入"-YEAR(G3)"，按【Enter】键，完成计算"工龄"公式的输入，此时，H3 单元格显示的是日期格式数据。

⑧ 选择 H3 单元格，在【开始】选项卡中单击【数字格式】列表右侧的下拉按钮，在弹出的列表中选择【常规】命令，即可将 H3 单元格的数据类型改为【常规】，然后双击 H3 单元格右下角的填充柄，计算出其他员工的"工龄"。

(5) 在"月应发工资表"工作表中的"工龄"列引入"员工信息表"工作表中的"工龄"

列数据。

①　切换到"月应发工资表"工作表，选择 F3 单元格，并输入"="，然后单击"员工信息表"工作表标签，切换到"员工信息表"工作表。

②　在"员工信息表"表中单击 H3 单元格，此时编辑栏中显示"= 员工信息表 !H3"。

③　按【Enter】键，返回到"月应发工资表"工作表。

④　双击"月应发工资表"工作表中的 F3 单元格右下角的填充柄，得出其余员工的工龄。

(6) 使用【VLOOKUP】函数，参照"工资对照表"工作表中的"职位工资"表，在"月应发工资表"工作表中计算出"职位工资"。

VLOOKUP 函数：按列查找，最终返回该列所需查询列序所对应的值。

格式：VLOOKUP(lookup_value,table_array,col_index_num,range_lookup)。

lookup_value(查找值)：为需要在数据表第一列中进行查找的数值，可以为数值、引用或文本字符串。

table_array(数据表)：为需要在其中查找数据的数据表。

col_index_num(列序数)：为 table_array 中待返回的匹配值的列序号。col_index_num 为 1 时，返回 table_array 第一列的数值，以此类推。

range_lookup(匹配条件)：为一逻辑值，指明函数 VLOOKUP 查找时是精确匹配，还是近似匹配。如果 range_lookup 为 false 或 0，则返回精确匹配；如果找不到，则返回错误值 #N/A。

①　选中"月应发工资表"工作表中的 H3 单元格。

②　单击编辑栏左侧的插入函数按钮【fx】，打开【插入函数】对话框，在【查找函数】文本框中输入"vlookup"，在【选择函数】列表框中即可显示【VLOOKUP】函数名，选择【VLOOKUP】函数，单击【确定】按钮，打开【函数参数】对话框。因为是按照"职位"查找，所以在【查找值】编辑框中选择 E3 单元格；单击【数据表】编辑框，然后切换到"工资对照表"，选择 A3:B12 单元格区域，此时【数据表】编辑框中显示"工资对照表 !A3:B12"，分别在参数"A3:B12"的列标和行号前加上"$"符号，变为绝对引用，如"工资对照表 ! $A$3: $B$12"；单击【列序数】编辑框，并输入"2"；单击【匹配条件】编辑框，并输入"FALSE"，如图 3-35 所示，单击"确定"按钮，计算出 H3 单元格的值。

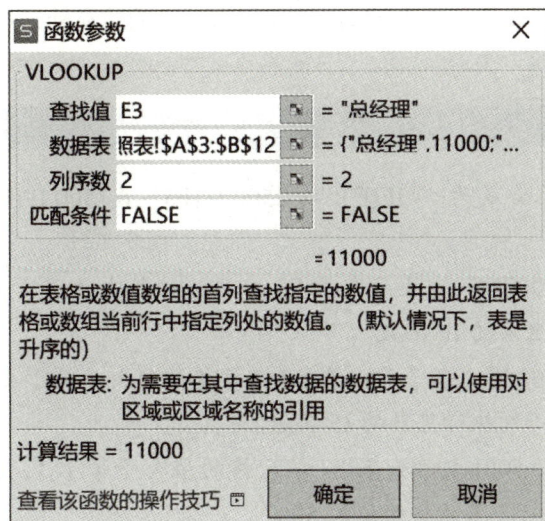

图 3-35　设置 VLOOKUP 函数参数

③　双击 H3 单元格右下角的填充柄，查找出其他员工的职位工资。

(7) 在"月应发工资表"工作表中的"奖金"列引入"月考勤表"工作表中的"奖金"列数据。

①　选择"月应发工资表"工作表的 I3 单元格，并输入"="，然后单击"月考勤表"工作

表标签，切换到"月考勤表"工作表。

②在"月考勤表"表中单击 G3 单元格，此时编辑栏中显示"＝月考勤表!G3"。

③按【Enter】键，返回到"月应发工资表"工作表。

④双击"月应发工资表"工作表的 I3 单元格右下角的填充柄，得出其余员工的奖金。

(8) 使用逻辑判断函数 IF，参照"工资对照表"工作表中的"工龄工资"表，实现在"月应发工资表"工作表中计算出"工龄工资"。

IF 函数：用于判断一个条件是否满足。如果满足，则返回一个值；如果不满足，则返回另一个值。格式：IF(logical_test, Value_if_true, Value_if_false)。

logical_test(测试条件)：表示计算结果可判断为 True 或 False 的任意值或表达式。

Value_if_true(真值)：表示"logical_test"结果为 True 时的值。

Value_if_false(假值)：表示"logical_test"结果为 False 时的值。

例如：IF(1>=2," 条件为真 "," 条件为假 ")，因为表达式"1>=2"的结果为 False，所以该 IF 函数的返回结果为"条件为假"。

IF 函数还可以用"Value_if_true(真值)"及"Value_if_false(假值)"参数构造复杂的判断条件，形成函数的多层嵌套。

①选择"月应发工资表"工作表的 G3 单元格。

②在【公式】选项卡中单击【逻辑】按钮，从弹出的下拉列表中选择【IF】命令，打开相应的【函数参数】对话框。

③在【测试条件】编辑框中，先选择 F3 单元格，再输入">=9"。

④在【真值】编辑框中输入"2500"。

⑤将插入点定位在【假值】编辑框中，然后单击工作表名称框的【IF】函数，第 2 次打开【函数参数】对话框，在【测试条件】编辑框中输入"F3>=6"，在【真值】编辑框中输入"1500"。

⑥重复步骤⑤，其中在【测试条件】编辑框中输入"F3>=3"，在【假值】编辑框中输入"800"，在【真值】编辑框中输入"500"。

⑦单击【确定】按钮，在 G3 单元格的编辑栏中显示的最终公式为"=IF(F3>=9,2500,IF(F3>=6,1500,IF(F3>=3,800,500)))"。

⑧双击"月应发工资表"工作表的 G3 单元格右下角的填充柄，计算出所有员工的"工龄工资"。

> **·说明·**
>
> G3 单元格中的公式为"=IF(F3>=9,2500,IF(F3>=6,1500,IF(F3>=3,800,500)))"，其各部分的含义如下：
>
> ① IF(F3>=9,2500,IF(…)) 表示如果 F3 单元格的值大于等于 9，则 G3 单元格的值为 2500，否则执行里层的 IF 函数。
>
> ② IF(F3>=6,1500,IF(…)) 表示如果 F3 单元格的值大于等于 6，且小于 9，则 G3 单元格的值为 1500，否则执行里层的 IF 函数。
>
> ③ IF(F3>=3,800,500) 表示如果 F3 单元格的值大于等于 3，且小于 6，则 G3 单元格的值为 800，否则 G3 单元格的值为 500。

(9) 计算"月应发工资表"工作表中的"应发工资"，并把值引入到"月实发工资表"工作表中的"应发工资"列。

计算方法为：应发工资 = 工龄工资 + 职位工资 + 奖金。

①选中"月应发工资表"工作表的 J3 单元格,输入公式"=G3+H3+I3"并按下【Enter】键,使用填充柄填充剩下的单元格。

②切换到"月实发工资表"工作表,选择 E3 单元格,并输入"=",然后单击"月应发工资表"工作表标签,切换到"月应发工资表"工作表。

③在"月应发工资表"表中单击 J3 单元格,此时编辑栏中显示"=月应发工资表 !J3"。

④按【Enter】键,返回到"月实发工资表"工作表。

(10) 计算"月实发工资表"工作表的养老保险、医疗保险、失业保险和住房公积金。

三险一金一般包括养老保险、医疗保险、失业保险和住房公积金。其中,个人缴纳部分的计算方法如下:

养老保险 = 基本工资 ×8%,医疗保险 = 基本工资 ×2%

失业保险 = 基本工资 ×1%,住房公积金 = 基本工资 ×10%

其中,基本工资 = 工龄工资 + 职位工资。

下面以"养老保险"计算为例进行介绍,操作如下:

选中"月实发工资表"工作表中的 F3 单元格,输入"=",之后单击"月应发工资表"工作表中的 G3 单元格并输入"+",再单击"月应发工资表"工作表中的 H3 单元格,然后,将两者用括号括起来,再在后面乘以 0.08,按【Enter】键,此时在 G3 单元格的编辑栏中显示的最终公式为"=(月应发工资表 !G3+ 月应发工资表 !H3)*0.08",使用填充柄填充剩下的单元格。其余医疗保险、失业保险、住房公积金的计算方法类似,请读者自行完成。

(11) 参照"税率计算表"工作表中的"税率表",计算"月实发工资表"工作表中的"应纳税额"和"个税"。

应纳税额是对月收入超过 5000 的部分进行征税,计算方法如下:

应纳税额 = 每月工资 (薪金) 所得 – 三险一金 – 起征点 (5000)

其中"每月工资 (薪金) 所得"为每月的"应发工资",因此,应纳税额可以使用 IF 函数计算,公式为"=IF(E3>=5000,E3 – F3 – G3 – H3 – I3 – 5000,0)"。

个税的计算方法如下:

个税 = 应纳税额 (月)× 适用"税率"

假设在本任务该公司的应纳税额最高不超过 12 000 的情况下,则 K3 单元格的计算公式为"=IF(J3<=3000,J3*0.03,J3*0.1 – 210)"。

①选择"月实发工资表"工作表的 J3 单元格。

②在【公式】选项卡中单击【逻辑】按钮,从弹出的下拉列表中选择【IF】命令,打开相应的【函数参数】对话框。

③在【测试条件】编辑框中选择 E3 单元格,再输入">=5000"。

④在【真值】编辑框中输入"E3 – F3 – G3 – H3 – I3 – 5000",在【假值】编辑框中输入"0"。

⑤单击【确定】按钮,在 J3 单元格的编辑栏中显示的最终公式为"= IF(E3>=5000,E3 – F3 – G3 – H3 – I3 – 5000,0)"。

⑥双击"月实发工资表"工作表的 J3 单元格右下角的填充柄,计算出所有员工的"应纳税额"。

⑦选中 K3 单元格,在【公式】选项卡中单击【逻辑】按钮,从弹出的下拉列表中选择【IF】命令,打开相应的【函数参数】对话框。

⑧在【测试条件】编辑框中选择 J3 单元格,再输入"<=3000"。

⑨在【真值】编辑框中输入"J3*3%",在【假值】编辑框中输入"J3*1% – 210"。

⑩单击【确定】按钮,在 K3 单元格的编辑栏中显示的最终公式为"=IF(J3<=3000,J3*0.03,J3*0.1 – 210)"。

⑪ 双击 K3 单元格右下角的填充柄，计算出所有员工的"个税"。

(12) 在"月实发工资表"工作表中计算出"实发工资"。计算方法如下：

实发工资 = 应发工资 − 个税

① 选择"月实发工资表"工作表的 L3 单元格，输入公式"=E3 − K3"，按【Enter】键，计算出 L3 单元格的值。

② 双击"月实发工资表"工作表的 J3 单元格右下角的填充柄，计算出所有员工的实发工资。

(13) 用统计函数 COUNTA 或 COUNT，将"月实发工资表"工作表中实发工资的总人数统计到"月工资统计表"的相应单元格中。

① 切换到"月工资统计表"工作表中，选择 B3 单元格。

② 在【公式】选项卡单击【其他函数】按钮中的【统计】选项，从弹出的下拉菜单中选择【COUNTA】函数，打开相应的【函数参数】对话框。

③ 将光标定位在【值 1】编辑框处，切换到"月实发工资表"工作表，在"月实发工资表"工作表中选择 L3:L24 单元格区域，此时编辑栏中显示为"=COUNTA(月实发工资表 !L3:L24)"。单击【函数参数】对话框中的【确定】按钮，在"月工资统计表"工作表的 B3 单元格中显示出计算结果。

> **·说明·**
>
> 　　在第②步中选择【COUNT】函数，其计算结果一样。这是因为 COUNT 与 COUNTA 函数的功能类似，都是返回指定范围内单元格的个数。其不同点为：COUNTA 函数返回参数列表中非空值的单元格个数，单元格的类型不限；COUNT 函数返回包含数字及参数列表中数字类型的单元格个数。
>
> 　　虽然在"月实发工资表"中"实发工资"列的数据属于货币类型，但也属于数字类型，因此使用 COUNT 和 COUNTA 统计的总人数一样。

(14) 用条件统计函数 COUNTIF，将"月实发工资表"中各实发工资段的人数统计到"月工资统计表"的相应单元格中。

① 在"月工资统计表"工作表中选中 B4 单元格。

② 在【公式】选项卡中单击【其他函数】按钮中的【统计】选项，从弹出的下拉列表中选择【COUNTIF】函数，打开相应的【函数参数】对话框。

③ 将插入点定位在【区域】编辑框中，然后切换到"月实发工资表"工作表，并在"月实发工资表"工作表中选择 L3:L24 单元格区域；再将插入点定位在【条件】编辑框中，输入"<=9999"，单击【确定】按钮，如图 3-36 所示。此时编辑栏中显示为"=COUNTIF(月实发工资表 !L3:L24,"<=9999")"。

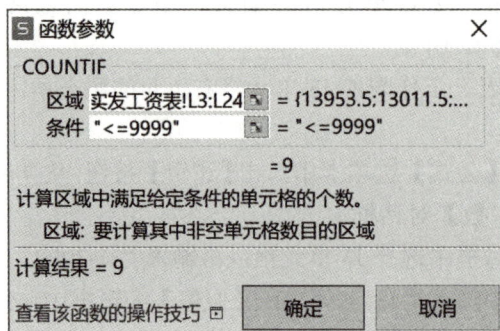

图 3-36　设置 COUNTIF 函数参数

④ 在"月工资统计表"工作表中选择 B5 单元格，在编辑栏中输入"=COUNTIF(月实发工资表 !L3:L24,"<=10999")"，按【Enter】键确认。查看结果发现计算结果中包含"0-9999"工资段的人数，因此需要减去这部分人数，所以编辑栏中的公式改为"=COUNTIF(月实发工资表 !L3:L24,"<=10999") – B4"。

⑤ B6 单元格中的公式为"=COUNTIF(月实发工资表 !L3:L24,"<=11999") – B4 – B5"。

⑥ B7 单元格中的公式为"=COUNTIF(月实发工资表 !L3:L24,"<=12999") – B4 – B5 – B6"。

⑦ B8 单元格中的公式为"=COUNTIF(月实发工资表 !L3:L24,">13000")"。

(15) 使用 COUNTIF 函数，将"月实发工资表"工作表中各部门的人数统计到"月工资统计表"工作表的相应单元格中。

① 在"月工资统计表"工作表中选中 F3 单元格。

② 在编辑栏中输入公式"=COUNTIF(月实发工资表 !$D$3:$D$24,E3)"，拖动 F3 单元格的填充柄到单元格 F7，计算出每个部门的人数。

③ 在 F8 单元格中输入公式"=SUM(F3:F7)"，计算出所有部门人数的总和。

(16) 使用 SUMIF 函数，将"月应发工资表"工作表中各部门的奖金、应发工资和"月实发工资表"工作表中各部门实发工资统计到"月工资统计表"工作表的相应单元格中。

① 在"月工资统计表"工作表中选中 G3 单元格。

② 单击编辑栏左侧的插入函数按钮【fx】，打开【插入函数】对话框，在【查找函数】文本框中输入"sumif"，在【选择函数】列表框中即可显示【SUMIF】函数名，选择【SUMIF】函数，单击【确定】按钮，打开【函数参数】对话框。

③ 将插入点定位在【区域】编辑框中，然后切换到"月应发工资表"工作表，并在"月应发工资表"工作表中选择 D3:D24 单元格区域；将插入点定位在【条件】编辑框中，选择 E3 单元格，将插入点定位在【求和区域】编辑框中，然后切换到"月应发工资表"工作表，选择 I3:I24 单元格区域，此时【函数参数】对话框中【区域】和【求和区域】编辑框中使用的是单元格区域的相对引用，应分别在【区域】和【求和区域】编辑框参数的列标和行号前加上"$"符号，变为绝对引用，如"月应发工资表 !$D$3:$D$24"和"月应发工资表 !$I$3:$I$24"，单击【确定】按钮，如图 3-37 所示。此时编辑栏中显示为"=SUMIF(月应发工资表 !$D$3:$D$24,E3, 月应发工资表 !$I$3:$I$24)"，拖动 G3 单元格的填充柄到单元格 G7，计算出每个部门的奖金总计。

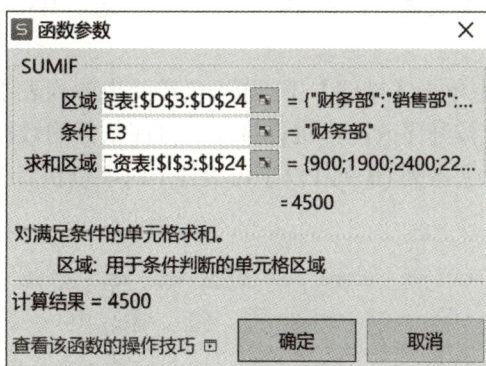

图 3-37　设置 SUMIF 函数参数

④ 在 G8 单元格中输入公式"=SUM(G3:G7)"，计算出所有部门的奖金总计。

⑤ 选中 H3 单元格，在编辑栏中输入公式"=SUMIF(月应发工资表 !$D$3:$D$24,E3, 月应发工资表 !$J$3:$J$24)"，拖动 H3 单元格的填充柄到单元格 H7，计算出每个部门的应发工资总计。

⑥ 在 H8 单元格中输入公式"=SUM(H3:H7)"，计算出所有部门的应发工资总计。

⑦ 选中 I3 单元格，在编辑栏中输入公式"=SUMIF(月实发工资表 !$D$3:$D$24,E3, 月实

发工资表!\$L\$3:\$L\$24)"，拖动 I3 单元格的填充柄到单元格 I7，计算出每个部门的实发工资总计。

⑧ 在 I8 单元格中输入公式"=SUM(I3:I7)"，计算出所有部门的实发工资总计。

⑨ 将 G3:I8 单元格区域的数据设置为带 2 位小数的货币类型数据。

任务 3.4

员工工资表中数据的处理

小张通过上一任务完成了"月应发工资表"工作表数据的计算。为了更直观地查看、理解并快速查找需要的数据，现需对工作表中的数据进行适当的处理，如排序、筛选、分类汇总等。

要完成该任务，需要掌握工作表中数据的处理等操作，包括数据的排序、数据的筛选、数据的分类汇总等内容。

3.4.1　数据的排序

相关知识

排序是最基本的数据管理方法，用于将表格中杂乱的数据按一定的条件进行排序，有助于直观地组织数据列表并快速查找所需数据。

1. 简单排序

简单排序是根据数据表中的相关数据或字段名，将表格数据按照升序（从低到高）或降序（从高到低）的方式进行排列，如图 3-38 所示，具体操作方法如下：

(1) 选定需要排序的数据列中的任意单元格，WPS 表格会自动将其周围连续区域定义为参与排序的区域，且指定首行为标题行。例如，在工作表中选定 B3 单元格则以"姓名"为关键字进行排序。

(2) 在【数据】选项卡中单击【排序】下拉按钮，在弹出的列表中选择【升序】或【降序】命令，即可对当前数据区域按升序或降序进行排序。排序依据的数据列中的不同数据格式对应的排序方式也不同。例如，文本列（B 列）以字母为序（汉字以拼音为序），数值列（F 列）以数值大小为序。

图 3-38　数据列表的简单排序

2. 多条件排序

排序功能在实际应用中，往往需要同时参照多个条件。例如，在上文的排序案例中，先要对数据列表按"姓名"进行升序排列，姓名相同的情况下再按"工龄"降序排列，具体操作方法参考如下：

(1) 选定需要排序的数据列中的任意单元格。

(2) 在【数据】选项卡中单击【排序】下拉按钮，在弹出的列表中选择【自定义排序】命令，打开【排序】对话框，如图 3-39 所示。

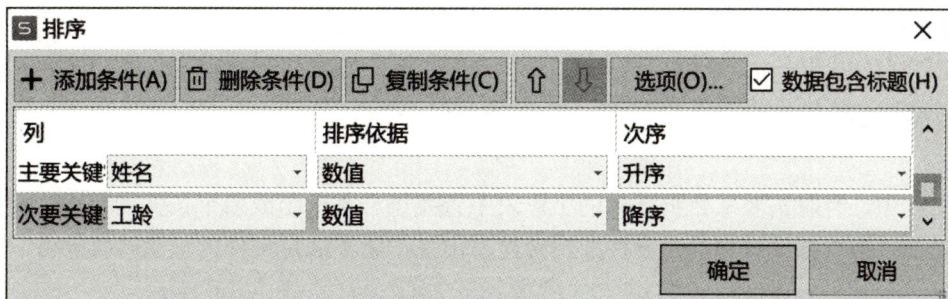

图 3-39　多条件排序

(3) 在【排序】对话框中单击【添加条件】按钮可以进一步添加"关键字"，在【主要关键字】或【次要关键字】下拉列表中可以选择排序列的"标题名"，最后单击【确定】按钮即可完成设置。"多条件排序"的处理原则是，按条件列表从上往下依次进行排序，先被排序过的列会在后续其他列的排序过程中尽量保持自己的顺序。可以理解为，先按"主要关键字"排序，主要关键字的内容相同时，将以"次要关键字"作为更进一步的排序依据。

任务实施

在"\任务 4\工资表 .xlsx"文件中，将"月应发工资表"工作表创建 2 个副本，分别重命名为"简单排序"和"多条件排序"。在"简单排序"工作表中实现所有数据按"应发工资"列降序排序；在"多条件排序"工作表中实现所有数据按"应发工资"列降序排序，当"应发工资"相同时按"姓名"升序排序。

(1) 打开"第 2 章 \任务 4\工资表 .xlsx"文件，在"月应发工资表"工作表标签上右击，在弹出的快捷菜单中选择【创建副本】命令，此时在"月应发工资表"工作表标签右边添加了"月应发工资表 (2)"工作表，然后在"月应发工资表 (2)"工作表标签上双击，进入名称编辑状态，输入"简单排序"，按【Enter】键。以相似方法创建"多条件排序"工作表。

(2) 切换到"简单排序"工作表中，选中"应发工资"列的任一单元格。

(3) 在【开始】选项卡中单击【排序】下拉按钮，在弹出的列表中选择【降序】命令，实现所有数据按应发工资降序排序。

(4) 切换到"多条件排序"工作表中，选中任意一个有数据的单元格，在【开始】选项卡中单击【排序】下拉按钮，在弹出的列表中选择【自定义排序】命令，打开【排序】对话框。

(5) 在【主要关键字】下拉列表中选择"应发工资"，【次序】下拉列表中选择【降序】；单击左上角的【添加条件】按钮添加条件，在【次要关键字】下拉列表中选择"姓名"，【次序】下拉列表中选择【升序】，如图 3-40 所示。单击【确定】按钮，即可看到最终的效果。

图 3-40　设置排序条件

3.4.2　数据的筛选

相关知识

在工作中，有时需要从数据繁多的工作表中查找符合某一个或多个条件的数据，此时可采用筛选功能，将数据区域中满足条件的记录显示出来，将不满足条件的记录暂时隐藏起来。

1. 自动筛选

自动筛选数据就是根据用户设定的筛选条件，自动将表格中符合条件的数据显示出来，具体操作方法如下：

(1) 选中工作表中任意一个有数据的单元格，WPS 表格会自动将其周围连续区域定义为参与筛选的区域，且指定首行为标题行。如果数据区域中有合并行，则应选定非合并行的数据区域。

(2) 在【数据】选项卡中单击【筛选】按钮，即可启用筛选功能。此时，功能区中的【自动筛选】按钮将呈现高亮显示状态，数据列表中所有字段的标题单元格中也会出现【筛选】下拉按钮。

(3) 数据列表进入筛选状态后，单击每个字段标题单元格中的【筛选】下拉按钮，即可打开相应的【筛选面板】，如图 3-41 所示，其中提供了有关【排序】和【筛选】的详细选项及当前字段的所有值。

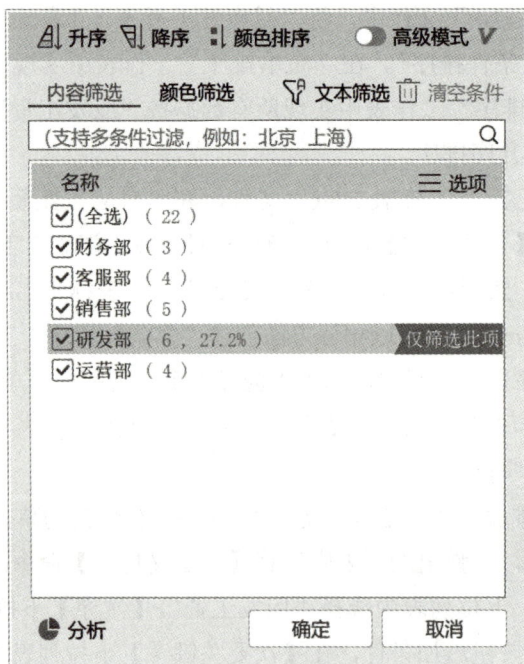

图 3-41　筛选面板

(4) 直接勾选数据项目左侧的复选框并单击【确定】按钮，或者单击数据项目右侧的【仅筛选此项】按钮即可快速完成筛选。被筛选字段的下拉按钮形状将从【箭头】变为【漏斗】，同时筛选结果数据行的行号颜色也将变为高亮显示。

(5) 在首次筛选基础上，可以继续对其他字段 (其他列) 使用筛选功能，实现"多重嵌套筛选"。

除了常规的内容筛选外，WPS 表格还支持按不同数据类型的数据特征进行筛选。

在【筛选面板】中，不同数据类型的字段所能够使用的筛选选项也不尽相同。对于文本型数据字段，将显示【文本筛选】的相关选项；对于数值型数据字段 (时间被视作数字来处理)，将显示【数字筛选】的相关选项；对于日期型数据字段，将显示【日期筛选】的相关选项。事实上，这些选项最终都将打开【自定义自动筛选方式】对话框，如图 3-42 所示，通过选择【逻辑条件】和输入具体【条件值】，方能完成自定义筛选。

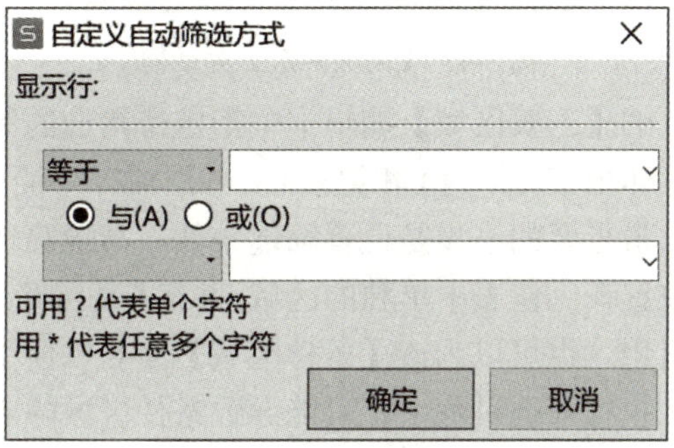

图 3-42　【自定义自动筛选方式】对话框

　　【自定义自动筛选方式】对话框中设置的条件将不区分字母大小写。

　　【自定义自动筛选方式】对话框是筛选功能的公共对话框，其列表框中显示的逻辑运算符并非适用于每种数据类型的字段，如【包含】运算符就不能适用于数值型数据。

　　【自定义自动筛选方式】对话框和【筛选面板】的搜索框中可以使用通配符进行模糊筛选，【问号？】匹配任何单个字符，【星号 *】匹配任意多个连续字符 (可以为零个)，当筛选问号或星号本身时，应在字符前键入【波形符 ~】。通配符仅能用于文本型数据，而对数值和日期型数据无效。

若要取消对指定列的筛选，则可以在【筛选面板】中单击【清空条件】按钮。

若要取消对数据列表的所有筛选，则可以在【数据】选项卡中单击【全部显示】按钮，或者在【数据】选项卡中再次单击【筛选】按钮使数据列表退出筛选状态。

筛选结果并非实时刷新的，即新增的数据或更改的数据不会被自动筛选，若想要对更新后的数据列表重新计算筛选条件，则可以在【数据】选项卡中单击【重新应用】按钮。

当复制或删除筛选结果中的数据时，只有可见的行会被复制或删除，隐藏行将不受影响。

2. 高级筛选

【高级筛选】功能是自动筛选的升级，其可以将自动筛选的定制条件改为自定义设置，功能上将更加灵活，能完成更复杂的任务。比如，可以构建更复杂的筛选条件，可以将筛选结果复制到其他位置，可以筛选出不重复的记录，可以指定包含计算的筛选条件，等等。

通过选定数据列表中的任意单元格，在【开始】选项卡中单击【筛选】下拉按钮，在弹出的下拉列表中选择【高级筛选】命令，或者右击数据列表中的任意单元格，在弹出的快捷菜单中选择【筛选】选项中的【高级筛选】命令，打开【高级筛选】对话框，以启用高级筛选，如图 3-43 所示。

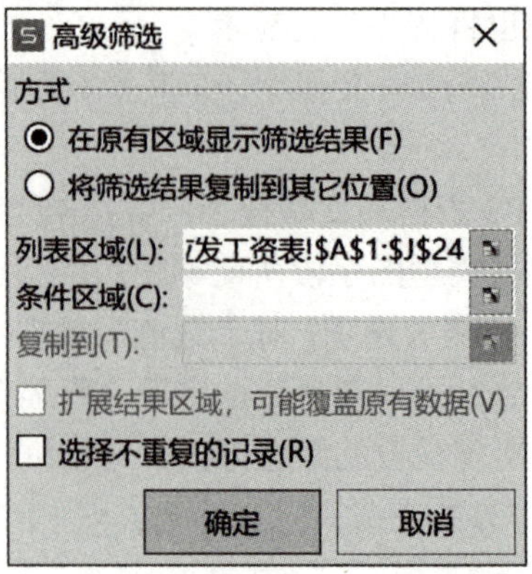

图 3-43 【高级筛选】对话框

在【高级筛选】对话框的【列表区域】编辑框中指定待筛选的原始数据区域，原始数据必须是规范的数据列表形式，即由字段（列）和记录（行）组成，不能有合并单元格。

运用高级筛选功能时，最重要的一步是设置筛选条件。高级筛选所构建的复杂条件需要按照一定的规则手工编辑并放置在工作表中单独的区域，并在【高级筛选】对话框的【条件区域】编辑框中指定对该区域的引用，也可以为该【条件区域】命名以便引用。如果筛选条件置于数据列表的左侧或右侧，则在执行筛选过程中，可能导致条件区域随着筛选器中的数据行一同被隐藏，因此建议把条件区域放置在数据列表的顶端或底端。

高级筛选的【条件区域】至少要包含两行：

(1) 首行为标题行，行中的列标题必须和数据列表中的字段标题匹配（排列次序和出现次数不要求一致），建议将数据列表中的字段标题直接复制并粘贴到条件区域的首行。

(2) 标题行下方为筛选条件值的描述区，可以设置多个筛选条件，筛选条件遵循"同行为与、异行为或"的关系，即同一行之间为 AND 连接的条件（交集），不同行之间为 OR 连接的条件（并集）。条件区域中的空白单元格表示任意条件，即保留所有记录不做筛选。

筛选条件行允许使用带比较运算符 (=、>、<、>=、<=、<>) 的表达式（如 ">100"）。

对于文本型数据的筛选条件，允许使用通配符。【问号 ?】匹配任何单个字符（如李?龙，表示以"李"开头，以"龙"结尾的长度为 3 个字符的内容），【星号 *】匹配任意多个连续字符（如李?龙，表示以"李"开头，以"龙"结尾的长度为 2 个字符以上的内容），当筛选问号或星号本身时，应在字符前键入【波形符 ~】。

在【高级筛选】对话框中可以选择【在原有区域显示筛选结果】或【将筛选结果复制到其他位置】两种不同的筛选方式。选择【将筛选结果复制到其他位置】选项按钮后，将激活【复制到】编辑框，用以指定结果副本位于本表其他位置或位于其他的工作表。

高级筛选功能还可以指定筛选结果副本中仅包含哪些字段列。先将所需字段的标题复制粘贴到指定结果区域首行，并在【复制到】编辑框中指定对该行的引用即可。

在【复制到】编辑框中，如果只指定单个单元格，则将筛选出符合条件的所有项目。如果所选区域为多行范围，则最多提取到该范围的最大行数为止。如果同时选中【扩展结果区域，可能覆盖原有数据】复选框，则筛选出符合条件的所有项目，不受所选区域大小的影响。选中【选择不重复的记录】复选框，则筛选结果将不会包含重复项目。

高级筛选结果不会随原始数据区域自动更新，如果原数据有改动，则应重新应用该功能。使用【高级筛选】从"月应发工资"中筛选出部门为"研发部"或者"奖金"大于 2000 的员工信息，如图 3-44 所示。其中，对列表区域 ($A$6:$J$28) 按条件区域 ($A$1:$B$3) 指定的多重条件关系进行高级筛选，提取符合条件的数据记录到指定结果区域（以 $L$6 为开始）。另外，条件区域使用了"关系或"条件，表示筛选"部门"在"开发部"或者奖金大于或等于 2000 的记录。具体操作方法在此不再赘述。

图 3-44　高级筛选应用

任务实施

将"月应发工资表"工作表创建两个副本，分别重命名为"自动筛选"和"高级筛选"；在"自动筛选"工作表中筛选出"销售部"并且"工龄"10 年以上的员工信息；在"高级筛选"工作表中筛选出"研发部"奖金大于等于 2000 或者"客服部"的"应发工资"大于等于 10 000 的员工信息，并将筛选结果显示在 L6 单元格开始的区域中。

(1) 在"月应发工资表"工作表标签上右击，在弹出的快捷菜单中选择【创建副本】命令，此时在"月应发工资表"工作表标签右边添加了"月应发工资表 (2)"工作表，然后在"月应发工资表 (2)"工作表标签上双击，进入名称编辑状态，输入"自动筛选"，按【Enter】键。以相似的方法创建"高级筛选"工作表。

(2) 切换到"自动筛选"工作表中，选中数据区域 A2:J34，在【数据】选项卡中单击【筛选】按钮，在数据区域的每个标题单元格右侧将显示一个下拉按钮。

(3) 单击"部门"右侧的下拉按钮，在打开的【筛选面板】中将【全选】复选框前面的钩去掉，取消全选，只选中【销售部】复选框，如图 3-45 所示，单击【确定】按钮。

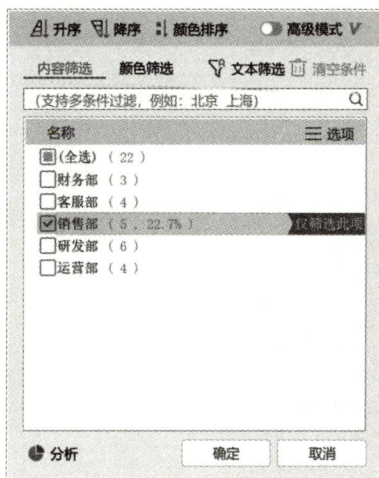

图 3-45　设置"部门"字段筛选条件

(4) 单击“工龄”右侧的下拉按钮，在打开的【筛选面板】中单击【数字筛选】按钮，在弹出的列表中选择【大于或等于】选项，打开【自定义自动筛选方式】对话框，在【工龄】选项下可以选择条件，这里选择【大于或等于】，文本框中输入 10，如图 3-46 所示，单击【确定】按钮完成筛选。

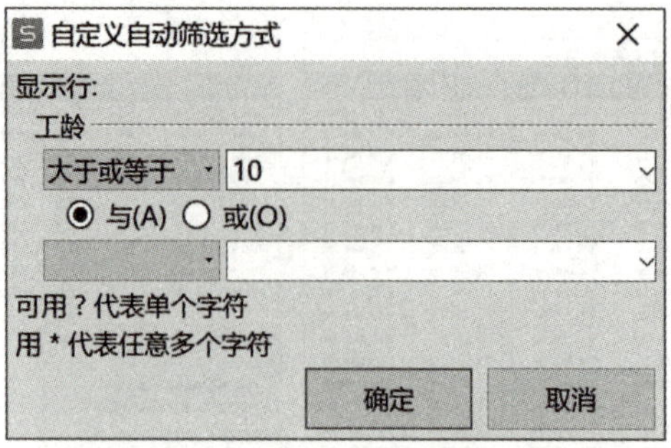

图 3-46　设置自定义自动筛选条件

(5) 切换到“高级筛选”工作表中，在 L2:N4 单元格区域中输入如图 3-47 所示内容作为条件区域。

部门	奖金	应发工资
研发部	>=2000	
客服部		>=10000

图 3-47　条件区域

(6) 选定数据区域 A2:J34，在【开始】选项卡中单击【筛选】下拉按钮，在下拉列表中选择【高级筛选】命令，打开【高级筛选】对话框。

(7) 在【方式】选项中选择【将筛选结果复制到其他位置】，在【列表区域】选择数据区域 A2:J24，在【条件区域】选择条件区域 L2:N4；在【复制到】选择 L6 单元格，单击【确定】按钮即在以 L6 单元格开始的区域显示筛选结果，如图 3-48 所示。

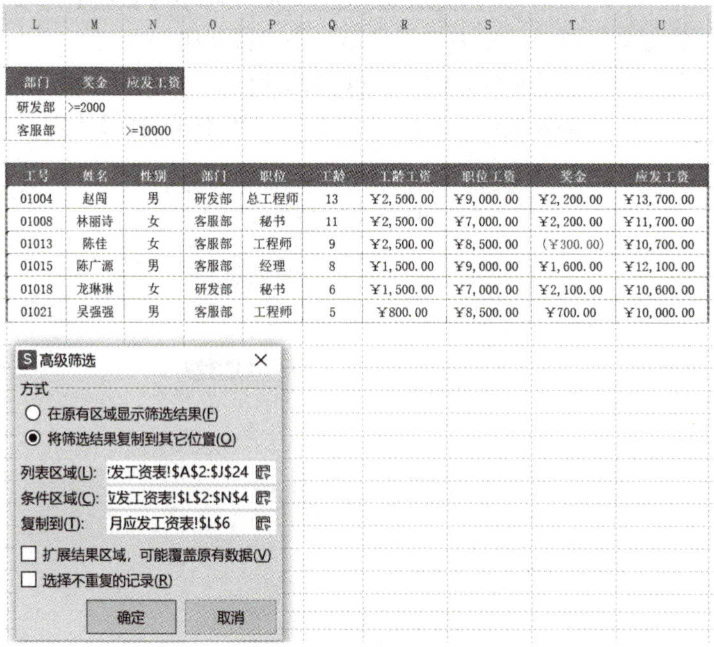

部门	奖金	应发工资
研发部	>=2000	
客服部		>=10000

工号	姓名	性别	部门	职位	工龄	工龄工资	职位工资	奖金	应发工资
01004	赵闯	男	研发部	总工程师	13	¥2,500.00	¥9,000.00	¥2,200.00	¥13,700.00
01008	林丽诗	女	客服部	秘书	11	¥2,500.00	¥7,000.00	¥2,200.00	¥11,700.00
01013	陈佳	女	客服部	工程师	9	¥2,500.00	¥8,500.00	(¥300.00)	¥10,700.00
01015	陈广源	男	客服部	经理	8	¥1,500.00	¥9,000.00	¥1,600.00	¥12,100.00
01018	龙琳琳	女	研发部	秘书	6	¥1,500.00	¥7,000.00	¥2,100.00	¥10,600.00
01021	吴强强	男	客服部	工程师	5	¥800.00	¥8,500.00	¥700.00	¥10,000.00

图 3-48 【高级筛选】应用

3.4.3　数据的分类汇总

◯ 相关知识

数据的
分类汇总

分类汇总可分为分类和汇总两部分，即以某一列字段为分类项目，然后对表格中其他数据列的数据进行汇总。分类汇总的结果将形成"分级显示"，即以类似目录树的结构显示不同层次级别的数据。可以展开某个级别以查看明细数据，也可以收缩某个级别只查看该级别的汇总数据。

1. 分类汇总

使用"分类汇总"要弄清三个要素：按什么分类（分类字段）、以什么方式汇总（汇总方式）和把什么汇总（选定汇总项），并且在做分类汇总之前，需要对用作分类的字段进行排序（升序、降序或自定义序列均可），然后按照该字段进行分类汇总。下面以素材"\任务 4\工资表 .xlsx"文件的"月应发工资表"工作表统计各部门的平均应发工资为例，来介绍分类汇总的操作方法。

(1) 选定"部门"数据列中的任意单元格，在【数据】选项卡中单击【排序】按钮，以"部门"列进行排序。

(2) 选择数据区域 A2:J24，在【数据】选项卡中单击【分类汇总】按钮，打开【分类汇总】对话框。

(3) 在【分类字段】下拉列表中选择要作为分类依据的列标题"部门"，在【汇总方式】下拉列表中选择要用于计算的汇总函数【平均值】，在【选定汇总项】的复选框中选中要进行汇总计算的列"应发工资"（要取消有默认选择的项），如图 3-49 所示。

(4) 单击【确定】按钮完成操作。分类汇总的结果将形成分级显示。单击工作表左上角区域的数字序号，可以展示不同级别的数据视图，数字越小级别越大。单击工作表左侧的加号或减号按钮，或者在【数据】选项卡中单击【展开】或【折叠】按钮，可以展开或折叠一组单元格。

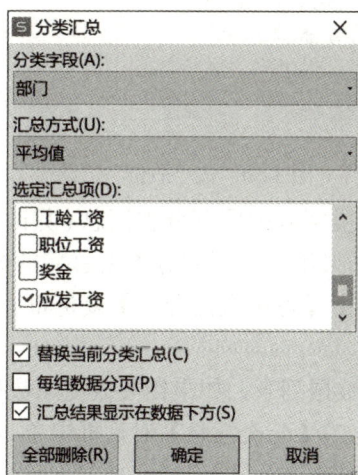

图 3-49　【分类汇总】对话框

· 说明 ·

分类汇总分为两个步骤：先分类，再汇总。分类就是把数据按一定条件进行排序，让相同数据排列在一起，之后才能进行汇总，即对同类数据进行求和、求平均值或计数之类的汇总处理。如果不进行排序，直接进行分类汇总，那么汇总的结果会很凌乱。

2. 多重分类汇总

所谓多重分类汇总，是指用两个或两个以上关键字段作为分类字段的多次汇总方式。下面以素材 "\ 任务 4\ 工资表 .xlsx" 文件的"月应发工资表"工作表统计各部门各职位的应发平均工资为例，来介绍多重分类汇总的操作方法。

(1) 选定用作分类字段的数据列中的任意单元格，在【数据】选项卡中单击【排序】下拉按钮，在弹出的列表中选择【自定义排序】命令，打开【排序】对话框，在此对话框中选择以"部门"为主要关键字，以"职位"为次要关键字，进行多条件排序。

(2) 选择数据区域 A2:J24，在【数据】选项卡中单击【分类汇总】按钮，打开【分类汇总】对话框。

(3) 在【分类字段】下拉列表中选择要作为分类依据的列标题"部门"，在【汇总方式】下拉列表中选择要用于计算的汇总函数【平均值】，在【选定汇总项】的复选框中选中要进行汇总计算的列"应发工资"(要取消有默认选择的项)，单击【确定】按钮。

(4) 再次打开【分类汇总】对话框，此次将【分类字段】修改为"职位"，【汇总方式】和【选定汇总项】不变，并取消【替换当前分类汇总】复选框，如图 3-50 所示。单击【确定】按钮，得出最后的分类汇总结果。

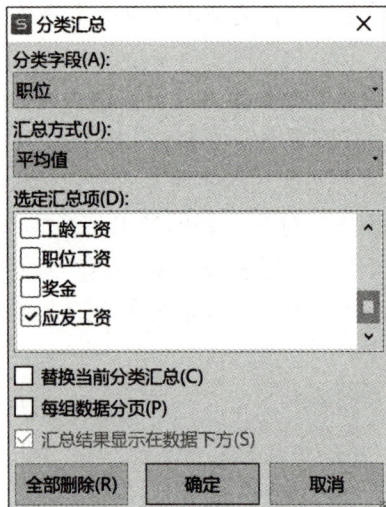

图 3-50　按"职位"汇总

多重分类汇总可以是同一分类字段的同列分类汇总 (只改变汇总方式)，或是不同分类字段的多列分类汇总 (如本例)，如果用户想要将分类汇总后的数据列表按汇总项打印出来，则可以在【分类汇总】对话框中选中【每组数据分页】复选框 (即应用自动分页符)，让每组数据单独打印在一页上。

对于已经应用了分类汇总的数据列表，如果需要恢复原数据显示状态，则可在【数据】选项卡中单击【分类汇总】，在弹出的【分类汇总】对话框中单击【全部删除】按钮即可。

任务实施

为"月应发工资表"工作表创建两个副本，分别重命名为"分类汇总"和"多重分类汇总"。在"分类汇总"工作表中汇总出各部门"工龄工资"和"奖金"的最大值；在"多重分类汇总"工作表中汇总出各部门男女职工的"工龄工资"和"奖金"的最小值。

(1) 在"月应发工资表"工作表标签上右击，在弹出的快捷菜单中选择【创建副本】命令，此时在"月应发工资表"工作表标签右边添加了"月应发工资表 (2) "工作表，然后在"月应

发工资表 (2)" 工作表标签上双击，进入名称编辑状态，输入"分类汇总"，按【Enter】键。以相似的方法创建"多重分类汇总"工作表。

(2) 切换到"分类汇总"工作表中。

(3) 选定"部门"数据列中任意单元格，在【数据】选项卡中单击【排序】按钮，对"部门"列进行排序。

(4) 选择数据区域 A2:J24，在【数据】选项卡中单击【分类汇总】按钮，打开【分类汇总】对话框。

(5) 在【分类字段】下拉列表中选择"部门"，在【汇总方式】下拉列表中选择【最大值】，在【选定汇总项】的复选框中选中"工龄工资"和"奖金"。单击【确定】按钮，得出最后的分类汇总结果。

(6) 切换到"多重分类汇总"工作表。

(7) 选定用作分类字段的数据列中的任意单元格，在【数据】选项卡中单击【排序】下拉按钮，在弹出的列表中选择【自定义排序】命令，打开【排序】对话框，在此对话框中选择以"部门"为主要关键字，"性别"为次要关键字进行多条件排序。

(8) 选择数据区域 A2:J24，在【数据】选项卡中单击【分类汇总】按钮，打开【分类汇总】对话框。

(9) 在【分类字段】下拉列表中选择要作为分类依据的列标题"部门"，在【汇总方式】下拉列表中选择要用于计算的汇总函数【最小值】，在【选定汇总项】的复选框中选中"工龄工资"和"奖金"，单击【确定】按钮。

(10) 再次打开【分类汇总】对话框，此次将【分类字段】修改为"性别"，【汇总方式】和【选定汇总项】不变，并取消【替换当前分类汇总】复选框，单击【确定】按钮，得出最后的分类汇总结果。

任务 3.5

员工工资表中数据的分析

员工工资表中数据的分析

小张通过之前的任务完成了"月工资统计表"工作表的统计和"月应发工资表"工作表的计算。为了让平面、抽象的数据变得立体、形象并能直观地反映数据信息，现需要使用图形化表现形式对数据进行分析，如图表、数据透视表、数据透视图等。

要完成该任务，需要掌握工作表中数据的分析等操作，包括图表的创建、编辑和美化及数据透视表和数据透视图的操作等内容。

3.5.1　创建图表

相关知识

WPS 表格提供了十多种类型的图表，如柱形图、折线图、饼图、条形图、面积图、XY 散点图、股价图、雷达图等，用户可以为不同的表格数据创建合适的图表类型。

创建图表

1. 插入图表

在创建图表之前，首先应制作或打开一个创建图表所需的数据区域存储的工作表，然后再选择图表类型。创建基本图表的常用步骤如下：

(1) 在工作表中输入并组织数据，作为绘制图表的数据源。

(2) 选定数据源区域，或者选定区域中的任意单元格，WPS 表格会自动将其周围包含数据的连续区域定义为图表数据源。

(3) 在【插入】选项卡中单击目标图表类型的下拉按钮，在下拉列表中选择合适的图表子类型 (鼠标光标停留在任何图表类型或子类型上时，屏幕提示都将显示该图表类型的名称)。或者单击【图表】按钮，打开【插入图表】对话框，在左侧列表中选择目标图表类型，并在其对应的选项卡中选择合适的图表子类型，预览区域中将会实时显示选定图表类型的应用效果，单击相应的图表样式，即可将相应的图表插入当前工作表中，如图 3-51 所示。

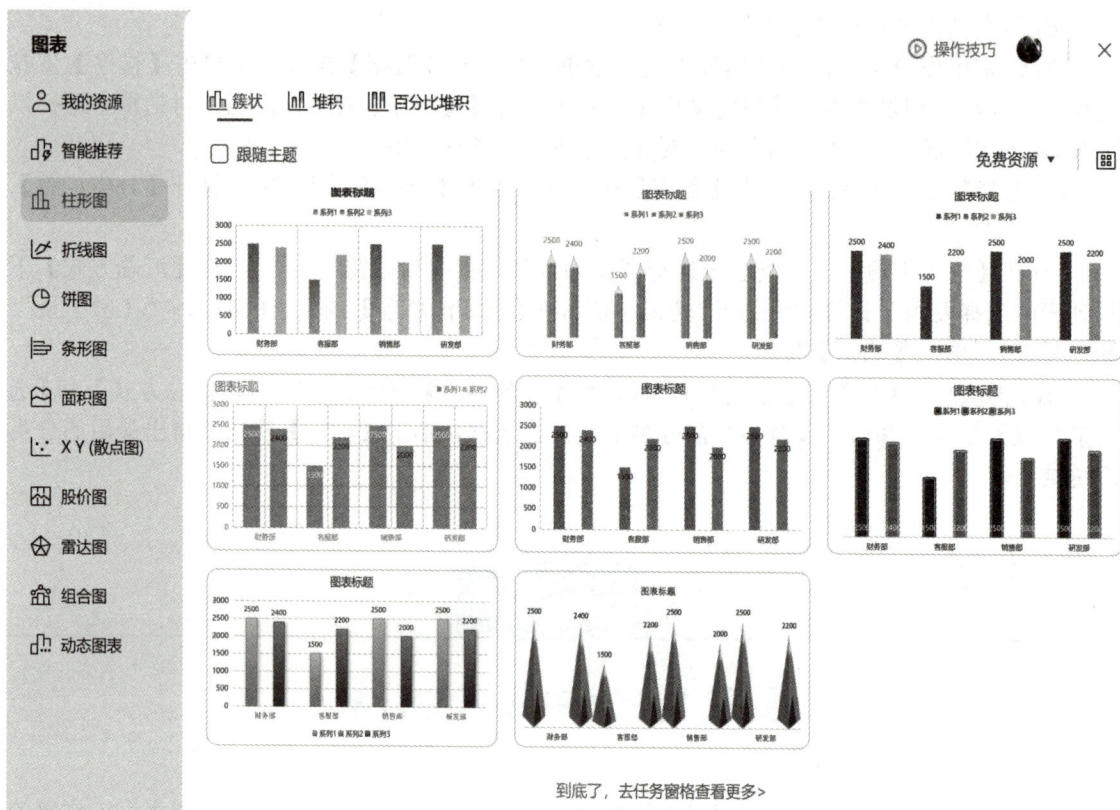

图 3-51 【插入图表】对话框

2. 移动图表

通常情况下，用户创建的图表默认都是"嵌入式图表"，它以嵌入对象的方式存储在当前数据工作表的绘图层上，适合图文混排的编辑模式。

若要在当前工作表内移动图表位置，则只需将光标指向图表区的空白位置，当光标出现黑色四向箭头时，按住鼠标左键进行拖放，即可移动图表的位置。

若要在工作表间跨表移动图表位置，则可以选定图表并在【图表工具】选项卡中单击【移动图表】按钮，或者右击图表区的空白处并在弹出的快捷菜单中选择【移动图表】命令，打开【移动图表】对话框，如图 3-52 所示。在【对象位于】复合框的下拉列表中选择现有的目标工作表，单击【确定】按钮，即可将图表移动到其他工作表中。或在【移动图表】对话框中还可以选中【新工作表】选项按钮，使用默认的"Chart"名或输入新名称，单击【确定】按钮，即可创建一个没有单元格的图表工作表，这种特殊的工作表适合放置复杂的图表对象，方便图表的阅读和展示。

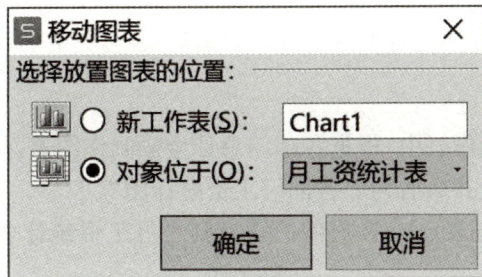

图 3-52 【移动图表】对话框

选定图表，按【Delete】键或者使用【剪切】命令，都可以删除图表。

3. 图表的组成

图表的基本组成元素如图 3-53 所示。

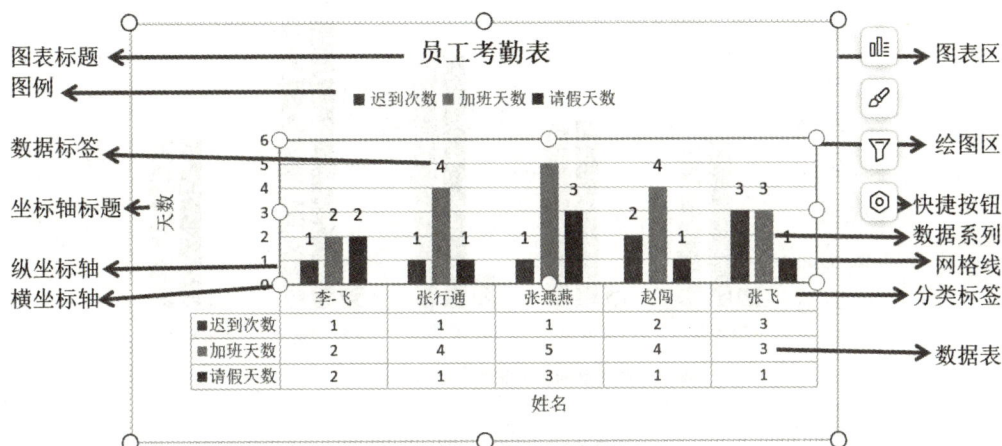

图 3-53　图表的基本组成元素

(1) 图表区：包含整个图表及其全部元素。

(2) 绘图区：图表中的图形区域，即以坐标轴界定的矩形区域。

(3) 图表标题：显示在绘图区上方的文本框，用于对图表要展示的核心思想进行说明。

(4) 坐标轴标题：显示在坐标轴外侧的文本框，用于对坐标轴的内容进行标识。

(5) 坐标轴：用作度量的参考框架，也是绘图区的界定边界。

(6) 数据系列：由一个或多个数据点构成，在绘图区中表现为彩色的点、线、面等图形。

(7) 数据标签：用于标识数据系列中数据点的详细信息。

(8) 图例：用于对数据系列进行说明标识，由图例项和图例项标识组成。

(9) 数据表：显示图表中所有数据系列的源数据列表，可以在一定程度上取代图例、数据标签、主要横坐标轴和刻度值。

(10) 快捷按钮：选定图表时会在右上方自动显示快捷按钮。【图表元素】快捷按钮可以快速添加、删除或更改图表元素 (如标题、图例、网格线和数据标签)。【图表样式】快捷按钮可以快速设置图表样式和配色方案。【图表筛选器】快捷按钮可以快速选择要在图表上显示哪些数据点和名称。【设置图表区域格式】按钮可以显示【属性】任务窗格以微调所选图表元素的格式。

(11) 网格线：用于标注或比较数据系列的值位置，使图表中的数据更便于阅读。

(12) 分类标签：用于区分和标识不同类别或数据组的标签。

WPS 表格中，当鼠标光标指向某个图表元素时，屏幕提示将自动显示该元素的名称。

为了使图表更加美观，可以移动图表元素的位置、调整图表元素的大小或更改其格式。

在"月工资统计表"工作表中，根据各部门总计金额制作图表，图表类型为【簇状柱形图】；将图表移动到新的工作表中并命名为"各部门工资统计图"。

(1) 打开"\ 任务 5\ 工资表 .xlsx"文件，切换到"月工资统计表"工作表，选定数据区域 E2:E7 和 G2:I7。

(2) 在【插入】选项卡中单击【插入柱形图】下拉按钮，从弹出的下拉列表中选择【簇状柱形图】图标，完成图表的创建，如图 3-54 所示。

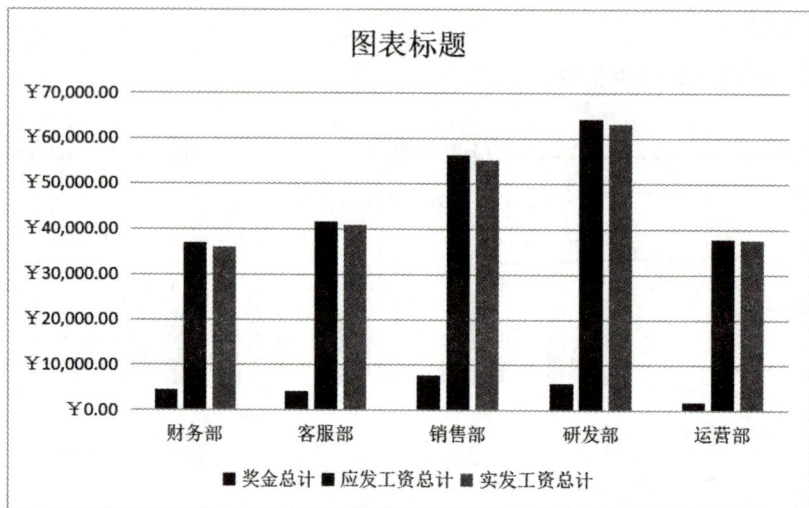

图 3-54　初步创建的图表

(3) 选定图表，在【图表工具】选项卡中单击【移动图表】按钮，打开【移动图表】对话框，选中【新工作表】选项按钮，并在文本框中输入"各部门工资统计图"，单击【确定】按钮，即可创建一个没有单元格的"各部门工资统计图"工作表。

3.5.2　编辑并美化图表

相关知识

插入的图表一般使用内置的默认样式，只能满足简单的需求。若要使图表更加清晰地表达数据特征及含义，或者制作个性化的精美图表，就需要对图表做进一步的编辑和修饰。

1. 图表布局

创建图表后，可以快速应用预定义的图表布局，或者手动增删图表元素以调整布局。

选定图表后单击右上方的【图表元素】快捷按钮，弹出【图表元素】列表，如图 3-55 所示，可以进行如下操作：

切换到【图表元素】选项卡，选中复选框即可添加图表元素，取消选中复选框即可删除图表元素。在【图表元素】列表中，鼠标指向某个图表元素选项时，该项将高亮显示并在其右侧出现三角形下拉按钮，单击按钮下拉菜单可弹出更多的设置命令。选择【更多选项】命令将在工作表右侧打开对应的【属性】任务窗格，可以对图表元素进行更加详细的设置。切换到【快速布局】选项卡，在预定义布局类型库中单击要使用的图表布局，即可快速更改图表的整体布局结构。

编辑并美化图表

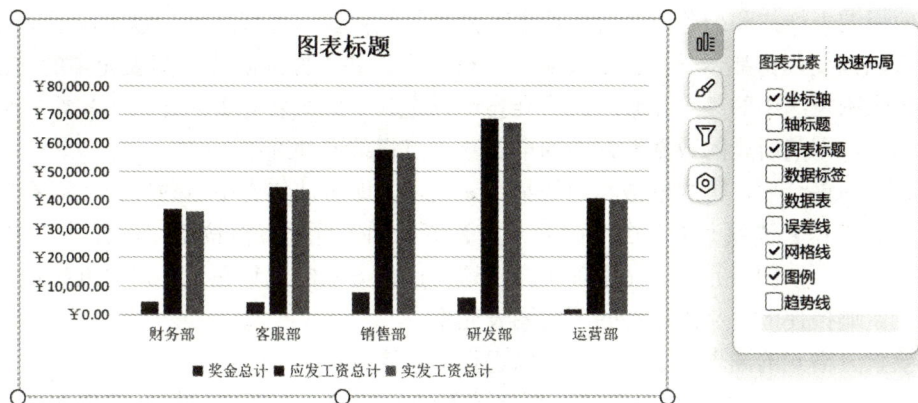

图 3-55　更改图表布局

除了使用快捷按钮外,也可以在功能区的【图表工具】选项卡中进行操作,在【添加元素】按钮下拉列表中增删图表元素,在【快速布局】按钮下拉列表中改变图表布局。

2. 图表样式

创建图表后,可以快速应用预定义的图表样式和配色方案,或者手动设置图表元素格式。

选定图表后单击右上方的【图表样式】快捷按钮,弹出【图表样式】列表,如图 3-56 所示,可以进行如下操作:

(1) 切换到【样式】选项卡,在预定义图表样式库中单击要使用的图表样式,即可快速更改图表的整体显示外观。

(2) 切换到【颜色】选项卡,在预定义配色方案库中单击要使用的配色方案,即可快速更改数据系列的图形颜色。

除了使用快捷按钮外,也可以在功能区的【图表工具】选项卡中进行操作,在【更改颜色】按钮下拉列表中更改配色方案,在【图表样式】库中快速应用内置的图表样式。

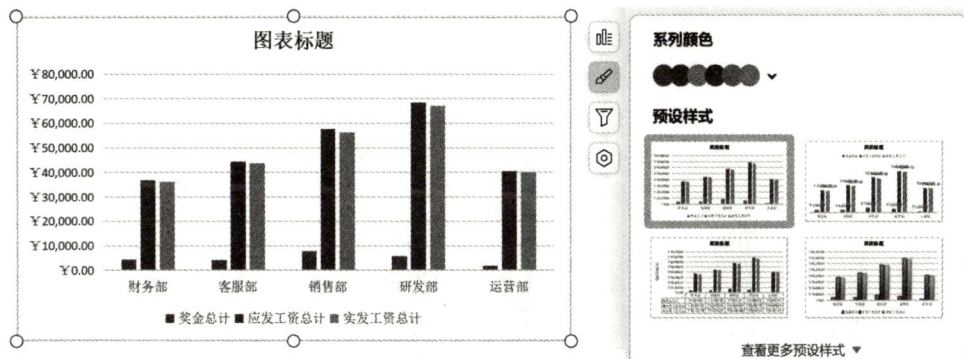

图 3-56　更改图表样式

·说明·

WPS 表格还提供了海量的"在线图表样式",以帮助用户快速创建精美的图表,该功能需联网使用。选定图表后,在功能区的【图表工具】选项卡中单击【在线图表】下拉按钮,在下拉列表中根据类型、颜色、风格搜索并使用在线图表。或者选定图表后,单击图表右上方的【在线图表】快捷按钮,打开工作表右侧的【图表风格】任务窗格,同样可以按类型、颜色、风格等关键词搜索并使用在线图表。

除了应用图表样式和配色方案可快速更改图表的整体显示外观之外，也可以手动设置图表元素的格式以改变局部显示效果。要设置局部格式，先要掌握准确选定图表元素的方法：选定图表后，单击图表区中的某个元素项，将会自动选定其所属图表元素的元素项集合。例如，单击某个数据点，则其所属的数据系列中的全部数据点将被一并选中。

选定元素项集合后，再次单击其中的某个元素项，即可从集合中单独选定该元素项。

在【图表工具】选项卡中单击【图表元素】下拉列表框的下拉按钮，选择某个图表元素，即可在图表中选定该图表元素的元素项集合，这种操作方法的优势在于，可以准确地选定图表中被上层元素遮挡住的不易点选到的下层图表元素。

选定要设置格式的图表元素项后，可以进行如下操作：

(1) 单击图表右上方的【设置图表区域格式】快捷按钮，或者在功能区的【图表工具】选项卡中单击【设置格式】按钮，或者右击图表元素项并在弹出的快捷菜单中选择【设置 (图表元素) 格式】命令，都可以打开【属性】任务窗格，此处可以详细设置图文格式和元素属性。

(2) 右击选定的图表元素项，将自动弹出浮动工具条，可以快速设置元素的样式、填充和轮廓。

(3) 在功能区的【图表工具】选项卡中单击【重置样式】按钮，或者右击图表元素项并在弹出的快捷菜单中选择【重设以匹配样式】命令，可以清除所选图表元素的自定义格式，将其还原为应用于该图表的整体外观样式，以确保所选图表元素与文档的整体主题相匹配。

选定图表后单击右上方的【图表筛选器】快捷按钮，也可以快速选择要在图表上显示哪些数据点和名称，如图 3-57 所示，可以进行如下操作：

(1) 切换到【数值】选项卡，在【系列】或【类别】列表中选中或取消选中已有系列或类别的复选框，单击左下角的【应用】按钮，即可在图表中显示或不显示该系列或类别。

(2) 切换到【名称】选项卡，默认选中已识别的图例项名称和分类轴标签，如果选中【无】选项按钮并单击【应用】按钮，则将以"系列 n"和"数字 n"作为图例项名称和分类轴标签。

(3) 选择右下角的【选择数据】命令，即可打开【编辑数据源】对话框进行设置。

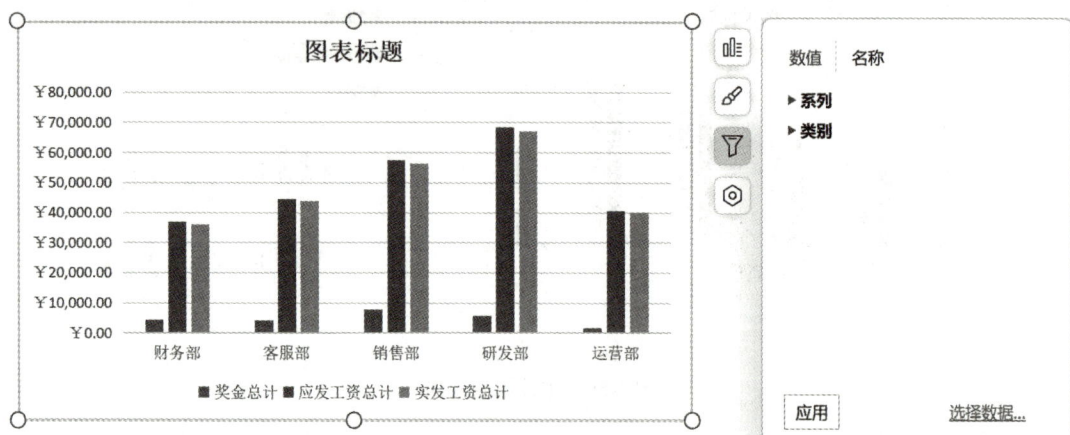

图 3-57　图表筛选器

3. 选择数据

选择数据操作包括添加或删除要显示的数据系列、编辑分类轴标签引用的数据区域等。

选定图表后，在功能区的【图表工具】选项卡中单击【选择数据】按钮，打开【编辑数据源】对话框，如图 3-58 所示，可以进行如下操作：

(1) 在顶部的【图表数据区域】编辑框中，可以调整对数据源的引用范围。

(2) 在顶部的【系列生成方向】按钮下拉列表中，根据需求指定【每列数据作为一个系列】

(默认) 或【每行数据作为一个系列】，即可实现交换坐标轴上的数据。此外，在功能区的【图表工具】选项卡中单击【切换行列】切换按钮，也可以快速交换 X、Y 轴上的数据。

(3) 在左侧的【图例项 (系列)】区域中选中任意已有系列的复选框即可在图表中显示该系列，取消选中任意已有系列的复选框即可在图表中不显示该系列。

(4) 在左侧的【图例项 (系列)】区域中单击【添加】按钮打开【编辑数据系列】对话框，在【系列名称】编辑框中输入系列名称字符串或对系列名称单元格的引用，在【系列值】编辑框中输入系列值数组或对系列值区域的引用，单击【确定】按钮即可增加新系列。

(5) 在左侧的【图例项 (系列)】区域中选定任意一个系列，单击【编辑】按钮即可打开【编辑数据系列】对话框以修改其系列名称和系列值，单击【删除】按钮即可将此系列删除，单击【上移】或【下移】按钮即可移动此系列的上下位置。

(6) 在右侧的【轴标签 (分类)】区域中选中任意已有类别的复选框即可在图表中显示该类别，取消选中任意已有类别的复选框即可在图表中不显示该类别。

(7) 在右侧的【轴标签 (分类)】区域中单击【编辑】按钮，打开【轴标签】对话框，在【轴标签区域】中调整对轴标签区域的引用，依次单击【确定】按钮分别关闭【轴标签】对话框和【编辑数据源】对话框，即可更改图表坐标轴的分类标签。

(8) 单击【编辑数据源】对话框左下角的【高级设置】按钮，在展开的【高级设置】区域中提供了三种方式来处理图表中遗漏的数据：选中【空距】选项按钮 (默认)，则简单地忽略遗漏数据，数据系列中将出现空隙；选中【零值】选项按钮，则将遗漏的数据视为 0 来处理；选中【用直线连接数据点】选项按钮 (选项只能用于折线图、面积图和 XY 散点图)，则将对遗漏的数据进行插值，使用两端数据来计算遗漏点的值。此处设置的遗漏数据处理选项会应用于整个图表，不能为同一图表中的不同系列设置不同的选项。此外，还可以通过【显示隐藏行列中的数据】复选框来指定是否要在图表中显示隐藏行列中的数据 (默认不显示)。

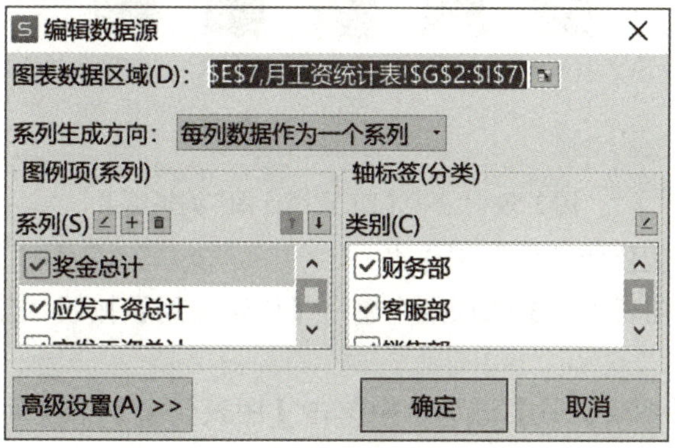

图 3-58　【编辑数据源】对话框

4. 更改类型

对于已创建的图表，可以根据需要改变图表类型。注意，某些图表类型 (如饼图、气泡图等) 所需的源数据排列方式较为特殊，应确保更改后的图表类型能够支持所基于的源数据列表。选定要更改其类型的图表，在【表格工具】选项卡中单击【更改类型】按钮，打开【更改图表类型】对话框，选择新的图表类型后，单击【确定】按钮即可。

5. 图表模板

实际工作中，经常需要基于一些结构类似的数据列表重复性地创建一些相同样式的图表，例如学校中每学期的成绩分析图表、企业中每季度的财务分析图表等，WPS 表格允许用户将制作好的个性化图表另存为模板以供再次调用，避免重复性工作，提高工作效率。

选定设置好的图表，在图表区的空白处右击，在弹出的快捷菜单中选择【另存为模板】命令，打开【保存图表模板】对话框，在【文件名称】文本框中输入模板文件名称（如"图表 1.crtx"），保存路径和文件类型保持默认选项，最后单击【保存】按钮即可。

若要从板快速创建相同样式的图表，则先选定要创建图表的数据源，在【插入】选项卡中单击【图表】按钮，打开【插入图表】对话框，在左侧列表中选择【我的资源】选项，切换到【本地模板】选项卡列出所有保存的模板，并展示实际应用效果的预览视图，从中选择要套用的模板，单击相应的图表样式，即可快速套用该模板。

任务实施

（1）对上一任务创建的"各部门工资统计图"工作表进行编辑，完成后如图 3-59 所示，要求：更改图表的布局为【布局 1】；将图表标题设置为"各部门工资统计图"；将横坐标轴标题设置为"部门"，纵坐标轴标题设置为"金额"，并设置纵坐标轴标题的文字方向为"竖排"；从图表中删除"奖金总计"项数据并在图表中显示"数据表"。

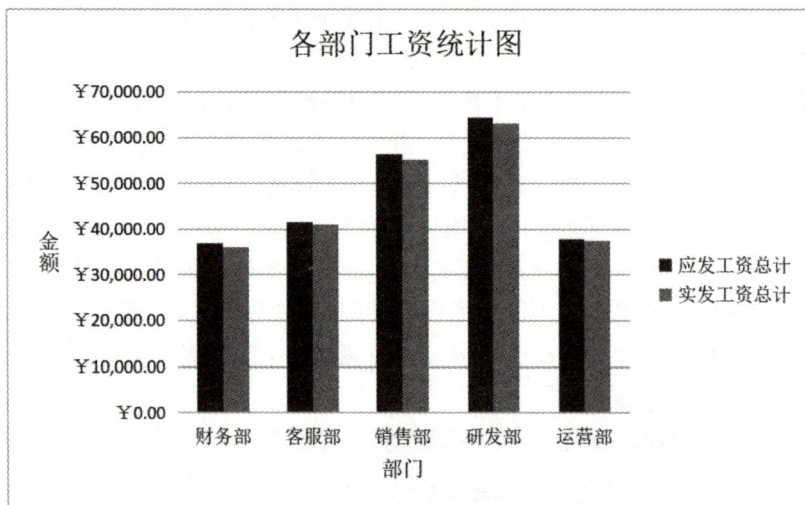

图 3-59　"各部门工资统计图"编辑结果

① 切换到"各部门工资统计图"工作表。

② 选中图表，在【图表工具】选项卡中单击【快速布局】按钮，在弹出的列表中选择【布局 1】选项。

③ 选中图表，在【图表工具】选项卡中单击【图表元素】下拉列表框的下拉按钮，在弹出的列表中选择【图表标题】选项，则【图表标题】文本框处于选中状态，删除默认显示的文本，输入"各部门工资统计图"，然后在【图表标题】文本框之外任意处单击即可。

④ 选定图表后单击右上方的【图表元素】快捷按钮，在弹出的列表中切换到【图表元素】选项卡，选中【轴标题】复选框即可在图表中添加横坐标轴标题和纵坐标轴标题，分别更名为"部门"和"金额"。

⑤ 选中纵坐标轴标题，单击右键，在弹出的快捷菜单中选择【设置坐标轴标题格式】命令，在工作表的右则打开【属性】任务窗格，切换到【文本选项】选项卡的【文本框】选项，在【对齐方式】栏中的【文字方向】的下拉列表中选择【竖排】。

⑥ 选中图表，在【图表工具】选项卡中单击【选择数据】按钮，打开【编辑数据源】对话框，在【系列】列表框中取消选中【奖金总计】复选框，单击【确定】按钮。

（2）对"各部门工资统计图"工作表进行美化，完成后如图 3-60 所示，要求：设置图表区的预设样式为【填充 - 无线条】；将图表标题设置为【楷体、红色、20 号】；设置绘图区的填充颜色为【金色，背景 2，深色 50%】；设置图例的轮廓颜色为【蓝色】。

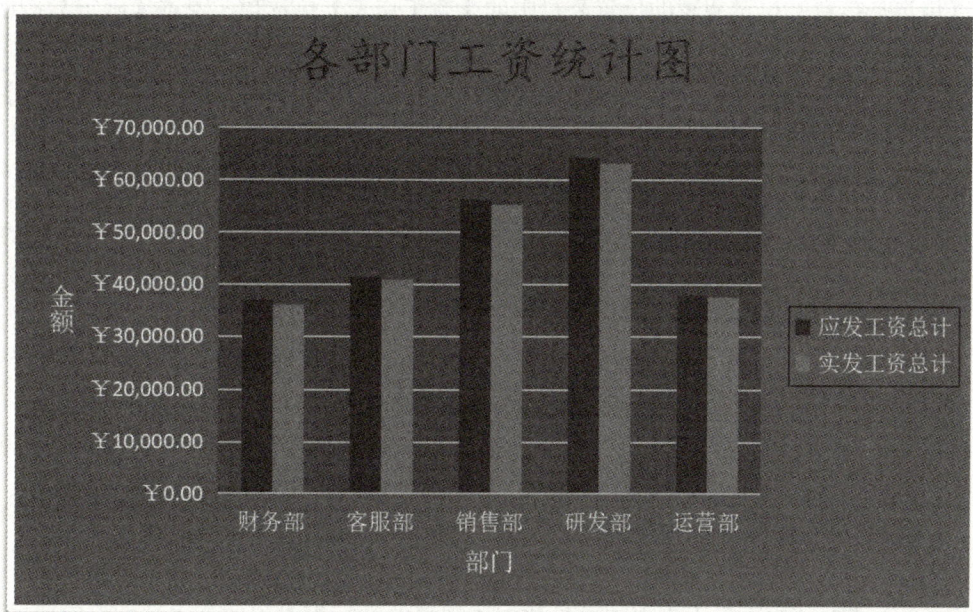

图 3-60　"各部门工资统计图"美化结果

① 在【图表工具】选项卡中单击【图表元素】下拉列表框的下拉按钮，在展开的列表中选择【图表区】选项，则【图表区】处于选中状态，在【绘图工具】选项卡的【预设样式】列表中选择【填充 - 无线条】选项。

② 选中图表标题，在【文本工具】选项卡中单击【字体】下拉列表框的下拉按钮，选择【楷体】，单击【字号】下拉列表框的下拉按钮，选择【20】，单击【字体颜色】下拉按钮，选择【红色】。

③ 在【图表工具】选项卡中单击【图表元素】下拉列表框的下拉按钮，在弹出的列表中选择【绘图区】选项，则【绘图区】处于选中状态，在【绘图工具】选项卡中单击【填充】按钮右侧的下拉按钮，在弹出的列表中选择【主题颜色】栏中的【金色，背景 2，深色 50%】选项。

④ 在【图表工具】选项卡中单击【图表元素】下拉列表框的下拉按钮，在弹出的列表中选择【图例】选项，则【图例】处于选中状态，在【绘图工具】选项卡中单击【轮廓】按钮右侧的下拉按钮，在弹出的列表中选择【标准色】栏中的【蓝色】选项。

3.5.3　数据透视表

◯ 相关知识

数据透视表是一种交互式报表，可以按照不同的需要以及不同的关系来提取、组织和分析数据，从而得到需要的分析结果，它集筛选、排序、分类汇总等功能于一身，是 WPS 表格中重要的分析性报告工具，弥补了在表格中输入大量数据时使用图表分析显得很拥挤的缺陷。下面以素材"\ 任务 5\ 工资表 .xlsx"文件的"月应发工资表"工作表中的数据为例，介绍数据透视表的常用操作。

数据透视表

1. 创建数据透视表

创建数据透视表的表格数据内容要存在分类，数据透视表进行汇总才有意义。

(1) 在"月应发工资表"工作表中选中任意一个单元格。

(2) 在【插入】选项卡中单击【数据透视表】按钮，打开【创建数据透视表】对话框，单击选中【请选择放置数据透视表的位置】栏中的【新工作表】单选项，单击【确定】按钮，将新建一个工作表并创建空白的数据透视表，将工作表名称更改为"透视分析表"。

若要删除已存在的数据透视表，则先选定数据透视表中的任意单元格，再在【分析】选项卡中单击【删除】按钮即可。

2. 添加字段

新创建的数据透视表默认是空白的（原因在于还没有为其添加需要的字段），并会在工作表右侧自动打开【数据透视表】窗格。下面为创建的数据透视表添加相应的字段，以通过它显示出汇总的数据。

(1) 切换到"透视分析表"工作表。

(2) 选择数据透视表中任一单元格，在工作表右侧的【数据透视表】窗格中单击【字段列表】选项，在【将字段拖动到数据透视表区域】列表框中选择"部门""性别""奖金"复选框（该字段将自动添加到下方【数据透视表区域】的【行】或【值】列表框中）。

(3) 在【数据透视表】窗格中选择【数据透视表区域】选项，打开【数据透视表区域】列表，拖动【部门】字段至【列】列表框，将该字段的位置进行调整。

此时，在"透视分析表"工作表中可见数据透视表的行标签对应的是"性别"字段的内容，列标签对应的是"部门"字段的内容，具体的数值则对应的是"奖金"字段的内容。

若要删除已有字段，则可在【数据透视表】窗格的【字段列表】选项的【将字段拖动到数据透视表区域】栏中撤销选中的复选框。

3. 设置值字段数据格式

无论数据透视表引用数据区域的数据格式是哪一种，数据透视表默认的格式均是常规型数据，但可以手动对数据格式进行设置。下面将数据透视表中的数据格式设置为货币型。

(1) 在【数据透视表】窗格中单击【数据透视表区域】选项【值】列表框中的【求和项：奖金】选项，在弹出的列表中选择【值字段设置】选项，打开【值字段设置】对话框，如图 3-61 所示。

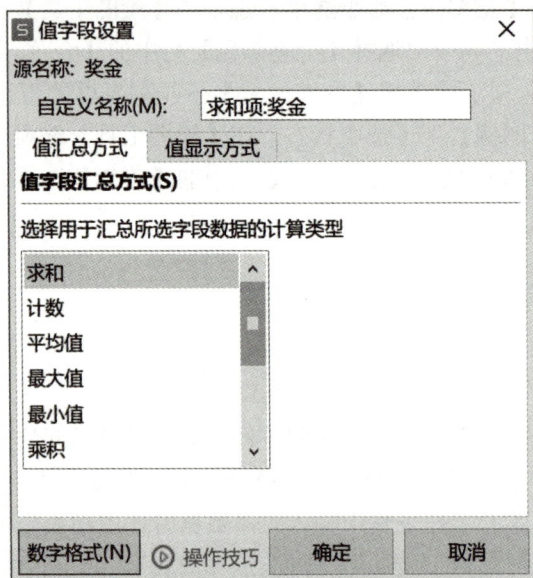

图 3-61　【值字段设置】对话框

(2) 在【值字段设置】对话框中单击【数字格式】按钮，打开【单元格格式】对话框，在【分类】列表中选择【货币】选项，在【小数位数】文本框中输入"0"，单击【确定】按钮，返回【值字段设置】对话框，单击【确定】按钮，此时数据透视表中的数据便显示为货币型数据格式。

4. 设置值字段汇总方式

数据透视表默认的值字段汇总方式是求和，根据需要可以重新设置汇总方式。下面将数据透视表中的值字段汇总方式设置为平均值。

(1) 在【数据透视表】窗格中单击【数据透视表区域】选项【值】列表框中的【求和项：奖金】选项，在弹出的列表中选择【值字段设置】选项，打开【值字段设置】对话框，如图 3-61 所示。

(2) 在【值字段设置】对话框中的【值汇总方式】选项卡的列表框中选择【平均值】选项，单击【确定】按钮，此时数据透视表中的总计结果将从求和更改为平均值。

5. 排序和筛选字段项

数据透视表创建完成后，在加入数据透视表中的行列字段名的右侧均会显示下拉按钮，在其下拉列表中可以进一步筛选或排序字段项，或者右击行列字段名或任意行列字段项，在弹出的快捷菜单中选择筛选和排序字段项的相关命令。下面在数据透视表中按性别降序排列，再筛选出部门的奖金平均值大于或等于"1000"的记录。

(1) 单击数据透视表中【性别】单元格右侧的下拉按钮，在弹出的列表中选择【降序】选项（如果需要设置更详细的排序方式，则可选择【其他排序选项】），数据记录即可按性别降序排列显示。

(2) 单击数据透视表中"部门"单元格右侧的下拉按钮，在弹出的列表中选择【值筛选】选项下的【大于或等于】选项，打开【值筛选】对话框，在【显示符合以下条件的项目】栏中分别设置"平均值项：奖金、大于或等于、1000"，如图 3-62 所示，单击【确定】按钮，此时数据透视表中只显示"平均值项：奖金大于或等于 1000"的列。

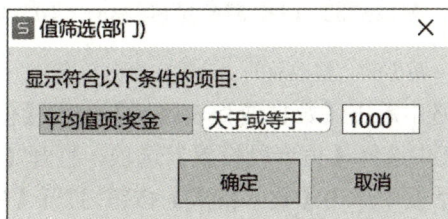

图 3-62　【值筛选】对话框

6. 美化数据透视表

数据透视表虽然是根据数据源而创建的，但同样可以对其外观进行美化设置，如果需要快速美化数据透视表，则可以直接应用 WPS 表格提供的样式或手动设置格式。下面对数据透视表应用【数据透视表样式 7】样式并添加边框。

(1) 选中数据透视表中任意一个单元格，在【设计】选项卡中单击【预设样式】下拉按钮，在弹出的列表中选择【数据透视表样式 7】选项。此时，数据透视表将应用所选样式，且标题和汇总行等区域也会根据选择的样式自动应用对应的格式。

(2) 在【设计】选项卡中单击【镶边行】和【镶边列】复选框，此时数据透视表各行各列都添加了边框。

任务实施

(1) 在"月应发工资表"工作表中，根据每个部门男女职工的应发工资数据创建一个以部门为列，性别为行，对应发工资求和的数据透视表，并命名为"应发工资分析表"，完成后的效果如图 3-63 所示。

3	求和项:应发工资	部门 ▽					
4	性别 ▽	财务部	客服部	销售部	研发部	运营部	总计
5	男	14400	21100	36000	54400	29600	155500
6	女	22600	20400	20300	9900	8300	81500
7	总计	37000	41500	56300	64300	37900	237000

图 3-63　初步创建的"应发工资分析表"

① 打开"\任务5\工资表.xlsx"文件，切换到"月应发工资表"工作表中，选中任意一个单元格。

② 在【插入】选项卡中单击【数据透视表】按钮，打开【创建数据透视表】对话框，单击选中【请选择放置数据透视表的位置】栏中的【新工作表】单选项，单击【确定】按钮，并将工作表名称更改为"应发工资分析表"。

③ 选择数据透视表中任一单元格，在工作表右侧的【数据透视表】窗格中单击【字段列表】选项，在【将字段拖动到数据透视表区域】列表框中选择"部门""性别""应发工资"复选框。

④ 在【数据透视表】窗格中选择【数据透视表区域】选项，打开【数据透视表区域】列表，拖动【部门】字段至【列】列表框。

(2) 将数据透视表中的数据格式设置为货币型并将数据透视表中的值字段汇总方式设置为平均值，完成后的效果如图 3-64 所示。

3	平均值项:应发工资	部门 ▽					
4	性别 ▽	财务部	客服部	销售部	研发部	运营部	总计
5	男	￥14,400	￥10,550	￥12,000	￥10,880	￥9,867	￥11,107
6	女	￥11,300	￥10,200	￥10,150	￥9,900	￥8,300	￥10,188
7	总计	￥12,333	￥10,375	￥11,260	￥10,717	￥9,475	￥10,773

图 3-64　修改后的"应发工资分析表"

① 在【数据透视表】窗格中单击【数据透视表区域】选项【值】列表框中的【求和项:应发工资】选项，在弹出的列表中选择【值字段设置】选项，打开【值字段设置】对话框。

② 在【值字段设置】对话框中单击【数字格式】按钮，打开【单元格格式】对话框，在【分类】列表中选择【货币】选项，在【小数位数】文本框中输入"0"，单击【确定】按钮，返回【值字段设置】对话框。

③ 在【值字段设置】对话框中的【值汇总方式】选项卡的列表框中选择【平均值】选项，单击【确定】按钮。

(3) 将数据透视表按性别降序排列，再筛选出部门的应发工资平均值大于或等于"11000"的记录，然后将数据透视表应用【数据透视表样式3】样式并添加边框，完成后的效果如图 3-65 所示。

3	平均值项:应发工资	部门 ▽		
4	性别 ▽	财务部	销售部	总计
5	女	￥11,300	￥10,150	￥10,725
6	男	￥14,400	￥12,000	￥12,600
7	总计	￥12,333	￥11,260	￥11,663

图 3-65　美化后的"应发工资分析表"

① 单击数据透视表中"性别"单元格右侧的下拉按钮，在打开的列表中选择【降序】选项。

② 单击数据透视表中"部门"单元格右侧的下拉按钮，在打开的列表中选择【值筛选】选项下的【大于或等于】选项，打开【值筛选】对话框，在【显示符合以下条件的项目】栏中分别设置"平均值项:应发工资、大于或等于、11000"，单击【确定】按钮。

③ 选中数据透视表中任意一个单元格，在【设计】选项卡中单击【预设样式】下拉按钮，在弹出的列表中选择【数据透视表样式中等深浅 13】选项。

④ 在【设计】选项卡中单击【镶边行】和【镶边列】复选框。

3.5.4　创建数据透视图

相关知识

数据透视图兼具数据透视表和图表的功能，因此在创建及使用上也同时具备这两种对象的一些操作方法。另外，在创建数据透视图的同时，WPS 表格也会同时创建数据透视表，即数据透视图和数据透视表是关联的，无论哪一个对象发生了变化，另一个对象也将同步发生变化。

创建数据
透视图

1. 创建数据透视图

创建数据透视图一般有两种方法：一种是在数据透视表的基础上创建，另一种是以数据表数据为基础创建。下面以素材"\ 任务 5\ 工资表 .xlsx"文件的"月应发工资表"工作表数据为例，介绍两种创建数据透视图的方法。

(1) 在数据透视表的基础上创建数据透视图，操作如下：

① 在"月应发工资表"工作表中选中任意一个单元格。

② 在【插入】选项卡中单击【数据透视表】按钮，打开【创建数据透视表】对话框，单击选中【请选择放置数据透视表的位置】栏中的【新工作表】单选项，单击【确定】按钮。将新建工作表并创建空白的数据透视表，并往数据透视表中添加字段。

③ 选中数据透视表中任意一个单元格，在【分析】选项卡中单击【数据透视图】按钮，打开【图表】对话框，单击选择其中的图形 (这里选择簇状柱形图)。将在数据透视表工作表中新建一个与数据透视表相对应的数据透视图，将工作表名称更改为"透视分析图 1"。

(2) 以数据表数据为基础创建数据透视图，操作如下：

① 在"月应发工资表"工作表中选中任意一个单元格。

② 在【插入】选项卡中单击【数据透视图】按钮，打开【创建数据透视图】对话框，单击选中【请选择放置数据透视表的位置】栏中的【新工作表】单选项，单击【确定】按钮。将新建工作表并创建空白的数据透视图和数据透视表，将工作表名称更改为"透视分析图 2"。

以上两种方法都创建了一个空白的数据透视图，可参照上一小节中添加字段的内容，给数据透视图添加相应的字段。

若要删除已存在的数据透视图，则右击数据透视图，在弹出的快捷菜单列表中选择【删除】命令即可。

2. 移动数据透视图

为了更好地显示数据透视图和数据透视表的内容，可以将数据透视图单独放置到一个工作表中。可以选定【数据透视图】并在【分析】或【图表工具】选项卡中单击【移动图表】按钮，或者右击【数据透视图】并在弹出的快捷菜单中选择【移动图表】命令，打开【移动图表】对话框。选中【新工作表】选项按钮，使用默认的"Chart"名或输入新名称，单击【确定】按钮，即可创建一个没有单元格的图表工作表。

3. 更改数据透视图类型

对于已创建的数据透视图，可以根据需要改变数据透视图类型。选定要更改其类型的数据透视图，在【图表工具】选项卡中单击【改变类型】按钮，打开【更改图表类型】对话框，选择新的图表类型后，单击【确定】按钮即可。

任务实施

(1) 在"月应发工资表"工作表中，根据每个部门男女职工的应发工资数据创建一个以部门为列，性别为行，对应发工资求和的数据透视图，并命名为"应发工资分析图 1"，完成后的效果如图 3-66 所示。

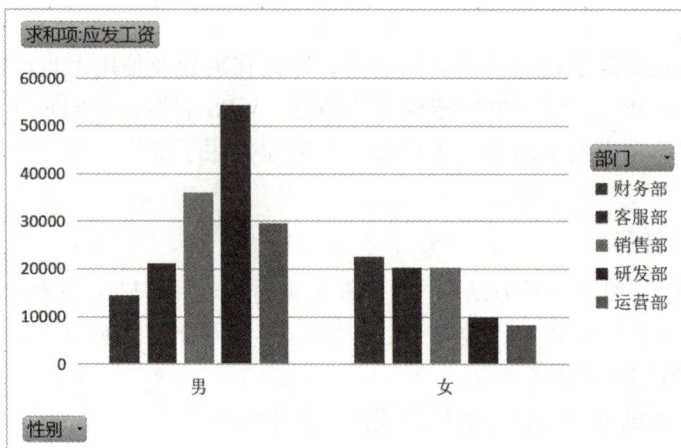

图 3-66　应发工资分析图 1

① 在"月应发工资表"工作表中选中任意一个单元格。

② 在【插入】选项卡中单击【数据透视图】按钮，打开【创建数据透视图】对话框，单击选中【请选择放置数据透视表的位置】栏中的【新工作表】单选项，单击【确定】按钮，将工作表名称更改为"应发工资分析图 1"。

③ 在左侧【数据透视图】窗格中选择【字段列表】选项，并在【将字段拖动到数据透视表区域】列表框中选择"部门""性别""应发工资"复选框。

④ 在【数据透视图】窗格中选择【数据透视图区域】选项，打开【数据透视图区域】列表，拖动"部门"字段至【图例】系列框。

(2) 将数据透视图移到一个新的工作表中并命名为"应发工资分析图 2"，然后更新数据透视图的图表类型为【簇状条形图】，完成后的效果如图 3-67 所示。

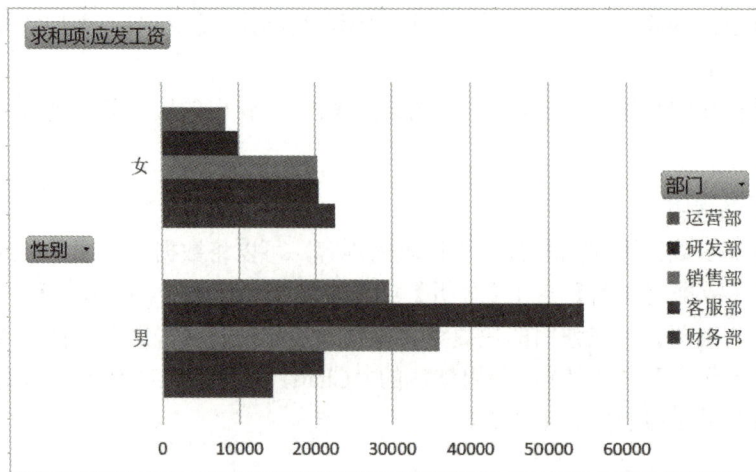

图 3-67　应发工资分析图 2

① 选定数据透视图并在【分析】或【图表工具】选项卡中单击【移动图表】按钮，打开【移

动图表】对话框,选中【新工作表】选项按钮并将"Chart"改为"应发工资分析图 2",单击【确定】按钮。

②选定数据透视图,在【图表工具】选项卡中单击【更改类型】按钮,打开【更改图表类型】对话框,选择【簇状条形图】选项,单击【确定】按钮。

任务 3.6

员工工资表中数据的展示与打印

员工工资表中
数据的展示
与打印

小张通过之前的任务完成了各种工作表的计算、处理、分析工作,产生了相应的数据表及图表,现需将完成的工作表展示与打印出来。为了能更好地展示工作表数据及使输出效果更加美观并且更符合显示要求,有必要进行相应的窗口的视图控制及页面设置并调整打印选项。

要完成该任务,需要掌握工作表中数据的展示与打印等操作,包括多窗口显示、冻结窗格、切换视图、纸张设置、页面设置、打印预览等内容。

3.6.1　窗口的视图显示

窗口的视图
显示

○ 相关知识

改变工作窗口的视图显示,可以在有限的屏幕区域中显示更多有用的信息,方便对表格内容进行查询与编辑,它包括多窗口显示、并排比较、拆分窗口、冻结窗格、窗口缩放、切换视图、状态栏多重汇总显示等。

1. 多窗口显示

WPS 中可以同时打开多个工作簿,每个工作簿对应一个文档标签,多个文档标签默认在同一个 WPS 工作窗口顶部标签栏中显示,单击文档标签或按【Ctrl+Tab】组合键即可在多个工作簿窗口之间快速切换。若要同时显示多个工作簿窗口以便比较其内容,则可以直接拖拽文档标签页将工作簿置于单独的新窗口。

【重排窗口】功能可以在同一个 WPS 工作窗口中并排显示多个工作簿窗口。在【视图】选项卡中单击【重排窗口】下拉按钮,在下拉列表中选择【水平平铺 / 垂直平铺 / 层叠】等命令,即可将当前打开的所有工作簿以窗口平铺的方式显示在同一个 WPS 工作窗口中。若要退出重排窗口模式,则只需最大化任意工作簿窗口即可。

【新建窗口】功能可以对比查看同一个工作簿中不同位置的内容。在【视图】选项卡中单击【新建窗口】按钮,为当前工作簿创建新的窗口,然后再应用重排窗口功能并排显示这些窗口。每个窗口可以分别显示同一工作簿中不同的工作表或同一个工作表的不同区域,多个窗口中所有的编辑操作将会完全同步。新建窗口后,原有的和新的工作簿窗口都会相应地更改文档标签名称,如"工作簿 1.xlsx"变为"工作簿 1.xlsx:1"和"工作簿 1.xlsx:2"等。

2. 并排比较

【并排比较】功能可以并排显示两个工作簿窗口 (可以是同一工作簿的不同窗口或不同的两个工作簿) 并且同步滚动浏览内容。

如图 3-68 所示,可以选定需要对比的某个工作簿窗口,在【视图】选项卡中单击【并排比较】按钮，打开【并排比较】对话框，选择需要进行对比的另一个目标工作簿，单击【确定】按钮，即可将两个工作簿窗口以垂直平铺的方式并排显示。当只有两个工作簿时，将不会弹出【并排比较】对话框，而是直接显示并排比较后的状态。

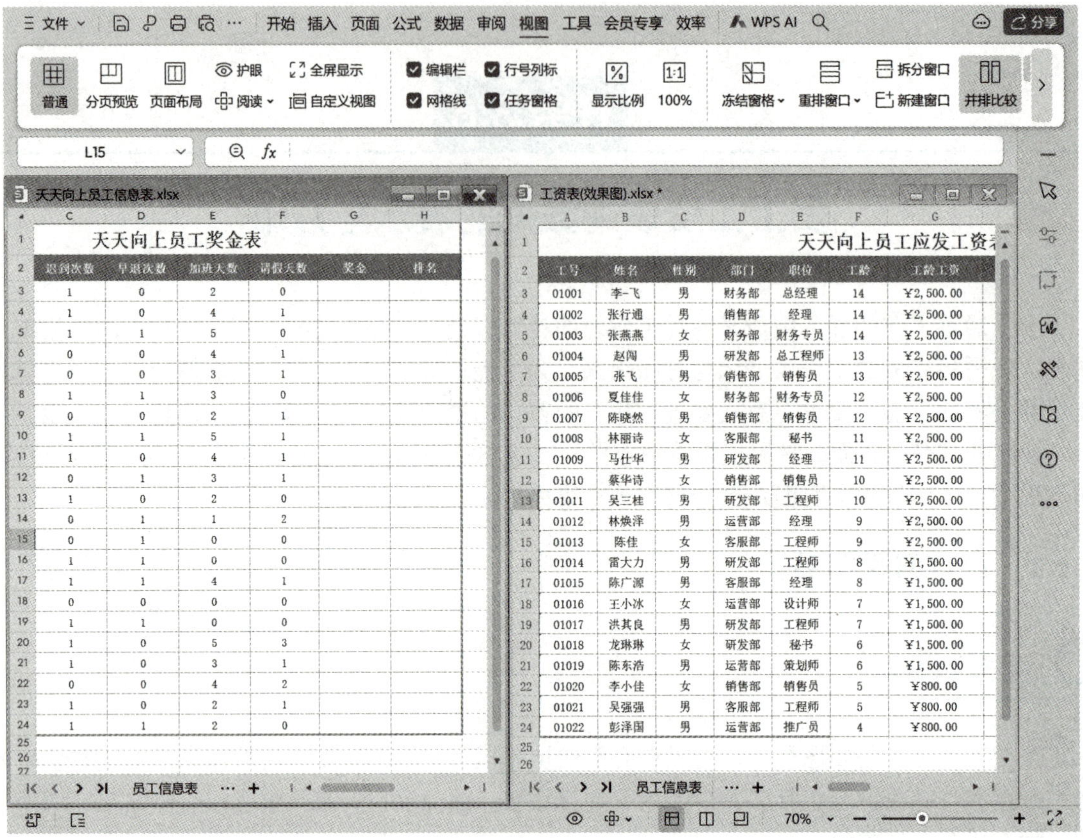

图 3-68　并排比较

【并排比较】是一种特殊的重排窗口方式，其与单纯的【重排窗口】之间最大的区别在于，并排比较模式下可以应用【同步滚动】和【重设位置】功能。

(1) 同步滚动：可以实现在其中一个窗口中滚动浏览内容时，另一个窗口也会随之同步滚动，在【视图】选项卡中单击【同步滚动】切换按钮可以打开或关闭此功能。

(2) 重设位置：可以重设正在并排查看的文档窗口位置，使其平分屏幕显示，在【视图】选项卡中单击【重设位置】按钮即可。

3. 拆分窗口

若要对比查看单个工作表的不同位置，则可以使用先新建窗口再重排窗口或并排比较的方法，或者还可以通过"拆分窗口"的方法在现有工作表窗口中同时显示多个位置。

在【视图】选项卡中单击【拆分窗口】切换按钮，即可将当前工作表窗口沿活动单元格左边框和上边框拆分为 4 个子窗口。如果当前活动单元格位于 A 列或第一行，则拆分窗口操作只将当前工作表窗口拆分为水平或垂直的两个子窗口。每个子窗口都可以独立滚动，以方便同时查看工作表中相隔较远的部分，如对比前 5 行和倒数 5 行的内容。

拖动【拆分线】(绿色粗线) 即可调整子窗口的大小布局，双击【拆分线】或将其拖到窗口边缘即可重新合并子窗口。若要取消整个工作表窗口的拆分状态，则在【视图】选项卡中单击【取消拆分】切换按钮即可。此外，双击或拖动【垂直滚动条上边框】或【水平滚动条右边框】也可以快速拆分窗口，再次双击边框即可取消拆分。

4. 冻结窗格

当工作表中的数据量较多，在操作滚动条查看超出窗口大小的数据时，由于已经看不到行列标题，因此可能无法分清某行或某列数据的含义。此时，可以通过【冻结窗格】功能来锁定工作表中的标题行或标题列，使其在上下或左右滚动浏览数据时始终可见。

如图 3-69 所示，在【开始】选项卡中单击【冻结】下拉按钮，在下拉列表中选择【冻结至第某行第某列】命令，则活动单元格左侧的列区域和上方的行区域将被冻结；若选择【冻结首行】或【冻结首列】命令，则当前可见区域中的首行或首列将被冻结 (注意，并不一定是 1行 /A 列)。被冻结区域和未冻结的区域之间将出现冻结线 (绿色细线)。

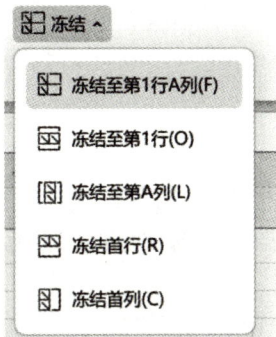

图 3-69　冻结窗格

若要取消冻结窗格状态，则在【开始】选项卡中再次单击【冻结】下拉按钮，在下拉列表中选择【取消冻结】命令即可。

> **·说明·**
>
> 　　在设置了冻结窗格的工作表中按【Ctrl+Home】组合键，可以快速定位到两条冻结线交叉的位置，即最初执行冻结窗格命令时的定位位置。冻结窗格与拆分窗口功能无法在同一个工作表中同时使用。

5. 窗口缩放

当需要放大窗口显示比例以看清数据或者缩小窗口显示比例以看到更多内容时，可以在【视图】选项卡中单击【显示比例】按钮，打开【显示比例】对话框，或者在 WPS 表格工作窗口右下角单击【缩放级别】按钮，打开【缩放】对话框，或者在 WPS 表格工作窗口右下角拖动【显示比例滑块】，都可以将窗口调节至合适的显示比例。

选定工作表中某个数据区域，然后在【显示比例】对话框或【缩放】对话框中选择【恰好容纳选定区域】命令，即可将所选区域缩放至恰好撑满可见视图。

6. 切换视图

WPS 表格提供了多种视图模式以供切换不同的显示效果。

- 普通视图 (默认)：默认在普通视图中查看工作表。
- 阅读模式：将活动单元格所在的行和列以指定颜色高亮显示，便于查阅或展示数据。
- 全屏显示：以相对纯净的视图全屏显示数据区域，按【Esc】键即可退出全屏显示。
- 护眼模式：表格区域以绿色背景显示，可以缓解长时间用眼疲惫。
- 分页预览：预览当前工作表打印时的分页位置，拖动调整蓝色虚线 (分页符) 可以缩放页面内容使其适应打印页面。
- 自定义视图：将当前显示设置和打印设置保存为将来可以快速应用的自定义视图。可以在【视图】选项卡中切换视图模式，或者单击底部状态栏的视图按钮以快速启用。

7. 状态栏多重汇总显示

WPS 表格工作窗口底部的状态栏可以即时显示当前状态信息、简单统计数据或数值读数。右击状态栏，在弹出的快捷菜单中可以选择要显示的信息项，更改统计方式和读数方式。

底部状态栏支持按不同的阅读习惯显示活动单元格中的数值读数。例如，若活动单元格中的数值为"123456789"，则状态栏设置"使用千分位分隔符"（默认）时将显示为"123,456,789"，"带中文单位分隔"时将显示为"1 亿 2345 万 6789"，"按万位分隔"时将显示为"1 2345 6789"。

底部状态栏还支持按多种方式快速统计选定区域中的数据，可以显示所选区域的平均值、计数（非空单元格数目）、计数值（数值单元格数目）、最小值、最大值、求和等。

任务实施

对"月应发工资表"工作表进行【冻结窗格】操作，将工作表的第一、二行数据和第 A、B 列数据进行窗口冻结，然后拖动滚动条查看冻结的效果。

(1) 切换到"月应发工资表"工作表中，选中 C3 单元格。

(2) 在【开始】选项卡中单击【冻结】下拉按钮，在下拉列表中选择【冻结至第 2 行第 B 列】命令（如图 3-70 所示），则活动单元格左侧的列区域和上方的行区域将被冻结。

(3) 拖动垂直和水平滚动条查看冻结的效果。

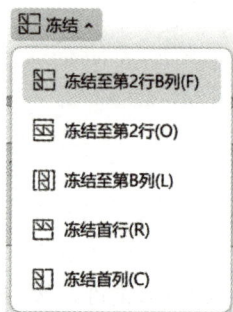

图 3-70　冻结窗格操作

3.6.2　页面布局

相关知识

页面布局是对页面进行设置并调整的工具，用于设置页面的纸张方向、纸张大小、页边距、打印区域、页眉/页脚、分页预览等。

1. 纸张设置

常规的纸张设置包括设置纸张大小、纸张方向、页边距等内容。

· 设置页边距：在【页面】选项卡中单击【页边距】下拉按钮，在下拉列表中包括内置的常规（默认）、宽、窄三种选项，并且会保留最近一次设置的自定义页边距。

· 设置纸张方向：在【页面】选项卡中单击【纸张方向】下拉按钮，在下拉列表中包括纵向（默认）、横向两种选项。如果数据区域的列数较多，则可以选择纸张方向为纵向。

· 设置纸张大小：在【页面】选项卡中单击【纸张大小】下拉按钮，在下拉列表中包括常用的纸张尺寸（默认 A4），单击即可应用对应的规格。

2. 打印区域

默认情况下，将完全打印工作表中包含可见内容的所有单元格，包括数据、框线、填充色或图形对象等。也可以选定要打印的任意区域，在【页面】选项卡中单击【打印区域】按钮，即可将当前选定区域设置为打印区域。如果将不连续单元格区域设置为打印区域，则打印时会将不同的单元格区域分别打印在不同的纸张上。在【打印区域】按钮下拉列表中选择【取消打印区域】命令，即可清除当前工作表中所有指定的打印区域。

页面布局

3. 分页符

打印连续数据表时，将默认以纸张大小进行自动分页打印，用户可以按需在指定位置处插入【分页符】，以实现强制分页打印。

选定要插入分页符的单元格，在【页面】选项卡中单击【插入分页符】下拉按钮，在下拉列表中选择【插入分页符】命令即可。插入的分页符将以黑色细线的形式显示，可以在【页面】选项卡中取消选中【显示分页符】复选框，即可不显示分页符标识线。插入分页符后，还可以通过【插入分页符】按钮下拉列表中的【删除分页符】命令删除当前指定的分页符，或者通过【重置所有分页符】命令删除工作表中所有手工指定的分页符。

4. 分页预览

通过【分页预览】视图，可以一目了然地预览当前工作表打印时的分页位置。

在【页面】选项卡中单击【分页预览】按钮，进入分页预览视图模式，窗口中将会显示浅灰色的页码标识，分页符将显示为蓝色线条并支持使用鼠标直接拖动进行调整。

5. 打印缩放

通过页面缩放功能，可以根据纸张大小自动调整缩放比例，或者按指定的缩放比例打印内容，以便把相关内容打印在同一张纸上。在【页面】选项卡中单击【打印缩放】下拉按钮，在下拉列表中可以选择【将整个工作表打印在一页】、【将所有列打印在一页】或【将所有行打印在一页】等命令，或者在【缩放比较】微调框中输入数字 (数字范围为 10 ~ 400) 以指定缩放比例 (缩放比例范围为 10% ~ 400%)。

6. 页面设置

在【页面】选项卡中单击【页面设置】对话框启动器按钮 (⤶)，或者单击【打印表题】或【页眉和页脚】按钮，或者在【页边距】、【纸张大小】或【打印缩放】按钮下拉列表中选择【自定义】相关命令，都可以打开【页面设置】对话框，如图 3-71 所示。【页面设置】对话框中共包含四个选项卡，可以对页面进行进一步的设置。

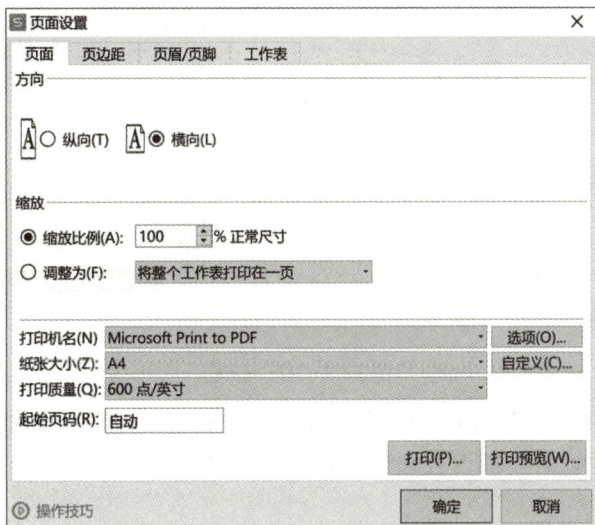

图 3-71　【页面设置】对话框

·【页面】选项卡：可以对纸张方向、缩放比例、纸张大小、打印机选择、打印质量、起始页码等进行自定义设置。

·【页边距】选项卡：可以在上、下、左、右四个方向设置打印区域与纸张边界的距离，以及页眉和页脚与纸张顶端和底端的距离，可以直接输入数字或单击微调按钮以进行调整。如果打印区域较小，不足以在页边距范围之内完全显示，则可以在【居中方式】下选中【水平】

和【垂直】复选框，以使打印内容在纸张上居中显示。

•【页眉 / 页脚】选项卡：可以在纸张顶端或底端添加内置页眉 / 页脚样式或自定义图文内容，如表格标题、打印时间、校徽、企业 LOGO 等。还允许设置首页不同和奇偶页不同。

•【工作表】选项卡：能够对打印的区域、标题、元素、顺序等打印属性进行设置。当工作表内容较多时，通过设置【打印标题】可以将标题行或标题列重复打印在每个页面上。网格线和行号列标默认不打印，可以选中【网格线】或【行号列标】复选框以打印这些元素。工作表中为了突出数据而应用的彩色效果，在黑白打印时将只能以不同深浅的灰色来显示原本的彩色，此时可以选中【单色打印】复选框，则单元格的边框颜色、背景颜色、字体颜色等都将在打印输出时被忽略，使黑白打印效果更加清晰。批注默认不打印，可以在【批注】按钮下拉列表中选择【如同工作表中的显示】命令以打印批注内容。若要指定包含错误值的单元格在打印时的显示效果，则可以在【错误单元格打印为】按钮下拉列表中选择显示值 (默认)、空白、--、#N/A 四种显示方式。还可以指定打印顺序为【先列后行】(默认) 的 N 字形顺序或【先行后列】的 Z 字形顺序。

7. 打印预览

为了保证打印效果，在页面设置完成后，可以通过打印预览功能查看打印页面输出效果，确认无误后再执行打印操作。在【文件】菜单中依次选择【打印】→【打印预览】命令，或者在【自定义快速访问工具栏】中单击【打印预览】按钮，或者在【页面】选项卡中单击【打印预览】按钮，都可以进入打印预览窗口，如图 3-72 所示。

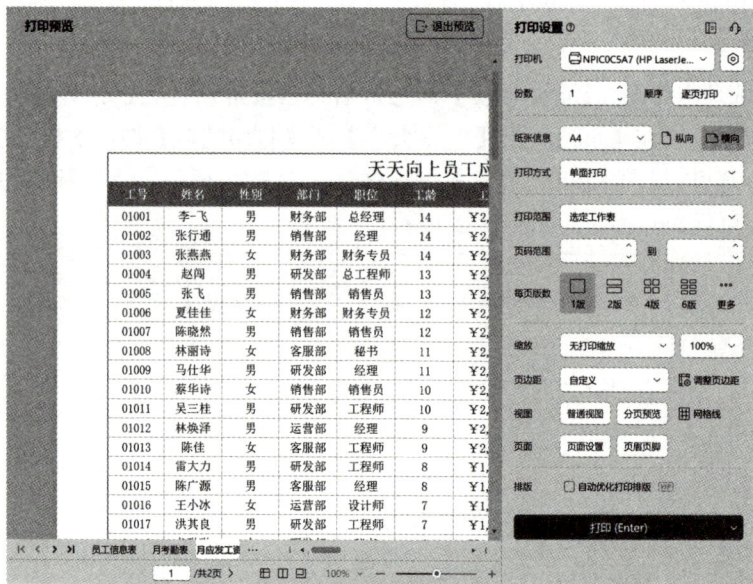

图 3-72　打印预览

在打印预览模式下，可以预览打印页面的输出效果，可以进行上文所述的各种页面设置，还支持一些简单的打印设置，如设置打印方式、打印份数、顺序等。

8. 打印设置

页面设置和页面缩放等调整完成后，按【Ctrl+P】组合键，或者在【文件】菜单中选择【打印】命令，或者在【自定义快速访问工具栏】中单击【打印】按钮，打开【打印】对话框，可对打印做详细设置，如图 3-73 所示。最后单击【确定】按钮即可开始打印。可以设置的选项包括：

•打印机：可以选择计算机所连接的打印机，进行打印机属性设置，选择纸张来源，还可以选择反片打印、打印到文件、双面打印等特殊打印方式。

•页码范围：可以打印全部页或只打印部分页。

　　• 打印内容：可以打印选定区域、选定工作表或整个工作簿。

　　• 副本：可选择份数，打印多份文件时还可以逐份打印以保证文件输出的连续性。

　　• 并打顺序和缩放：可以在每页上并打多版内容，设置并打顺序从左到右、从上到下或重复，还可以选择其他纸型上的文件按纸型缩放到指定纸型上。

图 3-73　【打印】对话框

任务实施

　　对"月应发工资表"工作表进行页面设置与打印操作，完成后的效果如图 3-74 所示，要求为：设置横向打印并将缩放调整为【将整个工作表打印在一页】，纸张大小为 A4 纸；上、下页边距分别为 1.5 和 2，页眉、页脚边距均为 1，并且水平方向为居中；页眉居中显示"月应发工资表"，页脚居中显示"第 1 页，共 1 页"；进行打印预览。

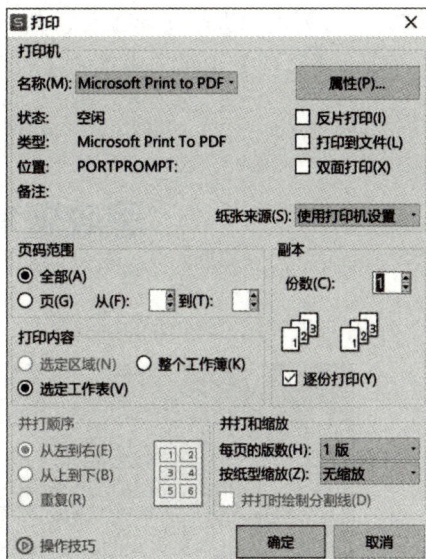

月应发工资表

天天向上员工应发工资表

工号	姓名	性别	部门	职位	工龄	工龄工资	职位工资	奖金	应发工资
01001	李一飞	男	财务部	总经理	14	￥2,500.00	￥11,000.00	￥900.00	￥14,400.00
01002	张行通	男	销售部	经理	14	￥2,500.00	￥9,000.00	￥1,900.00	￥13,400.00
01003	张燕燕	女	财务部	财务专员	14	￥2,500.00	￥7,000.00	￥2,400.00	￥11,900.00
01004	赵闯	男	研发部	总工程师	13	￥2,500.00	￥9,000.00	￥2,200.00	￥13,700.00
01005	张飞	男	销售部	销售员	13	￥2,500.00	￥7,500.00	￥1,600.00	￥11,600.00
01006	夏佳佳	男	财务部	财务专员	12	￥2,500.00	￥7,000.00	￥1,200.00	￥10,700.00
01007	陈晓然	男	销售部	销售员	12	￥2,500.00	￥7,500.00	￥1,000.00	￥11,000.00
01008	林丽诗	女	客服部	秘书	11	￥2,500.00	￥7,000.00	￥2,200.00	￥11,700.00
01009	马仕华	男	研发部	经理	11	￥2,500.00	￥9,000.00	￥1,900.00	￥13,400.00
01010	蔡华诗	女	销售部	销售员	10	￥2,500.00	￥7,500.00	￥1,300.00	￥11,300.00
01011	吴三桂	男	研发部	工程师	10	￥2,500.00	￥8,500.00	￥900.00	￥11,900.00
01012	林焕泽	男	运营部	经理	9	￥2,500.00	￥9,000.00	（￥100.00）	￥11,400.00
01013	陈佳	女	客服部	工程师	9	￥2,500.00	￥8,500.00	（￥300.00）	￥10,700.00
01014	雷大力	男	研发部	工程师	8	￥1,500.00	￥8,500.00	（￥600.00）	￥9,400.00
01015	陈广源	男	客服部	经理	8	￥1,500.00	￥9,000.00	￥1,600.00	￥12,100.00
01016	王小冰	女	运营部	设计师	7	￥1,500.00	￥7,500.00	￥0.00	￥9,000.00
01017	洪其良	男	研发部	工程师	7	￥1,500.00	￥8,500.00	（￥600.00）	￥9,400.00
01018	龙琳琳	女	研发部	秘书	6	￥1,500.00	￥7,000.00	￥2,100.00	￥10,600.00
01019	陈东浩	男	运营部	策划师	6	￥1,500.00	￥8,000.00	￥1,300.00	￥10,800.00
01020	李小佳	女	销售部	销售员	5	￥800.00	￥7,500.00	￥2,000.00	￥10,300.00
01021	吴强强	男	客服部	工程师	5	￥800.00	￥8,500.00	￥700.00	￥10,000.00
01022	彭泽国	男	运营部	推广员	4	￥800.00	￥8,000.00	￥600.00	￥9,400.00

第 1 页，共 1 页

图 3-74　"一月份应发工资表"打印预览

　　(1) 切换到"月应发工资表"工作表中，在【页面】选项卡中单击【页面设置】对话框启动器按钮 (▣)，打开【页面设置】对话框。

　　(2) 切换到【页面】选项卡，在【方向】栏中选择【横向】，【缩放】栏中选择【调整为】，并在其右侧的下拉列表中选择【将整个工作表打印在一页】，在【纸张大小】项的右侧下拉列表中选择【A4】，其他的选项保持默认。

　　(3) 切换到【页边距】选项卡，将【上】选择框中的值设置为 1.5，将【下】选择框中的值设置为 2，将【页眉】和【页脚】选择框中的值设置为 1，在【居中方式】栏中选择【水平】，其他的选项保持默认。

　　(4) 切换到【页眉 / 页脚】选项卡，在【页眉】右侧的下拉列表中选择【Sheet1】，在【页脚】

右侧的下拉列表中选择【第1页，共?页】，其他的选项保持默认，单击【确定】按钮。

(5) 在【页面】选项卡中单击【打印预览】按钮。

思政聚焦——"认真"二字

"认真"二字

你相信吗？图3-75中的画是一位老人用Excel创作出来的。

图3-75　Excel创作的系列图画

这位传奇人物就是堀内辰男，在日本长野生活。堀内辰男 60 岁退休后闲在家里，想起自己热爱了一辈子，却从未有过交集的画画，苦于经济不宽裕，难以参加培训，有人向他推荐用电脑画画，于是他便开始刻苦学习之前从没用过的 Excel。Excel 作画非常艰难，但老人家乐在其中。第一次参加艺术展览，并没有人被他的作品惊艳到。日本是一个追求精益求精的民族，这也勾起堀内辰男必须要把这件事做精的决心。他开始挑战更有难度的画，加图层，调整透明度……再用喷墨机打印出来，以便直观地发现问题，再重新在电脑上调整。他描绘心中的风景，细腻柔和，情感丰富，密密麻麻的线段，没有一条是复制的，放大来看不难发现，它们都有自己的灵性。要完成这样一幅画，短则几个月，多则半年之久。他说："画画，就是用笔创造出一个世界。"功夫不负有心人，如今，他的作品一经亮相，就会迎来一群人惊叹："用 Excel 还能画如此惊艳的作品！"后来他参加了"Excel 自动图形艺术大赛"，不出所料老人家一举夺冠，作品被"群马美术馆"收藏。

像这样"认真"的人物还有很多，我们身边也有一位"认真"的朋友李子柒。李子柒，本名李佳佳，1990 年出生于四川省绵阳市，自 2004 年初中毕业起到城里漂泊，在公园的椅子上睡过，啃过两个月的馒头，当服务员的时候，一个月 300 元工资。后来李子柒找了师父学音乐，之后去酒吧打碟。2012 年，因为奶奶生病她回到四川老家，之后开过淘宝店，做过一段小生意，勉强度日。2016 年，她为了提高淘宝店的生意，在弟弟的鼓励下涉足短视频领域，同年 3 月，她在美拍上发布短视频《桃花酒》。2018 年，她的原创短视频在海外运营 3 个月后获得 YouTube 银牌奖。2019 年，她的原创短视频获人民日报、共青团中央、央视新闻、新华社等多家媒体点赞，同年 8 月，她获得超级红人节最具人气博主奖、年度最具商业价值红人奖；同年 9 月 14 日，她创作的短视频《水稻的一生》播出，她从播种到收获，耙田、抛秧、插秧、守水、巡水，全程亲力亲为；同年 12 月 14 日，她获得由中国新闻周刊主办的"年度影响力人物"荣誉盛典年度文化传播人物奖。

央视新闻这样评论：李子柒的视频，没有一个字夸中国好，但她讲好了中国文化，讲好了中国故事。她只是默默地在那里干着农活，偶尔跟奶奶说几句四川方言，但全世界各地的人却开始了解"有趣好看"的中国传统文化，并纷纷夸赞中国人的勤奋、聪慧，进而开始喜欢中国人，喜欢这个国家。不得不说，李子柒是个奇迹，一颗平常心做出了国际文化传播的奇迹。

毛泽东说："世界上怕就怕'认真'二字，共产党就最讲认真。"你懂得"认真"二字了吗？

WPS 数据处理与分析上课课件和素材

第 4 章　WPS 演示文稿制作

WPS 演示软件是金山公司出品的 WPS 办公软件系列中的一个组件，简称演示文稿。WPS 演示软件帮助用户以可视化、动态化的方式呈现工作成果，广泛应用于制作工作总结、企业公司宣传片、项目演讲、培训课件、产品介绍短片、婚庆礼仪、音乐动画、电子相册等。通过它可以制作出图文并茂、色彩丰富、生动形象且具有表现力和感染力的演示文稿，以帮助用户传递信息、有效表达观点和沟通交流。

WPS 演示软件实用性强，易用易学，具备强大的制作与美化功能，如文字格式、图形图片格式、动画呈现、页面动态切换等，其演示内容丰富且多样化。

任务 4.1

使用 WPS 创建家乡文化宣传稿

李峰是大一新生，在一次新生见面会上，要求每位同学介绍自己的家乡。李峰觉得制作一个演示文稿才能更好地展示家乡的风景和特产，于是他在见面会之前制作了一个演示文稿。演示文稿的最终效果如图 4-1 所示。

图 4-1　"我的家乡"效果图

制作家乡
文化宣传稿

使用 WPS
创建幻灯片

4.1.1　演示文稿的基本操作

WPS 演示文稿默认以通用的 .pptx 为文件扩展名，一份演示文稿由若干张幻灯片组成。默认新建的演示文稿以"演示文稿 1"命名，并显示在演示文稿标签栏处，演示文稿的基本操作包括幻灯片的选择、添加、复制、移动等。

相关知识

下面介绍 WPS 演示文稿的工作界面。

1. 启动 WPS 演示文稿

启动 WPS 演示文稿的步骤如下：

(1) 双击桌面上的快捷图标 ，启动 WPS 演示文稿应用程序。

(2) 单击【+新建】，弹出新建窗口，单击【演示】，进入新建演示文稿界面，单击【空白演示文稿】，进入 WPS 演示文稿的工作界面，如图 4-2、图 4-3 所示。

图 4-2　启动 WPS 演示文稿

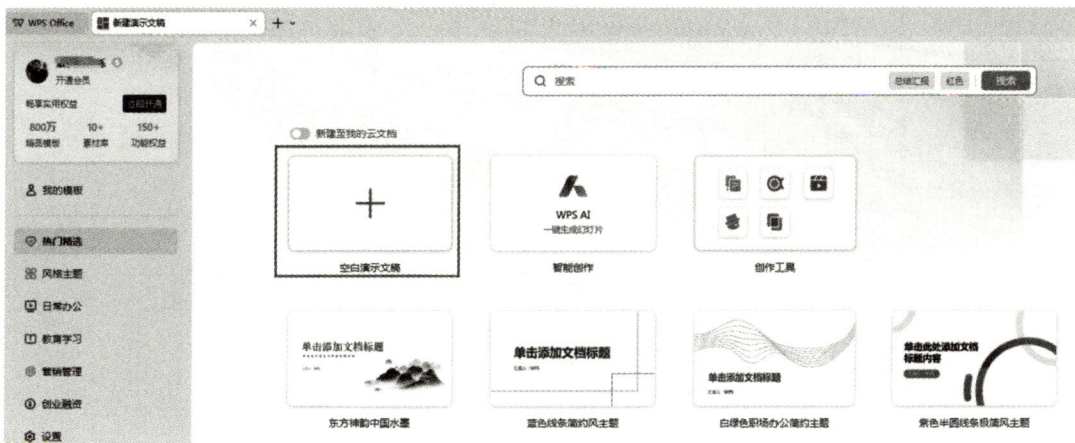

图 4-3　新建空白演示文稿

WPS 演示文稿功能是通过其工作界面来实现的，其工作界面由选项卡、功能区、云账号、"大纲/幻灯片"浏览窗格、幻灯片编辑区、任务窗格、备注窗格、智能美化按钮、视图按钮、显示比例按钮等部分组成，如图 4-4 所示。

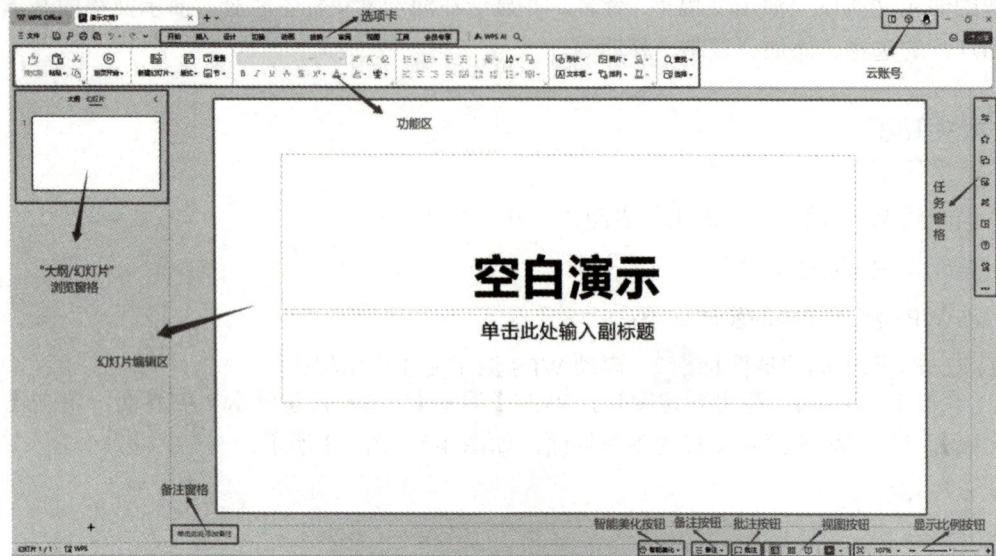

图 4-4　WPS 演示文稿的工作界面

2. 退出 WPS 演示文稿

单击工作界面右上角的关闭按钮，即可退出 WPS 演示文稿。若文件未被保存，那么 WPS 演示文稿将会提醒用户保存。

任务实施

(1) 新建一个空白演示文稿保存到 D 盘，命名为"我的家乡 .pptx"。启动 WPS 演示文稿应用程序后，单击【+ 新建】，弹出新建窗口，单击【演示】，进入新建演示文稿界面，单击【空白演示文稿】。

(2) 在【文件】菜单中选择【另存为】命令，弹出【另存为】对话框，选择文件保存位置，在【文件名】文本框中把"空白演示"改为"我的家乡"，单击【保存】按钮，如图 4-5 所示。

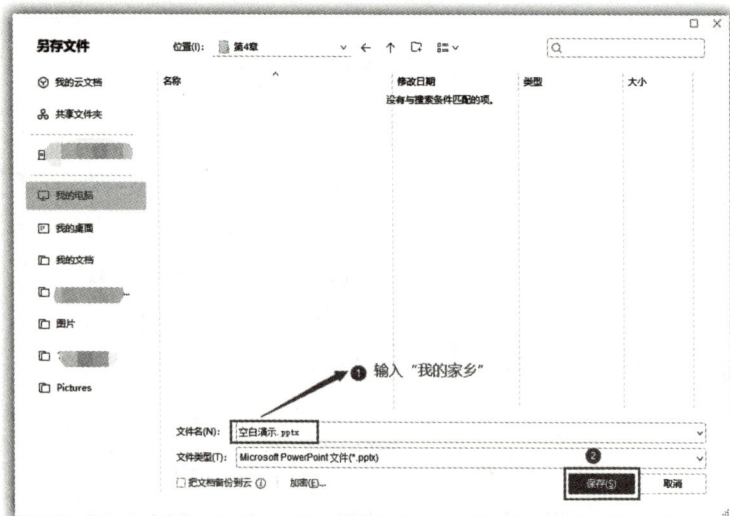

图 4-5　保存演示文稿

4.1.2　幻灯片的基本操作

演示文稿通常是由多张幻灯片组成的，因此首先需要掌握幻灯片的相关操作，如幻灯片的选择、添加、复制、移动等一系列基本操作技巧。

相关知识

1. 添加幻灯片

默认情况下，在新建的空白演示文稿中只有一张幻灯片，而一篇演示文稿通常需要使用多张幻灯片来表达需要演示的内容，这时就需要添加新的幻灯片。添加幻灯片的方法有以下几种：

(1) 在左侧【大纲/幻灯片】浏览窗格中选择某张幻灯片后按下【Enter】键，可快速在该幻灯片的后面添加一张同样版式的空白幻灯片。

(2) 在左侧【大纲/幻灯片】浏览窗格中使用鼠标右键单击某张幻灯片，在弹出的快捷菜单中选择【新建幻灯片】命令，即可在当前幻灯片下方添加一张同样版式的空白幻灯片。

(3) 在菜单栏【开始】选项卡中单击【新建幻灯片】，在弹出的展示页中选择从不同的版式模板创建幻灯片。

(4) 在左侧【大纲/幻灯片】浏览窗格中使用鼠标指向某张幻灯片，该幻灯片右下方出现【+】按钮，在弹出的展示页中选择从不同的版式模板创建幻灯片，如图 4-6 所示。

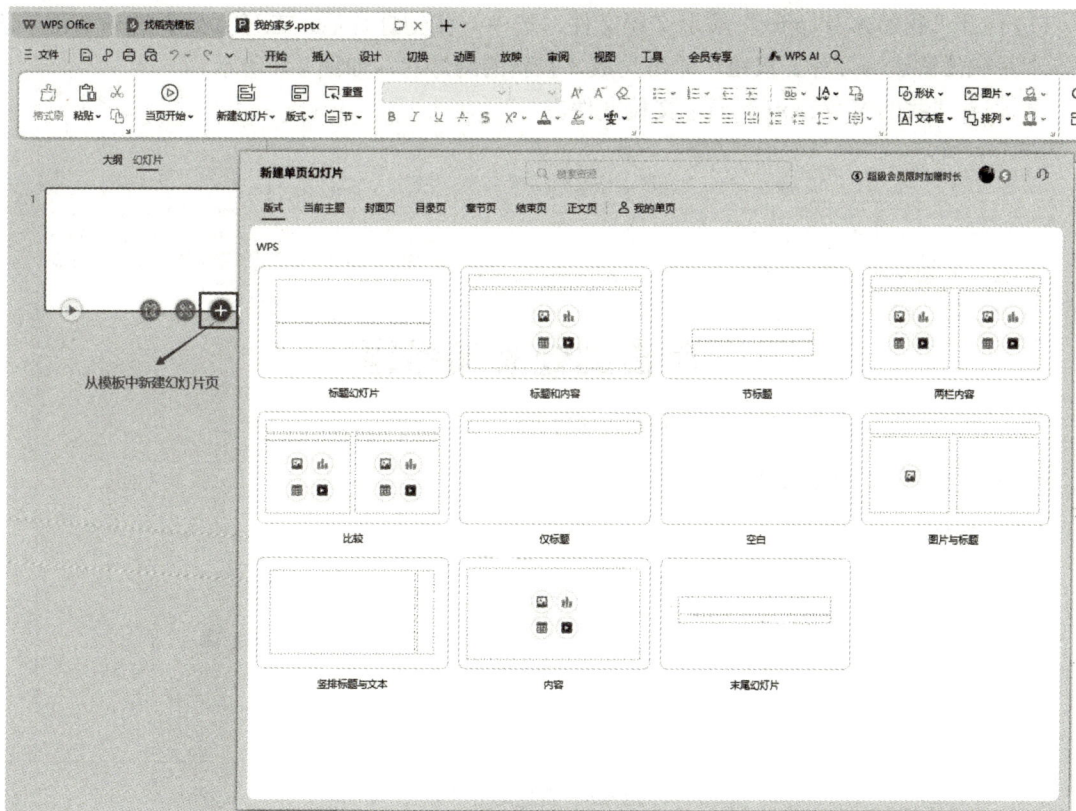

图 4-6　从模板中选取新建幻灯片页

2. 复制当前幻灯片

在左侧【大纲/幻灯片】浏览窗格中用鼠标右键单击要复制的幻灯片，在弹出的快捷菜单中选择【复制幻灯片】命令，即可复制一张当前幻灯片，如图 4-7 所示。

3. 复制其他文件幻灯片

在制作演示文稿过程中，除了从本文件中复制幻灯片，还需要从其他文件复制幻灯片进行使用，具体操作步骤如下：

(1) 在其他演示文稿文件中，在左侧【大纲／幻灯片】浏览窗格中选定幻灯片后按下【Ctrl+C】组合键进行目标幻灯片复制。

(2) 返回到需要使用的演示文稿，在左侧【大纲／幻灯片】浏览窗格中选中目标位置的前一张幻灯片后按下【Ctrl+V】组合键进行粘贴即可。

4. 删除幻灯片

在编辑演示文稿的过程中，如果要删除多余的幻灯片，则可通过如下方法实现：

在左侧【大纲／幻灯片】浏览窗格中【幻灯片】选项卡下，选中某张幻灯片，按【Delete】键删除。也可以通过选定幻灯片后，右击目标幻灯片，在弹出的菜单中选择【删除幻灯片】命令。

图 4-7　复制当前幻灯片

任务实施

为"我的家乡 .pptx"演示文稿增加幻灯片：

(1) 打开"我的家乡 .pptx"演示文稿文件，选中一张幻灯片后，在【开始】选项卡下，连续单击 8 次【新建幻灯片】按钮，即可生成 8 张新的幻灯片，如图 4-8 所示。

(2) 保存"我的家乡 .pptx"演示文稿文件。

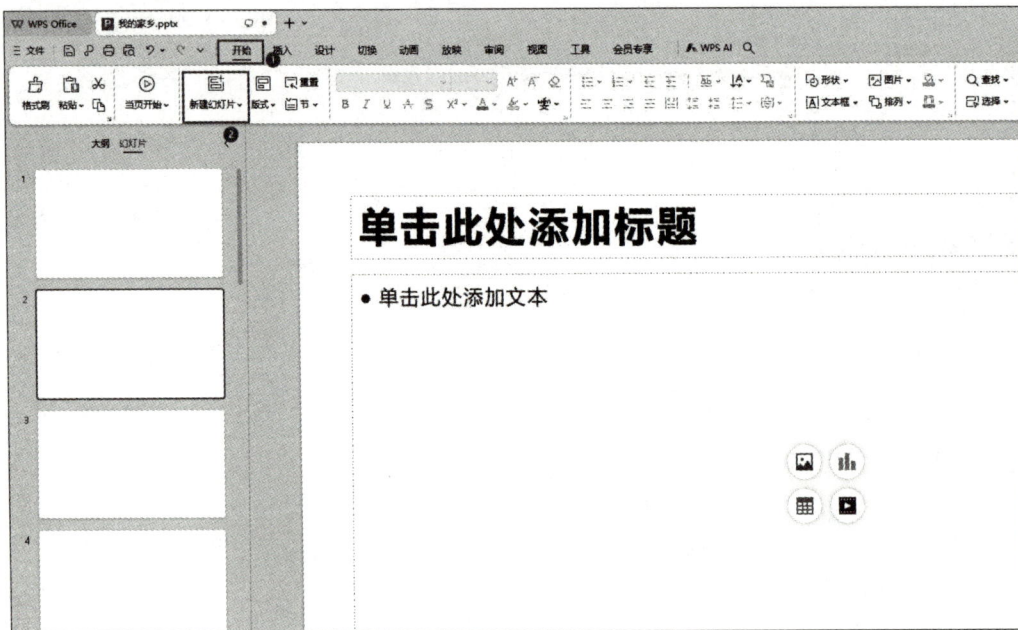

图 4-8　新建幻灯片

4.1.3　设计幻灯片母版

在进行演示文稿制作之前，首先需要有统一的外观与标准，通过对幻灯片母版的设计和制作，可以实现风格一致的演示文稿。在幻灯片母版中可完成文本格式、主题颜色、日期、背景、版式等应用，还可以为幻灯片页面统一添加其他对象元素。

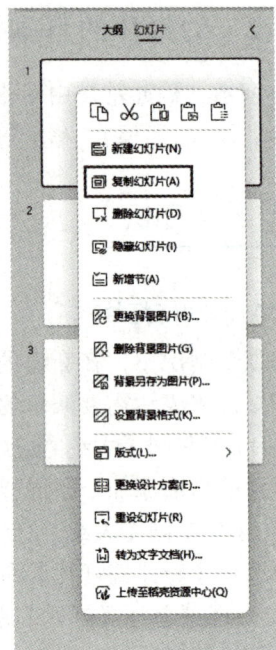

相关知识

在编辑幻灯片时，输入的内容或插入的对象只会在某一张幻灯片中显示，而通过母版对版式进行编辑时，其内容则会应用到所有使用该版式的幻灯片中。在【视图】选项卡中单击【幻灯片母版】按钮，即可进入母版视图。

1. 编辑幻灯片母版

新建一份空白演示文稿，在【视图】选项卡中单击【幻灯片母版】按钮，进入母版视图，如图 4-9 所示。

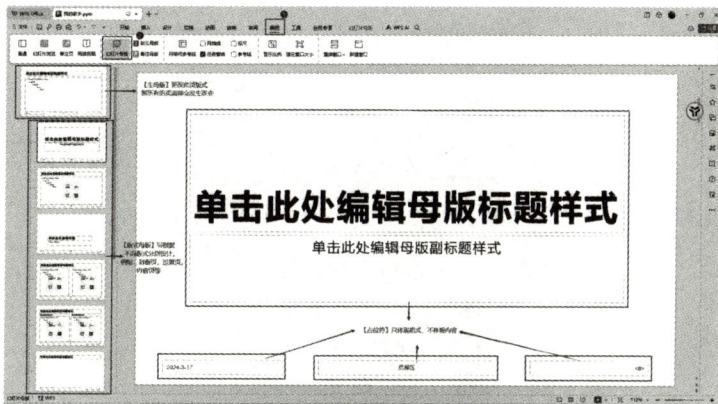

图 4-9　幻灯片母版视图

在【幻灯片母版】选项卡中单击【关闭】按钮，则退出【幻灯片母版】视图，返回至【普通视图】状态。

2. 设置母版背景

若要为所有幻灯片应用统一的背景，则可在幻灯片母版中进行设置，具体步骤如下：

(1) 打开"我的家乡 .pptx"演示文稿，选择【视图】选项卡，单击【幻灯片母版】按钮。

(2) 在【母版幻灯片】窗格中选中第 1 张幻灯片，右击并在弹出的下拉菜单栏中选择【设置背景格式】按钮，如图 4-10 所示。

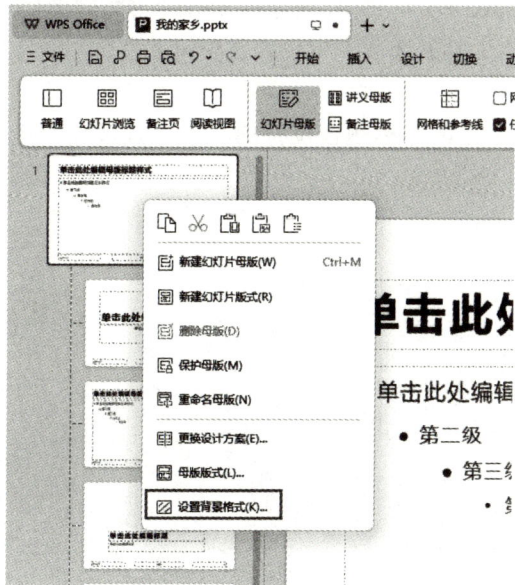

图 4-10　设置背景格式

(3) 打开【对象属性】窗格，在【填充】栏中单击【渐变填充】单选按钮，在渐变样式中选择【线性渐变】中的【向下】样式。

(4) 单击【停止点 1】滑块，在【色标颜色】列表下选择【主题颜色】栏中的【白色】选项。

(5) 单击【停止点 2】滑块，在【色标颜色】列表下选择【主题颜色】栏中的【钢蓝，着色 1，浅色 60%】，拖动【位置】滑块至 70%，拖动【亮度】滑块至 60%，如图 4-11 所示。

图 4-11　设置母版背景

3. 设计母版占位符

演示文稿中所有幻灯片的占位符是固定的，如果要修改占位符格式，则用户可以在幻灯片母版中预先设置好各占位符的位置、大小、字体、颜色等格式，使幻灯片中的占位符都能自动应用该格式，具体步骤如下：

(1) 打开"我的家乡 .pptx"演示文稿，在进入幻灯片母版视图后，选中【标题幻灯片版式】，选中标题占位符，在【文本工具】选项卡中设置占位符的字体、字号和颜色分别为【微软雅黑、60 号、白色】。

按照相同的方法，将下方的副标题占位符的文本格式设置为【微软雅黑、36 号、白色】，如图 4-12 所示。

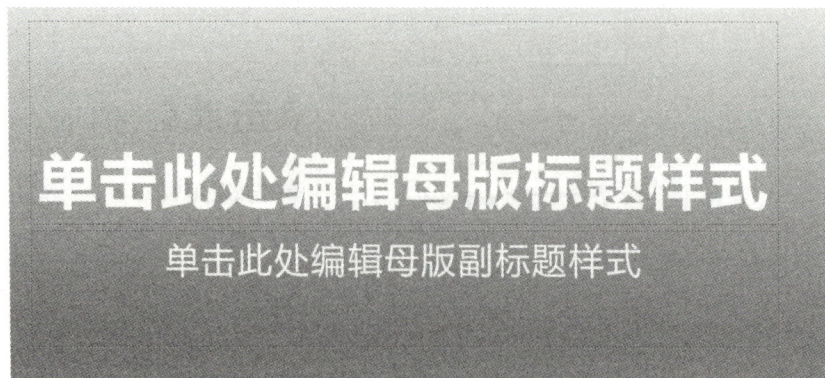

单击此处编辑母版标题样式

单击此处编辑母版副标题样式

图 4-12　设置占位符字体

(2) 选择【插入】选项卡，单击【形状】下拉按钮，在弹出的形状库中选择【矩形】样式，如图 4-13 所示。

图 4-13　选择【矩形】工具

(3) 拖动鼠标指针在幻灯片中绘制一个"高 6.5 厘米，宽 34 厘米"的矩形，然后把绘制好的矩形拖动到幻灯片中的合适位置，选中矩形，在【绘制工具】选项卡中单击【轮廓】下拉按钮，在弹出的选项中选择【无边框颜色】；单击【填充】下拉按钮，在弹出的颜色库中选择【钢蓝，着色 1，浅色 25%】，如图 4-14 所示。

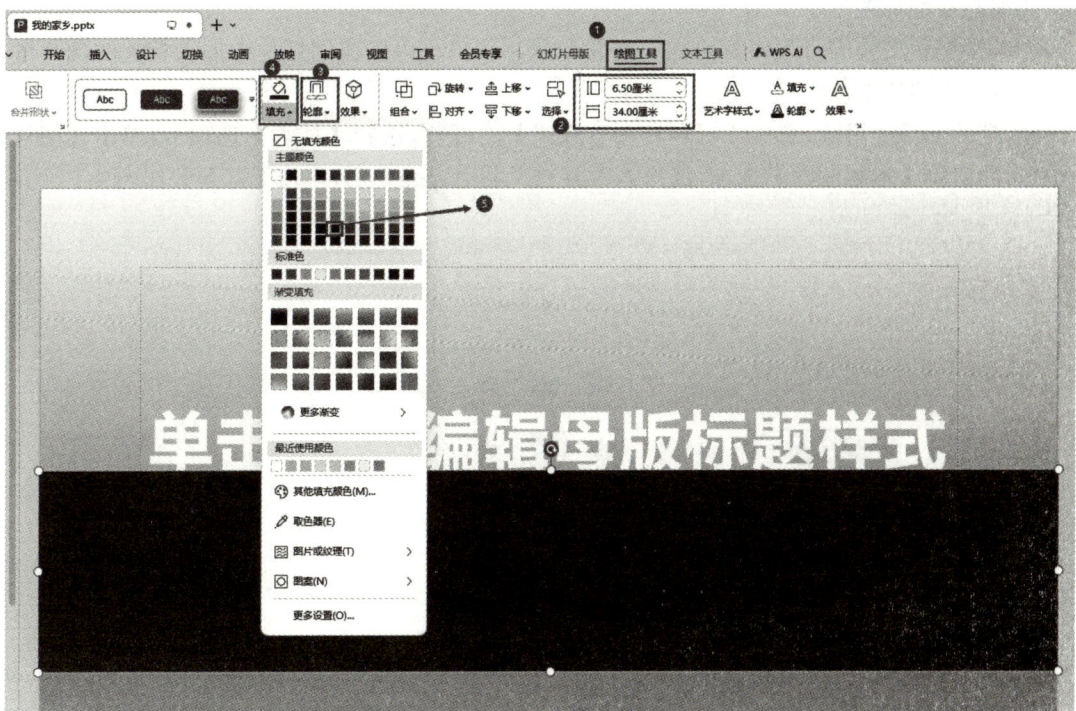

图 4-14　绘制矩形

(4) 按照相同的方法，继续在幻灯片中绘制一个"高 6.5 厘米，宽 10 厘米"的矩形，设置填充效果为【钢蓝，着色 1，浅色 40%】，轮廓设置为【无边框颜色】。

(5) 按住【Ctrl】键选中两个矩形，在弹出的【对齐按钮】组中，选择【底端对齐】、【右对齐】、【组合】选项，如图 4-15 所示。

图 4-15　矩形对齐

(6) 选中绘制的矩形图，右击弹出下拉菜单栏，选择【置于底层】选项，如图 4-16 所示。

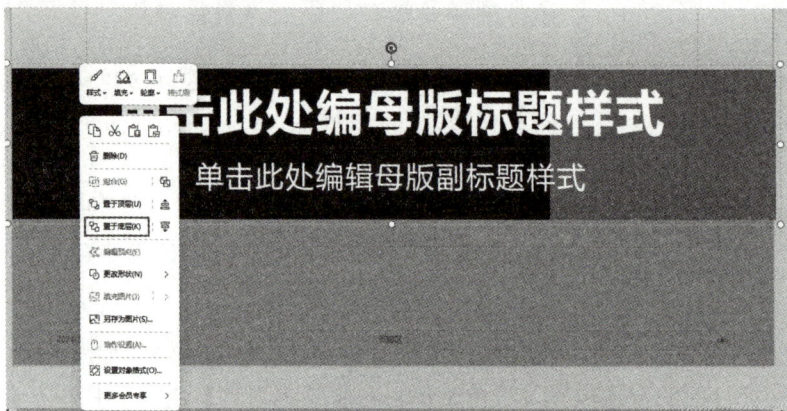

图 4-16　矩形位置置于底层

4. 插入并编辑图片

为了使演示文稿的母版内容更加丰富和专业，用户还可以在幻灯片中插入相关的图片进行美化，具体步骤如下：

(1) 打开幻灯片母版，选中【标题和内容版式】幻灯片，选择【插入】选项卡，单击【图片】下拉按钮，选择【本地图片】选项，选择本章素材"羽毛 .png"后，单击【打开】，如图 4-17 所示。

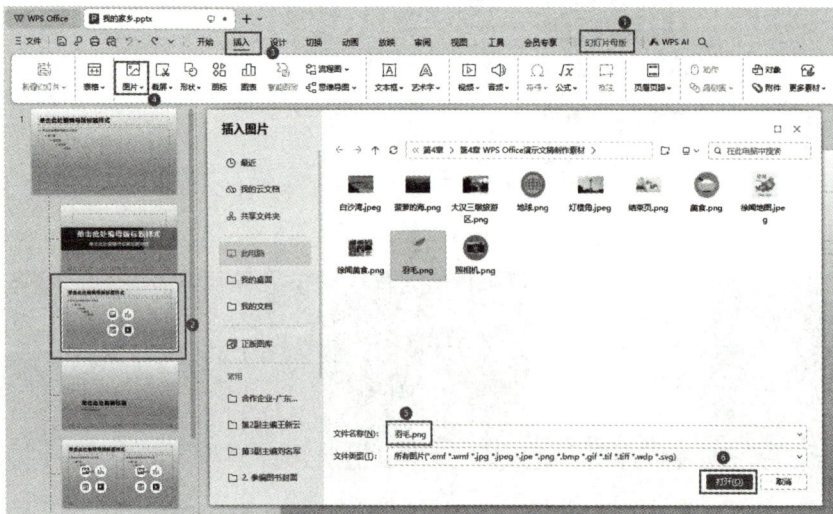

图 4-17　插入图片

(2) 此时图片插入到幻灯片中，并将其移动到幻灯片的右下角位置。

4.1.4　编辑幻灯片内容

文本是演示文稿内容中最基本的元素，每张幻灯片或多或少都会有一些文字信息。幻灯片中的文本包括标题文本和正文文本。正文文本又可以按层级分为第一级文本、第二级文本、第三级文本……，下级文本相对上级文本均向右缩进，文本可以直接输入在占位符中，也可以输入到新建的文本框中。

在进行演示文稿搭建框架的时候，可以在【大纲视图】模式中进行文本编辑。

相关知识

1. 设置文本和段落格式

设置文本和段落格式的步骤如下：

(1) 打开"我的家乡.pptx"演示文稿，在幻灯片母版中选中【标题和内容版式】，选中标题样式占位符，在【开始】选项中，设置占位符的字体、大小、颜色为【微软雅黑、24 号、黑色、加粗】，如图 4-18 所示。

图 4-18　设置标题样式字体

(2) 选中文本样式占位符，弹出【段落】对话框，在【预设项目符号】下拉菜单中选中【三角箭头项目符号】；在【缩进和间距】选项卡中设置【行距】为【1.5 倍】。此时，占位符的文本段落行距发生改变，通过上述步骤即可完成设置文本和段落格式的操作，如图 4-19、图 4-20 和图 4-21 所示。

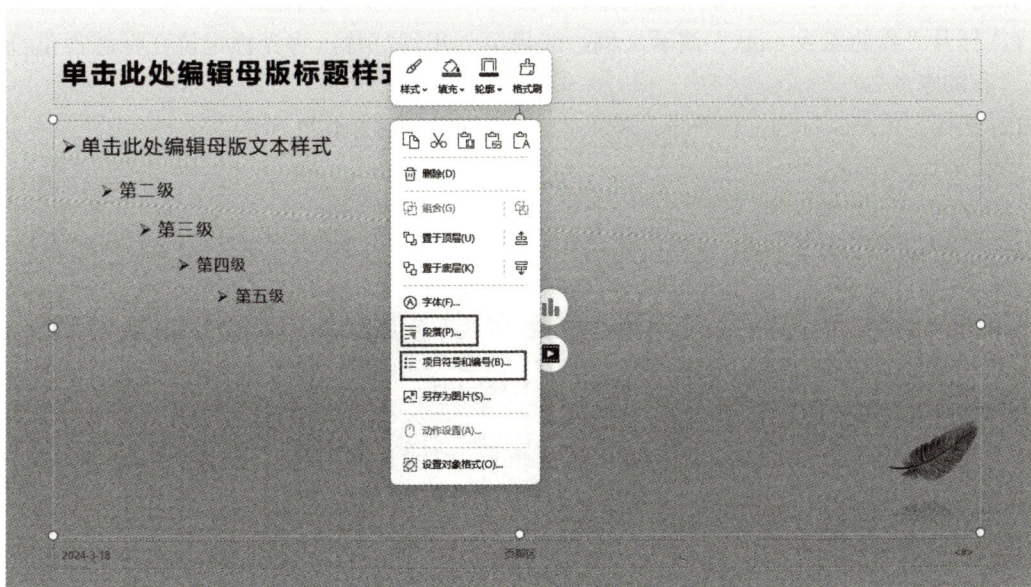

图 4-19　设置样式占位符

图 4-20　设置项目符号

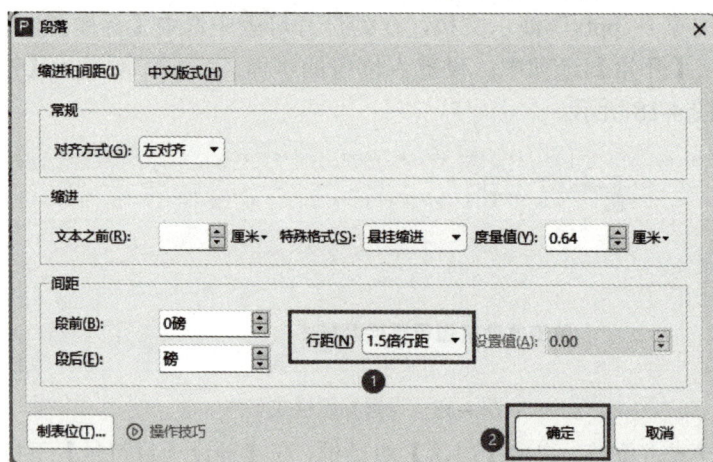

图 4-21　预设段落行距

2. 输入文本

在幻灯片中输入文本的方法非常简单，下面介绍输入文本的方法。

(1) 打开"我的家乡 .pptx"演示文稿，选择第一张幻灯片，将光标定位在标题占位符中，输入"我的家乡"。

(2) 光标定位在副标题占位符中，输入"——徐闻"，如图 4-22 所示。

图 4-22　输入文本

任务实施

使用幻灯片母版功能为"我的家乡 .pptx"演示文稿制作统一样式和风格的幻灯片。

(1) 打开"我的家乡 .pptx"演示文稿,在【幻灯片母版】选项卡中选中【标题和内容版式】幻灯片,把图片素材"羽毛 .png"插入幻灯片,并放置到适合的位置。

(2) 在【幻灯片母版】选项卡中选中【标题和内容版式】,把第 2 张之后的幻灯片的标题文字设置为【微软雅黑、24 号、黑色、加粗】,文本样式占位符文字设置为【微软雅黑、18 号、黑色】,【预设项目符号】设置为【三角箭头项目符号】,正文行距设置为【1.5 倍】。

(3) 把素材"我的家乡 .docx"文档中的文字内容复制到相应的幻灯片中。

任务 4.2

编辑与美化家乡文化宣传稿

WPS 演示中提供了丰富的图片处理功能,可以轻松插入图片文件、艺术字、表格、图表等,并可以根据需要对其进行裁剪、设置亮度或对比度以及设置特殊效果等编辑操作。

编辑与美化
幻灯片

相关知识

4.2.1　插入与编辑图片

1. 使用智能图形

【智能图形】是 WPS 演示文稿提供的智能化关系图形表达,它是已经组合好的文本框和形状、线条。利用智能图形可以快速地在幻灯片中插入各类不同的结构化关系图和流程图。WPS 演示文稿提供的智能图形类型有:【精选】、【并列】、【总分】、【流程】、【金字塔】、【循环】、【图片】、【纯文本】、【SmartArt】等。使用智能图形的步骤如下:

(1) 单击选中第 2 张幻灯片,在【插入】选项卡中单击【智能图形】按钮。

(2) 在弹出的【智能图形】对话框中,选择【SmartArt】下的【垂直图片重点列表】,单击即可插入到当前幻灯片中,如图 4-23 所示。

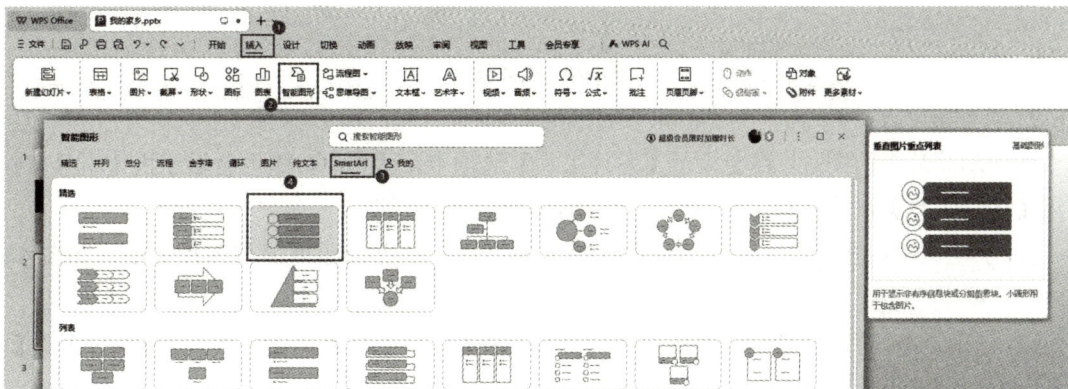

图 4-23　智能图形

插入智能图形后，用户只需要在图形中直接输入文本内容即可。

2. 插入与编辑图片

在幻灯片内插入图片的方法与在文档中插入图片类似。

1) 插入图片

插入图片的步骤如下：

(1) 打开"我的家乡.pptx"演示文稿，选中第 3 张幻灯片，在【插入】选项卡中单击【图片】按钮。

(2) 在弹出的【插入图片】对话框中选择目标文件夹以及目标文件，然后单击【打开】，该图片即可插入到当前幻灯片中。

(3) 根据需求调整图片大小，并放置到合适位置，如图 4-24 所示。

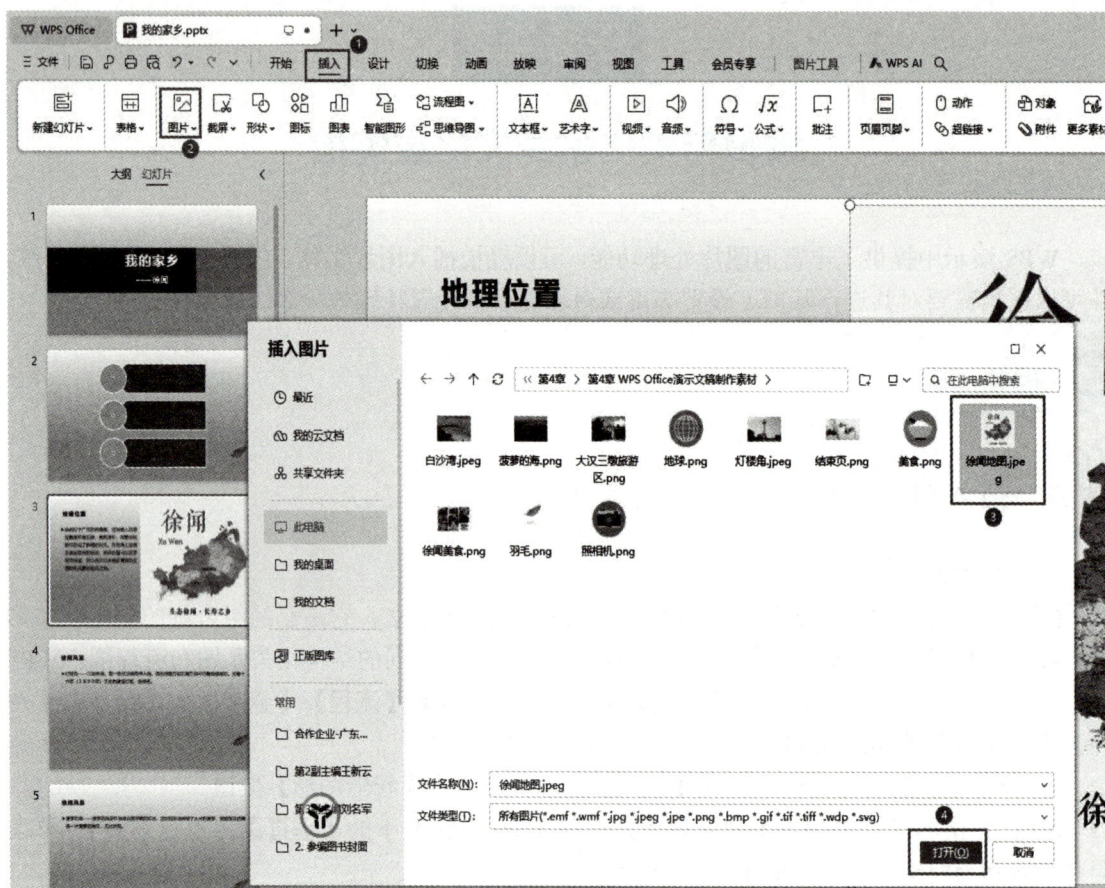

图 4-24　插入图片

2) 调整图片大小

选中幻灯片中的图片，将会显示【图片工具】选项卡，且图片右侧也会显示快速工具按钮，通过【图片工具】以及快速工具按钮，可以对图片的大小、格式、效果等进行设置。

(1) 手动调整：选中图片，拖动图片框四周的尺寸控制点，即可调节图片大小，如图 4-25 所示。

(2) 精确调整：若需要精准调整图片高、宽度，则在【图片工具】选项卡中调整【高度】及【宽度】，如图 4-25 所示。

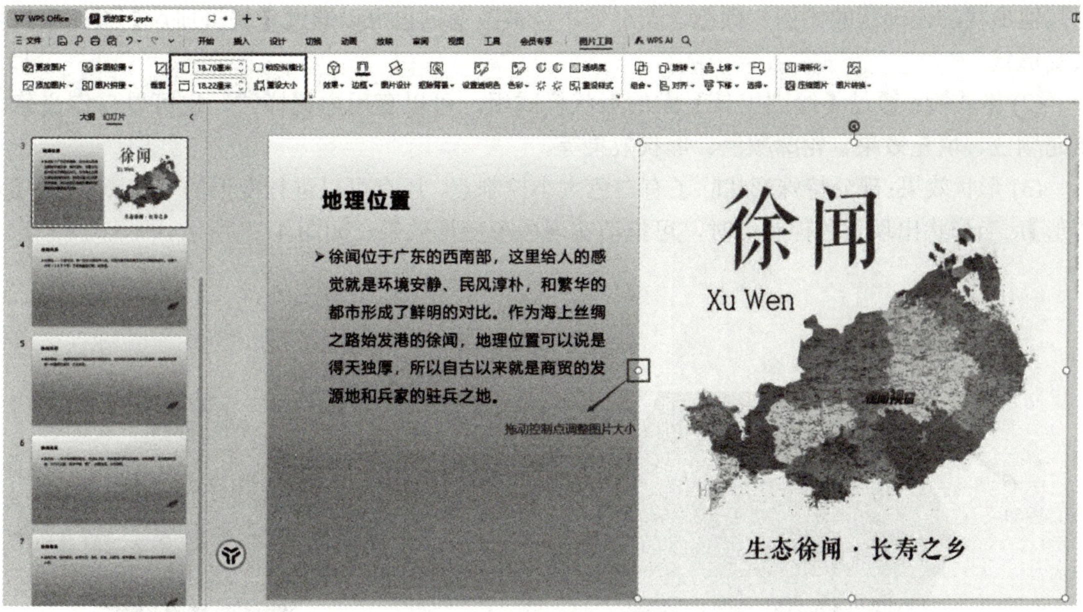

图 4-25　调整图片大小

3. 绘制与编辑形状

在幻灯片中可以自由绘制多种形状，利用形状特性以及排列、组合等可以表达不同的逻辑关系，包括【线条】、【矩形】、【基本形状】、【箭头总汇】、【公式形状】、【流程图】、【星与旗帜】、【标注】、【动作按钮】等。

1) 绘制形状

绘制形状的步骤如下：

(1) 在普通视图下，选中需要绘制形状的幻灯片。

(2) 在【插入】选项卡中单击【形状】下拉框按钮，打开形状列表。

(3) 在列表中选择需要的形状，如【六边形】。

(4) 在幻灯片中拖动鼠标即可绘制出一个【六边形】，如图 4-26 所示。

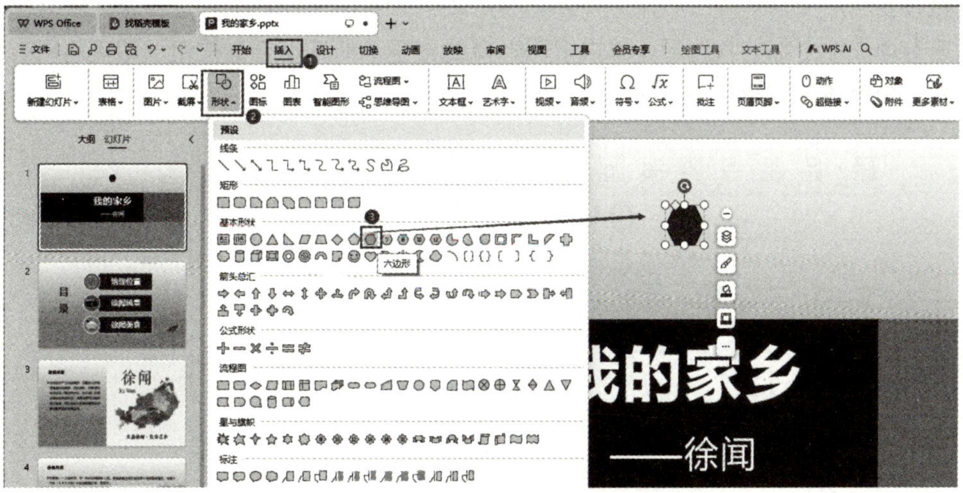

图 4-26　绘制形状

2) 调整形状格式

选中需要调整形状格式的图形，将会显示【绘图工具】和【文本工具】选项卡，针对图形的格式设置，主要在【绘图工具】选项卡中进行以下操作：

(1) 更换或编辑形状：通过【绘图工具】中的【编辑形状】按钮，可以将现有的形状更换为其他形状，该形状的比例、颜色、大小等不会被改变，也可以通过【编辑顶点】按钮来自由改变形状。

(2) 格式刷：通过【绘图工具】中的形状样式组，可以套用内置样式，也可以自定义修改填充颜色、填充效果、轮廓颜色、形状效果等。

(3) 形状效果：部分特殊形状除了有白色大小控制点，还有可以进行变形的【黄点】，如【六边形】，当形状出现黄色控制点时，可拖动实现图形变形效果，如图 4-27 所示。

图 4-27　形状变形

4. 对齐和分布排列对象

当幻灯片中有多个图形需要进行排版时，排列方式中的功能可以实现形状的位置、对齐、组合等操作。

1) 绘制图形

通过【插入】形状功能以及图形复制快捷键，在幻灯片中绘制多个六边形，并调整大小和填充颜色，如图 4-28 所示。

2) 组合图形

框选幻灯片中全部的六边形，单击多图形便捷按钮上的【组合】按钮，即可将所有的六边形组合为一个整体，如图 4-28 所示。

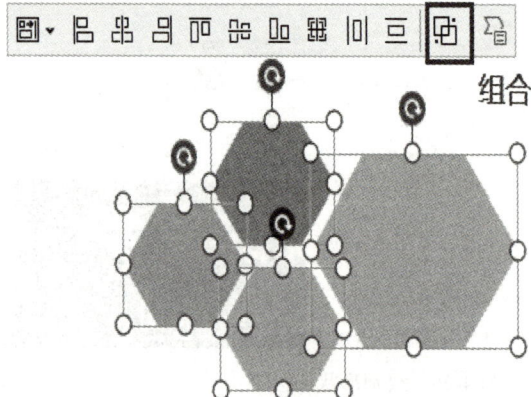

图 4-28　组合图形

4.2.2　插入与编辑艺术字

　　WPS 演示文稿提供了对文本的效果优化处理功能，称之为【艺术字】。通过使用艺术字可以使文本具备特殊的艺术效果。例如文本发光、文本变形、文本渐变填充等。在幻灯片中既可以直接创建艺术字，也可以将现有文本进行艺术字格式设置。

1. 创建艺术字

　　在普通视图下，选中需要插入艺术字的幻灯片，具体操作步骤如下：

　　(1) 单击【插入】选项卡上的【艺术字】按钮，弹出【艺术字预设】展示框。

　　(2) 在艺术字样式框中选择一种艺术字样式，幻灯片中出现指定样式的艺术字编辑框，输入新的艺术字文本代替原有提示内容【请在此输入文字】，如图 4-29 所示。

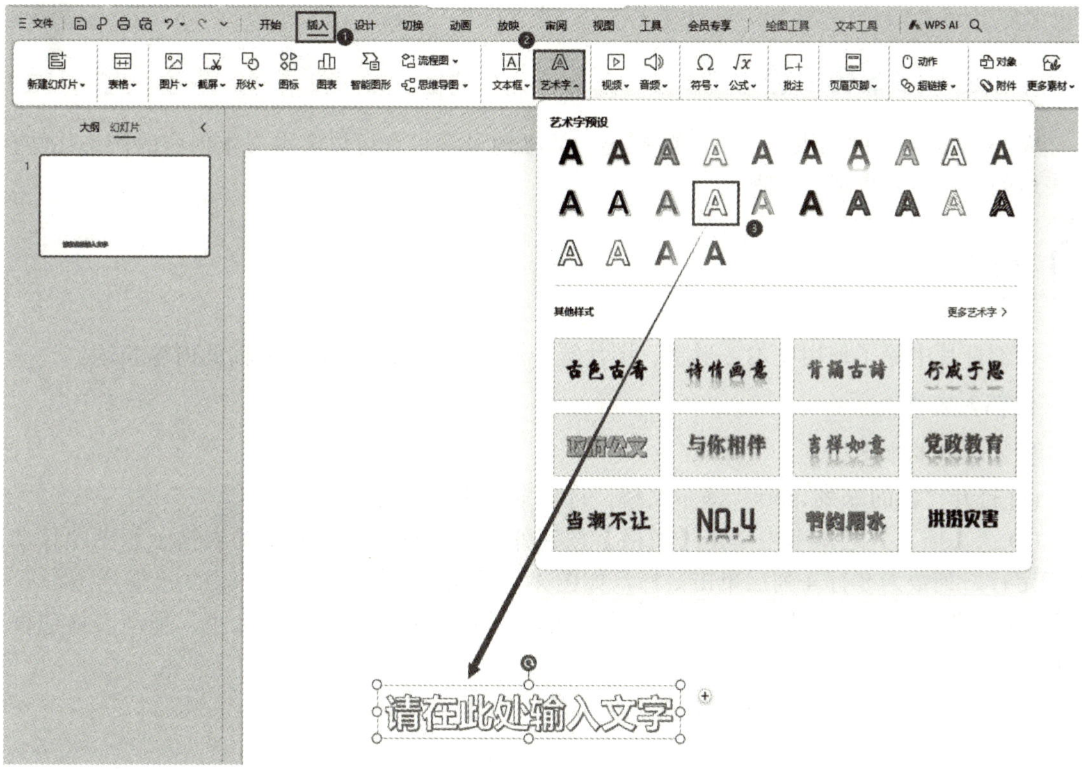

图 4-29　创建艺术字

2. 编辑艺术字

　　在日常编辑过程中，同样可以针对艺术字的字号、字体、内部填充颜色、外部轮廓线、外观效果等进行修改，使艺术字的效果更加多样化。

　　(1) 修改艺术字文字及段落设置：选中需要改变字体、字号的艺术字，通过【文本工具】选项卡【文本】组和【段落】组中的工具可以设置艺术字的字体、字号、字间距、颜色、对齐方式等艺术字效果，如图 4-30 所示。

　　(2) 修改艺术字效果：选中需要修改的艺术字，在【文本工具】选项卡中，可以通过【艺术字】样式组快速应用预设样式、文本颜色填充 (颜色、渐变、图片、图案、纹理)、文本轮廓设置 (颜色、线型、虚线线型、粗细等)、文本效果 (阴影、倒影、发光、三维旋转、转换等)，进一步修饰艺术字的外观效果。

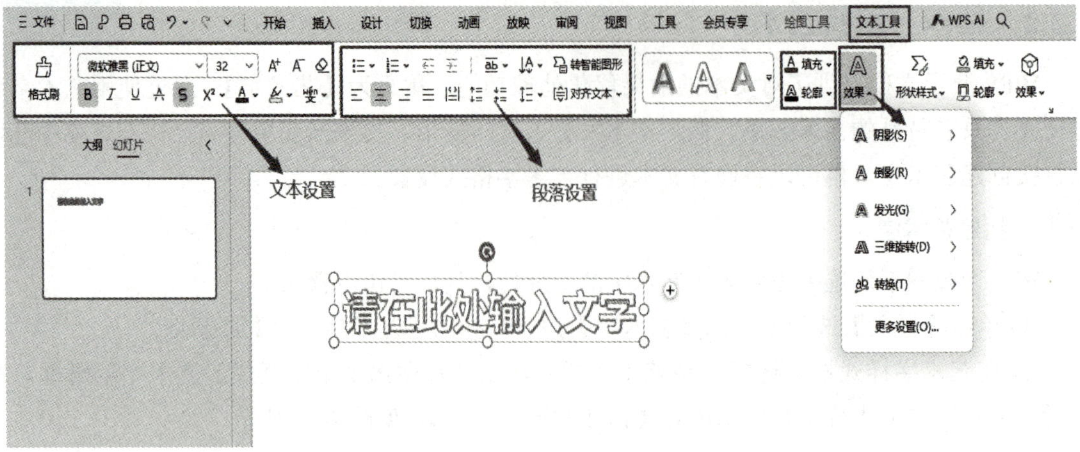

图 4-30　编辑艺术字

4.2.3　插入与编辑表格

WPS 演示文稿中的表格可以让数据更加清晰地呈现，也可以实现文本内容的图形化转换，让表达的条理更为直观、清晰。

相关知识

在幻灯片中除了使用文本、形状、图片等，还可以插入表格对象来辅助内容表达。

1. 插入表格

插入表格的步骤如下：

(1) 打开"我的家乡 .pptx"演示文稿，选中第 8 张幻灯片。

(2) 在【插入】选项卡中单击【表格】按钮弹出下拉列表，在其中的表格示意图中移动鼠标确定行、列数为 8 行 4 列后单击鼠标，如图 4-31 所示。

(3) 表格插入到幻灯片后，拖动表格四周的尺寸控制点可以改变其大小，拖动表格边框可以移动其位置。

(4) 单击某个单元格定位光标，在表格中输入内容。

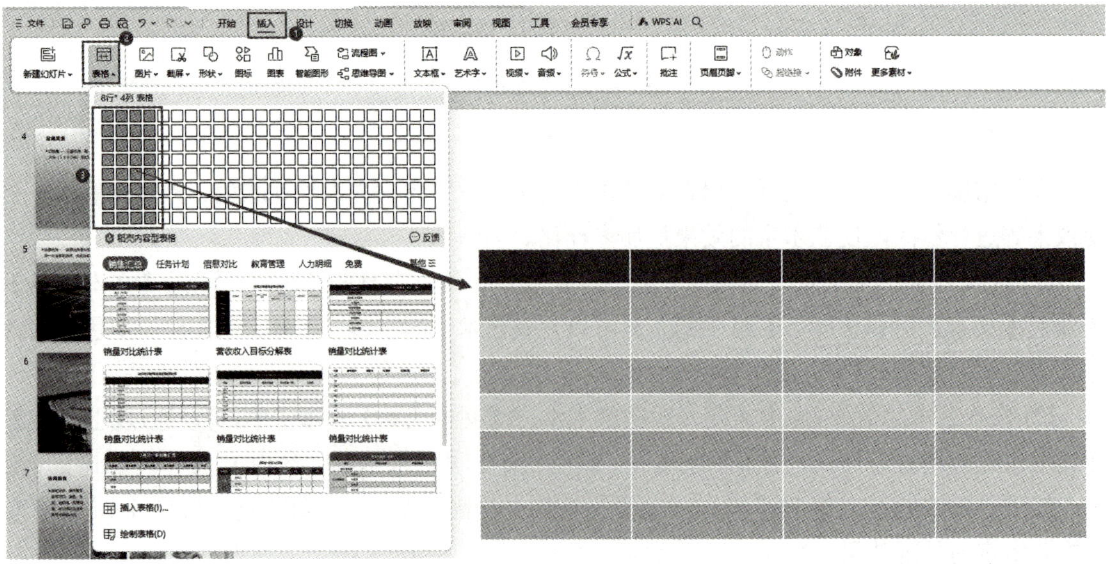

图 4-31　插入表格

2. 编辑美化表格

已经插入的表格会自带默认预设格式，选中表格，将会显示【表格工具】和【表格样式】两个选项卡，如图 4-32 所示。利用这两个选项卡中的工具可以对表格进行格式化、调整表格结构。

(1) 表格工具：主要针对表格插入 / 删除行列、文本格式、对齐方式、高度、宽度、间距分布等结构化的格式进行设置。

(2) 表格样式：主要针对表格的外观格式进行设置，如【预设样式库】可提供更多的表格样式选择，还可以针对表格单元格进行填充、效果 (阴影、倒影、发光)、字体格式、边框等设置。

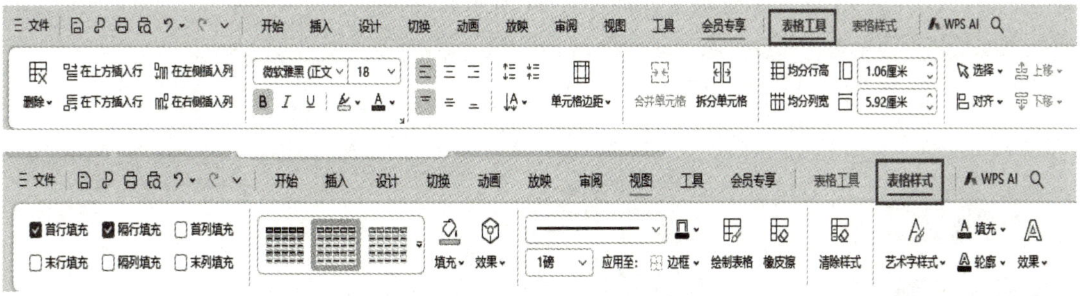

图 4-32　【表格工具】和【表格样式】选项卡

3. 编辑表格

设置完表格样式后，就可以编辑表格内容了，包括输入文本，设置文本字体格式，调整表格列宽等，具体操作步骤如下：

(1) 打开"我的家乡 .pptx"演示文稿，选中第 8 张幻灯片中的表格，将鼠标指针移动到列边框上，当指针变为左右方向的箭头时，向右拖动，调整表格的列宽。

(2) 参考"我的家乡效果图 .pptx"演示文稿，在表格中输入相应的文本。

(3) 选中表格，在【表格工具】选项卡中文本设置中，把表格中的文本字体设置为【宋体，黑色，14 号，水平居中】，表格行标题字体设置为【加粗】。

(4) 插入横向【文本框】，增加标题文字"徐闻特色餐馆汇总表"，设置为【微软雅黑、32 号、加粗、居中对齐】，如图 4-33 所示。

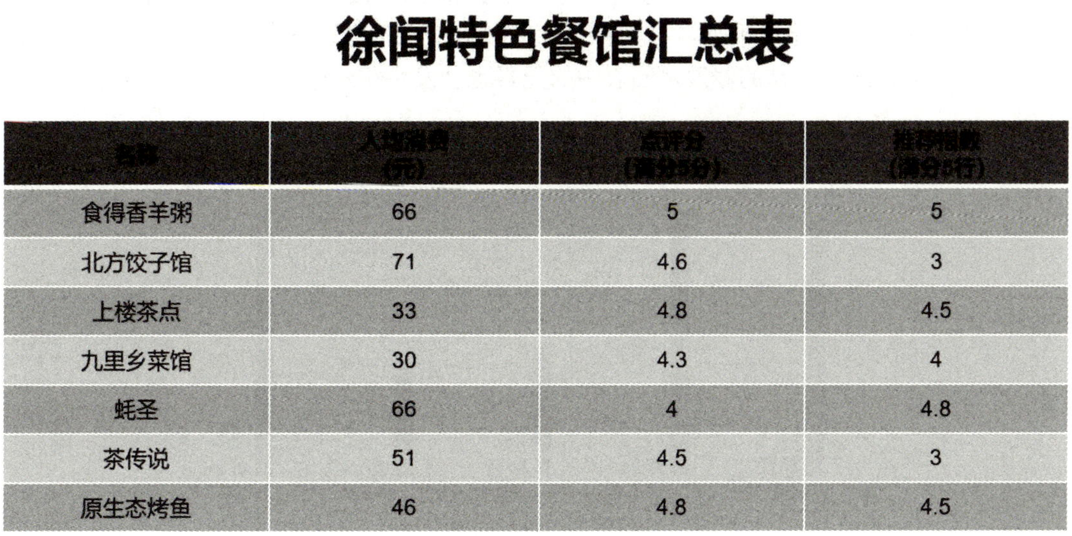

徐闻特色餐馆汇总表

名称	人均消费（元）	点评分（满分5分）	推荐指数（满分5行）
食得香羊粥	66	5	5
北方饺子馆	71	4.6	3
上楼茶点	33	4.8	4.5
九里乡菜馆	30	4.3	4
蚝圣	66	4	4.8
茶传说	51	4.5	3
原生态烤鱼	46	4.8	4.5

图 4-33　编辑表格

4.2.4 插入与编辑图表

当制作的演示文稿中需要用到数据时，简单的表格显得比较单调，需要在幻灯片中插入图表元素。常用的图表有柱状图、饼图和折线图等。

1. 插入图表

插入图表的步骤如下：

(1) 打开"我的家乡 .pptx"演示文稿，选中第 9 张幻灯片，选择【插入】选项卡，单击【图表】按钮。

(2) 弹出【插入图表】对话框，选择【柱形图】选项卡，选择【簇状柱形图】选项，选择一种图表样式，选择【插入】选项卡，如图 4-34 所示。

图 4-34 插入图表

2. 编辑图表元素

在幻灯片中插入图表后，就可以编辑图表了，具体操作步骤如下：

(1) 选中图表，在【图标工具】选项卡中单击【编辑数据】选项卡，系统自动弹出一个与这个表格对应的 xlsx 表格，根据素材文件"徐闻餐馆情况汇总表 .xlsx"修改表格中相应数据和文字，可以看到随着数据的修改，图表中的元素也会发生相应的变化，如图 4-35 所示。

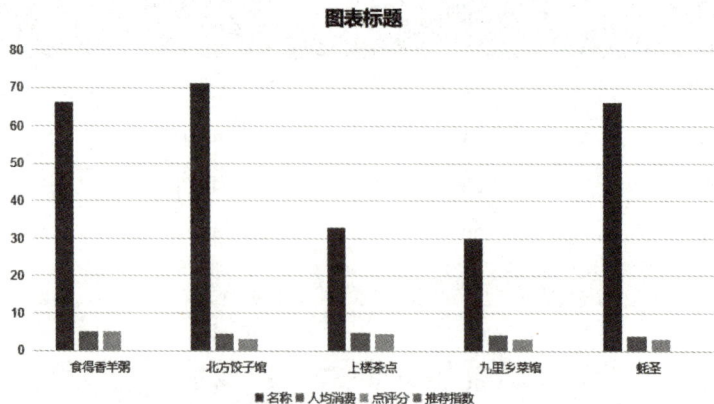

图 4-35 插入柱形图

(2) 在【图表工具】选项卡中单击【样式 1】, 右边【快速布局】下拉菜单中选择【布局 9】,
选中 X 轴【坐标轴标题】和 Y 轴【坐标轴标题】, 按住【Delete】键删除; 把 "图表标题" 修
改为 "徐闻特色餐馆汇总表", 如图 4-36 所示。

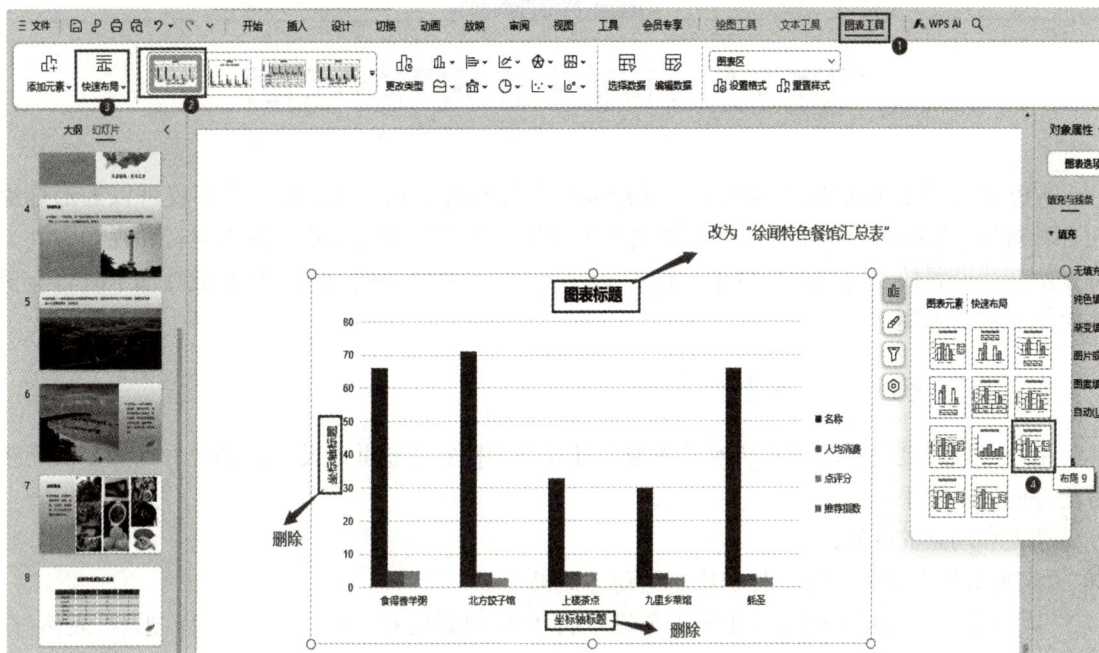

图 4-36　编辑图表元素

任务实施

编辑与美化幻灯片 "我的家乡 .pptx" 演示文稿。

(1) 在第 1 张幻灯片后面新增 1 张幻灯片, 选择【插入】选项卡, 单击【智能图形】选项
卡, 弹出智能图形窗口, 选择【SmartArt】中的【垂直图片重点列表】, 并在相应的位置输入 "地
理位置" "徐闻风景" "徐闻美食" 文字, 字体设置为【微软雅黑、40 号, 白色】; 插入图片素
材 "照相机 .png" "地球 .png" "美食 .png", 调整图片大小后, 放到相应位置。

(2) 在第 3 ～ 7 张幻灯片中分别插入图片素材 "徐闻地图 .jpeg" "灯楼角 .jpeg" "菠萝的
海 .png" "白沙湾 .jpeg" "徐闻美食 .jpeg" 并美化图片, 美化后将图片放置到相应的位置, 将
第 3 张幻灯片中的 "徐闻地图 .jpeg" 设置为 "透明色"。

(3) 在第 1 张幻灯片左上角绘制如 "我的家乡效果图 .pptx" 中第 1 张幻灯片所示的由 4 个
"六边形" 组合成的图案。

(4) 在第 1 张幻灯片中, 把标题字体设置为【填充 - 白色, 轮廓 - 着色 2, 清晰阴影 - 着色 2】
艺术字, 副标题字体设置为【填充 - 金色, 着色 2, 轮廓 - 着色 2】艺术字。

(5) 根据提供的素材文件 "徐闻餐馆情况汇总表 .xlsx" 在第 8 张幻灯片中插入表格并编辑
内容。标题文字设置为【微软雅黑、32 号, 黑色】, 表格内容字体设置为【宋体、14 号, 居中
对齐】, 行标题字体设置为【加粗】。

(6) 在第 9 张幻灯片中插入与编辑图表, 具体操作见书中 "4.2.4 插入与编辑图表" 的内容。

(7) 增加一张幻灯片作为结束页, 并插入图片素材 "结束页 .png", 调整图片大小和相应的
位置, 最终效果如图 4-1 所示。

任务 4.3

家乡文化宣传稿中的多媒体与动画

　　WPS 演示文稿中提供了演示者与观众或听众之间的交互功能，制作者不仅可以为幻灯片的各种对象（包括组合图形等）设置放映动画效果，还可以在幻灯片中嵌入声音和视频，并为每张幻灯片设置放映时的切换效果。设置了幻灯片交互性效果的演示文稿在放映演示时将会更加生动和富有感染力。

4.3.1　设置动画和切换效果

　　用户可以通过设置动画和切换效果来提升观众的视觉体验并激发观众的观看兴致，从而获得更好的演示效果。

　　切换和动画的区别：

　　"切换效果"是针对幻灯片切换时的动态效果。

　　"动画效果"是针对幻灯片中的对象设置的动画，设置的对象包括文字、图片、形状、表格等。

相关知识

1. 设置幻灯片动画

　　演示文稿中的添加动画效果可以使幻灯片中的对象按一定的规则和顺序动起来，赋予它们进入、退出、大小或颜色变化甚至移动等视觉效果，突出重点以吸引观众的注意力，使放映过程十分有趣。

　　演示文稿提供了以下四种不同类型的动画效果。

　　1)【进入】动画效果

　　【进入】动画是让对象从无到有、逐渐出现的一种动画效果，用户可以根据需要，将文本、图形或图片等元素以出现、飞入、缓慢进入等方式显示在幻灯片中，实现对象从无到有、陆续展现的动画效果。切换至【动画】选项卡，在【动画】列表中选择【进入】动画效果选项即可实现该动画效果，如图 4-37 所示。

　　2)【强调】动画效果

　　【强调】动画是指在放映过程中，通过放大、缩小、闪烁、改变颜色等方式引起观众注意的一种动画。添加该动画后，放映动画时，放映对象在幻灯片中以脉冲、改色、旋转板等方式，来强调显示效果，这主要是为了在幻灯片中突出该对象。切换至【动画】选项卡，在【动画】列表中选择【强调】选项即可实现该动画效果，如图 4-37 所示。

　　3)【退出】动画效果

　　【退出】动画是让对象从有到无、逐渐消失的一种动画效果。为对象应用该动画效果后，可将对象以飞出、消失、淡出等方式从幻灯片中消失。切换至【动画】选项卡，在【动画】列表中的【退出】选项区域中选择所需的退出动画效果选项即可实现该动画效果，如图 4-37 所示。

　　4)【动作路径】动画

　　【动作路径】动画是让对象按照预设的路径运动的一种动画效果。添加该动画后，幻灯片中的对象则会以默认的路径方式进行运动。切换至【动画】选项卡，在【动画】列表中的【动作路径】选项区域中选择所需选项即可实现该动画效果，如图 4-37 所示。

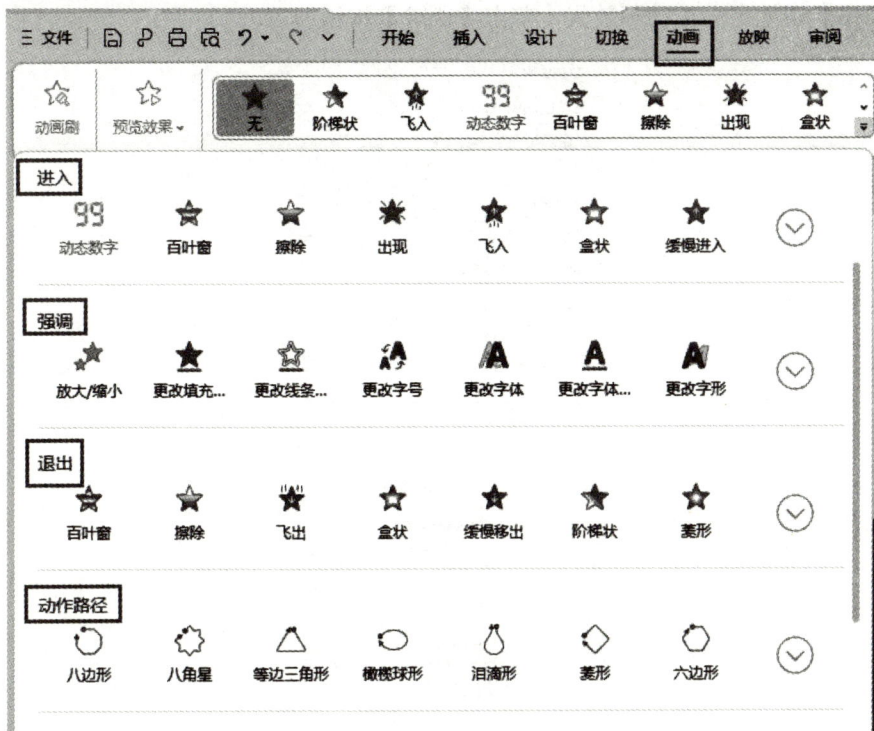

图 4-37　动画效果的类型

对某一文本或对象，可以单独使用任何一种动画，也可以将多种效果组合起来。例如，可以对一行文字应用【进入】、【强调】、【退出】等动画效果。

2. 为文本和对象添加动画

1) 为文本或对象添加动画效果

为文本或对象添加动画效果的步骤如下：

(1) 选择幻灯片中需要添加动画的文本或对象。

(2) 在【动画】选项卡上单击动画样式列表右下角的【▤】按钮，打开可选动画列表。

(3) 从列表中单击选择所需的动画效果。如果没有在列表中找到合适的动画效果，则可单击右方的【更多选项】按钮，在随后展开的列表中可查看更多效果。

(4) 在【动画】选项卡上单击【预览效果】按钮，可测试动画效果，如图 4-38 所示。

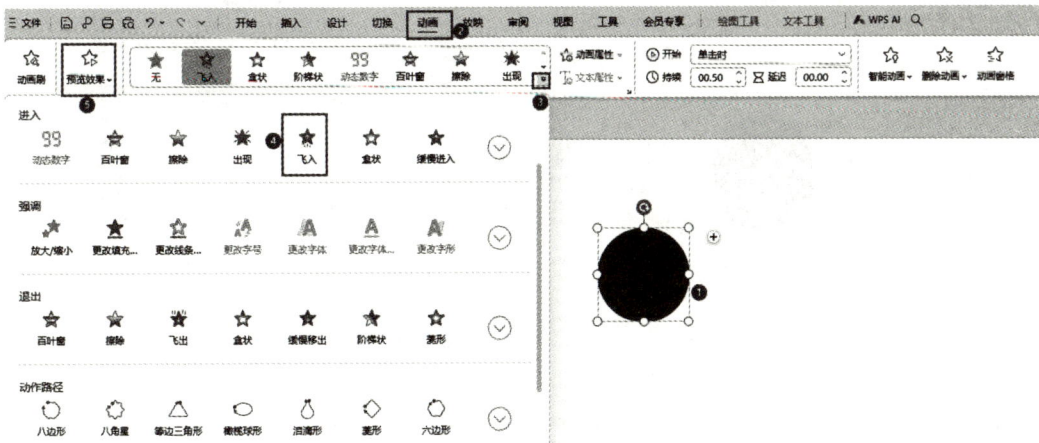

图 4-38　添加动画

2) 删除动画效果

如果需要删除不需要的动画效果，则可以在幻灯片中选择已应用了动画的对象，在图 4-39 的【选择窗格】中选定一个动画效果，单击【删除】按钮即可。

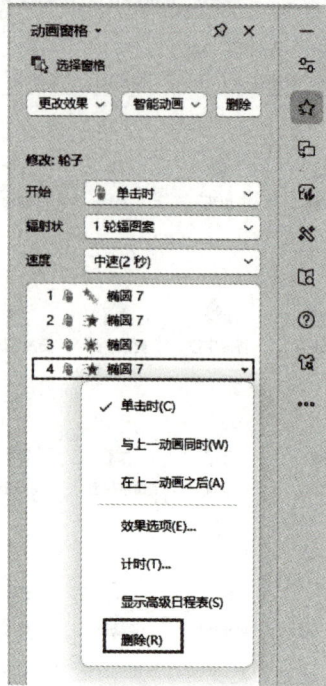

图 4-39　删除动画效果

3. 制作动作路径动画

当系统预设的动作路径不能满足动画的设计要求时，可以通过自定义路径来设计对象的动画路径。

绘制自定义路径的步骤如下：

(1) 在幻灯片中选择需要添加动画的对象。

(2) 在右侧【动画窗格】中单击【添加效果】按钮。

(3) 在弹出的动画列表框中，根据需求选择【绘制自定义路径】中的【自由曲线】效果。

(4) 将鼠标移动到幻灯片，当光标变为【+】时，按下左键随意拖动出一个路径，至终点时松开鼠标，动画将会按路径预览一次，如图 4-40 所示。

图 4-40　绘制自定义路径

4. 设置幻灯片切换动画

幻灯片的切换效果是指演示文稿放映时幻灯片进入和离开播放画面时的整体视觉效果。WPS 演示文稿提供多种切换样式，设置恰当的切换效果可以使幻灯片的过渡衔接更为自然，提高演示的吸引力。幻灯片的切换效果同时也可以控制切换效果的速度、添加声音以及自定义切换效果的属性。

幻灯片切换方式设置步骤如下：

(1) 选择要添加切换效果的一张或多张幻灯片。

(2) 在【切换】选项卡切换方式列表中选择一个切换效果。

(3) 如果希望全部幻灯片均采用该切换方式，则可单击【全部应用】按钮。

(4) 在【切换】选项卡上单击【预览效果】按钮，可预览当前幻灯片的切换效果，如图 4-41 所示。

图 4-41　设置幻灯片切换动画

5. 设置幻灯片切换属性

幻灯片切换属性包括效果选项、换片方式、持续时间和声音效果。

1) 切换效果设置

切换效果设置的步骤如下：

(1) 选择已添加切换效果的幻灯片。

(2) 在【切换】选项卡中单击【效果选项】，在打开的下拉列表中选择一种切换效果属性，如图 4-42 所示。

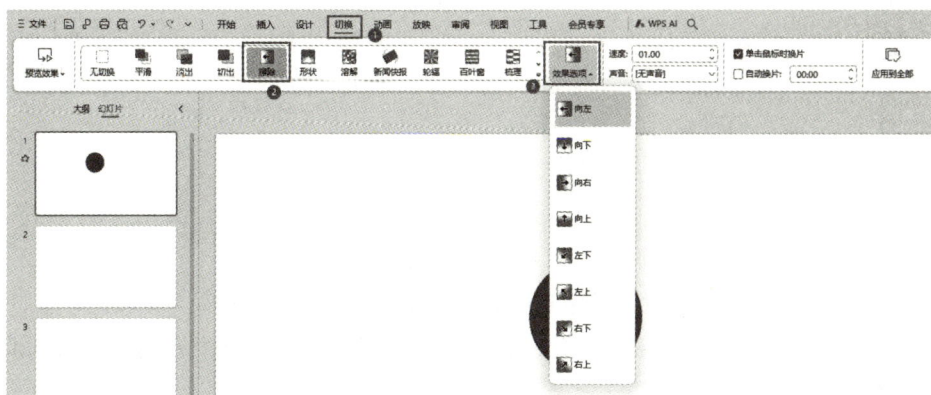

图 4-42　换片效果

2) 更多幻灯片切换属性

在【效果选项】按钮右侧可设置换片的速度、声音、换片方式，如图 4-43 所示。

图 4-43   换片速度、声音、自动换片设置

速度：用于设置切换动画的播放速度，其单位为"毫秒"，数值越大，动画运行时间越长，运行速度越慢。

声音：用于设置幻灯片的切换声音。

自动换片时间：播放幻灯片时每张幻灯片显示停留的时间。

4.3.2   使用音频和视频

演示文稿并不是一个无声的世界，为了突出整个演示文稿的气氛，可以为演示文稿添加背景音乐。

相关知识

1. 添加和设置音频

为了增强播放演示文稿时的现场气氛，需要在演示文稿中加入背景音乐。WPS 演示文稿支持多种格式的声音文件，例如 MP3、WAV、WMA、AIF、MID 等。

1）添加音频和背景音乐

在幻灯片中添加音乐的操作步骤如下：

(1) 选择需要添加音频的幻灯片。

(2) 在菜单栏【插入】选项卡上单击【音频】的下拉按钮。

(3) 从打开的下拉列表中根据需求选择【嵌入音频】、【链接到音频】、【嵌入背景音乐】或【链接背景音乐】，如图 4-44 所示。

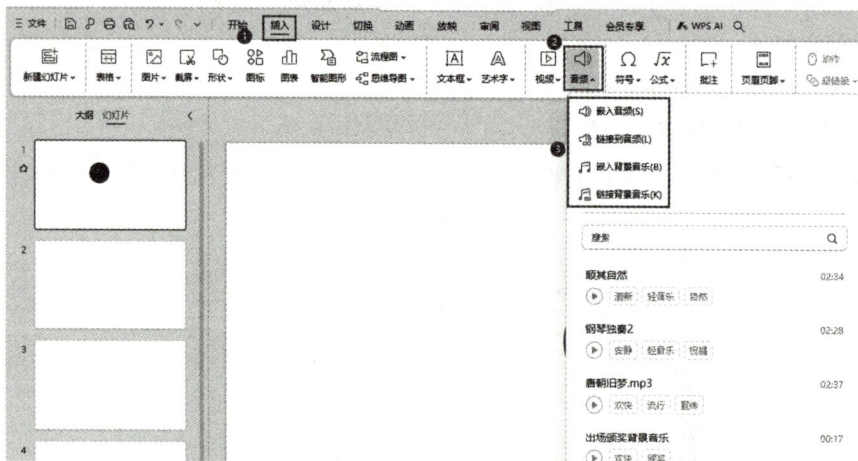

图 4-44   添加音频

(4) 在弹出的【插入音频】对话框中选定目标音频文件，双击打开。

(5) 插入到幻灯片中的音频剪辑以【🔊】图标的形式显示，将该声音图标拖放到演示文稿中适合的位置即可。

(6) 选择声音图标，单击图标下方的【播放 / 暂停】按钮，可在幻灯片上预览。

嵌入音频与链接到音频的区别：在将音频放入演示文稿后，其数据存储位置不同。

(1) 链接到音频：演示文稿中仅存储源文件的位置，并显示链接数据的一种表现形式。如果演示文档需要在其他设备中播放，则在分享前需要将文件打包，再将打包后的文件发送到其他设备才可以播放。如果要考虑文件大小，则请使用链接对象。

(2) 嵌入音频：嵌入的音频会成为演示文稿的一部分，将演示文稿发送到其他设备中也可以正常播放。

2) 设置音频的播放方式

设置音频的播放方式的步骤如下：

(1) 在幻灯片上选择声音图标。

(2) 在【音频工具】选项卡上打开【开始】下拉列表，从中设置音频的开始播放方式，如图 4-45 所示。

图 4-45　设置音频的播放方式

设置开始方式：单击【开始】按钮，可以选择音频的开始播放方式，如果选择【自动】，则会在进入该幻灯片时自动播放。若选择【单击】选项，则需要单击音频图标才能播放。

跨幻灯片播放：勾选【跨幻灯片播放】单选框，则在切换到下一张幻灯片时音频不会停止，而是播放到音频结束。

循环播放：勾选【循环播放，直至停止】复选框，则音频会一直循环播放，直到幻灯片播放完毕。

放映时隐藏：勾选【放映时隐藏】复选框，则可以在放映幻灯片时不显示声音控制面板。

3) 音频修剪

在每个音频的开头和末尾处对音频进行修剪，可以缩短声音播放时间。音频修剪操作步骤如下：

(1) 在幻灯片中选中声音图标。

(2) 在【音频工具】选项卡中单击【裁剪音频】按钮。

(3) 在随后打开的【裁剪音频】对话框中，通过拖动最左侧的绿色起点标记和最右侧的红色终点标记重新确定声音起止位置，如图 4-46 所示。

(4) 单击【确定】按钮完成修剪。

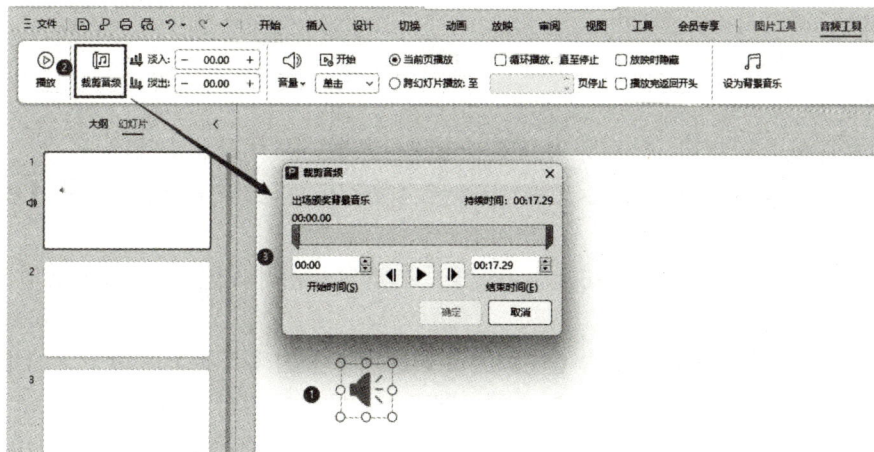

图 4-46　音频修剪

4) 删除音频

删除音频的步骤如下：

(1) 在普通视图中选择包含要删除的音频剪辑的幻灯片。

(2) 单击选中声音图标，然后按【Delete】键即可。

2. 添加和设置视频

在幻灯片中添加视频可以选择直接将视频文件嵌入到幻灯片中，也可以选择将视频文件链接至幻灯片。

1) 嵌入视频

在幻灯片中嵌入视频的操作步骤如下：

(1) 选择需要添加视频的幻灯片。

(2) 在【插入】选项卡上单击【视频】中的下拉按钮。

(3) 从打开的下拉列表中选择【嵌入视频】，在【插入视频】对话框中选定目标视频文件，双击打开。

(4) 视频插入到幻灯片之后，可以通过拖动方式移动其位置，拖动其四周的尺寸控点还可以改变其大小。

(5) 选择视频，单击下方的【播放 / 暂停】按钮可在幻灯片上预览视频，如图 4-47 所示。

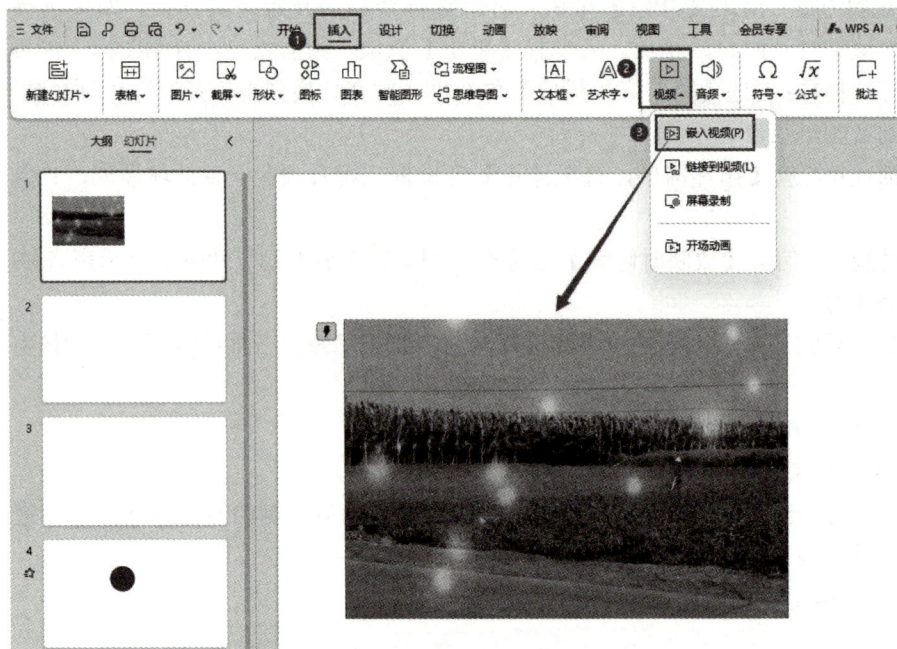

图 4-47　添加本地视频

2) 编辑视频

在幻灯片中插入视频后，还可以对视频长度进行裁剪，具体操作步骤如下：

(1) 打开"我的家乡 .pptx"演示文稿，选中第 4 张幻灯片，选中视频文件，在【视频工具】选项卡中单击【裁剪视频】按钮。

(2) 弹出【裁剪视频】对话框，在视频进度条中拖动鼠标指针设置视频的【开始时间】和【结束时间】，单击【确定】按钮。

(3) 保持视频的选中状态，单击【视频工具】选项卡中的【开始】区域下方的【单击】下拉按钮，在弹出的选项中选择【自动】选项，即可将视频设置为自动播放。

(4) 选择【对象属性】选项卡，单击【效果】，在弹出的选项中选择【发光】，颜色为【矢车菊蓝，着色 5, 浅色 80%】，大小【21 磅】，透明度为【70%】，如图 4-48 所示。

图 4-48　编辑视频

4.3.3　创建和编辑超链接

幻灯片放映时放映者可以通过使用超链接和动作按钮来增加演示文稿的交互效果。超链接动作按钮可以从本幻灯片上跳转到其他幻灯片、文件、外部程序或网页上，在演示文稿放映过程中起到导航的作用。

相关知识

1. 创建超链接

可以为幻灯片中的文本、图片、图形、形状、艺术字等对象创建超链接，但智能图形中的文字无法添加超链接。超链接设置的操作步骤如下：

(1) 在幻灯片中选择需要建立超链接的文本或对象。

(2) 在【插入】选项卡上单击【超链接】按钮，打开【插入超链接】对话框，选择【本文档幻灯片页】。

(3) 在左侧的【链接到】下方选择链接类型，在右侧指定链接的文件、幻灯片或电子邮件地址。

(4) 单击【确定】按钮，在指定的文本或对象上添加了超链接，在放映时单击该链接即可实现跳转，如图 4-49 所示。

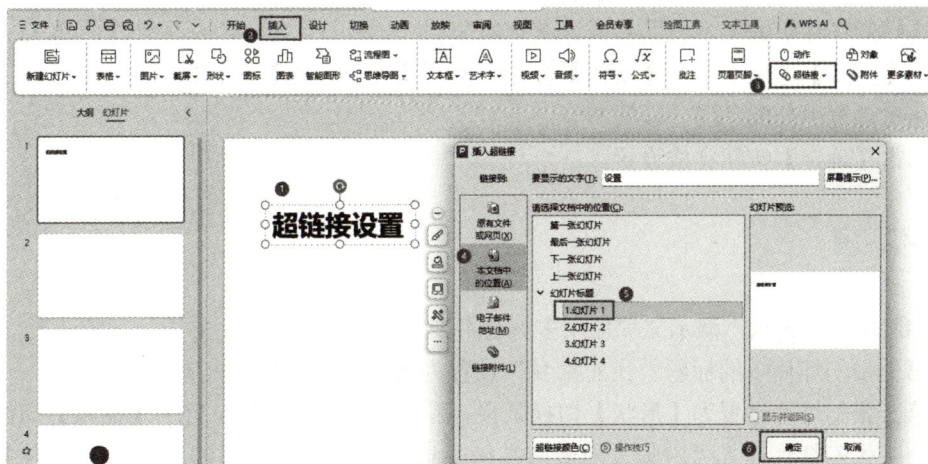

图 4-49　超链接设置

若要改变超链接设置，则可右键单击设置了超链接的对象，在弹出的快捷菜单中选择【编辑超链接】重新进行设置；单击【取消超链接】命令则可删除已创建的超链接。

2. 设置动作按钮

1) 为动作按钮分配动作

可以将 WPS 演示文稿中的内置按钮形状作为动作按钮添加到幻灯片中，并为其分配单击鼠标或鼠标移过时动作按钮将会执行的动作。动作按钮分配动作设置的操作步骤如下：

(1) 在【插入】选项卡上单击【形状】按钮，然后在【动作按钮】下单击要添加的按钮形状。

(2) 在幻灯片上的某个位置单击并通过拖动鼠标绘制出按钮形状。

(3) 当放开鼠标时，弹出【动作设置】对话框，在该对话框中设置单击鼠标或鼠标移过该按钮形状时将要触发的操作。

(4) 单击【确定】按钮完成设置，如图 4-50 所示。

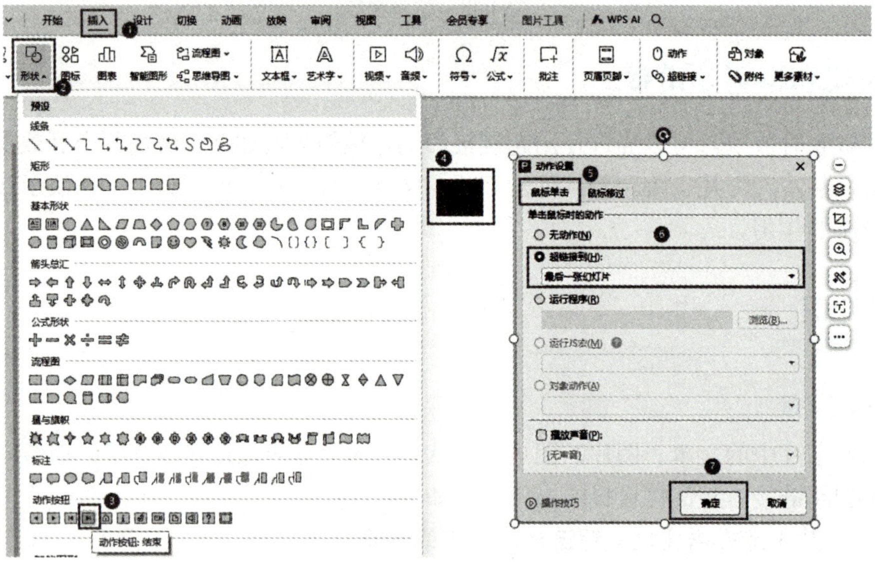

图 4-50　动作按钮分配动作

2) 为图片或其他对象分配动作

可以为图片或图形中的文本等对象分配动作、添加动作按钮或为对象分配动作，使得在放映演示文稿时通过单击鼠标或鼠标移过动作按钮时完成幻灯片跳转、运行特定程序、插入音频和视频等操作。

为图片或其他对象分配动作设置的操作步骤如下：

(1) 选择幻灯片中的文本、图片或者其他对象。

(2) 在【插入】选项卡单击【动作】按钮，打开【动作设置】对话框。

(3) 在对话框中分配动作、设置声音。

(4) 单击【确定】按钮完成设置。

任务实施

对"我的家乡 .pptx"演示文稿应用多媒体并制作动画。

(1) 第 1 张幻灯片中的标题"我的家乡"设置为【自由曲线】自定义路径。

(2) 第 2 张幻灯片设置为【形状】切换效果；第 3 ～ 7 张幻灯片设置为【插入】切换效果。

(3) 第 4 张幻灯片插入"中国大陆最南端徐闻县 .mp4"视频，并编辑视频效果为【发光】，颜色为【矢车菊蓝，着色 5，浅色 80%】，大小为【21 磅】，透明度为【70%】。

(4) 第 1 张幻灯片插入音频素材"我的家乡 .mp3",并将其设置为背景音乐。

(5) 第 2 张幻灯片目录链接到指定幻灯片中,"地理位置"链接到第 3 张幻灯片中,"徐闻风景"链接到第 4 张幻灯片中,"徐闻美食"链接到第 7 张幻灯片中。

注意:智能图形中的文字无法添加超链接,因此在添加超链接前把已有的"地理位置""徐闻风景""徐闻美食"删除掉,重新插入文本框,输入相应的文字,调整字体颜色和大小后,就可以插入超链接了。

任务 4.4

家乡文化宣传稿的放映与打印

设计制作完成后的演示文稿需要面对观众或听众进行放映演示才能达到制作的最终目的。由于使用场合的不同,WPS 演示文稿提供了幻灯片放映设置功能。为了方便与他人共享信息,可以选择将演示文稿打包输出、转换其他格式输出、进行打印等操作。

交互与放映
演示文稿

4.4.1　放映演示文稿

相关知识

幻灯片放映时会占据整个计算机屏幕,放映过程中可以看到图形、计时、电影、动画效果和切换效果在实际演示中的具体效果。

演示文稿制作完成后,可通过按【F5】键从首页开始放映,按【Shift+F5】组合键从当前页开始放映,按【Esc】键可退出幻灯片放映视图。

1. 幻灯片放映控制

幻灯片可以通过不同的放映方式进行放映,还可以在放映过程中添加标记。

1) 隐藏幻灯片

选择需要隐藏的幻灯片,在【放映】选项卡上单击【隐藏幻灯片】按钮;或者右击需要隐藏的幻灯片,在菜单中单击【隐藏幻灯片】按钮,隐藏的幻灯片在全屏放映时将不会被显示,如图 4-51 所示。

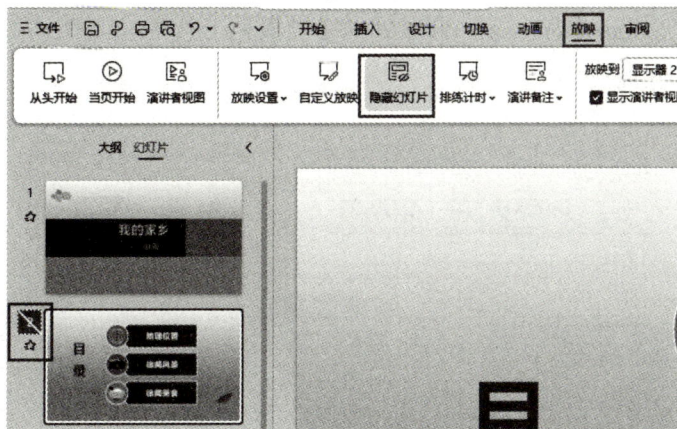

图 4-51　隐藏幻灯片

2) 设置放映方式

打开需要放映的演示文稿，在【放映】选项卡上单击【放映设置】按钮，打开【设置放映方式】对话框，在其中可以对放映方式进行相关设置，如图 4-52 所示。

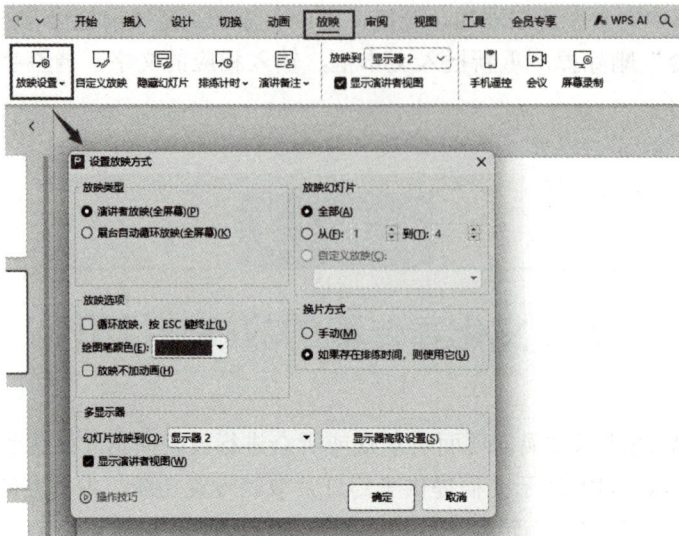

图 4-52　放映方式设置

在【放映类型】选项组中选择恰当的放映方式。其中，【演讲者放映（全屏幕）】是全屏幕放映，这种放映方式适合会议或教学的场合，放映过程完全由演讲者控制；【展台自动循环放映（全屏幕）】这种放映方式采用全屏幕放映，适用于展示产品的橱窗和展览会上自动播放产品信息的展台。

在【放映幻灯片】选项组中，可以确定幻灯片的放映范围，可以是全部幻灯片，也可以是部分幻灯片。放映部分幻灯片时，需要指定幻灯片的开始序号和终止序号。

在【换片方式】选项组中，可以选择控制放映时幻灯片的换片方式。【演讲者放映（全屏幕）】放映方式通常采用【手动】换片方式；而【展台自动循环放映浏览（全屏幕）】方式通常进行了事先排练，可选择【如果存在排练时间，则使用它】换片方式，令其自行播放。

在【放映选项】选项组中有三个选项：① 循环放映，按【Esc】键终止 (L)；② 绘图笔颜色 (E)；③ 放映不加动画 (H)，如图 4-52 所示。

2. 设置排练计时

为了准确地估计演示时长，可以事先对放映过程进行排练并记录排练时间。排练计时的具体操作步骤如下：

(1) 打开需要设置排练计时的演示文稿，在【放映】选项卡上单击【排练计时】按钮。

(2) 此时，幻灯片进入放映状态，同时弹出【预演】工具栏，显示当前幻灯片的放映时间和当前的总放映时间，如图 4-53 所示。

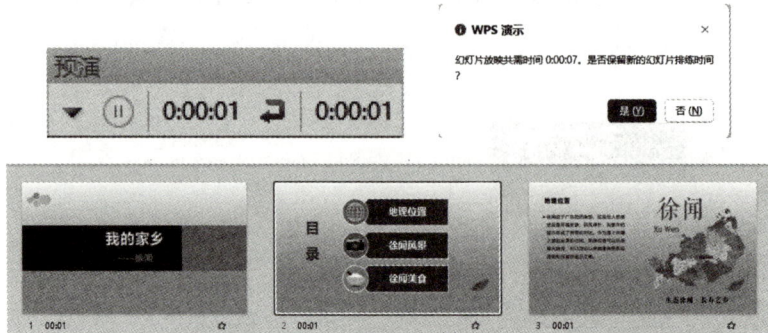

图 4-53　排练计时

(3) 单击【预演】中的【下一项】按钮，可继续放映当前幻灯片中的下一个对象或进入下一张幻灯片。

(4) 当进入新的一张幻灯片放映时，幻灯片放映时间会重新计时，总放映时间累加计时，可以通过单击【暂停】按钮中止播放。

(5) 放映过程中也可以通过单击【重复】按钮对当前幻灯片重新开始计时。

(6) 幻灯片放映排练结束时，弹出是否保存排练时间对话框，如果选择【是】，则在幻灯片浏览视图下，在每张幻灯片的左下角显示该张幻灯片的放映时间。

在幻灯片浏览视图下，单击选中某张幻灯片，在【切换】选项卡上的【设置自动换片时间】编辑框中可以修改当前张幻灯片的放映时间。

4.4.2　演示文稿输出与打包

制作完成的演示文稿可以直接在安装有 WPS 的计算机中演示，但是如果计算机没有安装 WPS 或其他办公软件，演示文稿文件就不能直接播放。可以将演示文稿进行打包处理，这样，即使在没有安装 WPS 程序的计算机上，也能放映演示文稿。

相关知识

1. 将演示文稿输出为 PDF 文档

PDF 是一种流行的电子文档格式，将演示文稿保存成 PDF 文档后，就无须再用 WPS 演示程序来打开和查看了，而可以使用专门的 PDF 阅读软件来查看，从而便于幻灯片的阅读和传播。将演示文稿输出为 PDF 文档的步骤如下：

(1) 单击【文件】按钮打开【文件】下拉菜单，选择【输出为 PDF】命令。

(2) 弹出【输出为 PDF】对话框，设置保存路径、输出范围等信息，设置完成后单击【开始输出】按钮，如图 4-54 所示。

(3) 程序制作 PDF 文档，并显示制作进度。

(4) 系统将使用 WPS 程序或计算机中安装的其他 PDF 阅读软件打开该 PDF 文档。

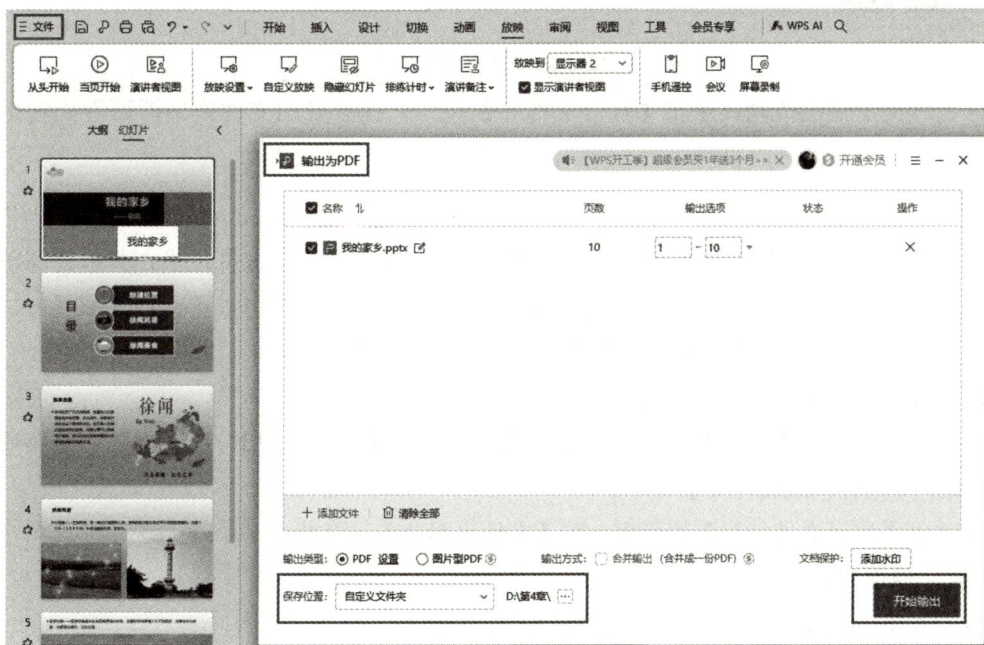

图 4-54　输出 PDF 文档

2. 将演示文稿输出为图片

除了将演示文稿输出为 PDF 文档外，还可以将每张幻灯片输出为独立的图片，这样不但可以在任意设备上浏览，还可以防止重要文字及数据被复制。将演示文稿输出为图片的步骤如下：

(1) 单击【文件】按钮打开【文件】菜单，选择【输出为图片】命令。

(2) 弹出【批量输出为图片】页面，设置图片质量、输出方式、图片格式、保存路径等信息，单击【开始输出】按钮，如图 4-55 所示。

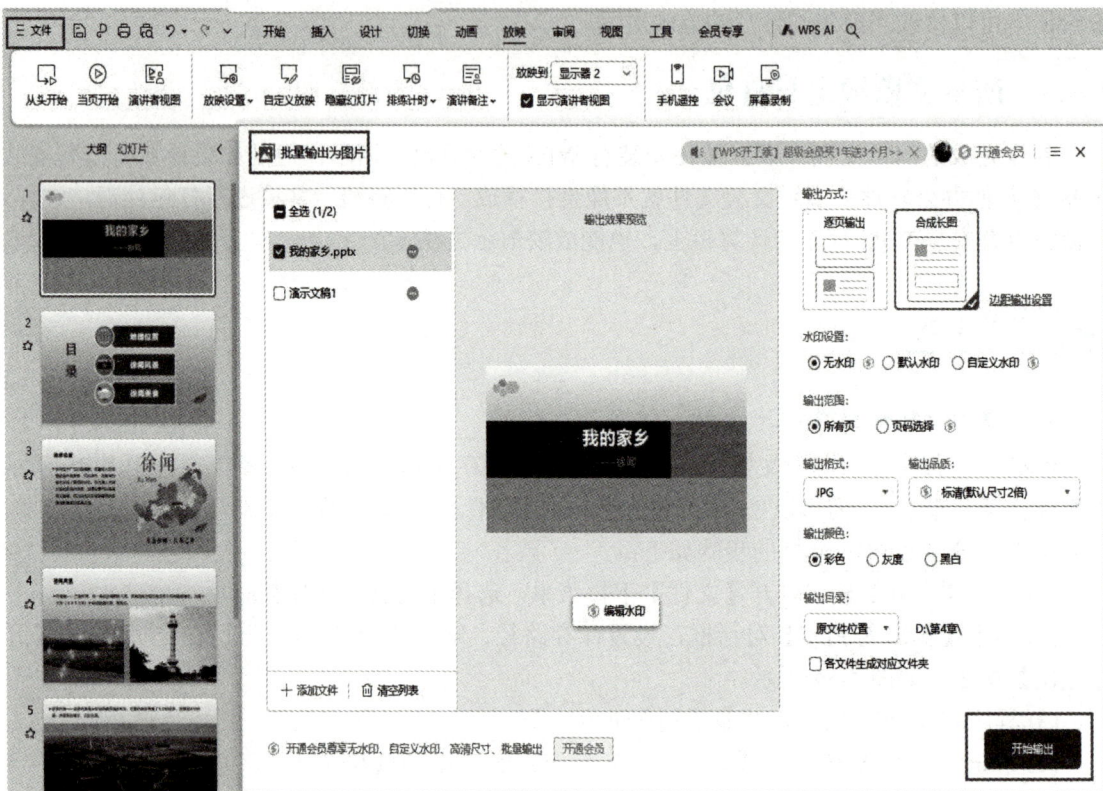

图 4-55　输出为图片

(3) 稍后提示输出成功，单击【打开文件夹】按钮，在打开的文件夹中即可看到输出的图片文件。

3. 文件打包

若制作的演示文稿中包含链接的数据、特殊字体、视频或音频文件，当在其他计算机中播放该演示文稿时，要想让这些特殊字体正常显示，以及链接的文件可以正常打开和播放，则需要将演示文稿"打包"后传输才能正常使用，具体操作步骤如下：

(1) 打开一个保存好的演示文稿。

(2) 单击左上角的【文件】选项，在下拉菜单中选择【文件打包】，在弹出的二级菜单中单击【将演示文档打包成文件夹】命令。

(3) 弹出【演示文件打包】对话框，在【文件夹名称】文本框中输入文件夹名称，单击【浏览】设置文件保存的位置。

(4) 勾选下方的【同时打包成一个压缩文件】复选框。

(5) 单击【确定】按钮进行文件打包，打包完毕后会出现【已完成打包】提示框。

(6) 在路径下的文件夹中可以查看打包好的演示文稿。

文件打包过程如图 4-56 所示。

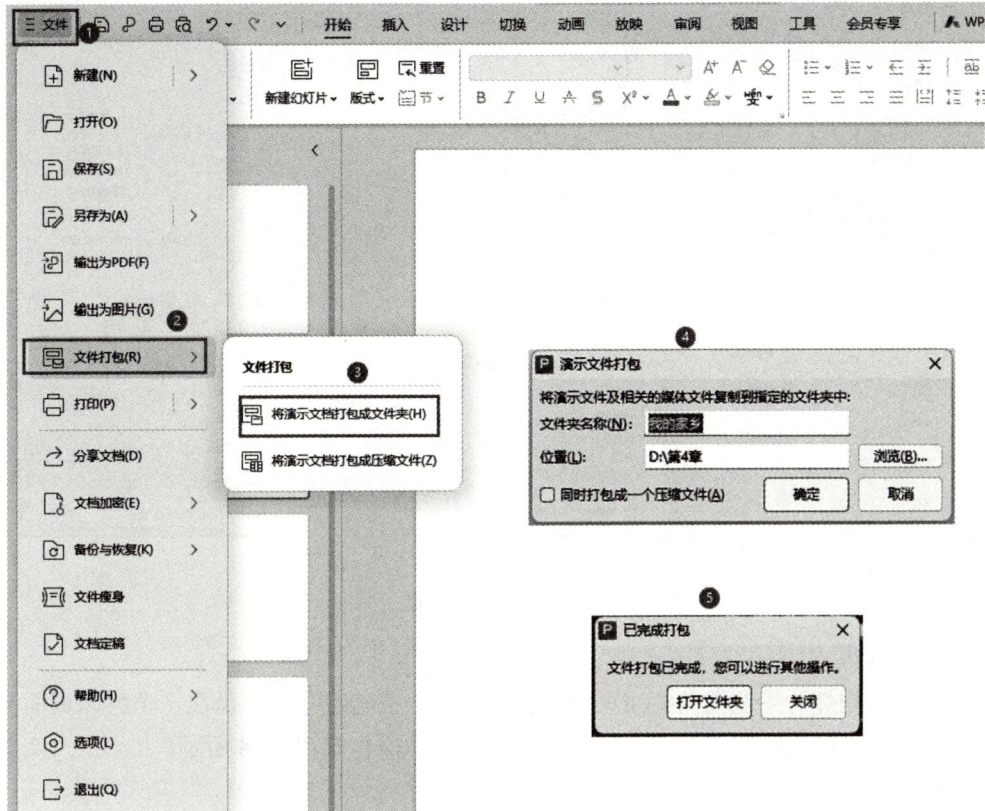

图 4-56　文件打包

4.4.3　打印演示文稿讲义

演示文稿制作完成后，可以以每页一张的方式打印幻灯片，也可以以每页打印多张幻灯片的方式打印文稿讲义，还可以创建并打印备注。打印的讲义可以分发给观众，以便观众在演示过程中参考，也可以作为备份文件留作以后使用。

相关知识

1. 打印幻灯片或讲义

打印幻灯片或讲义的步骤如下：

(1) 打开制作完成的 WPS 演示文稿文件。

(2) 单击【文件】选项，在下拉菜单中选择【打印】命令。在【打印】窗口中【打印机】选项区中，可以设置打印机。

(3) 在【打印范围】选项区中设置打印幻灯片的范围。

(4) 在【份数】选项区中设置打印份数。

(5) 在【打印内容】下拉选项中设置打印【幻灯片】、【讲义】或【大纲视图】。如果选择打印讲义，则可以在【讲义】选项区中设置每页幻灯片数和打印顺序。

(6) 在【颜色】下拉选项中设置打印色彩或纯黑白色，最后单击【确定】按钮。

打印设置过程如图 4-57 所示。

图 4-57　打印设置

2. 打印备注页

可以将包含幻灯片缩览图的备注页内容打印出来分发给观众。但是在一个打印页面上只能打印一张包含备注的幻灯片缩览图。打印备注页的具体操作如图 4-58 所示。

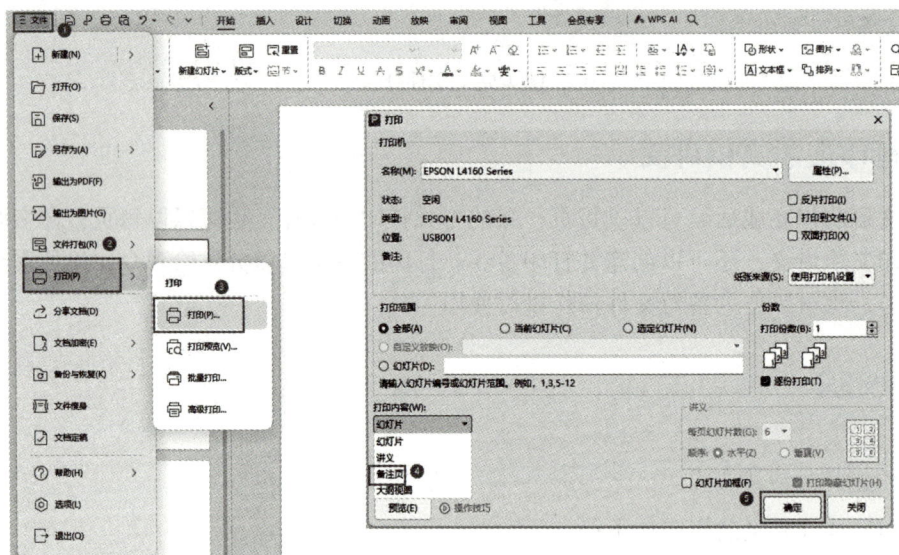

图 4-58　打印备注页

单击【文件】选项，在下拉菜单中选择【打印】命令。在【打印】对话框中单击【打印内容】的下拉选项，选择【备注页】，最后单击【确定】按钮。

任务实施

"我的家乡 .pptx" 演示文稿做好了，因为演讲时间只有 5 分钟，为了更好地把握演讲时间和演讲效果，李峰需要对演示文稿设置排练计时、输出与打包等操作，请你帮他完成。

(1) 设置排练计时，在【放映】选项卡上单击【排练计时】按钮，对演示文稿进行排练时间记录。

(2) 将演示文稿输出为 PDF 文档。

(3) 打印演示文稿讲义。

具体操作见书中"4.4.2 演示文稿输出与打包"章节的内容。

思政聚焦——PPT 之光

冯注龙，一个 90 后，二本毕业，只用 6 个 PPT 在 24 岁时赚到人生第一个 100 万。下面是他的自我介绍：

"Hello 大家好，我是冯注龙，我是向天歌教育的创始人，我是一名培训师，也是一名创业者，同时也是图书《PPT 之光》《Excel 之光》《Word 之光》的作者。我毕业于厦门理工学院，我一直坚持复杂的事情复杂做是压力，复杂的事情简单做是能力，复杂的事情有趣说是魅力。我认为职场人需要掌握高效办公、实用设计和动人演讲这三个方面的能力，因为这三个能力，能让人从效率、美感和传播三个方面为自己助力。我常说，多学一个技能就少一个求人的理由，但其实多学一个技能，我们就多了另一种可能，希望能够与大家共同进步。"

他是冯注龙，是向天歌的创始人，知名教育博主、美学博主，图书《PPT 之光：三个维度打造完美 PPT》《Excel 之光：高效工作的 Excel 完全手册》《Word 之光：颠覆认知的 Word 必修课》等的作者，微软 Office 大师级认证，金山 WPS 金牌讲师，知名 PPT 设计师，PPT 演示与商务演讲培训师，CEO 企业路演辅导教练。当当影响力作家榜科技新星作家第一名。2019 年在哔哩哔哩独家上线视频节目"冯注龙：PPT 大神上分攻略"。其个人历程是这样的：

2019 年 12 月，千图网年度设计师盛典"年度最佳合作伙伴"。

2019 年 12 月，厦门理工学院"青创榜样"。

2018 年 3 月，金山办公 2017 年度内容创作者评选"最具价值奖"。

2018 年 6 月，锐普第七届 PPT 大赛评委。

2016 年 5 月，第六届全国大学生电子商务"创新、创意及创业"挑战赛福建赛区特等奖。

2016 年 1 月，金山 WPS 2015 年度"十佳设计师"称号。

2015 年 8 月，成立向天歌演示。

2015 年 01 月，演界网年度贡献设计师。

2014 年 12 月，WPS 稻壳儿年度最佳设计师。

这么辉煌的人生，他是如何开始的呢？从他受 WPS 邀请，参加 2018 年内容创作者大会，并成为"年度最有价值"获奖者做的 10 分钟的《从 PPT 走向内容付费》主题演讲来了解一下：

"Hello，大家好，两岸猿声啼不住，都说我像吴彦祖。我是向天歌 PPT 的创始人冯注龙。非常荣幸今天能给大家进行一个简短的分享，主要说说我从 0 开始创业并逐渐变好的过程和经验，希望能帮到小伙伴们。

大学毕业后，我进入了一家管理培训公司，因为兴趣原因，我过得其实不大开心，一个月工资只有 1800 元。我想我不能一直这样下去啊，于是开始思考，我擅长什么呢？好像我 PPT 做得不错，于是就做了一些免费 PPT 模板到网上免费分享。没想到引起了稻壳儿华姐的注意，于是邀请我入驻了稻壳儿。

一开始，我就上传了十来份党政 PPT 模板，一个月后，华姐打电话给我，说销售额 3800，

PPT 之光

我一听吓坏了，心想，我去传几个作品，平台还要收我费用啊？没想到，是我能拿到 3800，这太让我激动了。

当我得知 PPT 模板能给我收入后，我辞职了，开始每日每夜钻研 PPT 技术，付出总是有收获的，我连续三年成为 WPS 十佳设计师，销售额也经常名列前茅，我还组织了一群小伙伴入驻稻壳儿，我负责提供培训和验收 PPT 作品。在第一届中国演示峰会上稻壳儿的华姐也把我们当作标杆向外推广。

也是因为有了 WPS 稻壳儿的帮助，才有了现在的向天歌……"

冯注龙还曾为章子怡、谢霆锋、鹿晗、杨幂、赵又廷、成龙、刘亦菲等一线明星大咖的节目制作 PPT，他用一份 PPT，换回一辆牧马人越野车，中国石油、戴尔电脑、百威啤酒、可口可乐等全球 500 强企业邀请他担任 PPT 内训讲师，为超过 40 000 名员工，做过 1000 多场内部培训，《新闻联播》也常邀他制作栏目 PPT，各大综艺节目也与他强强联手……

是冯注龙开创了崭新的 PPT，还是 PPT 成就了冯注龙，这些都不重要，重要的是 PPT 太重要了。

WPS 演示文稿制作上课课件和素材

模块三
新一代信息技术

第 5 章　信息检索技术

随着计算机的普及，网络越来越成为人们获取信息的最主要的来源之一。如何从大量复杂的网页中找寻自己需要的信息，又如何在浩瀚的网络信息中让自己网站中的内容被更多的人搜索到成为目前网络中最关心的话题之一，网络信息检索技术人才需求量越来越大。

目前，几乎绝大部分公司都需要在网上通过各种渠道搜集潜在客户信息，同类公司相关技术、产品等数据，所以网络信息检索员在绝大部分公司都是需要的。

信息检索 (Information Retrieval) 是指信息按一定的方式组织起来，并根据用户的需要找出有关信息的过程和技术。狭义的信息检索就是信息检索过程的后半部分，即从信息集合中找出所需信息的过程，也就是人们常说的信息查寻 (Information Search 或 Information Seek)。

任务 5.1

城市全景搜索

网络信息检索就是根据用户的需要，在网络上通过一定的技巧，检索出有用信息的过程和技术。如果没有特别规定，那么下文提到的信息检索均指网络信息检索。

5.1.1　任务分析

学生张某是来北京上大学的外地人，刚到北京，人生地不熟，对北京的饮食文化、交通旅游等都是一无所知。如何能够在短时间内让张某对北京的整体情况有个相对全面的了解，以便今后更好地在北京学习和生活呢？通过网络解决这个问题既实惠又省时。下面通过介绍如何进行北京全景搜索来学习信息搜索的一般方法。

北京的全景搜索的基本步骤如下：

(1) 认识搜索网络信息的常用工具——搜索引擎。

(2) 选取搜索关键词，利用搜索引擎进行合理检索。

(3) 从搜索结果中选取并整合有用信息。

5.1.2　认识搜索引擎

搜索引擎 (Search Engine) 是指根据一定的策略，运用特定的计算机程序从因特网上搜集信

城市全景搜索

息，在对信息进行组织和处理后，为用户提供检索服务，将与用户检索相关的信息展示给用户的系统。

若要选择合适的检索工具，就要先了解所要使用的搜索引擎。下面简单介绍几种常见的搜索引擎。

1. 谷歌 (Google) 搜索引擎

谷歌 (Google) 搜索引擎 (网址为 www.google.cn) 的特点是拥有庞大的数据库，提供全面的结果信息，如文章的日期、大小等。谷歌搜索引擎可搜索所有网站，使用户能够快速有效地搜索到自己所需的内容，是一个快速、强大的搜索引擎，它具有足够的响应能力来处理任何极度复杂的搜索，其用户界面简洁美观。谷歌搜索引擎是具有一定的大写、名词识别能力的快速搜索引擎，因为它的数据库是最大的，所以能搜索到别的搜索引擎所不能搜索到的信息，如图 5-1所示。

图 5-1　谷歌搜索引擎

2. 百度搜索引擎

百度搜索引擎 (网址为 www.baidu.com) 是目前世界上最大的中文搜索引擎，其信息总量超过 3 亿页，并且还在保持快速增长。百度搜索引擎具有高准确性、高查全率、更新快以及服务稳定的特点，在中文搜索方面，它甚至比 Google 更胜一筹，如图 5-2 所示。

图 5-2　百度搜索引擎

3. 搜狗搜索引擎

搜狗搜索引擎 (网址为 https://www.sogou.com/) 是搜狐公司于 2004 年 8 月 3 日推出的全球首个第三代互动式中文搜索引擎。搜狗搜索引擎是中国领先的中文搜索引擎，致力于中文互联网信息的深度挖掘，以帮助中国上亿网民加快信息获取速度，为用户创造价值。

搜狗的其他搜索产品各有特色。其音乐搜索小于 2% 的死链率，图片搜索独特的组图浏览功能，新闻搜索及时反映互联网热点事件的首页，地图搜索的全国无缝漫游功能，使得搜狗的搜索产品线极大地满足了用户的日常需求，体现了搜狗的研发能力。

搜狗搜索引擎是全球第三代互动式搜索引擎，支持微信公众号和文章搜索、知乎搜索、英文搜索及翻译等，通过自主研发的人工智能算法为用户提供专业、精准、便捷的搜索服务，如图 5-3 所示。

图 5-3　搜狗搜索引擎

4. 其他搜索引擎

除了上述三种搜索引擎外，国内外还有许多其他优秀的搜索引擎，如 Ask(网址为 www.ask.com， 又 名 askjeeves)、dmoz(网址为 www.dmoz.org， 又名 ODP)、search(网址为 www.search.com) 等都是不错的搜索引擎。由于搜索领域潜在的巨大利益，因此国内很多大型门户也都在建立自己的搜索引擎，例如搜狐的 sougou.com、腾讯的 soso.com 等。

认识了常用的搜索引擎后，可以根据需要选择合适的搜索引擎。本任务的目的是搜索北京的全景，对北京的旅游、饮食、文化等各个方面有较全面的认识，基于此目的可以选择目前流行的中文搜索引擎——百度。

5.1.3　关键词的选取与检索

在因特网上使用搜索引擎时，经常遇到搜索结果一大堆也没有真正需要的资料，为什么会造成这种大海捞针的现象呢？主要是因为没有写好搜索式。什么是搜索式？搜索式就是指搜索引擎理解和运算的查词串。简单地说，搜索式就是在搜索引擎的搜索栏中输入的内容。关键词是搜索式的主体，关键词选取的好坏直接影响到搜索的结果。那么如何选取关键词呢？以下是选取关键词的 5 个基本原则。

(1) 通常情况下，使用名词做关键词。

(2) 搜索式中可以使用 2 ～ 3 个关键词。

(3) 搜索式中可以使用同义词、近义词或相关词。

(4) 根据搜索结果，及时调整检索策略。

(5) 搜索通常不是一蹴而就的，而是一个多步骤的过程，需要逐步接近目标。

参照以上原则来制定搜索式搜索北京全景的方法。用户的要求程度不同，关键词的选取和搜索都会不同。下面分别讨论两种情况。

(1) 信息用户张某只想对北京的全景 (如旅游、交通、饮食、文化等) 有很粗略的了解。

① 可以选择将"北京"作为第一个考虑的关键词，然后将"全景"作为第二个考虑的关键词。此时把北京 + 全景作为搜索式。在百度搜索引擎搜索栏中输入"北京全景"，如图 5-4 所示。

图 5-4　百度搜索"北京全景"

② 单击【百度一下】按钮，搜索结果如图 5-5 所示。

百度为您找到相关结果约6,840,000个　　　　　　　　　　　　　▽搜索工具

北京vr全景制作_全景拍摄_全景合成

KULEIMON

北京vr全景制作 国内专业全景服务提供商,全景拍摄,全景制作,全景漫游一站服务!专业的技术和一流的服务模式 名企信赖的合作平台就选酷蕾曼!
在线服务: 免费咨询更多详情
www.kuleiman.com 2019-03 ▼ V₂ - 评价 广告

全景网_中国领先的图片库和图片素材网站

QUANJING全景
www.quanjing.com

全景整合全球2亿张正版图片以及千万高清视频资源,打造全球领先的数字版权商店。搜索...版权所有 北京全景视觉网络科技股份有限公司 网络文化经营许可证网文[2017]...
https://www.quanjing.com/ ▼ V₂ - 百度快照 - 467条评价

北京 全景_百度图片

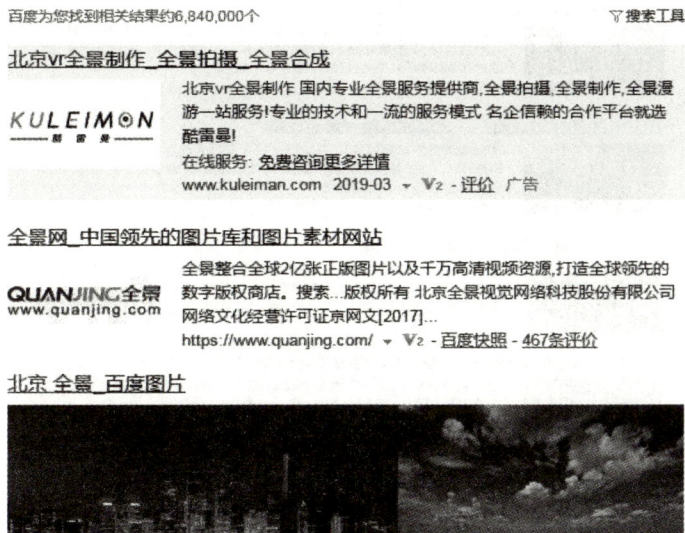

图 5-5　百度搜索"北京全景"的结果

　　搜索结果并没有如期待的那样搜索出北京的旅游、文化等全景介绍,绝大多数网页都是其他的信息。这时根据原则 (4),调整搜索策略。此时把"全景"这个关键词换一下,换成它的近义词"概况"试一试。替换关键词后的搜索结果如图 5-6 所示。

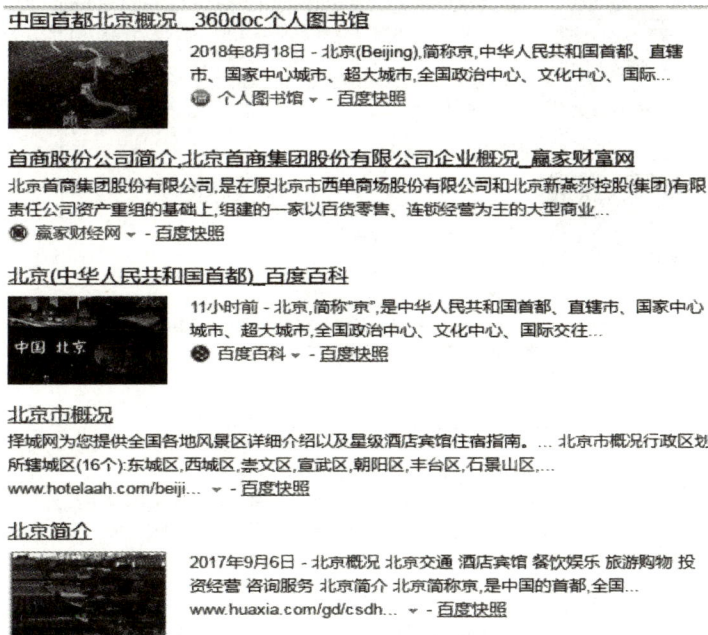

中国首都北京概况_360doc个人图书馆

2018年8月18日 - 北京(Beijing),简称京,中华人民共和国首都、直辖市、国家中心城市、超大城市,全国政治中心、文化中心、国际...
🌐 个人图书馆 ▼ - 百度快照

首商股份公司简介,北京首商集团股份有限公司企业概况_赢家财富网

北京首商集团股份有限公司,是在原北京市西单商场股份有限公司和北京新燕莎控股(集团)有限责任公司资产重组的基础上,组建的一家以百货零售、连锁经营为主的大型商业...
🌐 赢家财经网 ▼ - 百度快照

北京(中华人民共和国首都)_百度百科

11小时前 - 北京,简称"京",是中华人民共和国首都、直辖市、国家中心城市、超大城市,全国政治中心、文化中心、国际交往...
🌐 百度百科 ▼ - 百度快照

北京市概况

择城网为您提供全国各地风景区详细介绍以及星级酒店宾馆住宿指南。... 北京市概况行政区划 所辖城区(16个):东城区,西城区,崇文区,宣武区,朝阳区,丰台区,石景山区,...
www.hotelaah.com/beiji... ▼ - 百度快照

北京简介

2017年9月6日 - 北京概况 北京交通 酒店宾馆 餐饮娱乐 旅游购物 投资经营 咨询服务 北京简介 北京简称京,是中国的首都,全国...
www.huaxia.com/gd/csdh... ▼ - 百度快照

图 5-6　百度搜索"北京概况"的结果

　　可以看到,此时的结果就大不相同了。绝大部分搜索结果都是贴近搜索任务的。那么关键词的选取、搜索式的构成和搜索就算基本完成了。

　　(2) 信息用户张某想对北京的全景 (如旅游、饮食、文化等) 有较为全面和详细的了解和认识。

　　① 根据原则 (5),此时搜索任务分步骤进行。北京的全景主要分为旅游、美景、饮食、文化等几个方面,分为三个子任务进行搜索。确定三个子任务的关键词分别为"北京旅游""北京饮食""北京文化"。

　　② 在百度搜索引擎搜索栏中分别搜索"北京旅游""北京饮食""北京文化"三个搜索词,得到的搜索结果分别如图 5-7 ~图 5-9 所示。

北京游攻略_第一次去北京旅游必看

景点：北京　热门景点：天安门广场 故宫等　适宜季节：秋季　景区类北京游攻略,不走冤枉路,亲身经验分享,精华的线路,自由的行程,里面内容精细实用,吃住行的详细介绍,路线...

重庆万友国际旅行社渝北. 2019-03 ▼ V1 - 评价 广告

2019北京的旅游攻略——超级靠谱路线景点攻略

2019全新北京的旅游攻略 —放假正好带父母去北京游玩了一趟 行程/路线/景点/住宿都安排的很不错,告诉你玩转北京,省心省钱还省事.让你到北京旅游打卡少花冤枉钱

甘肃海洋国际旅行社 2019-03 ▼ V2 - 评价 广告

北京的著名景点-北京自由行必看攻略

第一次去北京的著名景点,自由行/自驾游/自由跟团,游玩北京故宫景点,北京旅游吃住行行程一站式帮您安排到位

重庆万友国际旅行社渝北. 2019-03 ▼ V1 - 评价 广告

去北京旅游_看这一篇攻略就够了_全新的北京旅游

刚从北京回来,找了一个靠谱导游,故宫,天安门,长城,颐和园,鸟巢,水立方全部玩到写下这篇北京旅游 给大家参考

厦门界川优旅游咨询 2019-03 ▼ V1 - 评价 广告

图 5-7　百度搜索"北京旅游"的结果

北京著名风味饮食

2018年2月14日 - 北京著名风味饮食 小文说古今 百家号02-1418:25 北京驴打滚,是老北京传统小吃之一,成品黄、白、红三色分明...

🐦 小文说古今 - 百度快照

京菜_百度百科

京菜又称京帮菜,它是以北方菜为基础,兼收各地风味后形成的。北京以都城的特殊地位,集全国烹饪技术之大成,不断地吸收各地饮食精华,吸收了汉满等民族饮食精华的宫廷风味以及在广东菜基础上兼采各地风味之长形成的谭家菜,也为京帮菜带来...

形成背景　饮食文化　日常食俗　京菜谱系　北京小吃　更多>>

baike.baidu.com/ ▼

我们一起来看看北京的饮食文化吧!

2018年2月9日 - 随着社会的变迁,城市里平房大院儿越来越少,各类大型的清真餐饮店纷纷办起了酒席,北京的"厨行"日渐式微,如...

🐦 优优厨房 ▼ - 百度快照

北京美食,北京美食攻略,北京美食推荐 - 马蜂窝

北京有什么好吃的,北京好吃的地方,马蜂窝北京美食攻略详尽介绍北京旅游有什么好吃的,北京去哪里吃,网罗北京美食攻略信息,推荐您到北京吃什么好。

www.mafengwo.cn/cy/100... ▼ - 百度快照

图 5-8　百度搜索"北京饮食"的结果

押中《流浪地球》却笑不起来 有一种窘境叫北京文化

2019年2月18日 - 当《流浪地球》凭借其出色的科幻演绎成为票房黑马时,其发行公司北京文化却正在资本市场上黯然失色。《流浪地球》上映后的第一个交易日,北京文化迎来涨...

🐦 金融界 ▼ - 百度快照

老北京_百度百科

老北京是对古都北京的传统风俗的叫法。北京作为七大古都之一,无论是老百姓还是官员们对衣着打扮都相当重视。清朝入关后,过去的宽袍、大袖和蓄发的传统装束被逐渐改变,这也极...

衣着打扮　特色小吃　夏季饮食　胡同趣事　门神　更多>>

https://baike.baidu.com/ ▼

北京文化

北京文化00802是一家从事电影、电视剧、综艺节目投资、制作、宣传、发行,以及经营艺人经纪并专注于打造全产业...

www.bjwhmedia.com/ ▼ - 百度快照 - 评价

北京市文化和旅游局

"一带一路"文旅交流渐入佳境 北京元素点亮布达... 布达佩斯当地时间3月11日,由北京市文化和旅游局主办的"魅力北京"海外专业推介会在匈牙利首都布达佩斯举办。...

whlyj.beijing.gov.cn/ ▼ - 百度快照

图 5-9　百度搜索"北京文化"的结果

搜索关键词和搜索式的构成决定了搜索的基本结果。也可以根据实际需要对上述三组关键词进行一些调整。例如，把"北京饮食"改成"北京餐饮"试一试搜索结果；还可以针对文化类型不同，把"北京文化"再细分后进行搜索等。书中提到的关键词的选取原则也只是一个针对大多数查询任务的参考性意见，在实际操作时不一定每个查询任务都要严格遵循每一条选取原则，还是要具体问题具体分析。

> **· 说明 ·**
>
> 什么是关键词？
>
> 在搜索引擎中，关键词是用户在搜索引擎上寻找内容时输入的词语、词组，是搜索应用的重要因素。这些关键词是用户认为与其搜索信息相关的短语，往往是产品相关词、主题相关词，最能体现所寻找信息的词语。简单地说，关键词就是网站中出现频率较高，与网站主题最相关的词语。关键词可以使用单个词，也可以是由几个词语组成的词组。用户寻找信息搜索的词、公司的产品信息相关的词，这些都可以作为关键词。

5.1.4 信息的选取与整合

确定了某个搜索式后搜索出来的结果也是多不胜数的，动辄千万或更多的搜索结果不足为怪。并不是每条搜索结果都是所需要的。那如何从这些搜索结果中选取信息，整合成最终的搜索结果呢？

下面是信息的选取与整合的基本原则。

(1) 信息的相关性。

信息的相关性指该信息和搜索任务的相关程度。

搜索式构造得再好，在上千万条搜索结果中肯定还会存在许多与搜索任务无关或关系不大的信息。信息的相关性是选取信息的首要原则。例如，在百度搜索栏中输入"北京文化"时，出现的百度文库中的北京文化介绍和搜索任务贴近，可以选取，如图 5-10 所示。

老北京_百度百科

老北京是对古都北京的传统风俗的叫法。北京作为七大古都之一，无论是老百姓还是官员们对衣着打扮都相当重视。清朝入关后，过去的宽袍、大袖和蓄发的传统装束被逐渐改变，这也极...

衣着打扮 特色小吃 夏季饮食 胡同趣事 门神 更多>>

https://baike.baidu.com/ ▾

图 5-10 百度搜索出与搜索任务贴近的结果

搜索结果"北京文化 00802 是一家从事电影"等条目与搜索任务相关性不大，如图 5-11 所示，在搜索结果比较多时，这样的搜索条目就可以暂时舍弃。

北京文化

北京文化00802是一家从事电影、电视剧、综艺节目投资、制作、宣传、发行，以及经营艺人经纪并专注于打造全产业...

www.bjwhmedia.com/ ▾ - 百度快照 - 评价

图 5-11 百度搜索出与搜索任务不贴近的结果

(2) 信息的权威性。

信息的权威性是指信息真实性或者说信息的可靠性程度。

搜索信息时一般要找权威部门、大型正规网站、专业网站，警惕钓鱼网，如果信息来源于小网站，那么一定要再三确认信息的可靠性后方可选取。

如搜索"北京旅游"时，会出现百度旅游网的条目，如图 5-7 所示中的第一个条目，单击该条目显示的网页内容如图 5-12 所示，该网站相对比较正规，其信息是相对可靠的。

北京景点

图 5-12　百度旅游首页

(3) 信息的完整性。

信息的完整性是指搜索到的某条信息是否符合"搜索任务"或至少符合"能够相对独立地完成一部分搜索任务"。例如在百度搜索栏中输入"北京饮食"时，有些条目的标题与搜索任务贴近，但是打开该条目所在网页后，发现内容残缺或者只是只言片语，那么这样的条目也可以舍弃。

(4) 信息的时效性。

这里讲的信息的时效性是指信息是否具有时间效力。对于目前的搜索任务，信息是否可用？在时间面前，信息是易碎品。即使是十分真实的、很有价值的信息，一旦过时了，它就会变成无人问津的东西甚至变得毫无价值。

例如，某学生要买计算机，在搜索栏中搜索"计算机选购"，出现的结果条目中，有些甚至是 2001 年某某计算机高手发布的计算机选购的硬件配置教程。众所周知，计算机的硬件发展速度很快，10 年前的计算机硬件和如今的计算机硬件已是相差甚远，所以这样的条目虽然与搜索任务贴近，但因时效的原因，也是可以舍弃的。

除了以上几个信息选取与整合的基本原则外，还可以综合信息的普遍性，信息是否具有地域限制，信息包含哪种情感成分以及信息是否具有实用性等方面对信息进行判断和选取。

按照以上原则选取信息后，把选取的信息归纳整理，就成了信息用户所需要的最终结果。当然，因为每个人选择的关键词、搜索式、搜索引擎、选取信息的侧重面以及选取信息后归纳整理的手法等都不同，所以最终的结果肯定会各不相同，不过只要用户采用了正确的搜索手段，并且是在不违反大的原则和方法的基础上进行的信息搜索和整理，那么得到的结果一般来说都是可用的。

5.1.5　任务体验

【体验目的】

(1) 利用搜索引擎搜索自己家乡的全景。

(2) 学会关键字的选取。

【体验内容】

利用网络，借助百度与谷歌两种搜索引擎较为全面地搜索出自己家乡的全景 (例如旅游、饮食、文化等)。

【体验步骤】

(1) 根据搜索任务，选择一种搜索引擎；

(2) 分析搜索任务，合理选取关键词进行搜索；

(3) 观察搜索结果，科学选取信息，并对信息进行归纳整理得出结果。

任务 5.2

毕业论文检索

毕业论文检索

　　"中国期刊网全文数据库""维普中文科技期刊数据库"和"万方数据库资源系统数字化期刊"是国内影响力和利用率很高的综合性中文电子期刊全文数据库，这三个数据库已经成为大多数高等院校、公共图书馆和科研机构文献信息保障系统的重要组成部分。在互联网中，这三大数据库也成为中文学术信息的重要代表,体现了我国现有的中文电子文献数据库的建设水平。

5.2.1　认识数字化期刊全文数据库

1. 中国期刊网全文数据库

　　"中国期刊网全文数据库" (简称"中国知网 (CNKI)"或"知网") 是由清华同方光盘股份有限公司、光盘国家工程研究中心和中国学术期刊 (光盘版) 电子杂志社共同研制出版的综合性全文数据库。该数据库收录了从 1994 年来公开出版发行的 6600 余种国内核心期刊和一些具有专业特色的中英文期刊全文，累计全文文献 618 万多篇，题录 1500 万余条，按学科分为理工 A(数理科学)、理工 B(化学化工能源与材料)、理工 C(工业技术)、农业、医药卫生、文史哲、经济政治与法律、教育与社会科学、电子技术与信息科学九大类，126 个专题文献数据库。其产品的主要形式为"中国期刊全文数据库 (WEB 版)""中国学术期刊 (光盘版)" (CAJ-CD) "中国期刊专题全文数据库光盘版"。1994—2000 年的专题全文数据库已出版"合订本"，每个专题库 1 或 2 张 DVD 光盘。CNKI 中心网站及数据库交换服务中心每日更新，各镜像站点通过互联网或卫星传送数据可实现每日更新，专辑光盘每月更新 (文史哲专辑为双月更新)，专题光盘年度更新。中国知网的资源需安装其专门的阅读器 CAJViewer 阅读。知网的网址为 http://www.cnki.net/，知网的主页如图 5-13 所示。

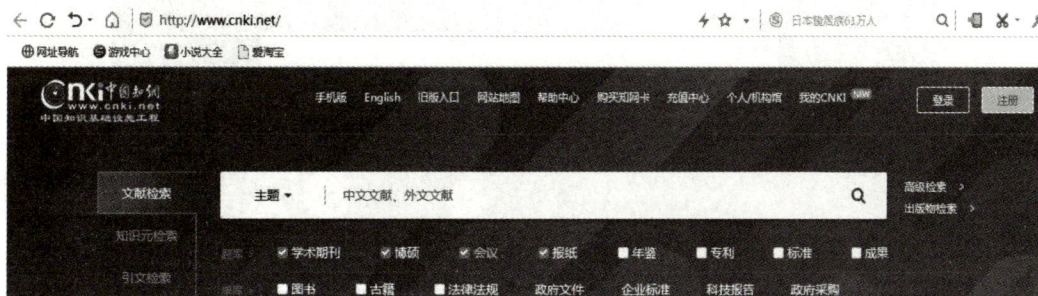

图 5-13　中国知网主页

2. 维普中文科技期刊数据库

"维普中文科技期刊数据库"（简称"维普"）由科技部西南信息中心主办，重庆维普资讯有限公司制作。其前身为"中文科技期刊篇名数据库"。该数据库收录了自 1989 年以来国内出版发行的 12 000 种期刊，其中全文收录 8000 余种期刊，按学科分为经济管理、教育科学、图书情报、自然科学、农业科学、医药卫生、工程技术 7 大类，27 个专辑，200 个专题，按《中图法》编制了树形分类导航和刊名导航系统，基本覆盖了国内公开出版的具有学术价值的期刊，同时还收录了中国港台地区出版的 108 种学术期刊，积累 700 余万篇全文文献，数据量以每年 100 万篇的速度递增。维普网址为 http://qikan.cqvip.com/，维普主页如图 5-14 所示。

图 5-14　维普中文科技期刊数据库主页

3. 万方数据库资源系统数字化期刊

万方数据库资源系统是建立在因特网上的大型科技、商务信息平台，其内容涉及自然科学和社会科学各个专业领域。它包含的数据库主要有：

(1) 中国学位论文文摘数据库。它始建于 1985 年，收录了我国自然科学和社会科学各领域的硕士、博士及博士后研究生论文的文摘信息，内容包括论文题名、作者、专业、授予学位、导师姓名、授予学位单位、馆藏号、分类号、论文页数、出版时间、主题词、文摘等字段信息。

(2) 数字化期刊全文数据库。它整合了中国科技论文与引文数据库及其他相关数据库中的期刊条目部分内容，基本包括了我国文献计量单位中自然科学类统计源期刊和社会科学类核心源期刊。它目前集纳了理、工、农、医、哲学、人文、社会科学、经济管理与教科文艺 8 大类、100 多个类目、近 6000 种期刊。

(3) 中文会议论文全文数据库。它收录了 1998 至今的国家一级学会在国内组织召开的全国性学术会议近 7000 个，其数据范围覆盖自然科学、工程技术、农林、医学等 27 个大类，所收论文累计 50 万篇。

万方数据库网址为 http://g.wanfangdata.com.cn/index.html，万方数据库主页如图 5-15 所示。

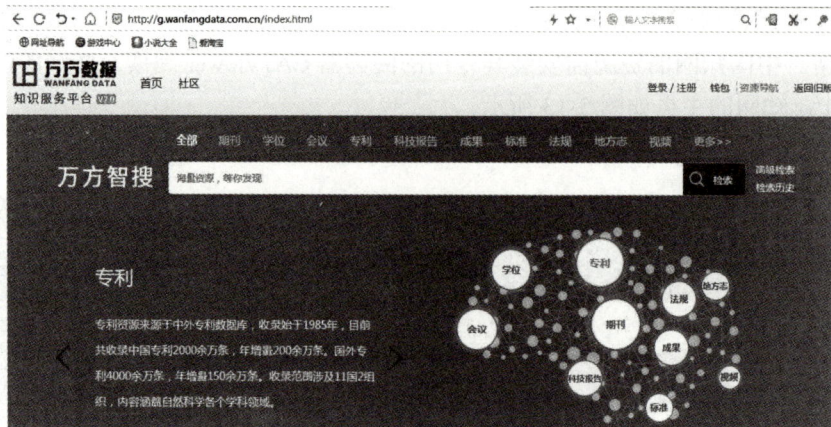

图 5-15　万方数据库主页

5.2.2　信息检索中的需求表达

要完成一项信息检索请求，必须先要对用户需求做出精确描述，这对检索结果的有效性有直接的影响。通过描述用户的信息需求，依靠某种查询表达式，可以使搜索引擎产生成千上万的结果。

1. 设置信息检索范围

用户检索时，可以设置信息检索的范围，根据具体的检索需求来进行选择。在利用中国知网 CNKI 检索相关文献时，可以从如图 5-16 所示的文献分类目录中选择，可以在全部学科检索或者限定在具体的学科领域和专业的范围内检索。例如，需要了解人工智能的发展历史、人工智能的现状、人工智能的应用领域等，那么在检索文献时，需要在全部文献中实施检索。如果需要了解人工智能最新的技术，则可以选定【工程科技Ⅰ辑】、【工程科技Ⅱ辑】、【信息科技】这三个范围。通过对检索范围的限定，可以准确控制检索的目标结果、文献发表年限和来源类别。

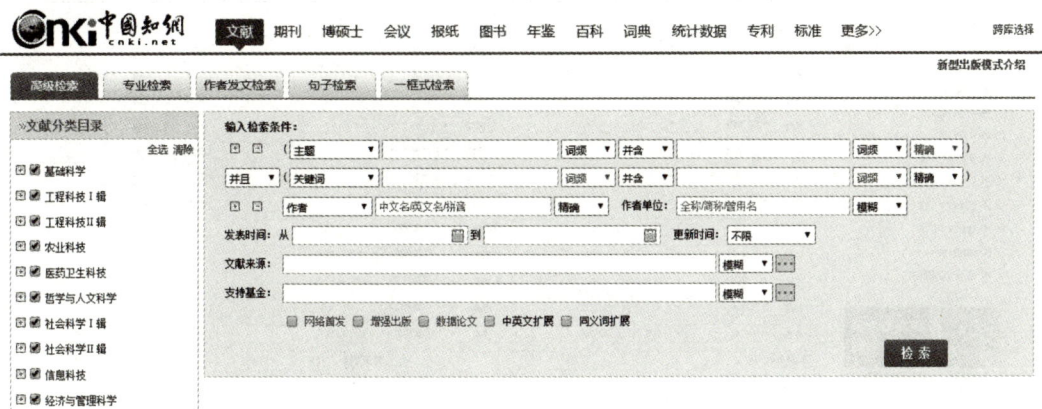

图 5-16　"中国知网 CNKI"主页

2. 检索方式

在标准检索中，将检索过程规范为 3 个步骤：

(1) 输入主题、篇名、关键词、作者、单位等内容检索条件。

(2) 限定发表时间、文献来源、支持基金等检索控制条件。

(3) 对检索结果进行分组分析和排序分析，反复筛选修正检索条件得到最终结果。检索条件设置页面如图 5-17 所示。

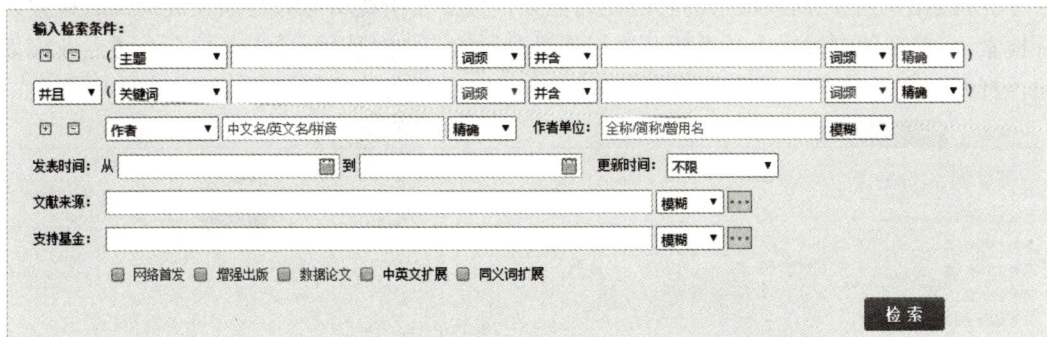

图 5-17　"中国知网 CNKI"检索条件设置页面

文献的内容主要包含主题、关键字、篇名、摘要、全文、被引文献、中图分类号、作者、作者单位、刊名、中国国家图书编号 (China National，CN)、国际标准连续出版物编号 (International Standard Serial Number，ISSN)、基金、期共 14 个字段，进行【并含】、【不含】、【或含】逻辑组配检索。可以通过单击【输入检索条件】下的【+】或【-】按钮实现增加或减少逻辑检索行，可以同时在【主题】、【关键字】、【篇名】、【摘要】、【作者】中输入文献内容进行检索。填写文献内容的基本步骤如下：

(1) 在【输入检索条件：】各选项的下拉框中选择一种文献类型，在其后的检索框中输入一个关键字。

(2) 若一个检索项需要两个关键字，则可选择【并含】、【或含】、【不含】的关系，在第2个检索框中输入一个关键字。

(3) 单击检索项前的【+】号，添加另一个文献内容关键字。

(4) 添加完所有检索项后，单击【检索】，进行检索。

3. 高级检索

高级检索的功能更为丰富，可将在初级检索中需要通过二次检索完成的操作一次完成，高级检索页面如图 5-18 所示。

图 5-18 "中国知网 CNKI" 高级检索页面

高级检索特有的功能是多项双词逻辑组合检索、双词频控制。可以单击【输入检索条件】下的【+】或【-】来控制增加或减少检索框，最多有如图 5-18 所示的主题、关键字、篇名、摘要、全文、被引文献、中图分类号等 7 个检索框，使用 7 个检索字段。通过【并且】、【或者】和【不含】进行组配，三种运算的优先级相同，并按照先后顺序进行组合。

4. 专业检索

专业检索的功能比高级检索的功能更为强大，但要使用逻辑运算符和关键词构造检索方式进行检索，一般在图书情报人员查新及进行信息分析等工作时使用，单击菜单命令【专业检索】按钮，打开如图 5-19 所示的专业检索页面。

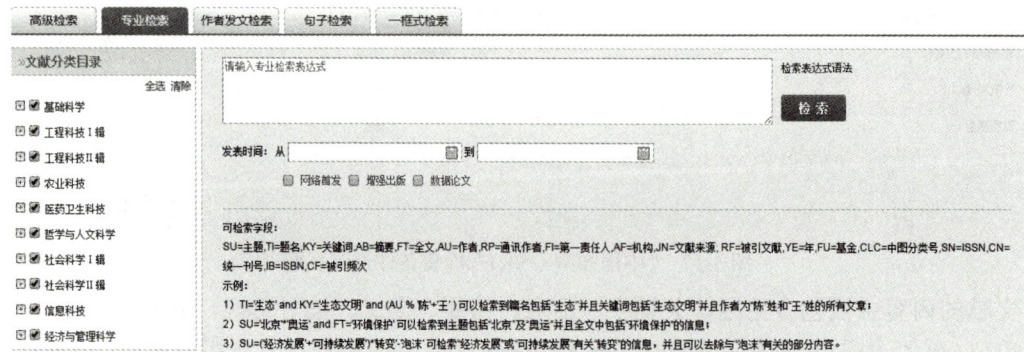

图 5-19 "中国知网 CNKI" 专业检索页面

5. 使用中国知网查找毕业论文参考文献

假设你是一名大三学生，需要结合本人的实习工作撰写一篇毕业论文，在撰写论文前，需了解毕业论文撰写的主要方法、前沿技术、论文格式等。因此需要下载相关文献以便参考。下面具体介绍如何在中国知网查找毕业论文参考文献，主要步骤如下：

(1) 进入学校图书馆主页，单击菜单【数字图书馆】→【中国知网 CNKI】，打开如图 5-20 所示的中国知网 CNKI 访问指南，单击网址 http://www.cnki.net 即可打开中国知网主页。

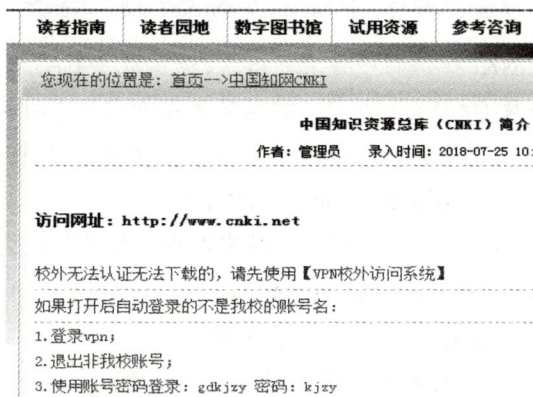

图 5-20　"中国知网 CNKI"访问指南

· 温馨提示 ·

① 如果直接输入中国知网主页 http://www.cnki.net，则由于权限限制，可能导致检索到的数据不能下载。

② 如果在校外访问图书馆主页，则在进入中国知网主页前，需要输入教工号和学号进行登录。有些学校需先使用【VPN 校外访问系统】，先登录 vpn；退出非学校账号；使用各校图书馆规定的账号密码进行登录进入中国知网主页。

(2) 根据需要检索的学科领域和专业，首先设置检索范围，也可以直接输入关键字进行检索。如大数据专业的学生，从事大数据分析岗位，可以在【关键词】输入"大数据分析"关键字。或进一步细化，输入"大数据分析工具""大数据分析方法""大数据分析平台""大数据分析技术""大数据分析算法"等关键词。输入"大数据分析技术"，会弹出如图 5-21 所示的文献列表。

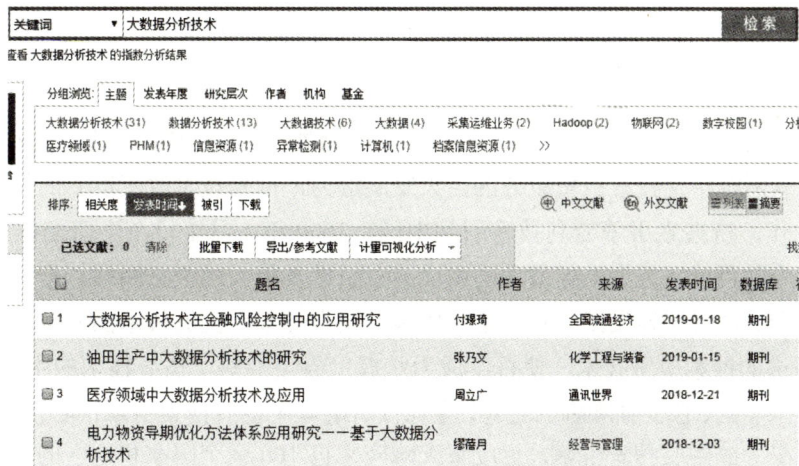

图 5-21　"大数据分析技术"文献列表

（3）单击文献列表中具体的文献，如单击"大数据分析技术在金融风险控制中的应用研究"，弹出"大数据分析技术在金融风险控制中的应用研究"的简要介绍，如作者、摘要、关键词、中图分类号；最底部有【HTML 阅读】、【CAJ 下载】、【PDF 下载】三个具体的下载按钮，如果直接查阅，则单击【HTML 阅读】；一般选择【CAJ 下载】，下载 CAJ 文件；选择【PDF 下载】，下载 PDF 文件。

·温馨提示·

① CAJ 文件是 CNKI 提供的一种文件格式，若下载了 CAJ 文件并希望查看其内容，则需要在计算机上安装 CAJView 软件。这款软件是专门用于打开和阅读 CAJ 格式文件的。可以通过互联网搜索并下载 CAJView 软件，安装完成后即可顺利打开并查看 CAJ 文件。PDF 文件可以使用 Adobe Acrobat 软件打开。

② 也可以输入篇名、作者、单位、文献来源等内容进行检索，步骤基本类似。

③ 如果需要检索外文文献，则可以在 🔍 中文文献　🅔ⁿ 外文文献　☰列表 ■摘要 列表中切换到【外文文献】，即可下载外文文献。

④ 维普中文科技期刊数据库、万方数据库资源系统数字化期刊和中国知网 CNKI 检索方法基本类似，在此不再重复。

5.2.3　任务体验

【体验目的】

（1）熟悉中国知网 CNKI 检索技术，能运用中国知网 CNKI 检索相应文献；

（2）学会关键词、作者、主题等检索字段的选取。

【体验内容】

利用中国知网 CNKI 检索本人所读专业的有关论文文献。

【体验步骤】

（1）根据检索任务，选取合理的关键词；

（2）在中国知网 CNKI 输入关键词进行搜索；

（3）分别选择【CAJ 下载】、【PDF 下载】下载相应文献，提交五篇以上论文。

思政聚焦——百度与谷歌

"众里寻他千百度，蓦然回首，那人却在灯火阑珊处。"1999 年，身在美国硅谷的李彦宏，看到了中国互联网及中文搜索引擎服务的巨大发展潜力，抱着技术改变世界的梦想，毅然辞掉硅谷的高薪工作，携搜索引擎专利技术回到中国。2000 年 1 月 1 日，李彦宏在中关村创建了百度公司，如今的百度已成为全球最大的中文搜索引擎及最大的中文网站、全球领先的人工智能公司。百度拥有数万名研发工程师，这是中国乃至全球都顶尖的技术团队。这支队伍掌握着世界上最为先进的搜索引擎技术，使百度成为掌握世界尖端科学核心技术的中国高科技企业，也使中国成为除美国、俄罗斯和韩国之外，全球仅有的 4 个拥有搜索引擎核心技术的国家之一。

作为全球最大的中文搜索引擎，百度每天响应来自 100 余个国家和地区的数十亿次搜索请求，是网民获取中文信息最主要的入口。百度以"用科技让复杂的世界更简单"为使命，不断

百度与谷歌 .mp4

坚持技术创新，致力于"成为最懂用户，并能帮助人们成长的全球顶级高科技公司"。

百度是中国最大的以信息和知识为核心的互联网综合服务公司。在 AI 驱动下，百度的移动生态是中国最大的以信息和知识为核心的移动生态，以百家号、智能小程序和托管页为主要支柱。2019 年，百度用户规模突破 10 亿，百度 App 日活跃用户 2 亿，信息流位居中国第一。百家号创作者达到 260 万。百度智能小程序是国内唯一完全开源的小程序平台，月活跃用户规模破 3.16 亿。百度知道、百度百科、百度文库等六大知识类产品累计生产超 10 亿条高质量内容，构建了中国最大的知识内容体系。

百度是全球领先的人工智能平台型公司。百度大脑是中国唯一的"软硬一体 AI 大生产平台"，是百度 AI 的集大成，对外全方位输出超过 240 项 AI 能力。飞桨是中国首个也是国内目前唯一一个全面开源开放、功能完备的产业级深度学习平台，是中国自主研发的"智能时代的操作系统"。百度智能云是百度 AI To B 业务的重要承载者和输出者，是产业智能化领导者。小度助手是中国最大的对话式人工智能操作系统，拥有中国市场规模最大、最繁荣的对话式人工智能生态，小度助手语音交互次数超过 50 亿次。作为全球最大的自动驾驶开放平台，Apollo 代表中国最强自动驾驶实力，目前已形成自动驾驶、车路协同、智能车联三大开放平台。在自动驾驶路测牌照数、自动驾驶专利数、自动驾驶测试里程长、量产自动驾驶等自动驾驶方面有超过十项中国第一，技术实力领跑行业。

当然，就全球而言，百度还有很长的路，全球排名前十的搜索引擎有 Google、Bing、百度、Yahoo、Yandex(俄罗斯)、Ask、Duckduckgo、Naver(韩国)、AOL 和 Seznam(捷克)。谷歌是世界上最大的搜索引擎公司，百度是中国最大的搜索引擎公司，但百度与谷歌还是有差距的：谷歌的营收是百度的十倍，谷歌的市值是百度的 4 ~ 6 倍，而谷歌的员工数不到百度的两倍，谷歌的搜索引擎在不少国家的市场占有率都在九成以上，放眼望去，似乎除了中国，都是谷歌的天地，全球搜索市场份额谷歌占 77.43%，而百度只有 8.13%，最近谷歌正在策划回归中国市场，百度也正准备迎接挑战，估计又有一场鏖战。

信息检索技术本章课件和素材

第 6 章　新媒体设计与制作

微信小程序制作

任务 6.1

初识微信公众平台

　　微信公众平台简称公众号，曾命名为官号平台、媒体平台、微信公众号，最终定位为"公众平台"。微信公众平台主要面向名人、政府、媒体、企业等机构推出合作推广业务。可以通过微信渠道将品牌推广给上亿的微信用户，减少宣传成本，提高品牌知名度，打造更具影响力的品牌形象。

　　利用公众账号平台进行自媒体活动，简单来说就是进行一对多的媒体行为活动，如商家通过基于微信公众平台对接的微信会员云营销系统展示商家微官网、微会员、微推送、微支付、微活动，已经形成了一种主流的线上、线下微信互动营销方式。

初识微信
公众平台

6.1.1　公众平台的账号类型

　　公众平台的账号类型有以下几种：

　　(1) 服务号，即公众平台服务号，旨在为用户提供服务。服务内容一般包括：一个月内仅可以发送 4 条群发消息；发给用户的消息会显示在用户的聊天列表中；在发送消息给用户时，用户会收到即时的消息提醒；可以申请自定义菜单；等等。

　　(2) 订阅号，即公众平台订阅号，为用户提供信息和资讯。它提供的内容包括：每天可以发送 1 条群发消息；发给用户的消息会显示在用户的订阅号文件夹中；在发送消息给用户时，用户不会收到即时消息提醒；在用户的通讯录中，订阅号将被放入订阅号文件夹中；等等。个人只能申请订阅号。

　　(3) 企业号，即公众平台企业号，旨在帮助企业、政府机关、学校、医院等事业单位和非政府组织建立与员工、上下游合作伙伴及内部 IT 系统间的连接，并能有效地简化管理流程，提高信息的沟通和协同效率，提升对一线员工的服务及管理能力。

6.1.2　公众平台的使用说明

1. 功能定位

微信公众平台的主要功能是提升企业的服务意识。在微信公众平台上，企业可以更好地提供服务，其运营方案有很多种模式，可以是第三方开发者模式，也可以是简单的编辑模式，不管是哪种模式，都建议以内容取胜，不要随意去刷粉丝，否则容易被封号。下面介绍微信公众平台主要的功能。

(1) 群发推送：公众号主动向用户推送重要通知或趣味内容。

(2) 自动回复：用户根据指定关键字，主动向公众号获取常规消息。

(3) 1 对 1 交流：公众号针对用户的特殊疑问，为用户提供 1 对 1 的对话解答服务。

2. 账号申请

打开浏览器，输入网址 https://mp.weixin.qq.com，进入微信公众平台的登录页面，如图 6-1 所示。

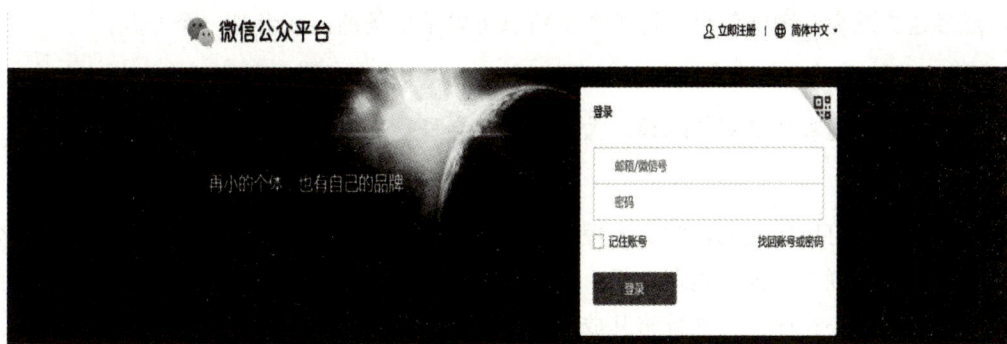

图 6-1　微信公众平台的登录页面

在使用微信公众平台服务前需要注册一个微信公众账号，运营主体为组织，可在新注册的时候选择成为服务号或者订阅号。之前注册的公众号，默认为订阅号，也可升级为服务号。在微信公众平台登录页面的右上方单击【立即注册】，进入注册页面，如图 6-2 所示。

图 6-2　微信公众平台的注册页面

微信公众账号可通过 QQ 号码或电子邮箱账号进行绑定注册，使用未与微信账号绑定的QQ 号码或电子邮箱账号注册公众号。腾讯有权根据用户需求或产品需要对账号注册和绑定的方式进行变更，关于使用账号的具体规则，请遵守 QQ 号码规则、相关账号使用协议以及腾讯为此发布的专项规则。

用户符合一定条件后可以对公众号申请微信认证。认证账号资料信息来源于微博认证等渠道，微信公众平台不再对认证账号信息进行独立审查，认证流程由认证系统自动验证完成。用户应当对所认证账号资料的真实性、合法性、准确性和有效性独立承担责任。

3. 发布方式

微信公众平台的发布和订阅方式都可通过在设置中的一个二维码来实现，品牌 ID 放到二维码的中部。也可以通过其他方式来订阅微信公众平台，比如通过微信号进行订阅，在微信上直接点按【添加朋友】→【按号码查找】，输入【账号】就可以查找并关注感兴趣的内容。此外在微信中还可以通过发送名片的方式把喜欢的公众号 ID 发送给朋友。

4. 消息推送

普通的公众号，可以群发文字、图片、语音、视频等类别的内容。而认证的账号有更高的权限，能推送更漂亮的图文信息，这类图文信息可以是单条的，或者是一个专题。

5. 分类订阅

关于用户订阅内容和品牌的选择，大多数用户会喜欢少量而精致的资讯，以方便阅览。

6. 门店小程序

在公众平台里可以快速创建门店小程序。运营者只需要简单填写自己企业或者门店的名称、简介、营业时间、联系方式、地理位置、图片等信息，不需要复杂的开发，就可以快速生成一个类似店铺名片的小程序，并支持将其放在公众号的自定义菜单、图文消息等场景中使用。

6.1.3 公众平台的人性设置

1. 群发助手

由于公共账号不能在手持设备上登录，因此，个人公众号可以绑定一个私人微信账号，并可以在私人账号上通过公众号助手，向所有公众号的粉丝群发消息。每次发送消息的时候都会被询问"是否确认发送"，消息提交过程比一般微信号的发送过程稍慢。

2. 自动回复

由于回复信息可以是一对多的点对点方式，微信公众平台后台设置了自动回复选项，用户可以通过添加关键词 (可以添加多个关键词) 以便自动处理一些常用的查询和疑问。

用户可以和官方账号互动，了解微信公众平台后台是怎样设置自动回复的。但是，自动回复对于非明星类的小媒体或者品牌来说，其实不是一个特别好的选择。

3. 数据统计

2013 年 8 月 29 日，微信公众平台数据统计功能正式上线，至此公众平台的用户、发布数据等终于可以量化了。

数据统计查看功能大致分为用户分析、图文分析和消息分析三类：

(1) 用户分析：查看任意时间段内用户数的增长、取消关注、用户属性等统计。

(2) 图文分析：查看任意时间段内图文消息群发效果的统计，包括送达人数、阅读人数、转发人数等分析。

(3) 消息分析：查看针对用户发送消息的统计，包括消息发送人数、次数等分析。

任务 6.2

微信公众平台后台管理

　　登录微信公众平台，注册公众账号，确认成为公众账号用户。申请的中文名称是可以重复的，不需要担心已经有人抢注了你的微信公众号，但是微信公众号是唯一的，且不可以修改。

　　确认公众账号后，就会进入微信公众平台的后台。后台很简洁，主要有实时交流、消息发送和素材管理，以及用户对自己的粉丝分组管理等。

6.2.1　公众平台的后台管理

　　公众平台的后台管理包括以下几部分内容：

　　(1) 功能管理模块。公众平台除了有群发功能，可以设置自动回复，自定义菜单等，还可以添加附件功能，比如有微信小店管理、投票管理、摇一摇周边、客服功能等。但是有一些功能需要认证之后的微信公众号，才可以申请设置。

　　(2) 群发功能。订阅号可以每天群发 1 条消息，而服务号只能每月群发 4 条消息。可以新建素材，修改之后，可以群发，也可以从素材库中选取素材。

　　(3) 素材发布。要会写文案，微信文章一般包括文章标题、正文和图片。要注意图片的大小，主图的大小要求为 900×500 像素，大于或者小于这个要求时，系统会自动缩放。

　　(4) 查看观看的人数与行为的分析。文章发布出去后，文章有多少人观看？有多少人分享？或者说，文章好不好，效果怎么样？这些都可以在后台的数据统计中看到。

　　(5) 获取更多的微信公众号功能。可以接入第三方工具，微信公众号有第三方的接口，配置设置第三方接口数据，接入即可操作使用。

　　(6) 微信公众号是面向全体人员进行开放的，但是每个人最多只可以申请 5 个账号。

微信公众平台
后台管理

6.2.2　公众平台的后台操作

1. 登录后台的主页面

　　绑定公众平台的管理员成功登录后进入微信公众平台的后台页面。后台页面的左侧是功能操作部分，包括功能、管理、推广、统计等，还有账号设置、开发功能等；右侧为资讯与操作过程。微信公众平台的后台页面如图 6-3 所示。

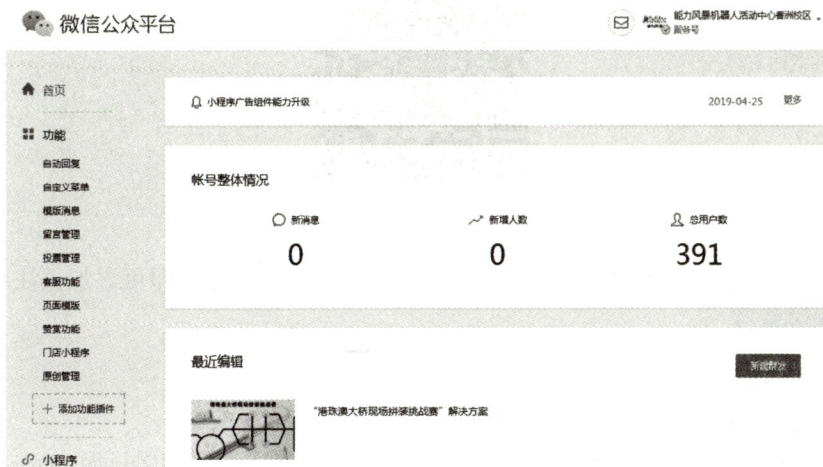

图 6-3　微信公众平台的后台页面

2. 管理订阅用户

单击微信公众平台后台页面中左侧的管理菜单中的【管理】→【用户管理】。进入【用户管理】页面，如图 6-4 所示。在此页面中可以进行以下相关管理操作。

图 6-4　微信公众平台后台的【用户管理】页面

(1) 修改备注：修改关注用户的备注名称，同 QQ 备注一样的用法，起到备忘的作用。

(2) 新建标签：建立新的用户分组，发送消息的时候可以限定分组指定发送。

(3) 用户分组：选择用户后（可以多选），单击【添加到】即可将用户移动至指定分组当中。

(4) 注意事项：用户不可以由平台添加，只能由用户自己主动添加关注。

(5) 推荐用户关注公众平台。用户关注公众平台的方式有两种：

① 通过【账号】或【账号名称】查找添加关注。

在手机中打开微信，选择右上角的【+】号→单击【公众号】，输入公众号账号（微信号）或者微信号名称"能力风暴机器人活动中心香洲校区"，单击【关注公众号】即可添加关注和查看消息。

② 通过扫描【二维码】添加关注。

在手机中打开微信，选择右上角的【+】号→单击【扫一扫】，微信二维码如图 6-5 所示。

图 6-5　微信二维码

使用手机照相机对着上面的二维码扫一扫，单击【关注公众号】即可添加关注和查看消息。

3. 编辑图文素材

编辑图文素材的方法如下：

(1) 单击微信公众平台后台页面中左侧的【管理】→【素材管理】。

(2) 将鼠标移动至【图文消息】中的【新建图文素材】，进入图文编辑页面，单击左侧的【+】→【写新图文】，可变成多图文消息。

① 单图文消息是指一条消息只包含一篇文章。

② 多图文消息是指一条消息可以包含一篇以上的文章。

(3) 编辑【多图文消息】素材，如图 6-6 所示。

图 6-6　微信公众平台后台的编辑多图文消息页面

① 标题：消息的总标题。

② 作者：发布人名称，选填选项，可以不用填写。

③ 封面：图文消息显示的封面图片，单击【上传】即可上传封面，封面建议上传宽度 360 像素、高度 200 像素的图片，勾选【封面图片显示在正文中】后封面图片会在消息顶部作为文章的一部分显示出来。

④ 正文：文章的正文内容，可以一次性插入多张图片，编辑器的使用与 QQ 日志正文的编辑操作类似。

⑤ ✎ 🗑：多图文消息的页面编辑和删除按钮。

⑥ ✚：添加新的图文页面。多图文页面可以在一条消息中插入多篇文章。

(4) 单击【保存】按钮，保存图文素材，以供发布时使用。

4. 发布消息

发布消息的方法如下：

(1) 单击【编辑图文素材】页面中的【保存并群发】按钮。

(2) 进入【新建群发】页面，如图 6-7 所示。图中包括以下内容：

① 群发对象：按分组限定可以收到该消息的人。

② 性别：按性别限定可以收到该消息的人。

③ 群发地区：按关注人所在地区限定可以收到该消息的人。

④ 文字：发送的消息为纯文字和 QQ 表情，最多可以输入 600 个字。

⑤ 图片：发送的消息可以是多张图片。

⑥ 语音：发送的消息为一段声音，可以上传，大小不超过 5 M，长度不超过 60 秒，格式为 mp3、wma、wav、amr 的一段声音和音乐文件。

⑦ 视频：发送的消息为一段视频，可以上传，大小不超过 20 M，格式为 rm、rmvb、wmv、avi、mpg、mpeg、mp4 的一段视频或添加至"腾讯"网站的视频。

⑧ 图文消息：发送最多的消息类型，可以发送前面【编辑图文消息】部分保存好的图文消息，当然也可以直接编辑。

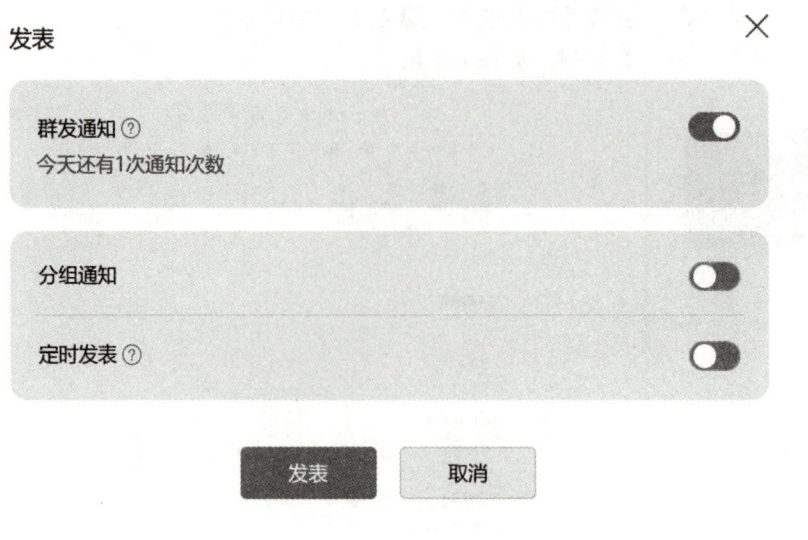

图 6-7　微信公众平台后台的【新建群发】页面

（3）单击【群发】按钮即可将消息发送出去。

（4）单击【已发送】可查看群发的历史记录和消息的发送状态。

5. 高级功能

高级功能包括以下几部分：

（1）被订阅时的自动回复设置。

① 单击微信公众平台后台页面中左侧的【功能】→【自动回复】，然后单击右边【编辑模式】的【进入】。

② 确保状态为【开启】（如果为关闭，则单击一下即可打开），则单击【设置】按钮。

③ 单击右边菜单列表里面的【被添加自动回复】。

④ 编辑即可，编辑完成单击【保存】，如果要取消自动回复，则单击【删除】按钮即可。

⑤ 保存后，当有用户添加关注后第一时间即可收到一条该消息。该消息支持文字、图片、语音和视频类型。

（2）收到消息时的自动回复设置。

① 单击微信公众平台后台页面中左侧的【功能】→【自动回复】，然后单击右边【编辑模式】的【进入】。

② 确保状态为【开启】（如果为关闭，则单击一下即可打开），单击【设置】按钮。

③ 单击右边菜单列表里面的【消息自动回复】。

④ 进行编辑，编辑完成单击【保存】，如果要取消自动回复，则单击【删除】按钮即可。

⑤ 保存后，当有用户向公众号发送一条消息时即可收到一条该消息。该消息支持文字、图片、语音和视频类型。

（3）关键词自动回复设置。

① 单击微信公众平台后台页面中左侧的【功能】→【自动回复】，然后单击右边【编辑模式】的【进入】。

② 确保状态为【开启】（如果为关闭，则单击一下即可打开），单击【设置】按钮。

③ 单击右边菜单列表里面的【关键词自动回复】。

④【关键词自动回复】为当用户向公众账号发送包含所设置的关键词的时候系统自动向该用户发送该消息。该消息支持文字、图片、语音、视频和图文消息类型。

任务 6.3

珠海景点导览微信小程序制作

　　自从腾讯推出小程序以来，因其小巧好用、功能简单，适用很多场合。再利用其方便添加微信好友，能够进行微信支付等特点，众多旅游、餐饮、教育、银行等商家都相继推出小程序。因此小程序拥有广阔的市场空间。

　　腾讯提供的小程序开发工具是"微信开发者工具"，需要手写代码，适合专业开发人员使用。搜狐快站 (以下简称"快站") 推出的小程序制作功能，采用拖曳组件、全配置的方式，相对来说适合所有人开发。本任务通过使用"快站"平台制作景点导览微信小程序。

6.3.1　制作景点导览微信小程序

1. 选择合适的模板

　　快站支持创建微官网、移动电商、移动社区、图文博客等，可根据要制作的小程序的需求，来创建相应的小程序。

　　(1) 进入"快站"官网 (https://www.kuaizhan.com/) 并完成注册，然后登录进入到用户工作台界面，如图 6-8 所示，在【小程序】选项中单击【进入管理后台】按钮，进入心动小程序模板界面。

珠海景点
导览微信
小程序制作

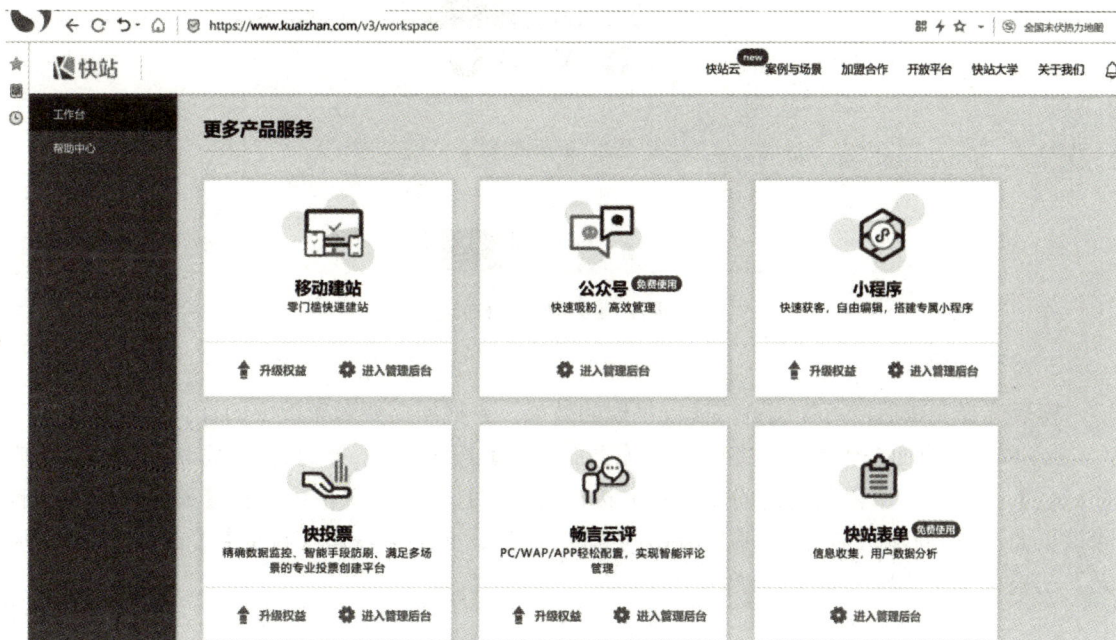

图 6-8　用户工作台界面

　　(2) 在心动小程序模板界面中选择【餐饮、酒店、旅游服务】分类选项，浏览其中的模板，将鼠标指针移动到【新疆旅游】模板上，如图 6-9 所示，单击【使用】按钮，在弹出的【新建小程序】对话框中输入小程序名称【珠海旅游】，如图 6-10 所示，单击【确定】按钮，即可打开【小程序列表】页面。

图 6-9　选择模板

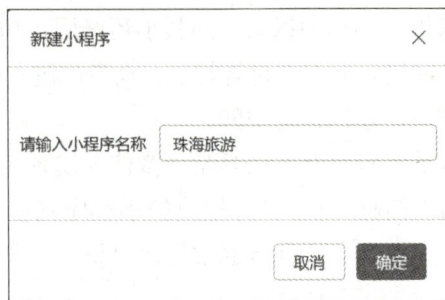

图 6-10　【新建小程序】对话框

(3) 在【小程序列表】页面中，单击【编辑页面】按钮，打开【页面编辑】页面，如图 6-11 所示。

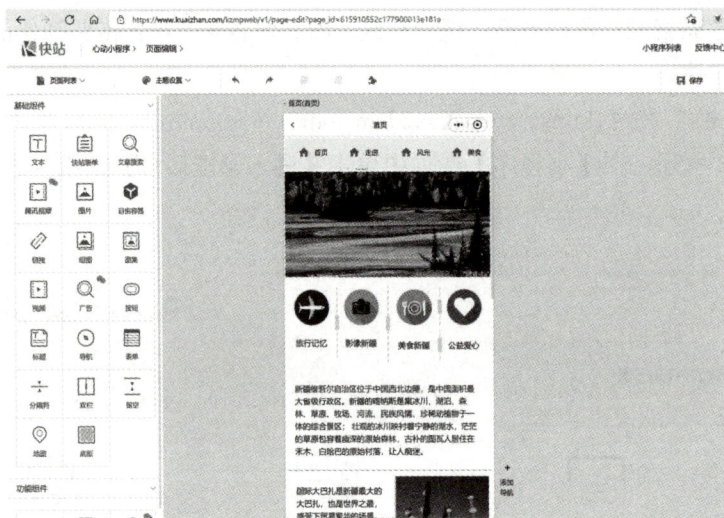

图 6-11　【页面编辑】页面

2. 修改模板样式

模板选择完成后，可先浏览该模板呈现的效果，并根据需要对模板中的样式进行修改。

(1) 单击【页面编辑】页面左上角的【页面列表】按钮，在下拉列表中，将鼠标移动到【旅行记忆】选项上，单击其右侧的【删除】按钮🗑，在打开的提示框中单击【确定】按钮，删除该页面；使用同样的方法，将其他或相同的选项删除，最后只保留【首页】、【走进新疆】、【风光】三项各一个选项，如图 6-12 所示。

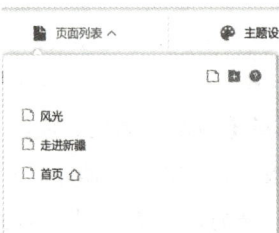

图 6-12　删除其他或相同的选项后的下拉列表

·说明·

> 根据设计小程序需求，在删除其他及相同的选项时，如果没有及时更新删除后的页面，则刷新浏览器即可。

(2) 在【页面列表】下拉列表中，将鼠标移动到【风光】选项上，单击【编辑】按钮 ✎，将【风光】文字更改为【风光景点】，然后单击【确定】按钮 ✓；使用同样的方法，将【走进新疆】文字更改为【走进珠海】，如图 6-13 所示。

图 6-13　修改选项后的【页面列表】下拉列表

3. 编辑组件

小程序模板是由众多基础组件和功能组件构成的，在创建小程序的过程中，需要对这些组件进行编辑，以丰富小程序的内容。

(1) 单击【页面编辑】页面中上部的【页面已有组件】按钮 ♣，弹出【页面已有组件】下拉列表，如图 6-14 所示，选中第 3 行的【留空】列并单击其右边的【删除】按钮 🗑，删除该列；使用同样的方法将【双栏】列删除，这部分设置完成后的效果如图 6-15 所示。

图 6-14　首页【页面已有组件】下拉列表　　　图 6-15　完成后的【页面已有组件】下拉列表

(2) 在【页面已有组件】下拉列表中选中【导航】列，右边弹出相应的【内容】选项卡，将【走进新疆】文本框文字改为【走进珠海】，并单击此项的【修改】按钮，弹出【选择链接类型】对话框，按照如图 6-16 所示进行设置，设置完成后单击【确定】按钮即可更改链接为【走进珠海】；使用同样的方法，将【风光】文本框文字改为【风光景点】并更改链接；最后单击【美食】选项右边的【删除】按钮 ✕，删除【美食】选项，完成设置后的显示结果如图 6-17 所示。

图 6-16 【选择链接类型】对话框

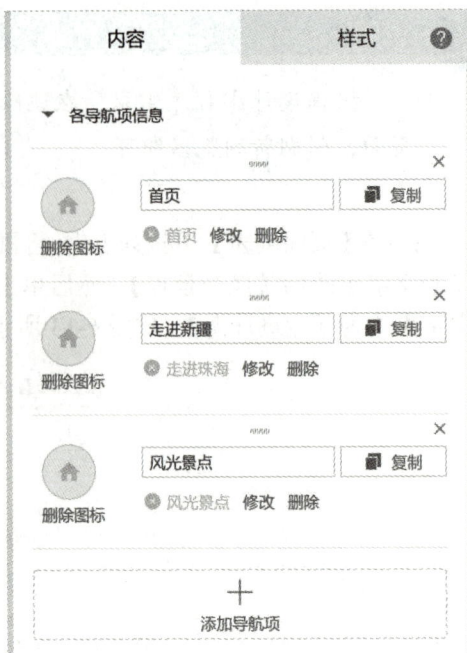

图 6-17 【内容】选项卡设置完毕结果

(3) 在【页面已有组件】下拉列表中选中【组图】列，右边弹出相应的【内容】选项卡，将鼠标移动到第一张图片上，单击弹出的选项条中的【替换】按钮，打开【我的图片】对话框并单击右上角的【上传图片】按钮，打开【打开】对话框，选择本章素材文件里的所有图片文件，如图 6-18 所示，单击【打开】按钮上传所有图片到【我的图片】对话框中，然后单击选中图片"横琴长隆海洋度假区 1. jpg"，如图 6-19 所示，单击【确定】按钮即可替换原先的图片；使用同样的方法，将剩下的四张图片分别替换为"港珠澳大桥 1. jpg""珠海渔女 1. jpg""珠海大剧院 1. jpg""海滨泳场 1. jpg"。

(4) 在【页面已有组件】下拉列表中选中第 4 列【底板】内的【文本】项，右边弹出相应的【内容】选项卡，将【内容】选项卡中文本框的文字替换为本章文字素材文档的"珠海市简介"的文字，并设置字体大小为 12px，如图 6-20 所示。

图 6-18 【打开】对话框

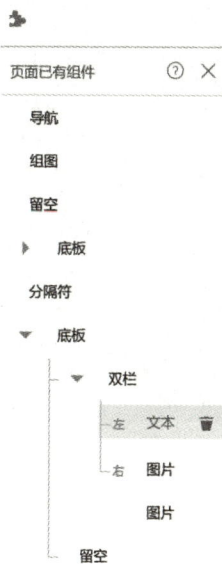

图 6-19　【我的图片】对话框

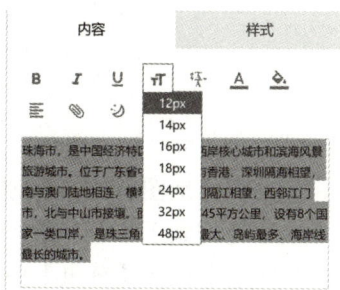

图 6-20　替换【内容】选项卡中的文字

　　(5) 在【页面已有组件】下拉列表中选中第 6 列【底板】内的【双栏】项中的【文本】项，如图 6-21 所示，右边弹出相应的【内容】选项卡，将【内容】选项卡中文本框的文字替换为本章文字素材文档的"珠海渔女"的文字，并设置字体大小为 12 px；单击第 1 列【图片】项，右边弹出相应的【内容】选项卡，将鼠标移动到图片上，单击弹出的选项条中的【删除】按钮，再单击【添加图片】按钮，在打开的【我的图片】对话框中选择"珠海渔女 1. jpg"，单击【确定】按钮替换原先的图片；使用同样的方法，将第 2 列【图片】项图片替换为"珠海渔女 2. jpg"，这部分设置完成后的效果如图 6-22 所示。

图 6-21　【页面已有组件】下拉列表　　　　图 6-22　【首页】部分完成后模板效果 1

（6）使用同样的方法，在【页面已有组件】下拉列表中，将第9列【底板】内的【双栏】项中第1列【图片】项的图片替换为"港珠澳大桥1.jpg"，第2列【图片】项的图片替换为"港珠澳大桥2.jpg"，将【文本】项的文字替换为本章文字素材文档的"港珠澳大桥"的文字，并设置字体大小为12 px，这部分设置完成后的效果如图6-23所示。

图6-23 【首页】部分完成后模板效果2

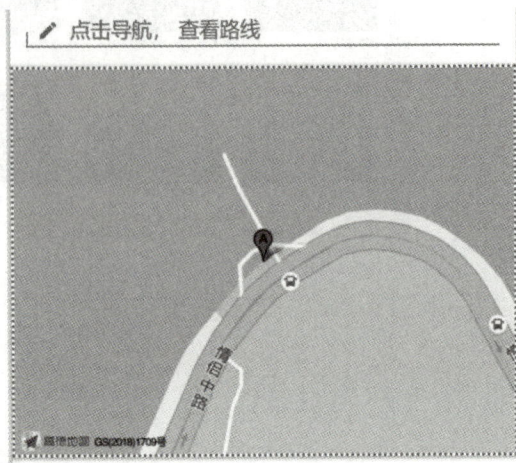

图6-24 【首页】部分完成后模板效果3

（7）在【页面已有组件】下拉列表中选中【地图】项，右边弹出相应的【内容】选项卡，在【搜地址】文本框中输入"珠海渔女"，单击【搜索】按钮，即可更改地图初始目标位置，这部分设置完成后的效果如图6-24所示。至此，小程序【首页】内容设置完毕，单击【页面编辑】页面左上角的【保存】按钮 保存，保存已编辑的模板内容，再单击【预览】按钮 预览，预览已编辑的模板内容，如图6-25所示。

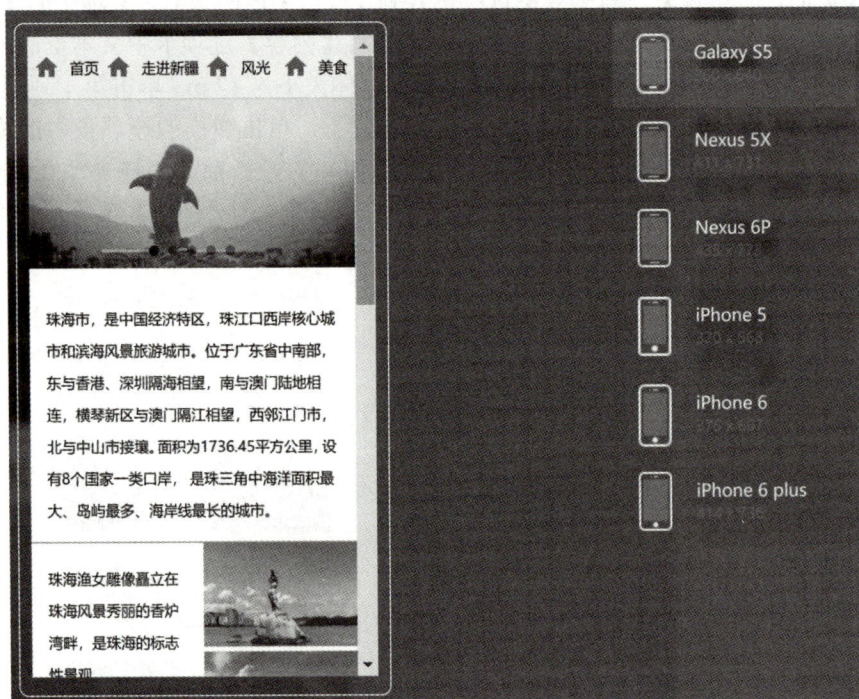

图6-25 小程序【首页】预览结果

（8）在【页面列表】下拉列表中单击【走进珠海】选项，在打开的【是否离开网站？】提示框中单击【离开】按钮，打开【走进珠海】编辑页面，如图6-26所示。再单击【页面编辑】页面中上部的【页面已有组件】按钮 ，弹出【页面已有组件】下拉列表，如图6-27所示。

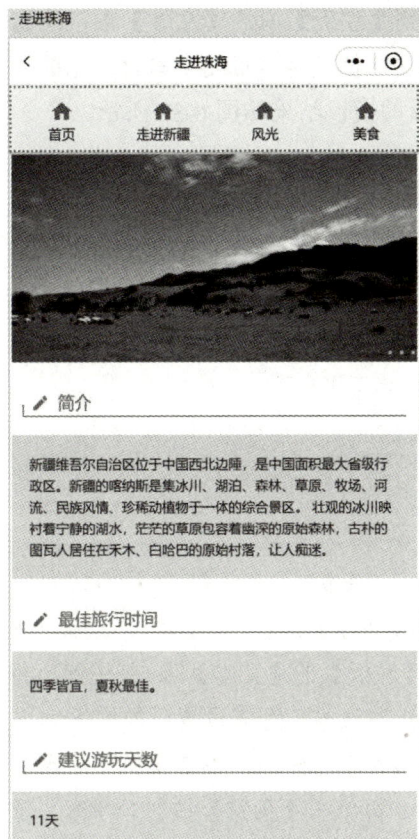

图 6-26　【走进珠海】编辑页面　　　　　　图 6-27　【页面已有组件】下拉列表

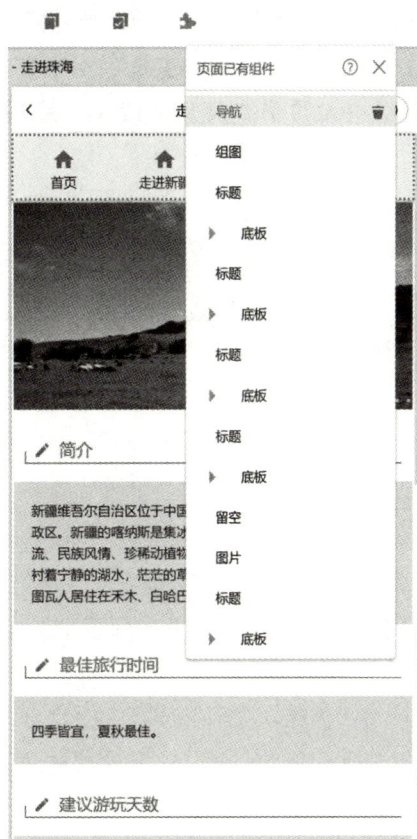

(9) 在【页面已有组件】下拉列表中选中【导航】列，右边弹出相应的【内容】选项卡，参照步骤 (2) 进行相应设置，完成设置后的显示结果如图 6-28 所示。

(10) 在【页面已有组件】下拉列表中选中【组图】列，右边弹出相应的【内容】选项卡，参照步骤 (3) 进行相应设置，分别将三张图片替换为"珠海渔女 2. jpg""港珠澳大桥 2. jpg"和"横琴长隆海洋度假区 2. jpg"，完成设置后的显示结果如图 6-29 所示。

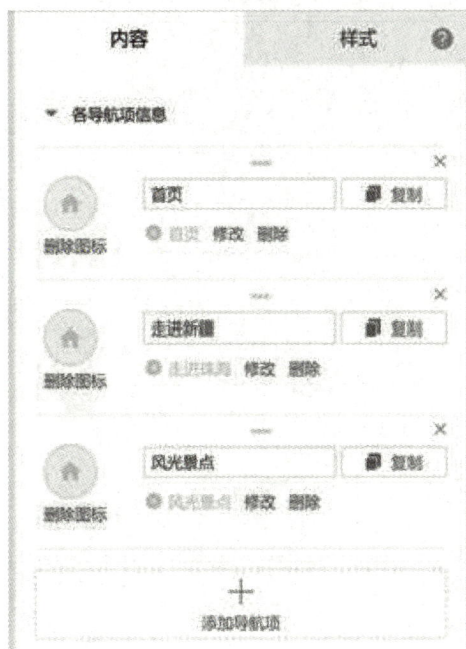

图 6-28　【内容】选项卡设置完毕结果　　　图 6-29　替换【组图】列图片

(11) 在【页面已有组件】下拉列表中选中第 4 列【底板】内的【文本】项，右边弹出相应的【内容】选项卡，将【内容】选项卡中文本框的文字替换为本章文字素材文档的"珠海市简介"的文字，并设置字体大小为 12 px，完成设置后的模板结果如图 6-30 所示。

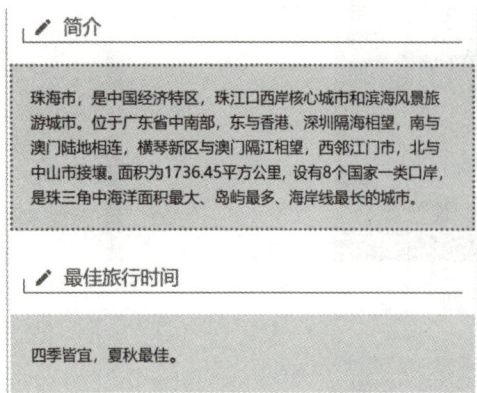

图 6-30　替换【组图】列文字

图 6-31　替换【底板】列内容

(12) 在【页面已有组件】下拉列表中选中第 8 列【底板】的【文本】项，右边弹出相应的【内容】选项卡，把"11 天"改为"7 天"；选中第 10 列【底板】的【文本】项，右边弹出相应的【内容】选项卡，把"温带大陆性气候"改为"亚热带海洋性气候"，完成设置后的模板结果如图 6-31 所示。其他选项不变，至此，小程序【走进珠海】内容设置完毕，单击【页面编辑】页面左上角的【保存】按钮 ，保存已编辑的模板内容，再单击【预览】按钮 ，预览已编辑的模板内容，如图 6-32 所示。

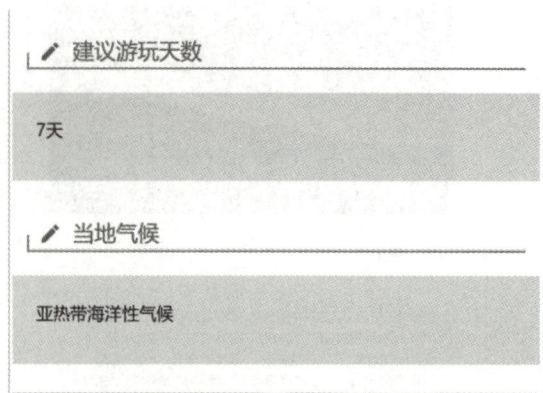

图 6-32　小程序【走进珠海】预览结果

(13) 在【页面列表】下拉列表中单击【风光景点】选项，在打开的【是否离开网站？】提示框中单击【离开】按钮，打开【风光景点】编辑页面，如图 6-33 所示。单击【页面编辑】页面中上部的【页面已有组件】按钮，弹出【页面已有组件】下拉列表，如图 6-34 所示。

图 6-33 【风光景点】编辑页面

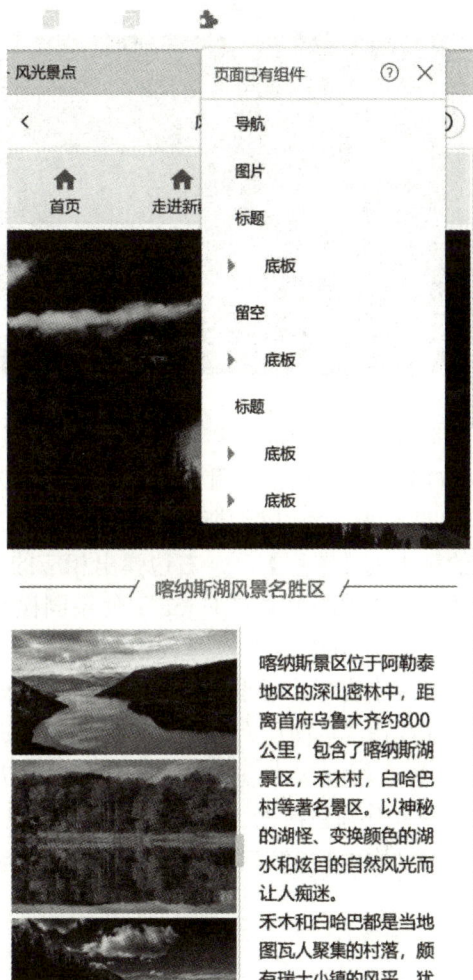

图 6-34 【页面已有组件】下拉列表

(14) 在【页面已有组件】下拉列表中选中【导航】列，右边弹出相应【内容】选项卡，参照步骤 (2) 进行相应设置，这部分设置完成后的效果如图 6-35 所示。

图 6-35 【风光景点】部分完成后模板效果 1

(15) 在【页面已有组件】下拉列表中选中【图片】项，右边弹出相应的【内容】选项卡，将鼠标移动到图片上，单击弹出的选项条中的【删除】按钮，再单击【添加图片】按钮，在打开的【我的图片】对话框中选择"港珠澳大桥 2.jpg"，单击【确定】按钮替换原先的图片，这部分设置完成后的效果如图 6-36 所示。

图 6-36 【风光景点】部分完成后模板效果 2

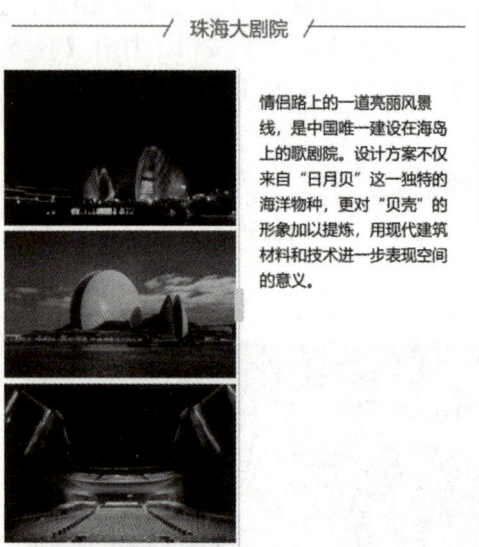

图 6-37 【风光景点】部分完成后模板效果 3

(16) 在【页面已有组件】下拉列表中选中第 3 列【标题】项，右边弹出相应的【内容】选项卡，将标题内容"喀纳斯湖风景名胜区"替换为"珠海大剧院"；选中第 4 列【底板】项【双栏】中的第 1 列【图片】项，右边弹出相应的【内容】选项卡，参照步骤 (3) 进行相应设置，将图片替换为"珠海大剧院 1. jpg"；使用同样的方法，将另外两列【图片】项图片分别替换为"珠海大剧院 2. jpg"和"珠海大剧院 3. jpg"；将【文本】项的文字替换为文字素材文本中的"珠海大剧院"内容，并设置字体大小为 12 px，这部分设置完成后的效果如图 6-37 所示。

(17) 在【页面已有组件】下拉列表中选中第 6 列【底板】的【标题】项，右边弹出相应的【内容】选项卡，将标题内容"天山天池"替换为"海滨泳场"；将【双栏】项中的两列【图片】项的图片分别替换为"海滨泳场 1. jpg"和"海滨泳场 2. jpg"；将【文本】项的文字替换为文字素材文本中的"海滨泳场"内容，并设置字体大小为 12 px，这部分设置完成后的效果如图 6-38 所示。

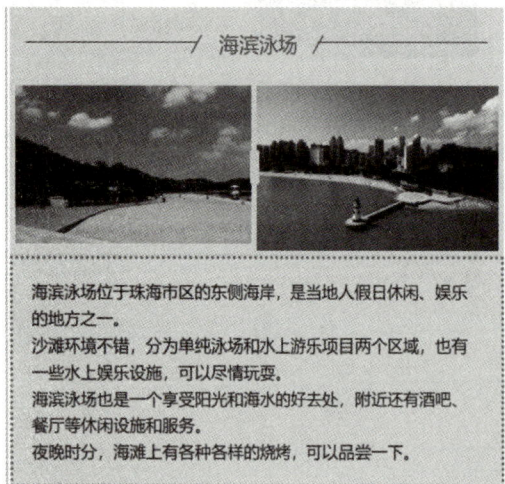

图 6-38 【风光景点】部分完成后模板效果 4

图 6-39 【风光景点】部分完成后模板效果 5

(18) 在【页面已有组件】下拉列表中选中第 7 列【标题】项，右边弹出相应的【内容】选项卡，将标题内容"那拉提草原"替换为"圆明新园"；将第 8 列【底板】的【双栏】项的两列【图片】项图片分别替换为"圆明新园 1. jpg"和"圆明新园 2. jpg"；将【文本】项的文字替换为文字素材文本中的"圆明新园"内容，并设置字体大小为 12 px，这部分设置完成后的效果如

图 6-39 所示。

(19) 在【页面已有组件】下拉列表中选中第 9 列【底板】的【标题】项,右边弹出相应的【内容】选项卡,将标题内容"赛里木湖"替换为"横琴长隆海洋度假区";将【双栏】中的三列【图片】项图片分别替换为"横琴长隆海洋度假区 1. jpg""横琴长隆海洋度假区 2. jpg"和"横琴长隆海洋度假区 3. jpg";将【文本】项的文字替换为文字素材中的"横琴长隆海洋度假区"内容,并设置字体大小为 12px,这部分设置完成后的效果如图 6-40 所示。至此,小程序【风光景点】内容设置完毕,单击【页面编辑】页面左上角的【保存】按钮 保存,保存已编辑的模板内容,再单击【预览】按钮 预览,预览已编辑的模板内容,如图 6-41 所示。

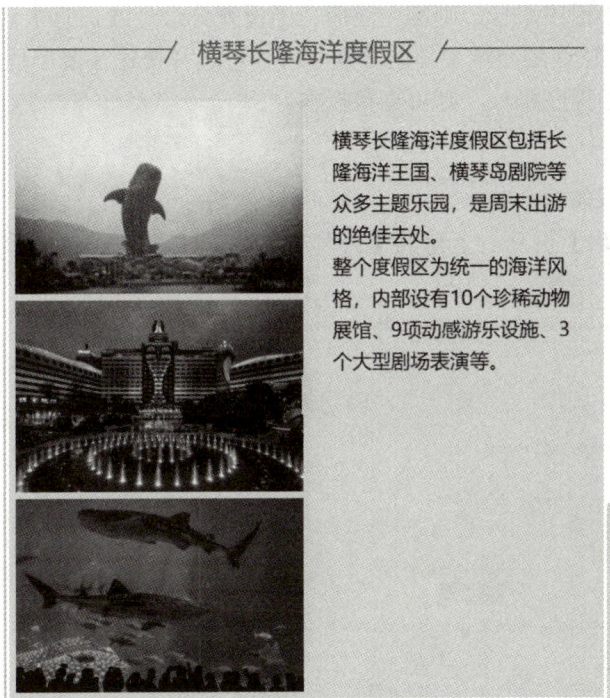

图 6-40　【风光景点】部分完成后模板效果 6

图 6-41　小程序【风光景点】预览结果

6.3.2　景点导览微信小程序发布

1. 小程序发布注意事项

小程序制作好之后，由于各种原因会导致错误，为了查看有没有问题，或查看真实的体验怎么样，都需要先预览一下再发布。预览后没有发现问题则可发布微信小程序。发布微信小程序需要进行授权操作，授权需要满足以下两个前提：

(1) 拥有一个微信小程序账号。

(2) 该小程序账号没有授权给其他第三方平台。

如果未注册微信小程序账号，则需先注册。当没有公众号或拥有未认证的公众号时，可选择直接注册；当拥有已认证的企业主体的公众号时，可选择快速注册小程序。

如果已拥有微信小程序账号，则可直接授权。

2. 小程序发布

小程序发布的步骤如下：

(1) 单击【页面编辑】页面右上角的【去发布】按钮▶ **去发布**，打开【小程序授权】页面，如图 6-42 所示。

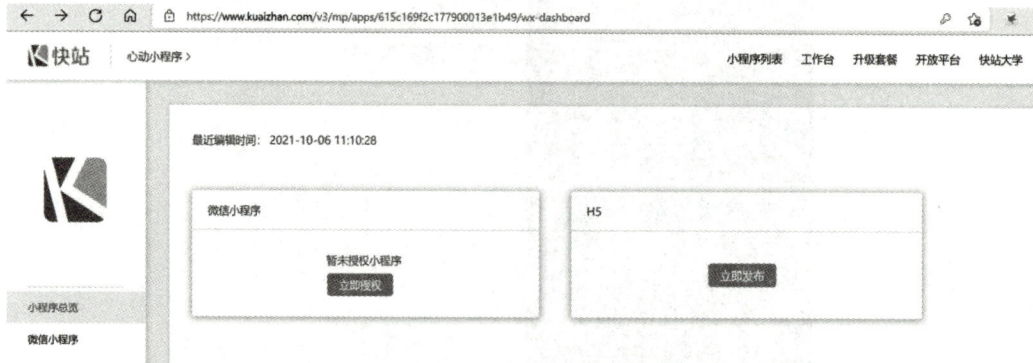

图 6-42　【小程序授权】页面

(2) 单击【小程序授权】页面的【立即授权】按钮，打开【公众平台账号授权】页面，如图 6-43 所示，微信扫一扫此时弹出的二维码，并在微信点击【确认授权】，即授权成功，并打开【小程序发布】页面，如图 6-44 所示。

图 6-43　【公众平台账号授权】页面

图 6-44　打开【小程序发布】页面

(3) 单击【小程序发布】页面的【打包发布】按钮,打开【提交审核】页面,如图 6-45 所示,这里可以进行【版本设置】、【基本信息】、【体验者管理】、【服务器域名配置】、【插件管理】、【开始设置】、【客服设置】等操作。

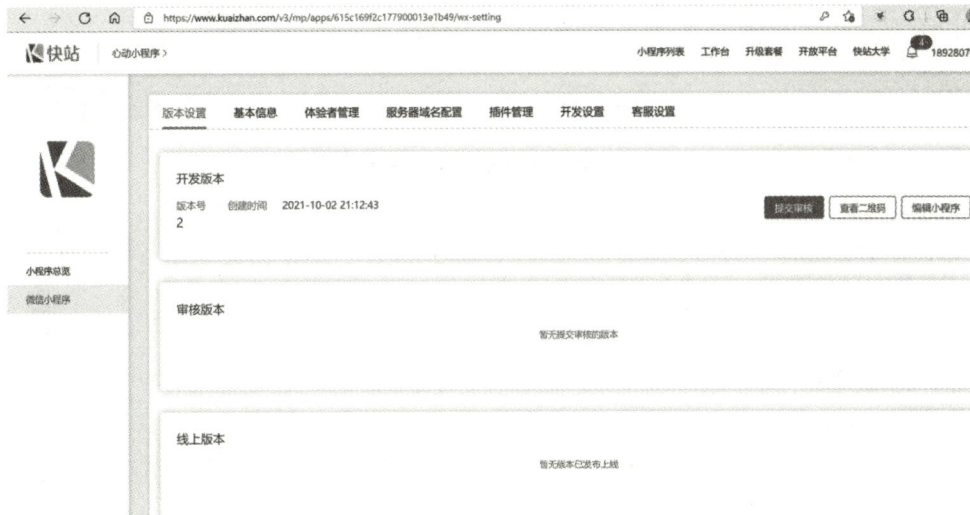

图 6-45　【提交审核】页面

(4) 选择【版本设置】选项,若单击【编辑小程序】按钮,则可打开小程序【页面编辑】页面,若单击【查看二维码】按钮,则弹出【查看二维码】对话框,如图 6-46 所示,微信扫一扫此时的二维码,即可在手机上浏览小程序。

图 6-46　【查看二维码】对话框

(5) 单击【提交审核】页面的【提交审核】按钮，弹出【提交审核的相关须知】对话框，阅读"提交审核的相关须知"后，选择【已阅读并了解平台审核规则】选项，如图 6-47 所示，单击【确定】按钮，弹出【提交审核】对话框，在【页面功能】下拉框中选择"首页"，在【标题】文本框中输入"珠海旅游"，在【标签】的选项中分别输入"珠海"和"旅游"内容，如图 6-48 所示，单击【确定】按钮即可完成提交审核。

图 6-47　【提交审核的相关须知】对话框

图 6-48　【提交审核】对话框

思政聚焦——网络文明与安全

2016 年 11 月 7 日第十二届全国人民代表大会常务委员会第二十四次会议通过《中华人民共和国网络安全法》，该安全法有七大方面六大亮点。

《中华人民共和国网络安全法》的七大方面如下：

网络文明与安全 .mp4

(1) 维护网络主权与合法权益。该法第一条即明确规定"维护网络空间主权和国家安全、社会公共利益，保护公民、法人和其他组织的合法权益，促进经济社会信息化健康发展。"

(2) 支持与促进网络安全。专门拿出一章的内容，要求建立和完善国家网络安全体系，支持各地各相关部门加大网络安全投入、研发和应用，支持创新网络安全管理方式，提升保护水平。

(3) 强调网络运行安全。利用两节共十九条的篇幅做了详细规定，突出"国家实行网络安全等级保护制度"和"关键信息基础设施的运行安全"。

(4) 保障网络信息安全。以法律形式明确"网络实名制"，要求网络运营者收集使用个人信息，应当遵循合法、正当、必要的原则，"不得出售个人信息"。

(5) 监测预警与应急处置。要求建立健全网络安全监测预警和信息通报制度，建立网络应急工作机制，制定应急预案，重大突发事件可采取"网络通信管制"。

(6) 完善监督管理体制。实行"1+X"监管体制，打破"九龙治水"困境。该法第八条规定国家网信部门负责统筹协调网络安全工作和相关监督管理工作。国务院电信主管部门、公安部门和其他有关机关在各自职责范围内负责网络安全保护和监督管理。

(7) 明确相关利益者法律责任。该法第六章对网络运营者、网络产品或者服务提供者、关键信息基础设施运营者，以及网信、公安等众多责任主体的处罚惩治标准，做了详细规定。

《中华人民共和国网络安全法》六大亮点如下：

(1) 明确了网络空间主权的原则；

(2) 明确了网络产品和服务提供者的安全义务；

(3) 明确了网络运营者的安全义务；

(4) 进一步完善了个人信息保护规则；

(5) 建立了关键信息基础设施安全保护制度；

(6) 确立了关键信息基础设施重要数据跨境传输的规则。

2017 年 4 月 19 日，中共中央总书记、国家主席、中央军委主席、中央网络安全和信息化小组组长习近平在京主持召开网络安全和信息化工作座谈会并发表重要讲话。他强调，我们要本着对社会、对人民负责的态度，依法加强网络空间治理，加强网络内容建设，做强网上正面宣传，培育积极健康、向上向善的网络文化，用社会主义核心价值观和人类优秀文明成果滋养人心、滋养社会，做到正能量充沛、主旋律高昂，为广大网民特别是青少年营造一个风清气正的网络空间。

大兴网络文明，净化网络环境，为增强青少年自觉抵御网上不良信息的意识，中国青少年网络协会向全社会发布了《全国青少年网络文明公约》。公约内容如下：

要善于网上学习，不浏览不良信息；

要诚实友好交流，不侮辱欺诈他人；

要增强自护意识，不随意约会网友；

要维护网络安全，不破坏网络秩序；

要有益身心健康，不沉溺虚拟时空。

第 7 章　云计算的认知与体验

2006 年，亚马逊第一次把云计算服务进行了商用，将其弹性计算能力作为云服务去售卖，即以 Web 服务的形式向企业提供 IT 基础设施服务。有了云计算，用户不必购买软硬件设备，也不必聘请 IT 工程师来管理 IT 基础设施，而是直接通过 Web 给"云"发送命令，传输数据，即可以使用云计算厂商提供的计算、存储、软件等各项云服务。云计算是与信息技术、软件、互联网相关的一种服务，其目的是希望使用 IT 技术能像使用水、电力那样方便，并且成本低廉；其核心是可以将很多的计算机资源协调在一起，使用户通过网络就可以获取到无限的资源，同时获取的资源不受时间和空间的限制。本章通过学习云计算的概念、特点、发展历史以及简单应用，完成对云计算的认知和使用体验。

任务 7.1

认 识 云 计 算

云计算概述

某一信息技术企业打算使用云计算服务拓展业务，培养员工云计算基础技能，让员工了解云计算的相关概念、云计算技术特点与相关应用领域。

为了熟悉云计算的概念和应用，需要了解云计算的特点、服务形式、应用案例等，同时对云计算发展历史的学习有助于加深对云计算应用领域的理解。

7.1.1　云计算概述

◯ 相关知识

1. 云计算的概念

美国国家标准与技术研究院 (NIST) 对云计算的定义：云计算是一种按使用量付费的模式，这种模式提供可用的、便捷的、按需的网络访问，进入可配置的计算资源共享池 (资源包括网络、服务器、存储、应用软件和服务)，这些资源能够被快速提供，而只需投入很少的管理工作，或与服务供应商进行很少的交互。云计算使计算分布在大量的计算机上，通过虚拟化技术集成为统一的资源池，提供按需服务，使得企业或用户能根据需求访问计算机和存储系统资源。

云计算按照业务模式可以分为四类：公有云、私有云、社区云及混合云。公有云是利用互联网，面向公众提供云计算服务；私有云是利用企业内网和专网，面向单一企业或组织提供云计算服务，这些服务是不提供于公众使用的；社区云是利用内网、专网及虚拟专用网络 (Virtual Private Network，VPN)，为多家关联部门提供云计算服务；混合云是上述两种或三种云的组合。

云计算按照服务模式可以分为三类：基础设施即服务 (IaaS)、平台即服务 (PaaS) 和软件即服务 (SaaS)。IaaS 提供通过网络访问存储和计算等信息技术基础设施的能力；PaaS 为开发人员提供构建和托管 Web 应用程序的开发工具。SaaS 主要用于基于 Web 的应用程序，是一种通过网络提供软件的模式。

2. 云计算的特点

云计算的特点如下：

(1) 超大规模。"云"具有相当的规模，阿里云基础设施目前已面向全球四大洲，开放服务运营 25 个公共云地域，部署了上百个数据中心，服务器的总规模数已经接近 200 万台，如果把这些服务器堆叠起来，那么其整体高度会超过 20 个珠穆朗玛峰。企业私有云一般拥有数百上千台服务器。"云"能赋予用户前所未有的计算能力。

(2) 虚拟化。云计算支持用户在任意位置使用各种终端获取应用服务。用户所请求的资源来自"云"。应用在"云"中某处运行，但实际上用户无须了解，也不用担心应用运行的具体位置。只需要一台笔记本或者一个手机，就可以通过网络服务来实现存储、计算、软件应用等各种服务。

(3) 高可靠性。"云"使用了数据多副本容错、计算节点同构可互换等措施来保障服务的高可靠性，使用云计算比使用本地计算机可靠。

(4) 通用性。云计算不针对特定的应用，在"云"的支撑下可以构造出千变万化的应用，同一个"云"可以同时支撑不同的应用运行。

(5) 高可扩展性。"云"的规模可以动态伸缩，以满足应用和用户规模增长的需要。

(6) 按需服务。"云"是一个庞大的资源池，要按需购买；云可以像自来水、电、煤气那样计费。

(7) 极其廉价。由于"云"的特殊容错措施可以采用极其廉价的节点来构成云，"云"的自动化集中式管理使大量企业无须负担日益高昂的数据中心管理成本，"云"的通用性使资源的利用率较之传统系统大幅提升，因此用户可以充分享受"云"的低成本优势，经常只要花费几百美元、几天时间就能完成以前需要数万美元、数月时间才能完成的任务。

(8) 潜在的危险性。云计算服务除了提供计算服务外，还提供了存储服务。但是云计算服务当前垄断在私人机构 (企业) 手中，而他们仅仅能够提供商业信用。对于政府机构、商业机构 (特别是像银行这样持有敏感数据的商业机构)，选择云计算服务应保持足够的警惕。一旦商业用户大规模使用私人机构提供的云计算服务，无论其技术优势有多强，都不可避免地让这些私人机构以"数据 (信息)"的重要性挟制整个社会。对于信息社会而言，"信息"是至关重要的。另一方面，云计算中的数据对于数据所有者以外的其他云计算用户是保密的，但是对于提供云计算的商业机构而言确实毫无秘密可言。所有这些潜在的危险，是商业机构和政府机构选择云计算服务，特别是国外机构提供的云计算服务时，需考虑的一个重要的前提。

3. 常见的云计算平台

云计算可看成是存储云 + 计算机云的有机结合，它利用服务器虚拟化技术实现负载均衡，以提高资源利用率。

云计算平台也称为云平台，它是服务器端数据存储和处理的中心。云计算平台可以划分为以数据存储为主的存储型云平台、以数据处理为主的计算型云平台、计算和数据存储处理兼顾

常见的
云计算平台

的综合云计算平台三类。

常见的云计算平台如下：

(1) Google App Engine。Google App Engine 是 Google 提供的服务，允许开发者在 Google 的基础架构上运行网络应用程序。Google App Engine 应用程序易于构建和维护，并可根据访问量和数据存储需要的增长轻松扩展。使用 Google App Engine，将不再需要维护服务器，开发者只需上传应用程序，它便可立即为用户提供服务。通过 Google App Engine，即使在重载和数据量极大的情况下，也可以轻松构建能安全运行的应用程序。

(2) Amazon Elastic Beanstalk。Elastic Beanstalk 为在 Amazon Web Services 云中部署和管理应用提供了一种方法。该平台建立如面向超文本预处理器 (Personal Home Page，PHP) 的 Apache HTTP Server 和面向 Java 的 Apache Tomcat 这样的软件栈。开发人员保留对亚马逊云服务 (Amazon Web Services，AWS) 资源的控制权，并可以部署新的应用程序版本、运行环境或回滚到以前的版本。通过 Elastic Beanstalk 部署应用程序到 AWS，开发人员可以使用 AWS 管理控制台、Git 和一个类似于 Eclipse 的集成开发环境 (Integrated Development Environment，IDE)。

(3) 微软云。Windows Azure 是微软基于云计算的操作系统，现在更名为"Microsoft Azure"。和 Azure Services Platform 一样，它是微软"软件和服务"技术的名称。Azure 云计算服务平台可以使客户选择的权力部署在以云计算为基础的互联网服务上，或通过服务器提供了"软件 + 服务"的计算方法，或把它们混合起来以任何方式提供给需要的业务。

(4) 阿里云。相比传统的操作系统，依托云计算的阿里云操作系统 (Operating System，OS) 具有明显的优势。最为明显的优势便在于其所提供的三大基础服务——云存储、云应用和云助手，它们皆是基于成熟的云计算体系，为用户提供了稳定可靠的服务。

(5) 百度 BAE 平台。对于大数据的规模大、类型多、价值密度低等特征，百度云平台提供的 BAE(百度应用引擎) 将提供高并发的处理能力，以满足处理速度快的要求。

(6) 新浪应用引擎 (Sina App Engine，SAE) 云计算平台。作为典型的云计算平台，SAE 采用"所付即所用，所付仅所用"的计费理念，通过日志和统计中心，精确地计算每个应用的资源消耗 (包括 CPU、内存、磁盘等)。

(7) 腾讯云。腾讯云有着深厚的基础架构，并且有着多年对海量互联网服务的经验，可以为开发者及企业提供云服务器、云存储、云数据库、弹性 Web 引擎等整体一站式服务方案。

(8) 华为云。华为云通过基于浏览器的云管理平台，以互联网线上自助服务的方式，为用户提供云计算 IT 基础设施服务。

(9) 盛大云。盛大云是一个安全、快捷、自助化 IaaS 和 PaaS 服务的门户入口。

· 小贴士 ·

在浏览器中使用百度搜索云平台的网站名，然后在搜索页中单击相应的条目，也可以进入云平台。比如，搜索阿里云或腾讯云，然后在搜索结果列表中单击即可打开相应网站。

任务实施

(1) 双击桌面上的 IE 浏览器或 Google 浏览器图标，即可打开浏览器窗口。

(2) 在浏览器地址栏中单击，输入地址信息 www.aliyun.com，然后按回车键。

(3) 单击网页中的【免费注册】按钮，在打开的注册页面中输入注册用户等信息。

(4) 注册完成后，单击【快捷登录】链接，或返回阿里云主页中，单击【登录】按钮，即可登录到个人用户页面查看相关产品信息，效果如图 7-1 所示。

图 7-1　登录阿里云

云计算平台的
基本使用方法

7.1.2　云计算的发展

相关知识

云计算的发展

AWS 为全球领先的云计算服务提供商，2023 年销售额总计为 835 亿美元，国内最大的云计算厂商阿里云收入 149 亿美元，全球云计算市场规模将达到数千亿美元，并保持两位数的年复合增长率。云计算现今广泛地应用于制造、医疗、金融、教育等领域，基于此，云计算有着广阔的市场前景，是一个非常有前途的新兴行业。

1. 全球云计算的发展

全球前三大的云计算厂商是亚马逊 AWS、微软 Azure 和阿里云，它们都采用了自己研发的技术平台。云计算产业的前 10 年，以通过提供标准化的计算、存储、网络、数据库等技术产品，来满足移动互联网等新兴企业的需求为主。现在，对云计算厂商提出了更高的要求，要跟客户业务融合，帮助企业进行针对性创新。

2006—2009 年，云计算尚处于推广阶段，把它重视起来的公司还很少，而且只有大公司有基础和资本做这种"苦活"。2006 年，亚马逊、谷歌等开始大力推进云计算，IBM、惠普、甲骨文、戴尔等老牌软硬件厂商相继跟进。

2006 年，亚马逊推出了两款产品，即 S3(Simple Storage Service) 和 EC2(Elastic Cloud Computer)，使得企业可以通过"租赁"计算容量和处理能力来运行其企业应用程序。EC2 自正式发布以来，价值越来越高，已成为 Amazon 云服务生态系统的基石。后面推出的 Elastic Beanstalk 为在 Amazon Web Services 云中部署和管理应用提供了一种方法，用于在熟悉的服务器 (如 Apache、Nginx、Passenger 和 IIS) 上部署和扩展使用 Java、.NET、PHP、Node.js、Python、Ruby、GO 和 Docker 开发的 Web 应用程序和服务。只需上传代码，Elastic Beanstalk 即可自动处理包括容量预配置、负载均衡、自动扩展和应用程序运行状况监控在内的部署工作。同时，用户能够完全控制为应用程序提供支持的 AWS 资源，并可以随时访问底层资源。

2006 年，在 Google 的发布会上其 CEO 施密特第一次提出了"云计算"，他提出随着互联网网速的提高和互联网软件的改进，"云计算"能够完成的任务越来越多，90% 的计算任务都能够通过"云计算"技术完成，其中包括所有的企业计算任务和白领员工的任务。2007 年，Google 开始相继推出了 Gmail、Google Earth、Google Map、Chrome 和字处理及电子表格等产品。

2009 年，Google App Engine(Google 应用引擎) 成为另一个里程碑，它允许开发者在 Google 的基础架构上运行网络应用程序。Google App Engine 应用程序易于构建和维护，并可根据访问量和数据存储需要的增长轻松扩展。使用 Google App Engine，将不再需要维护服务器，开发者只需上传应用程序，它便可立即为用户提供服务。即使在重载和数据量极大的情况下，也可以通过 Google App Engine 轻松构建能安全运行的应用程序。

2007 年，IBM 推出了"改变游戏规则"的"蓝云"(Blue Cloud) 计算平台，为客户带来即买即用的云计算平台。它包括一系列的自动化、自我管理和自我修复的虚拟化云计算软件，使来自全球的应用可以访问分布式的大型服务器池，从而使得数据中心在类似于互联网的环境下运行计算。

2008 年，微软推出了 Windows Azure 操作系统。接着，2009 年，微软推出 Azure 云服务测试版。Azure(意为蓝天) 是微软继 Windows 取代 DOS 后的又一次颠覆转型—— 通过在互联网架构上打造新的云计算平台，让 Windows 由 PC 延伸到"蓝天"上。Windows Azure 现在更名为"Microsoft Azure"。

2014 年，美国国家标准与技术研究院 (National Institute of Standards and Technology, NIST) 发布了云计算安全指导手册。

2016 年之后，通过深度竞争，使得主流平台产品和标准产品功能比较健全，市场格局相对稳定，云计算进入成熟阶段。由于数据呈现爆炸性增长，人类对计算的需求大大增加，并且希望随时随地获取计算资源，因此直接推动云计算成为数字经济时代的新型信息基础设施。

2. 国内云计算的发展

2009 年，阿里云正式成立。阿里云的飞天系统是国内第一家自主研发的云计算操作系统，当时全球掌握这种技术的公司只有亚马逊、微软和谷歌。阿里云是阿里集团的核心业务，飞天成就了阿里云国际开源榜单的中国第一，现今服务全球 200 多个国家和地区、数以百万计的政府部门和企业。阿里云的发展历程在后文中会详细介绍。

2010 年，腾讯云开始构建。前期腾讯云主要为自己的业务提供支持，腾讯本身拥有庞大的产品体系，如 QQ、邮箱、手游、微信、腾讯视频等，有着腾讯云的强力支持，这些产品都顺风顺水地发展。

2010 年，华为开始部署华为云战略，发展初期仅强调战略，2017 年才开始发力并迅速发展。华为云的定位不像其他的围绕中小企业或者个人服务的云，华为本身是大型通信系统制造商，所以其云服务也是更多地倾向于大型企业的服务。

百度云于 2012 年开始发展。这个时候阿里云和腾讯云已经发展了两三年了，相对于阿里云和腾讯云的计算式提供云，百度着重利用百度云来发展自己的浏览器搜索内核，其次是发展安卓移动端的百度服务，现在人们最经常用到的百度云盘就是百度云的产物。

金山云也是从 2012 年开始发展的，其背后是两个著名 IT 企业，一个是金山软件，一个是小米科技。金山云的发展方向多样化，包括存储、游戏、直播、短视频、政企、医疗、民生等。

2012 年，其他如三大电信运营商、Ucloud、青云 QingCloud 等云服务不断涌现。

2015 年，中国国家标准化管理委员会下达 17 项云计算国家标准制定计划。

2017 年，中国工信部发布《云计算发展三年行动计划》。

2018 年，阿里云和腾讯云进入全球云计算市场份额前十。

2020 年，全球云计算 IaaS 市场追踪数据显示，阿里云位列亚马逊和微软之后，升至全球第三。

自全球进入移动互联网时代以来，中国在科技前沿技术领域，与欧美之间的差距正在快速缩小。近年来，随着阿里巴巴、百度、腾讯、华为等企业在技术研发领域取得突飞猛进的进展，我们在包括云计算等许多领域已经与世界同步，甚至是处于世界领先的地位。

3. 云计算的发展趋势

2020 年以来，受新冠疫情的影响，全球云计算技术、产业、应用等多方面的发展呈现了新的趋势，也正在进入新的阶段。对于企业而言，云计算已经不再是一个可选项，而是企业发展的必然选择。同时，5G、人工智能、异构计算、物联网等新兴科技或技术的发展加速了云计算与产业的深度融合，云计算技术已经深入应用到各个领域，从政府到民生，从金融、交通、医疗、教育领域到人员和创新制造等全行业，应用不断延伸拓展。

任务实施

在浏览器中打开百度搜索引擎，搜索云计算的发展情况，保存搜索的内容。

7.1.3　云计算的应用

相关知识

云计算应用
技术

近年来我国政府高度重视云计算产业的发展，其产业规模增长迅速，应用领域也在不断地扩展。云计算的应用领域不仅涉及传统的 Web 领域，在物联网、大数据、人工智能等新兴领域也有比较重要的应用，而且在 5G 通信时代，云计算的服务边界还会得到进一步拓展。可以说，云计算正在为整个 IT 行业构建一种全新的计算 (存储) 服务方式，而且在全栈云和智能云的推动下，云计算也会全面促进大数据、人工智能等技术的落地应用。当前云计算技术正在从 IT(互联网) 行业向传统行业覆盖，在工业互联网的推动下，目前大量的传统企业也开始纷纷 "上云"，未来云计算对于传统企业的网络化、智能化改造会起到比较重要的作用。

1. 基础设施和平台云服务

如果企业想要节省购买、管理和维护 IT 基础设施方面的投资成本，那么根据按次计费方案使用云上的基础设施似乎是显而易见的选择。出于同样的原因，也有一些企业会选择使用各种开发平台的云服务，同时还会设法在随时可用的平台上提高开发速度，从而部署应用程序。

2. 企业云

企业云是专门应用在商业领域的商业云系统，对于那些需要提升内部数据中心的运维水平和希望能使整个 IT 服务更围绕业务展开的大中型企业非常适合。通过企业云提供资源共享，采用虚拟化技术负载平衡，让资源得到充分的利用；采用自动化管理软件，减少人力管理，促使管理简单化；采用按需选择，自动配置操作系统、软件、存储、CPU 的方式，自由地扩展、自由地分配资源。

3. 云存储

云存储可以解决本地存储在管理上的缺失，降低数据的丢失率，它通过整合网络中多种存储设备来对外提供云存储服务，并能管理数据的存储、备份、复制和存档，云存储非常适合那些需要管理和存储海量数据的企业。备份数据一直是一项复杂且耗时的操作，这包括维护一系列存储设备，手动分派数据到备份设备中，而且原始站点和备份站点之间可能会发生问题。这种备份执行的方法无法避免备份介质容量耗尽、传输断点重启等问题，而且加载备份设备、执行恢复操作也需要时间，还容易出现硬件故障和人为错误。基于云的备份可以自动将数据分派

到网络上的任何位置，同时可以确保不会存在安全性、可用性或容量问题。

4. 虚拟桌面云

虚拟桌面云可以解决传统桌面系统高成本的问题，其利用了现在成熟的桌面虚拟化技术，更加稳定和灵活，而且系统管理员可以统一管理用户在服务器端的桌面环境，该技术比较适合那些需要使用大量桌面系统的企业。

5. 开发测试云

借助于云计算，可以方便地选择根据项目需求量身设置的即时可用环境，用于测试和开发。这通常会结合自动配置物理资源和虚拟资源。开发测试云可以解决开发测试过程中的棘手问题，其通过 Web 界面，可以预约、部署、管理和回收整个开发测试的环境，通过预先配置好操作系统、中间件和测试软件的虚拟镜像来快速地构建一个个异构的开发测试环境，通过快速备份 / 恢复等虚拟化技术来重现问题，并利用云的强大的计算能力来对应用进行压力测试，比较适合那些需要开发和测试多种应用的企业。

6. 大数据分析

大规模数据处理云能对海量的数据进行大规模的处理，可以帮助企业快速进行数据分析，发现可能存在的商机和存在的问题，从而做出更好、更快和更全面的决策。其工作过程是：将数据处理软件和服务运行在云计算平台上，利用云计算的计算能力和存储能力对海量的数据进行处理，从大量结构化和非结构化数据中获取业务价值。例如，零售商和供应商可以提取来自消费者购买模式的信息，进而将他们的广告和市场竞销活动定位到特定的群体。

7. 协作云

协作云是云供应商在互联网数据中心 (Internet Data Center，IDC) 云的基础上或者直接构建的一个专属云，并在这个云中搭建整套协作软件，然后将这些软件共享给用户，非常适合那些需要一定的协作工具，但不希望维护相关的软硬件和支付高昂的软件许可证费用的企业与个人。

8. 游戏云

游戏云是将游戏部署至云中的技术。目前游戏云主要有两种应用模式：一种是基于 Web 游戏模式，比如使用 JavaScript、Flash、Silverlight 等技术，并将这些游戏部署到云中，这种解决方案比较适合休闲游戏；另一种是为大容量和高画质的专业游戏设计的，整个游戏都将在云中运行，但会将最新生成的画面传至客户端，比较适合专业玩家。

9. HPC 云

高性能计算 (High Performance Computing，HPC) 云能够为用户提供可以完全定制的高性能计算环境，用户可以根据自己的需求来改变计算环境的操作系统、软件版本和节点规模，从而避免与其他用户的冲突，并可以成为网格计算的支撑平台，以提升计算的灵活性和便捷性。HPC 云特别适合需要使用高性能计算，但缺乏巨资投入的普通企业和学校。

10. 云杀毒

云杀毒技术可以在云中安装附带庞大的病毒特征库的杀毒软件，当发现有嫌疑的数据时，杀毒软件可以将有嫌疑的数据上传至云中，并通过云中庞大的特征库和强大的处理能力来分析这个数据是否含有病毒，这非常适合那些需要使用杀毒软件来捍卫其计算机安全的用户。

任务实施

使用搜索引擎 (如百度)，搜索云计算相关知识与技术网页，了解云计算、云平台、云应用等相关概念。

(1) 打开浏览器，在地址栏输入网址 www.baidu.com，输入关键字"云计算"，查看结果，如图 7-2 所示。

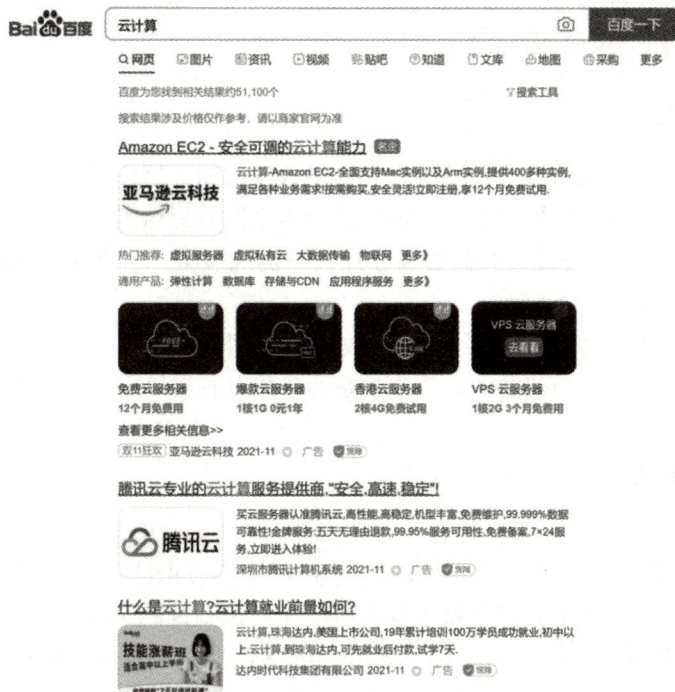

图 7-2　搜索引擎界面

(2) 选中搜出列表的某一个链接，单击打开，查看和分析云计算的相关内容，如图 7-3 所示。

图 7-3　搜索内容链接界面

任务 7.2

体 验 公 有 云

在了解云计算的基本概念之后，企业想通过国内第一大公有云服务提供商阿里云来购买并使用公有云服务。为了更好地使用公有云，需先了解公有云的基本概念及其优缺点、服务具体形式，了解公有云厂商的概况以及能提供的云服务产品。

7.2.1 公有云概述

云网盘与
云服务

相关知识

1. 什么是公有云

公有云通常指第三方云服务提供商为用户提供云资源的部署模式，云服务提供商构建基础设施、集成资源、构建云虚拟资源池，并根据需要将它们分配给多个用户。公有云一般可通过 Internet 使用，成本低廉。公有云的核心属性是共享资源服务，有非常广泛的边界，用户访问公有云服务几乎没有限制。

公有云有许多实例，可以在当今整个开放的公有网络中提供服务，作为一个支撑平台，还能够整合上游的服务 (如增值业务、广告) 提供者和下游最终用户，打造新的价值链和生态系统。

2. 公有云的优缺点

公有云的优缺点如下：

(1) 优点：可扩展、弹性，而且如果使用得当，成本也会很低。除了通过网络提供服务外，客户只需为他们使用的资源支付费用就可以使用，无须担心自己安装和维护的问题。

(2) 缺点：服务质量、安全性差。由于公有云的软件配置以及硬件的超大规模，它能支撑的硬件环境单一，无法适用于复杂多变的企业级计算中心。公有云在一些行业数据的安全合规要求不能适用于核心应用，而且和业务有关的数据是企业的生命线，是不能受到任何形式的威胁的，相较而言，建在企业防火墙后面的私有云更让人放心。

3. 云服务的具体形式

从服务形式上看，云计算可以视为一种服务的交付和使用模式，它能够将各种 IT 资源以服务的形式提供给用户按需使用。云计算包括三个层次的服务：基础设施即服务 (IaaS)、平台即服务 (PaaS) 和软件即服务 (SaaS)。下面给出三种服务模式的详细解释，并且分别给出用三种模式的公有云实现的案例。

云服务

1) IaaS

IaaS(Infrastructure-as-a-Service) 即基础设施即服务。消费者通过 Internet 可以从计算机基础设施获得服务，如亚马逊 Amazon EC2 以 Web 服务的形式向企业提供 IT 基础设施服务，如图 7-4 所示。

图 7-4　亚马逊 Amazon EC2 界面

IaaS 的用户主要是需要使用虚拟机或存储资源的应用开发商或 IT 系统管理部门；它提供的服务是开发商或 IT 系统管理部门能直接使用的云基础设施，包括计算资源、存储资源等部署在云端的虚拟化硬件资源。

2) PaaS

PaaS(Platform-as-a-Service) 即平台即服务。PaaS 实际上是指将软件研发的平台作为一种服务，以 SaaS 的模式提交给用户。因此，PaaS 也是 SaaS 模式的一种应用。但是，PaaS 的出现可以加快 SaaS 的发展，尤其是加快 SaaS 应用的开发速度。例如，Aliyun Cloud Engineer(ACE) 支持 PHP 语言编写的应用程序，支持在线创建 MySQL 远程数据库应用等等，如图 7-5 所示。

图 7-5 阿里云 Aliyun Cloud Engineer(ACE) 界面

PaaS 的用户主要是使用开发工具的应用软件开发商，提供的服务是开发商所需要的部署在云端的开发平台及针对该平台的技术支持服务。

3) SaaS

SaaS(Software-as-a-Service) 即软件即服务。它是一种通过 Internet 提供软件的模式，用户无须购买软件，而是向提供商租用基于 Web 的软件，来管理企业经营活动。例如，金山 WPS 云服务支持在线办公，如图 7-6 所示。

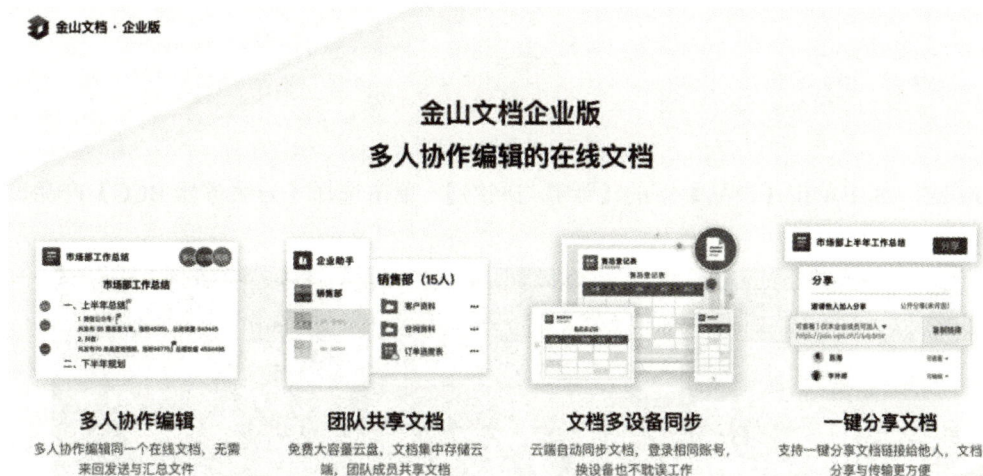

图 7-6 金山 WPS 云服务界面

SaaS 的用户主要是直接使用应用软件的终端用户，提供的服务是终端用户所需要的应用软件，终端用户不用购买和部署这些应用软件，而是通过向 SaaS 提供商支付软件使用或租赁费的方式来使用部署在云端的应用软件。

任务实施

(1) 在浏览器地址栏中输入网址 cloud.baidu.com，然后回车，即可打开百度智能云网站，如图 7-7 所示。

图 7-7　打开百度智能云

(2) 在图 7-7 中单击【产品】菜单，可显示百度云产品，如图 7-8 所示。

图 7-8　百度云产品

(3) 在图 7-8 中单击【产品】下的【计算与网络】，单击选择【云服务器 BCC】产品，如图 7-9 所示。

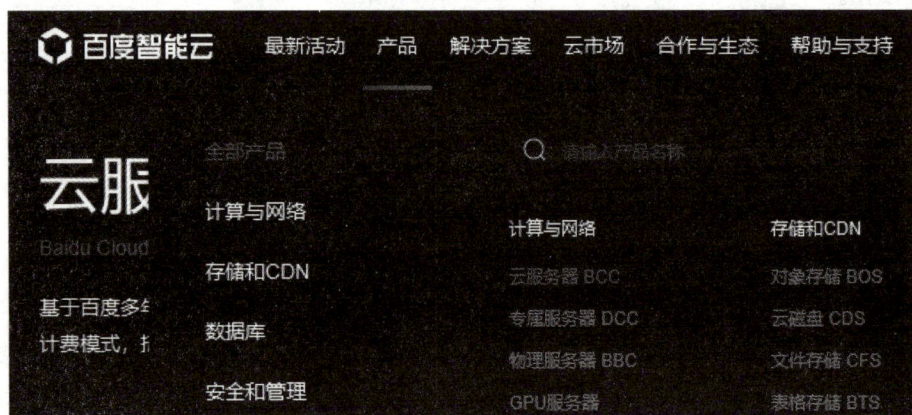

图 7-9　云服务器

(4) 在打开的云服务器 BCC 网页中，向下浏览页面，可看到云服务器租用的配置及价格详情，如图 7-10 所示。

入门型云服务器	基础型云服务器	普及型云服务器	进阶型云服务器
适用于轻量级个人网站及web应用	适用于中小型企业官网及简单APP应用	适用于中量级企业业务及数据处理	适用于高并发和高数据可靠性要求的场景
1核1G CPU内存	2核2G CPU内存	2核4G CPU内存	4核4G CPU内存
1M 弹性公网IP	1M 弹性公网IP	1M 弹性公网IP	1M 弹性公网IP
40GB 系统盘	40GB 系统盘	40GB 系统盘	40GB 系统盘
70元/月	**155**元/月	**199**元/月	**287**元/月
立即购买	立即购买	立即购买	立即购买
新人专享-9.9元限时抢购>	更可享受年付8.3折、2年7折>	更可享受年付8.3折、2年7折>	更可享受年付8.3折、2年7折 >

图 7-10　百度云服务器租用价格

7.2.2　阿里云简介

相关知识

2009 年春节后，一群年轻人在北京上地汇众大厦一间快要废弃的办公室里写下了阿里云计算操作系统"飞天"的第一行代码。当年，阿里云正式成立。当时，中国几乎没有 IT 公司发展云计算，阿里是中国最早发展云计算的公司。阿里发展阿里云是因为它本身的业务决定的，当时阿里旗下的淘宝、支付宝等业务用户激增，阿里的服务器面临着崩溃宕机的危险。大量并发任务及海量业务数据的处理是电商业务迅猛发展带来的必须解决的难题。用云计算架构处理大规模数据，同时调动数以万计的服务器进行处理，这一方案现在看来司空见惯，但当时云计算在国内远不像现在这么广为人知，所以阿里云当时是被迫发展出来的。飞天系统是阿里云核心的 IaaS 产品，是阿里云团队从零研发的自主国产云计算系统，刚开始飞天系统经常出现不稳定以及数据出错等情况，多次投入不见成效，导致内部质疑的声音愈发强烈。马云公开站出来讲："我每年给阿里云投 10 个亿，投个十年，做不出来再说。"

终于，2012 年，在阿里云技术的支持下，淘宝取得单日 191 亿元的交易量，创造了国内单日交易量的历史记录。2012 年阿里云独立成立事业群。2015 年，阿里云承接 12306 春节购票 75% 的任务，12306 官网再也没有因为用户过多而崩溃。2018 年，阿里云升级为阿里云智能，发力 ToB 市场。2019 年，阿里云为整个集团业务提供底层支撑。一直到现在，阿里云已经能够承担起"双十一"单日千亿交易量，建立起各种各样的云平台，并且坐拥国内大部分的云计算市场份额。

如今，阿里云已经成为阿里集团的核心业务，为 230 多万用户提供云服务器、云数据库、云存储、CDN、大数据等服务。2018 年，阿里云在全球云计算市场份额排名第四。2020 年全球云计算 IaaS 市场追踪数据显示，阿里云位列亚马逊和微软之后，升至全球第三。

阿里云提供的云产品和服务多达几百款，包括弹性计算、数据库、存储、网络、大数据、人工智能、云安全、互联网中间件、云分析、管理与监控、应用服务、视频服务、移动服务、云通信、域名与网站、行业解决方案等，其主要服务产品及其功能说明如表 7-1 所示。

表 7-1　阿里云服务产品及其功能说明

产　品	功　　能
云计算基础	弹性计算、存储服务、数据库、云通信
安全	基础安全、数据安全、安全服务、安全解决方案
大数据	大数据计算、大数据搜索与分析、数据分析、数据可视化、大数据应用
企业应用	域名与网站、移动云、知识产权服务、视频云、微服务、智能客服
物联网	物联网平台、边缘服务、软硬一体化应用、低功耗广域网、设备服务、智能车管理云平台
开发与运维	备份、迁移与容灾、开发者平台、项目协作、测试、开发与运维

以云计算基础类服务提供的产品为例做以下详细说明：

(1) 云服务器 ECS。云服务器 (Elastic Compute Service，ECS) 是一种弹性可伸缩的计算服务，它能够降低 IT 成本，提升运维效率，使用户更专注于核心业务创新。

(2) 轻量应用服务器。轻量应用服务器 (Simple Application Server) 是可快速搭建且易于管理的轻量级云服务器，它提供基于单台服务器的应用部署、安全管理、运维监控等服务，能够一站式提升服务器使用体验和效率。

(3) 云数据库 RDS。云数据库 RDS(Relational Database Service，关系型数据库服务) 版包含 MySQL、SQL Server、PostgreSQL、PPAS 和 MariaDB TX，用户可以在几分钟内创建出适合自己应用场景的数据库实例，迅速投产，按需付费。

(4) 云数据库 Redis。云数据库 Redis 版 (ApsaraDB for Redis) 是兼容开源 Redis 协议标准、提供内存加硬盘的混合存储方式的数据库服务，它基于高可靠双机热备架构及可平滑扩展的集群架构，能够满足高读写性能场景及弹性变配的业务需求。

任务实施

免费注册并使用阿里云 ECS。

(1) 在浏览器中输入 www.aliyun.com，打开阿里云主页，如图 7-11 所示。

图 7-11　阿里云主页

(2) 单击主页上的【立即注册】，进入如图 7-12 所示的页面，单击【账号密码注册】。

图 7-12 注册页面

(3) 在如图 7-13 所示的页面中输入相关信息进行注册。

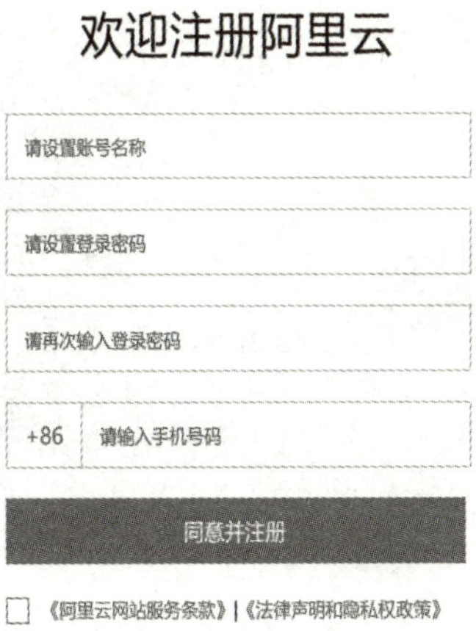

图 7-13 注册信息输入页面

(4) 使用注册的账号登录，在账号管理页面选择【实名认证】中的【个人实名认证】，如图 7-14 所示。

图 7-14 实名认证

(5) 在【个人支付宝授权认证】选项处，选择【立即认证】，如图 7-15 所示。

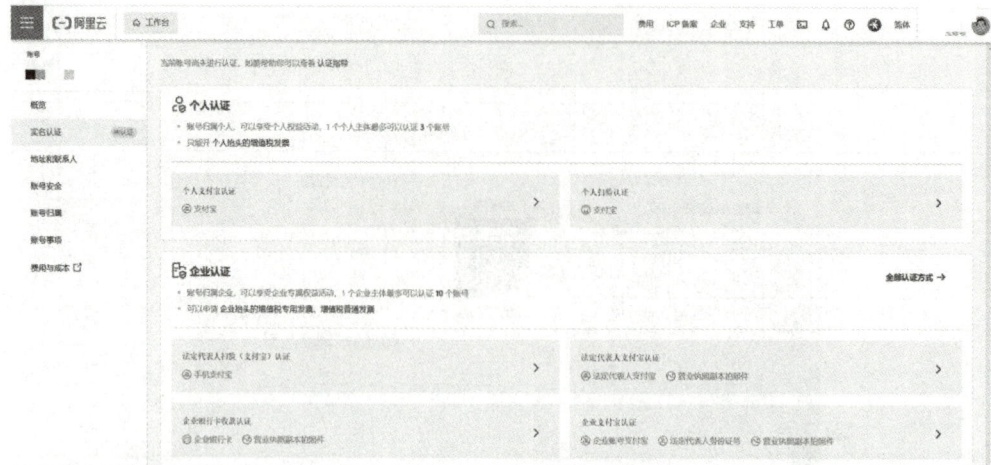

图 7-15　授权认证

(6) 勾选【同意阿里云平台读取您在支付宝的认证信息用于身份认证：姓名、身份证号等信息】后，单击【提交】。

(7) 进入如图 7-16 所示的页面，用支付宝 APP 扫码。

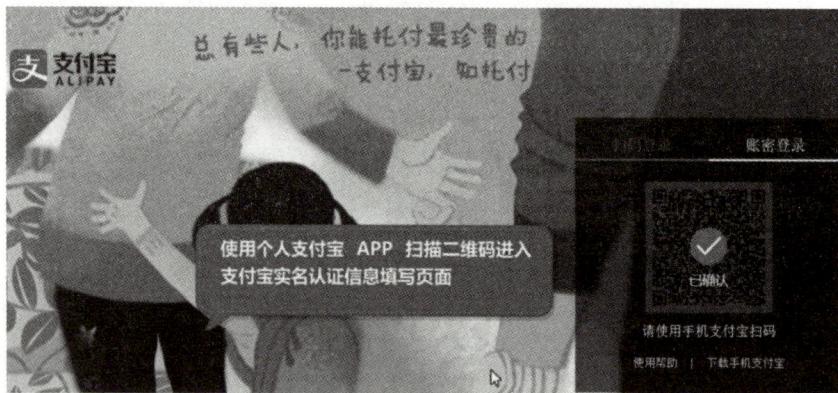

图 7-16　支付宝扫码页面

(8) 进入如图 7-17 所示的页面，填写相关认证信息。

图 7-17　支付宝授权

(9) 注册成功后如图 7-18 所示。

图 7-18 注册成功页面

(10) 返回阿里云官网主页，使用已注册的账号登录。单击菜单【产品】，选择【云服务器 ECS】，如图 7-19 所示。

图 7-19 阿里云产品页面

(11) 进入如图 7-20 所示的云服务器 ECS 操作页面后，单击【立即购买】。

图 7-20 云服务器 ECS 操作页面

(12) 在如图 7-21 所示的页面中，根据需求，完成服务器配置选择（本任务中业务场景、使用身份、产品规格等可保持默认选择，操作系统可选择一种 Windows Server，预装应用可选择 Wordpress)，勾选协议。若为新用户，则可单击【免费试用】。

图 7-21　云服务器 ECS 自定义购买

(13) ECS 云服务器创建成功后，会展示如图 7-22 所示的页面。

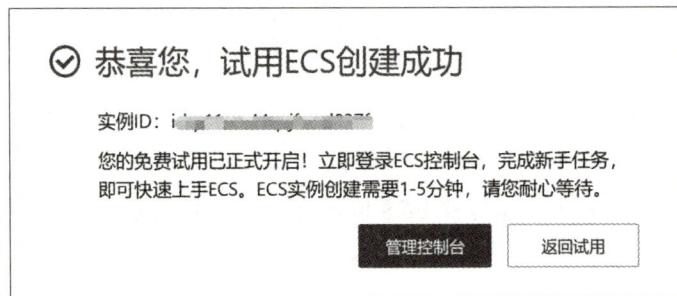

图 7-22　ECS 创建成功

(14) 单击图 7-22 页面中的【管理控制台】，进入实例列表操作界面，如图 7-23 所示。

图 7-23　实例列表操作界面

(15) 通过实例列表可查看实例名称、IP 地址、配置、状态等信息，依次单击【更多】→【密码 / 密钥】→【重置实例密码】，输入实例登录密码，确认密码，完成密码重置后重启实例，如图 7-24 所示。

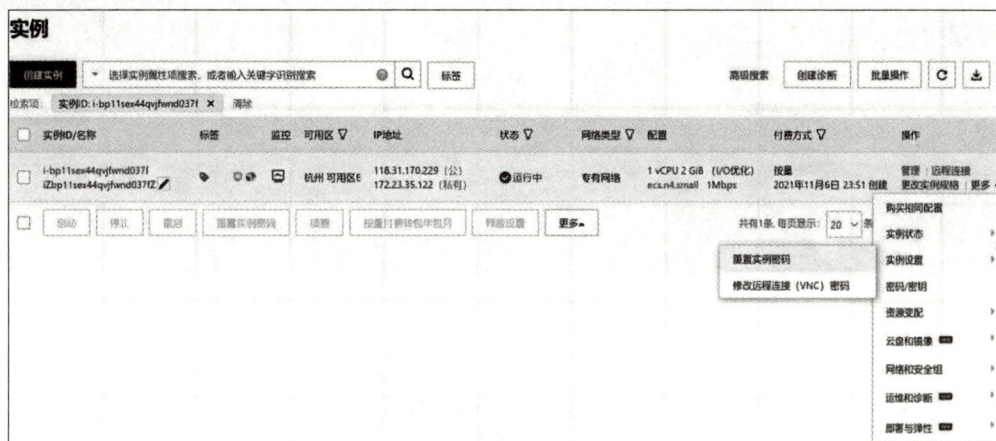

图 7-24　实例列表

(16) 单击【远程连接】，如图 7-25 所示。

图 7-25　远程连接

(17) 选择默认方式【Workbench 远程连接】，通过网页对 ECS 服务器实例进行远程控制，如图 7-26 所示。

图 7-26　选择远程连接方式

(18) 输入设置好的密码，单击【确定】按钮登录 ECS 实例，如图 7-27 所示。

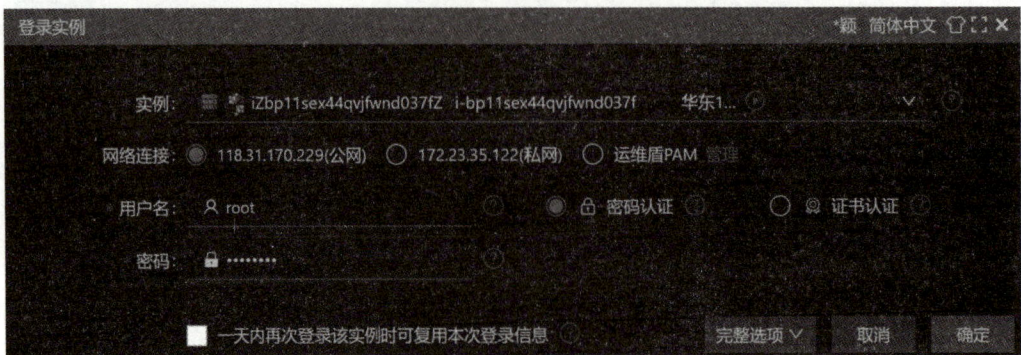

图 7-27　登录实例

任务 7.3

体 验 云 存 储

企业根据业务发展需要，提出了"协同办公"的需求，即对企业数据实现网络存储和管理，想要通过云服务中的云存储来实现该需求。为了完成云存储的任务，需要关注云端数据存储、备份的功能以及云存储是如何工作的，同时尝试通过网盘实现"随时随地"访问数据。

7.3.1　云存储概述

相关知识

当需要使用一个独立的存储设备时，必须清楚了解这个存储设备的型号、接口、传输协议、磁盘数量、磁盘型号、磁盘容量、存储设备与服务器间使用的连接线缆类型等信息。为了保证数据安全和业务的连续性，还需要建立相应的数据备份系统和容灾系统。除此之外，对存储设备还需要进行定期的状态监控、维护、软硬件更新以及升级等工作。

如果采用云存储，那么上面所提到的一切繁复的工作对用户而言就都不需要了。云存储系统中的所有设备对使用者来讲是完全透明的，使用者可以在任何地方通过网络与云存储连接，对存储在其上的数据进行访问。

1. 什么是云存储

云存储是在云计算的基础上延伸和发展而来的一个概念。它以即时容量和成本按需交付，用户无须购买和管理自己的数据存储基础设施。这为用户提供了敏捷性、全球规模和持久性，以及"随时随地"访问数据。提供云存储服务的 IT 厂商主要有阿里云、腾讯云、华为云、天翼云、金山云、百度云、青云、盛大云等。

2. 云存储如何工作

云存储通过集群应用、网格技术或分布式文件系统等功能，将网络中大量各种不同类型的存储设备通过应用软件集合起来协同工作，共同对外提供数据存储和业务访问。若是从第三方云供应商购买的云存储服务，则该供应商将管理数据存储容量，以确保存储的安全性和持久性，使用用户的应用程序可访问全球范围的数据。

3. 云存储的优点

云存储的优点体现在以下几方面：

(1) 成本管控：使用云存储，用户无须自行购买软硬件，这可以节约基础设备占地空间成本，节约存储系统配置和维护的持续开支等。

(2) 弹性存储：云存储能够通过集群轻松获得 PB 级存储容量，可随时随地在线加大存储节点来满足存储容量需求，并且能够做到"增加存储节点、数据自动重组，减少存储节点、数据自动恢复"的弹性伸缩。

(3) 数据保护：云存储提供负载均衡、故障冗余等功能，不仅在数据中心内提供存储冗余，还可跨数据中心提供存储冗余。

4. 云存储的分类

云存储分为以下几类：

(1) 公有云存储：公有云存储使个人和企业用户均能存储、编辑和管理数据。公有云存储由存储服务供应商提供，该提供商向许多不同的用户公开托管、管理和提供存储基础设施。公共云存储服务也称为存储即服务、实用程序存储和在线存储。这种类型的存储一般放置于远程的云服务器上，用户可以通过互联网访问，只需为自己使用的存储容量付费。

(2) 私有云存储：私有云存储同样提供了存储架构的可用性、可扩展性和灵活性。但与公有云存储不同，它是为用户单独使用而构建的，可提供对数据、安全性和服务质量的最有效控制。私有云存储通过私有云实现数据存储，用户可以拥有或控制基础架构以及应用的部署。私有云存储可部署在企业数据中心的防火墙内，也可以部署在一个安全的主机托管场所中，这些设备可以由企业自己的 IT 部门管理，也可以由服务供应商管理。

(3) 混合云存储：由于私有云存储资源专有的特性，它的安全性优越于公有云存储，而公有云存储所使用的计算资源又是私有云存储无法企及的，因此就发展出了混合云，它较为完美地解决了这种矛盾。混合云存储是把公有云和私有云结合在一起，即利用了私有云存储的安全性，将内部重要数据保存在本地数据中心；同时又可以使用公有云的计算资源，更高效快捷地完成工作。

◉ 任务实施

(1) 双击打开浏览器 (如 Google Chrome 浏览器)，在地址栏中输入 pan.baidu.com，回车打开百度网盘主页，注册一个账号。

(2) 注册账号后，登录进去。

(3) 在百度网盘上建立文件夹，并上传文件。

(4) 双击百度网盘中的文件，进行在线预览测试。

(5) 下载上传的文件；分享文件，将链接发布给其他同学或朋友。

(6) 下载百度网盘客户端，进行以上类似相关操作。

7.3.2　云存储结构模型

◉ 相关知识

云存储系统的结构模型自底向上可分为 4 个层次，如图 7-28 所示。

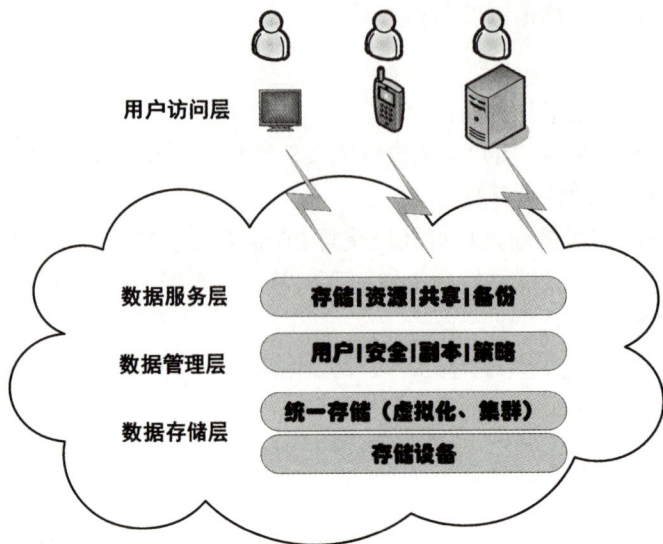

图 7-28　云存储结构模型

1. 数据存储层

数据存储层是云存储最基础的部分。存储设备可以是光纤连接器 (Fiber Connector，FC)、光纤通道存储设备、网络附加存储 (Network Attached Storage，NAS) 和计算机系统接口 (Internet Small Computer Systems Interface，iSCSI) 等互联网协议 (Internet Protocol，IP) 存储设备，也可以是小型计算机系统专用接口 (Small Computer System Interface，SCSI) 或串行连接 SCSI 接口 (Serial Attached SCSI，SAS) 等直接存储 (Direct Attached Storage，DAS) 设备。云存储中的存储设备一般数量庞大且多数分布在不同地域，彼此之间通过互联网连接在一起。存储设备之上是一个统一的存储设备管理系统，可以实现存储设备的逻辑虚拟化管理、多链路冗余管理，以及硬件设备的状态监控和故障维护。

2. 数据管理层

数据管理层是云存储最核心的部分，也是云存储中最难以实现的部分。基础管理层通过集群、分布式文件系统和网格计算等技术，实现云存储中多个存储设备之间的协同工作，使多个存储设备可以对外提供同种服务，并提供更大、更强、更好的数据访问性能。CDN 内容分发系统、数据加密技术保证云存储中的数据不会被未授权的用户所访问，同时，通过各种数据备份、容灾技术和措施以保证云存储中的数据不会丢失，保证云存储自身的安全和稳定。

3. 数据服务层

数据服务层是云存储最灵活多变的部分。不同的云存储运营商可以根据实际业务类型，开发不同的应用服务接口，提供不同的应用服务，如视频监控应用平台、IPTV 和视频点播应用平台、网络硬盘应用平台、远程数据备份应用平台等。

4. 用户访问层

任何一个授权用户都可以通过标准的公用应用接口来登录云存储系统，享受云存储服务。云存储运营商不同，云存储提供的访问类型和访问手段也不同。

任务实施

(1) 打开浏览器，在地址栏中输入网址 https://cloud.tencent.com，按回车键或单击【打开】打开腾讯云网站，如图 7-29 所示。

图 7-29　腾讯云主页

(2) 单击产品菜单，在弹出的服务列表中选择感兴趣的或需要的云服务，如图 7-30 所示。单击打开详细信息页面，可看到服务介绍及相关链接。

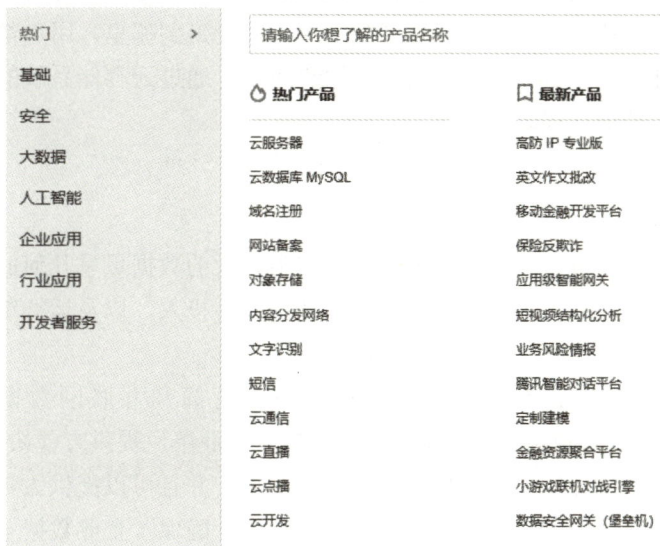

图 7-30　腾讯云产品列表

(3) 按照网页提示，用鼠标单击链接选择相关操作。

(4) 可以根据网页提示试用或支付费用后使用云平台的相关服务。

(5) 腾讯云提供学生使用套餐 10 元 / 月，可以注册获取，学生可以在线学习入门知识，套餐包含特价云服务器、域名 (可选)、50 GB 免费对象存储空间 (6 个月)，如图 7-31 所示。

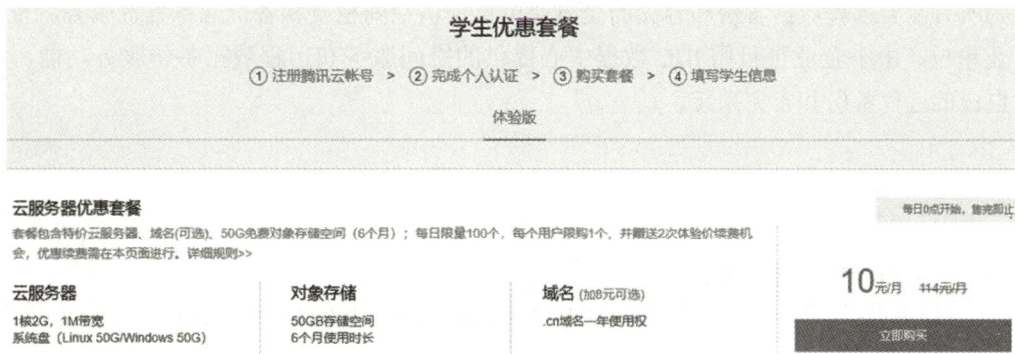

图 7-31　腾讯云学生优惠套餐

7.3.3 云存储的应用

相关知识

1. 个人级云存储

1) 网络磁盘

网络磁盘是个人在线存储服务，如早期的腾讯、微软公司推出的互联网服务 (Microsoft Network，MSN) 等提供的网络磁盘服务。用户通过 Web 方式或客户端软件进行文件的上传和下载，实现网络存储和个人重要数据备份。网络磁盘的容量一般取决于服务提供商的服务策略或用户支付的具体费用。

2) 在线文档编辑

大家熟知的金山文档、腾讯文档等就提供了在线文档编辑服务，让用户可以在没有安装办公软件的计算机上，也能通过在线文档进行文档的编辑和修改工作，并将编辑完成后的文档保存到在线文档编辑服务所提供的个人云存储空间中，无论走到哪里，用户都可以再次登录在线文档编辑系统，打开保存在云存储中的文档。用户还可以通过云存储系统的权限管理功能，轻松实现文档的共享、传送、权限管理等。

2. 企业级云存储

1) 企业空间租赁服务

随着企业信息化、业务数字化的高速发展，许多企业的数据量呈几何曲线性增长。数据量的增长意味着更多的硬件设备投入，更多的机房环境设备投入，以及运行维护成本和人力成本的增加。

通过高性能、大容量云存储系统，数据业务运营商和互联网数据中心 (Internet Data Center，IDC) 可以为无法单独购买大容量存储设备的企事业单位提供方便快捷的空间租赁服务，以满足企事业单位不断增加的业务数据存储和管理需求，并且可以提供大量专业技术人员的日常管理和维护服务，这样也保障了云存储系统安全运行，确保了企业数据不易丢失。

2) 企业级远程数据备份和容灾

随着企业数据量的不断增加，数据的安全性要求也在不断增加。企业中的数据不仅要有足够的容量空间去存储，还需要实现数据的安全备份和远程容灾。不仅要保证本地数据的安全性，还要保证当本地发生重大的灾难时，可通过远程备份或远程容灾系统进行快速恢复。

通过高性能、大容量云存储系统和远程数据备份软件，数据业务运营商和 IDC 数据中心可以为所有需要远程数据备份和容灾的企事业单位提供空间租赁和备份业务租赁服务，普通的企事业单位、中小企业可租用 IDC 数据中心提供的空间服务和远程数据备份服务功能，用于建立自己的远程备份和容灾系统。

任务实施

百度网盘的使用流程如下：

(1) 访问主页：打开浏览器，在地址栏中输入 pan.baidu.com，打开百度网盘主页，如图 7-32 所示。

图 7-32　百度网盘主页

(2) 注册账户: 在百度网盘主页单击【立即注册】, 注册一个账号, 如图 7-33 所示。

图 7-33　注册账号

(3) 账户登录: 使用注册好的账户登录。

(4) 上传文件: 在百度网盘上建立文件夹, 并上传文件, 如图 7-34 所示。

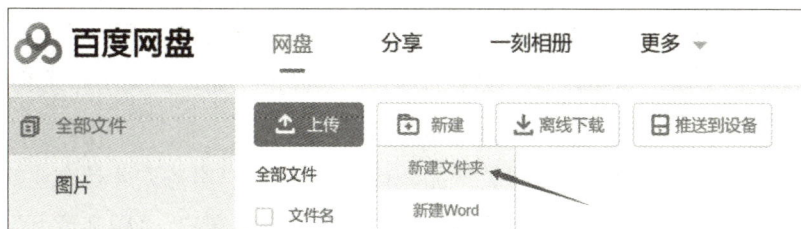

图 7-34　新建文件夹

(5) 在线浏览: 双击百度网盘中的文件, 进行在线预览测试。

(6) 分享文件: 选中网盘中某个文件, 在右键菜单中单击【分享】, 设置有效期为"1 天", 创建链接后, 将该链接复制并发送给其他同学好友。

(7) 客户端使用: 下载百度网盘客户端, 进行以上类似相关操作。

(8) 下载文件: 选中某个已上传到百度网盘中的文件, 在右键菜单中单击【下载】, 使用客户端进行文件下载。

思政聚焦——服务的本质

服务是什么？在我国的古文里，并没有"服务"一词，较早类似"服务"的记载是《论语·子夏问孝》："子曰：色难。有事，弟子服其劳；有酒食，先生馔，曾是以为孝乎？"这里的"服其劳"是指提供体力上的服务。服务一词最早源于古希腊语，原意是：像奴隶一样的工作。服务后被音译为英文"Service"，日本明治维新大量学习西方文化，按日文发音方式读作"Fukumu"，于近代传入中国时，音译为"服务"。

当今几乎每一个人对"服务"一词都不陌生，但又很难回答服务是什么，直到今天还没有一个权威的定义。"服务"在古代是"侍候，服侍"的意思，随着时代的发展，"服务"被不断赋予新意，如今，"服务"已成为整个社会不可或缺的人际关系的基础。

社会学意义上的服务，是指为别人、为集体的利益而工作或为某种事业而工作。

1944年9月8日，中央警卫团在延安为在烧炭中牺牲的战士张思德举行追悼会，毛泽东同志出席并发表《为人民服务》的著名演讲，号召全党全军学习张思德同志为人民服务的精神。从此，为人民服务的思想被确立为我们党的根本宗旨。"中国共产党人必须具有全心全意为中国人民服务的精神"这句话被写入了党章，其后又被写入宪法，成为中华人民共和国国家机关及其工作人员的法定义务。《中华人民共和国宪法》第18条规定："一切国家机关工作人员必须效忠人民民主制度，服从宪法和法律，努力为人民服务。"中华人民共和国成立后，各级党政机关及其工作人员都将其作为座右铭和行动口号加以使用。

毛泽东之后的历届领导人也都坚持并不断发展"全心全意为人民服务"的思想。邓小平主张以"人民拥护不拥护""人民赞成不赞成""人民高兴不高兴""人民答应不答应"来检验"全心全意为人民服务"的效果，并于1985年提出"领导就是服务"，从而把执政党的领导作用和全心全意为人民服务紧密地联系起来。习近平总书记强调：人民对美好生活的向往就是我们奋斗的目标。我们一定要始终与人民心连心，全心全意为人民服务。习近平总书记指出："始终坚持全心全意为人民服务的根本宗旨，是我们党始终得到人民拥护和爱戴的根本原因，对于充分发挥党密切联系群众的优势至关重要。我们任何时候都必须把人民利益放在第一位，把实现好、维护好、发展好最广大人民根本利益作为一切工作的出发点和落脚点。"

经济学意义上的服务，是指以等价交换的形式，为满足企业、公共团体或其他社会公众的需要而提供的劳务活动，它通常与有形的产品联系在一起。

今天，企业之间的竞争很难在质量、产品、价格上角逐，"服务"才是企业的核心竞争力，只有把服务做好，才能拥有有别于其他竞争对手的优势，吸引客户。"顾客至上""顾客就是上帝"的呼声遍及全球每个角落，改善服务态度，提供满意服务，并没有增加多少成本，却能提高客户满意度，赢得客户的信任。好的服务取决于你的态度，米卢的"态度决定一切"的名言家喻户晓，一个人的工作态度是否端正，取决于一个人对这份工作的热爱程度，发挥多大的专业水平。

不管是社会学的服务还是经济学的服务，体现的是人与人之间的交互，你为我服务，我为他服务，把自己利益的实现建立在服务别人的基础之上，把利己和利他行为有机协调起来，只有首先以别人为中心，服务别人，才能体现出自己存在的价值，才能得到别人对自己的服务。

云计算也是一种服务，云计算的三种服务模式 IaaS、PaaS、SaaS 分别在基础层、平台层、应用层"全心全意为人民服务"。

云计算技术上课课件和素材

第8章 大数据技术与应用

大数据战疫

大数据概论

任务 8.1

大 数 据 概 论

数据是国家基础性战略资源，是 21 世纪的"钻石矿"。"十四五"时期是我国开启全面建设社会主义现代化国家新征程的第一个五年，是新旧动能接续转换的关键时期，全球新一代信息产业处于加速变革期，大数据技术和应用处于创新突破期，国内市场处于爆发期，我国大数据产业面临重要的发展机遇。抢抓机遇，推动大数据产业发展，对提升政府治理能力、优化民生公共服务、促进经济转型和创新发展有重大意义。

大数据 (Big Data) 指无法在一定时间范围内用常规软件工具进行捕捉、管理和处理的数据集合，是需要新处理模式才能具有更强的决策力、洞察发现和流程优化能力的海量、高增长率和多样化的信息资产。

8.1.1 大数据的特点

业界通常用 5 个 V，即 Volume(大量)、Variety(多样)、Value(价值)、Velocity(高速) 和 Veracity(真实性) 来概括大数据的特征。

(1) Volume：数据体量巨大。数据量从 TB 级别跃升到 PB 级别 (1 PB=1024 TB)、EB 级别 (1 EB=1024 TB)，甚至达到 ZB 级别 (1 ZB=1024 EB)。截至目前，人类生产的所有印刷材料的数据量大约是 200 PB，而历史上全人类说过的所有的话的数据量大约是 5 EB。当前，典型个人计算机硬盘的容量为 TB 量级，而一些大企业的数据量已经接近 EB 量级。例如，在交通领域，某市交通智能化分析平台数据来自网络摄像头 / 传感器、公交、轨道交通、出租车、省际客运、旅游、化危运输、停车、租车等运输行业，还有问卷调查和地理信息系统数据。4 万辆车每天产生 2000 万条记录，交通卡刷卡记录每天 1900 万条，手机定位数据每天 1800 万条，出租车运营数据每天 100 万条，电子停车收费系统数据每天 50 万条，定期调查覆盖 8 万家庭等，这些数据在体量上就达到了大数据的规模。

(2) Variety：数据类型繁多。这种类型的多样性也让数据被分为结构化数据和非结构化数据。相对于以往便于存储的以文本为主的结构化数据，非结构化数据越来越多，包括网络日志、音频、视频、图片、地理位置信息等。这些多类型的数据对数据的处理能力提出了更高的要求。

(3) Value：数据价值密度低。价值密度的高低与数据总量的大小成反比。以视频为例，一部 1 小时的视频，在连续不间断的监控中，有用数据可能仅有一二秒。如何通过强大的机器算法更迅速地完成数据的价值"提纯"成为目前大数据背景下亟待解决的难题。当然把数据集成在一起，并完成"提纯"能达到 1+1 大于 2 的效果，这也正是大数据技术的核心价值之一。

(4) Velocity：数据处理速度快。这是大数据区分于传统数据挖掘的更显著的特征。根据 IDC 的"数字宇宙"的报告，预计到 2030 年，全球数据使用量会达到 250 ZB。在如此海量的数据面前，处理数据的效率就是企业的生命。

(5) Veracity：数据来自各种、各类信息系统网络以及网络终端的行为或痕迹。

大数据具有体量大、结构多样、时效性强等特征，处理大数据需要采用新型计算机架构、智能算法等新技术。大数据从数据源经过分析挖掘到最终获得价值一般需要经过五个主要环节，包括数据准备、数据存储与管理、计算处理、数据分析和知识展现。大数据技术涉及数据模型、处理模型、计算理论，与之相关的分布计算、分布存储平台技术、数据清洗和挖掘技术、流式计算、增量处理技术、数据质量控制等方面的研究和开发成果丰硕，大数据技术产品也已经进入商用阶段。

8.1.2 大数据的价值与应用

大数据像水、矿石、石油一样，正在成为新的自然资源，能不能挖掘资源中潜在的价值，成为这个时代能不能走向创富的重要条件。

大数据是以容量大、类型多、存储速度快、应用价值高为主要特征的数据集合，正快速发展为对数量巨大、来源分散、格式多样的数据进行采集、存储和关联分析，从中发现新知识、创造新价值、提升新能力的新一代信息技术和服务业态。坚持创新驱动发展，加快大数据部署，深化大数据应用，已成为稳增长、促改革、调结构、惠民生和推动政府治理能力现代化的内在需要和必然选择。

大数据产业指以数据生产、采集、存储、加工、分析、服务为主的相关经济活动，包括数据资源建设、大数据软硬件产品的开发、销售和租赁活动，以及相关信息技术服务。

前文提到，预计到 2030 年全球拥有的数据量是 250 ZB，在如此庞大的数据量面前，它所带来的信息以及反馈出来的事实，对于人民来说具有巨大的潜在价值。所以目前大数据的应用已一步步广泛深入我们生活的方方面面，涵盖电商、社交、金融、医疗、交通、教育、体育等各行各业。基于现有电子信息产业统计数据及行业抽样估计，到 2025 年，数字经济规模将突破 80 万亿元，占 GDP 比重达 55%。到 2030 年，数字经济体量有望突破百万亿元。

下面列举一些大数据的应用实例。

(1) 大数据征信。个人信用数据的缺失目前是金融行业面临的最大问题之一。基于用户在互联网上的消费行为、社交行为、搜索行为等产生的海量数据，利用大数据技术对这些海量数据进行分析与挖掘能得到个人信用数据，为金融业务提供有效支撑。在这个方面，阿里的芝麻信用是做得最好的。芝麻信用几乎打通了用户的身份特质、行为偏好、人脉关系、信用历史、履约能力等各类信息。这使得阿里在金融方面审批小额贷款的成本变得极低，据统计，传统银行平均审批一笔贷款的费用高达 2000 元，而阿里金融的蚂蚁微贷仅为 0.3 元。

(2) 大数据风控。大数据风控目前应该是前沿技术在金融领域最成熟的应用，相对于智能投顾、区块链等还在初期的金融科技应用，大数据风控目前已经在业界逐步普及。目前，美国基本上都用三大征信局的信息，最传统的评分基本上都是用美国个人消费信用评估公司 (Fair Isaac Corporation, FICO) 来做的。各家平台会尝试着用机器学习、神经网络等大数据处理方法。国内市场对于大数据风控的尝试还是比较积极的。特别是大公司，可以将移动互联网的行为和贷款申请人联系到一起展开大数据风控。百度在风控层面上的进展还是比较突出的，百度安全每天要处理数十亿网民的搜索请求，保护数亿用户的终端安全，保护十万网站的安全，因此积累了大量的数据。一个很具体的案例就是，通过海量互联网行为数据（比如监测相关设备 ID 在哪些借贷网站上进行注册、同一设备是否下载多个借贷 App)，可以实时发现多头贷款的征兆，把风险控制到最低。

(3) 大数据金融消费。金融消费对大数据的依赖是天然形成的。比如消费贷、工薪贷、学生贷，这些消费型的金融贷款很依赖对用户的了解。所以必须对用户画像进行分析提炼，通过相关模型展开风险评估，并根据模型及数据从多维度为用户描绘一个立体化的画像。百度金融通过以大数据和人工智能技术为基础的合作商户管理平台，为合作商户提供涵盖营销和金融服务的全面管理方案，降低获客成本，解决细分行业的微小需求。对大数据进行分析一方面可以降低风险，另一方面也能提升金融的安全度。腾讯和阿里的优势很大程度上是在渠道层面上的，阿里以电商 - 支付 - 信用为三级跳板，针对性很强，而支付宝接入金融消费产品之后有较强的渠道作用。腾讯的"微粒贷"已经接入到了微信支付当中。在金融消费的发展速度上，腾讯速度也不差。

(4) 大数据财富管理。财富管理是近些年来在我国金融服务业中出现的一个新业务。财富管理主要为客户提供长期的投顾服务，实现客户资产的优化配置。这方面的业务在传统金融机构中存在得比较多。不过因为技术能力不足，大数据财富管理在传统金融机构中相对弱势。财富管理在互联网公司的业务中也非常流行，蚂蚁金服一开始最为简单的财富管理方式就是余额宝，后来逐渐演化成经过大数据计算智能推荐给用户的各种标准化的"宝宝"理财产品。百度金融是依托"百度大脑"通过互联网人工智能、大数据分析等手段，精准识别和刻画用户，提供专业的"千人千面"的定制化财富管理服务。

(5) 大数据疾病预测。疾病预测平台基于大数据积累和智能分析，利用用户的搜索数据和位置数据，统计出人们搜索流感、肝炎、肺结核和性病的信息时的时间和地点分布，并结合气温变化、环境指数、人口流动等因素建立预测模型，能够为用户提供多种传染病的趋势预测，帮助用户提早进行预防。Google 就曾经使用其搜索数据成功预测了流感，当然其后有些预测并不准确，所以近些年，预测模型一直在改进。

任务 8.2

大数据采集

近年来，以大数据、物联网、人工智能、5G 为核心特征的数字化浪潮正席卷全球。随着网络和信息技术的不断普及，人类产生的数据量正在呈指数级增长，大约每两年翻一番，这意味着人类在最近两年产生的数据量相当于之前产生的全部数据量。世界上每时每刻都在产生大量的数据，包括物联网传感器数据、社交网络数据、商品交易数据等。面对如此巨大的数据，与之相关的采集、存储、分析等环节产生了一系列的问题。如何收集这些数据并且进行转换分析存储以及有效率的分析成为巨大的挑战。需要有这样一个系统用来收集这样的数据，并且对数据进行提取、转换及加载。

本节就介绍这样一个大数据采集技术。什么是大数据采集技术？大数据采集技术就是对数据进行 ETL 操作，通过对数据进行提取、转换及加载，最终挖掘数据的潜在价值，然后给用户提供解决方案或者决策参考。ETL 是英文 Extract-Transform-Load 的缩写，是指数据从数据来源端经过抽取 (Extract)、转换 Transform) 及加载 (Load) 到目的端，然后进行处理分析的过程。

用户从数据源抽取出所需的数据，经过数据清洗，最终按照预先定义好的数据模型，将数据加载到数据仓库中去，最后对数据仓库中的数据进行数据分析和处理。数据采集位于数据分析生命周期的重要一环，它通过传感器数据、社交网络数据、移动互联网数据等方式获得各种类型的结构化、半结构化及非结构化的海量数据。由于采集的数据种类错综复杂，因此对于这种不同种类的数据在进行数据分析时，必须通过提取技术，将复杂格式的数据进行数据提取，从数据原始格式中提取 (Extract) 出需要的数据，这里可以丢弃一些不重要的字段。对于数据提取后的数据，由于数据源头的采集可能存在不准确的情况，因此必须进行数据清洗，对于那些不正确的数据进行过滤、剔除。针对不同的应用场景，对数据进行分析的工具或者系统不同，还需要对数据进行数据转换 (Transform) 操作，将数据转换成不同的数据格式，最终按照预先定义好的数据仓库模型，将数据加载 (Load) 到数据仓库中去。

8.2.1　数据采集器介绍

当下运用最广泛的数据采集器是八爪鱼数据采集器 (简称"八爪鱼")，它是深圳数阔信息技术有限公司开发的，具有以下优势。

(1) 1 分钟获得数据：操作简单，无须代码，30 秒上手，1 分钟拿到 98% 以上互联网数据。

(2) 1 千万数据采集：分布于云服务器，可以实现每日千万级别数据量的采集。

(3) 全场景解决方案：内置增量数据采集、防采集破解、验证码识别、模拟登录、切换代理 IP 及切换浏览器版本功能，满足多种采集需求。

(4) 数据处理能力：内置正则表达式格式化功能，可对提取内容进行针对性调整；内置分支判断及触发器功能，可对不同形式的内容做判断，根据判断结果做不同的提取操作，实现智能采集。

八爪鱼数据采集器可以实现互联网上几乎所有公开数据的文本内容采集。网页数据零散分布于页面上的各个位置，数据使用人员无法对其进行统一的数据处理与数据分析，八爪鱼采集器可以将网页非结构化数据采集为结构化数据并存储多种格式。

八爪鱼旨在让数据触手可及，降低了采集门槛，提高了采集效率，在政府、高校、企业、银行、电商、科研、汽车、房产、媒体等众多行业及领域均有广泛应用。

1. 主界面介绍

如图 8-1 所示，八爪鱼主页面由 7 部分组成。

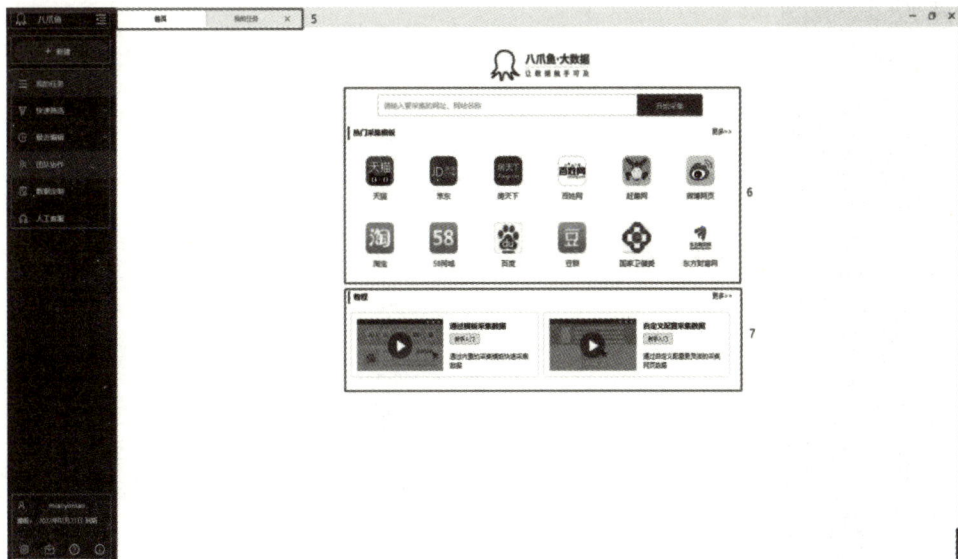

图 8-1　八爪鱼主页面

(1) 左上角位置 1 是展开收起侧栏按键。

(2) 下方位置 2 为新建按键，可以新建任务、任务组，热门模板采集任务和导入任务，导入的任务为 .otd 的文件格式。

(3) 位置 3 区域为菜单栏，通过菜单栏可以进入八爪鱼【我的任务】、【快速筛选】下的【云采集进行中】、【云采集已完成】及【云采集已停止】、【最近编辑】、【团队协作】、【数据定制】及【人工客服】界面，如图 8-2 所示，【人工客服】按键会跳转页面至客服系统，有任何疑问及建议都可以在这里进行反馈。

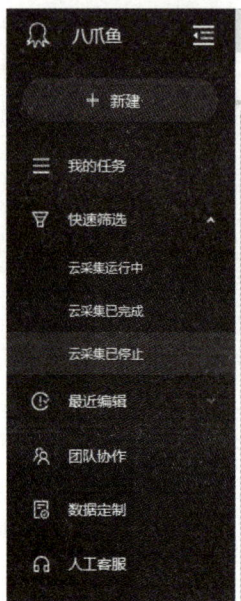

图 8-2　菜单界面

在【我的任务】界面的右上角可以切换【任务组】，如图 8-3 所示。任务组类似于文件夹，可以将不同的任务归类放置方便管理，当任务组设置定时云采集功能后，整个任务组内的任务会按照要求在指定时间进行云采集，如图 8-4 所示。

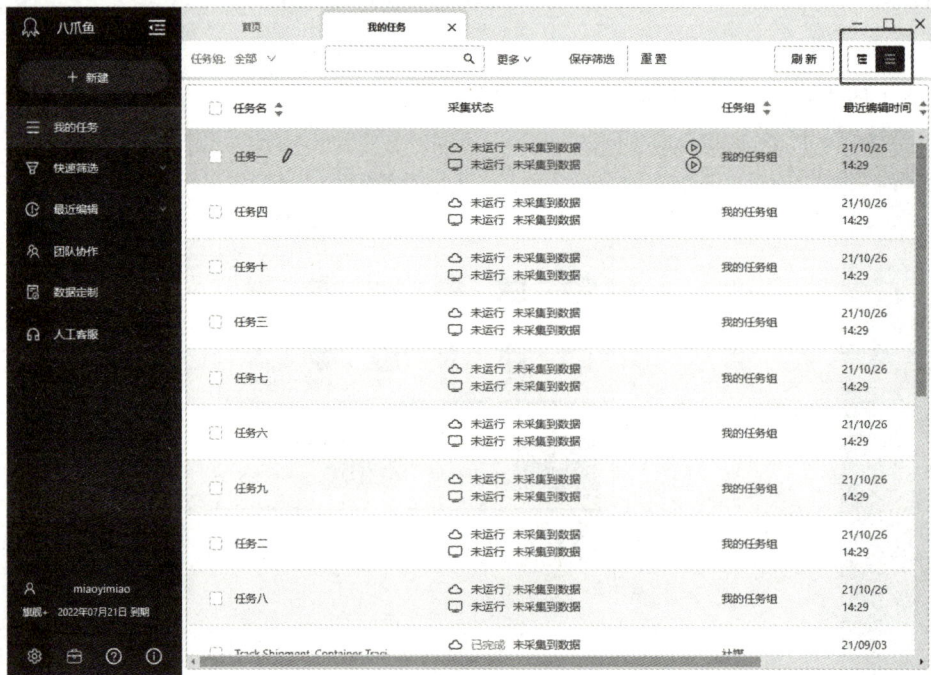

图 8-3　【我的任务】界面

图 8-4　【任务组】界面

(4) 位置 4 区域为用户名称、软件版本信息及付费版本到期时间。八爪鱼分为免费版、专业版、旗舰版、旗舰版 +、企业版及私有化部署版。各版本差异及价格可以在八爪鱼官网进行查看。下方为【设置】、【工具箱】、【教程与帮助】及【关于我们】，单击【关于我们】的按钮可查看版本信息。

在设置界面可以修改账号云采集【可同时运行任务数】，设置后最多同时启动设置数的任务，任务数不能大于账号拥有节点数；可以设置【自定义模式配置】、【自动识别网页】及【删除字段不需要确认】的开关，如图 8-5 所示。

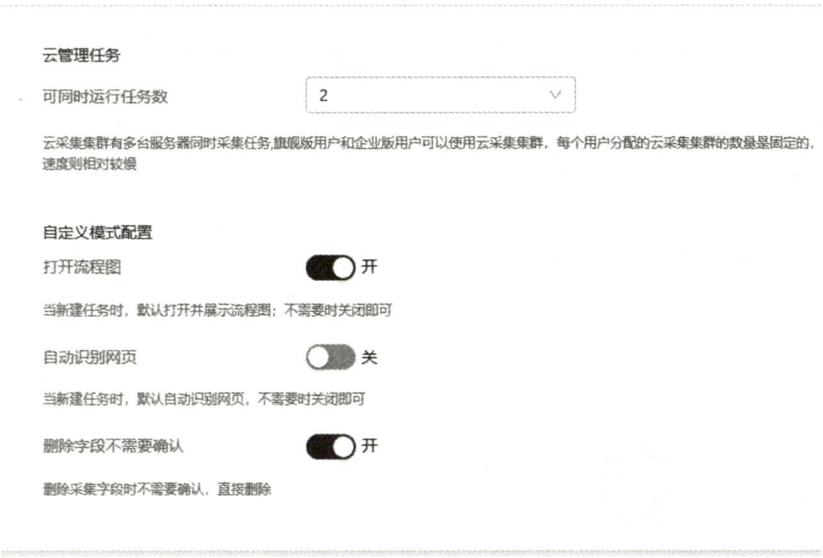

图 8-5　设置界面

(5) 位置 5 区域为窗口栏，该区域显示当前打开的所有窗口，并可以随时在这里进行切换。

(6) 位置 6 区域为各应用模式入口，界面显示自定义采集模式及热门采集模板，输入框内可输入需要采集的网址、网站名称。

(7) 位置 7 区域为软件教程，可以在此处查看八爪鱼详细教程，单击【查看更多】按钮会跳转官网教程区域，内含各功能的图文及视频教程。

2. 应用模式介绍

1) 模板采集模式

模板采集模式是利用系统内置模板进行数据采集的模式。八爪鱼采集器经过数据统计，将最常用的 300 多个网站进行了任务模板化，可以直接调取模板规则，输入几个简单参数进行采集。

模板采集模式的优点为格式规整、使用简单，可以根据不同的参数进行不同程度的自定义采集，采集到的数据可以满足使用需求；缺点是因为事先制定了模板，所以只能在参数上进行自定义修改。

模板采集模式可以从主页直接进入，也可以从任务页中通过新建按键来创建。进入模板采集模式后，可以搜索采集网站关键词或通过筛选模板类型进行模板查找，如图 8-6 所示。选中指定模板后，将鼠标放置其上，单击选择即可使用。

图 8-6　模板采集模式菜单页

针对网站内不同位置及页面的内容，采集器设置了多套模板以供选择，其中 list 表示列表页信息，例如电商平台商品列表、新闻标题列表等。选好后鼠标放置其上，单击【开始使用】即可进入模板页面。

如图 8-7 所示，模板采集模式页面最上方显示了【模板名称】（例如京东列表页数据采集）及【套餐限制】，下方分为【模板介绍】、【采集字段预览】、【采集参数预览】及【示例数据】。其中【模板介绍】主要介绍了如何使用目标模板设置参数；【采集字段预览】展示了模板内采集的内容，鼠标单击在不同字段上，右侧图片内白色的部分即为字段采集内容；【采集参数预览】展示了模板需要输入的参数在网页的位置；【示例数据】即为采集后数据的呈现形式。确认可以满足需求后，单击【立即使用】即可开始采集。

图 8-7　模板采集模式模板页

　　如图 8-8 所示，按照需求修改【任务名】、设置任务放置的【任务组】，针对该模板，修改【配置参数】即采集网址即可，网址可以输入不大于 10 000 个页面，用换行符（回车）隔开。设置好后单击【保存并启动】，即可进行采集。

图 8-8　模式采集模式参数设置页面

2) 自动识别及实例

　　自动识别无须配置规则，根据提示进行操作即可。自动识别也是初学者了解八爪鱼的重要过程。自动识别的优点是只需输入网址，即可自动智能识别网页数据。自动识别支持列表型网页数据、滚动和翻页。这里以当当图书搜索"大数据"关键词后采集列表页为例进行演示。

　　第一步，自动识别。

　　在首页输入框中输入目标网址，单击【开始采集】。八爪鱼自动打开网页并开始智能识别。

　　打开网页后，默认开启智能识别，如图 8-9 所示。识别过程中，随时可在操作提示内【取消识别】或【不再自动识别】，如图 8-10 所示。

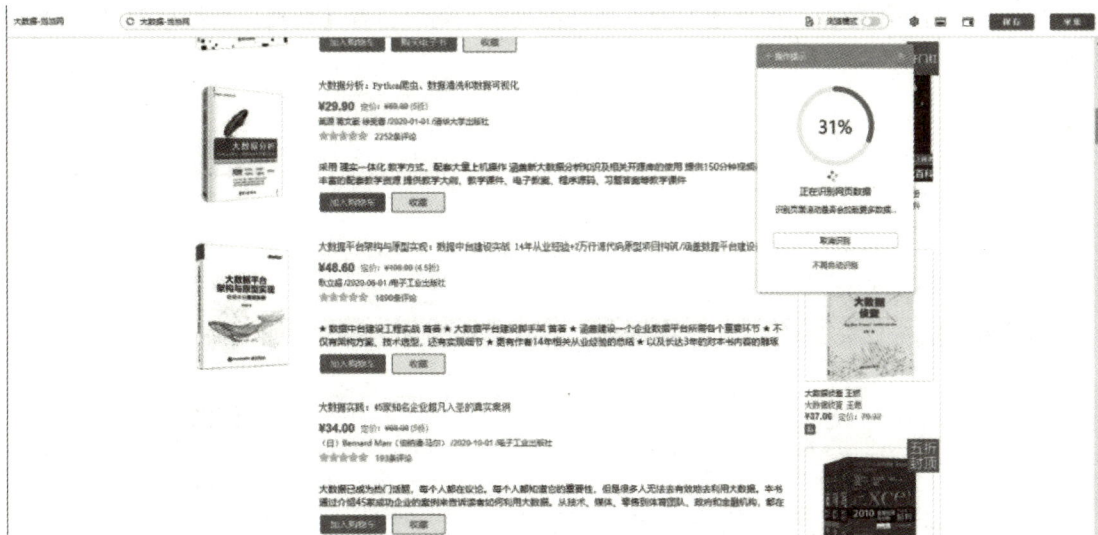

图 8-9　自动识别网页数据

图 8-10　自动识别【操作提示】界面

也可在设置中，再次默认开启【自动识别网页】，如图 8-11 所示。

图 8-11　开启【自动识别网页】

第二步，设置选中目标数据。

智能识别成功，一个网页可能有多组数据，八爪鱼采集器会将所有数据识别出来，然后智能选中最常用的那组数据。如果选中的不是目标数据，则可自行【切换识别结果】，如图 8-12所示。

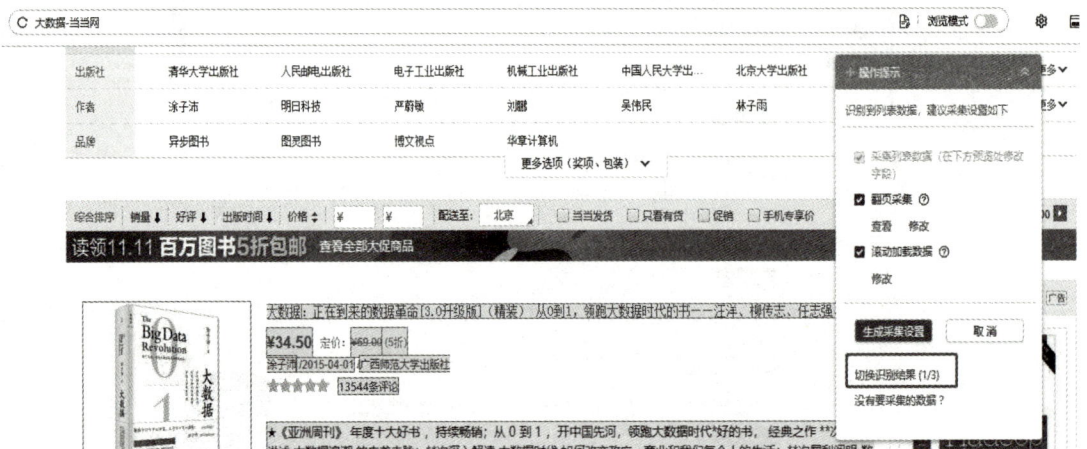

图 8-12　操作提示内切换识别结果

第三步，设置滚动和翻页。

自动识别可同时识别出网页的【翻页采集】和【滚动加载数据】，如图 8-13 所示。此示例网址无须滚动，只需翻页，故只识别并勾选【翻页采集】。

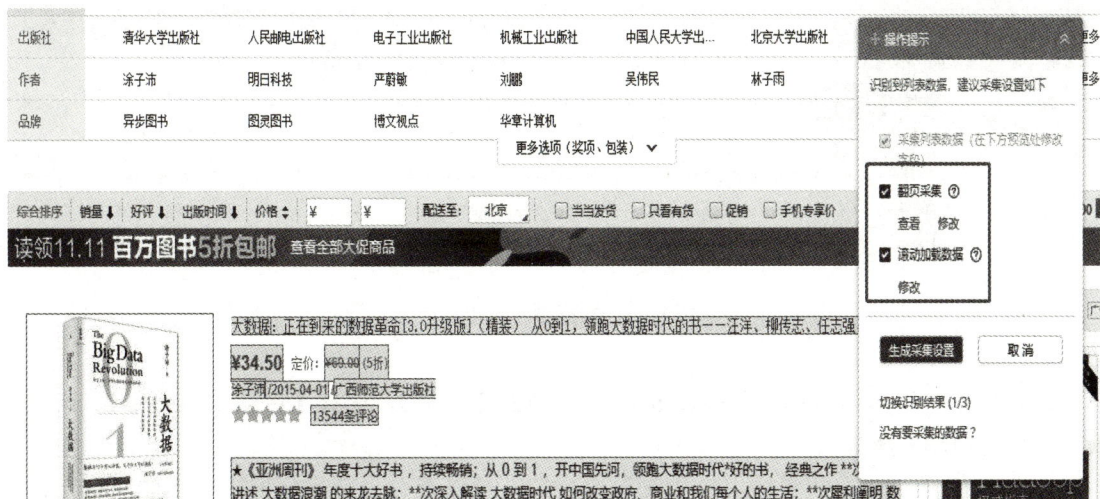

图 8-13　设置翻页和滚动

第四步，生成采集结果。

自动识别完成后，在【操作提示】中单击【生成采集设置】，可自动生成相应的采集流程，如图 8-14 所示。

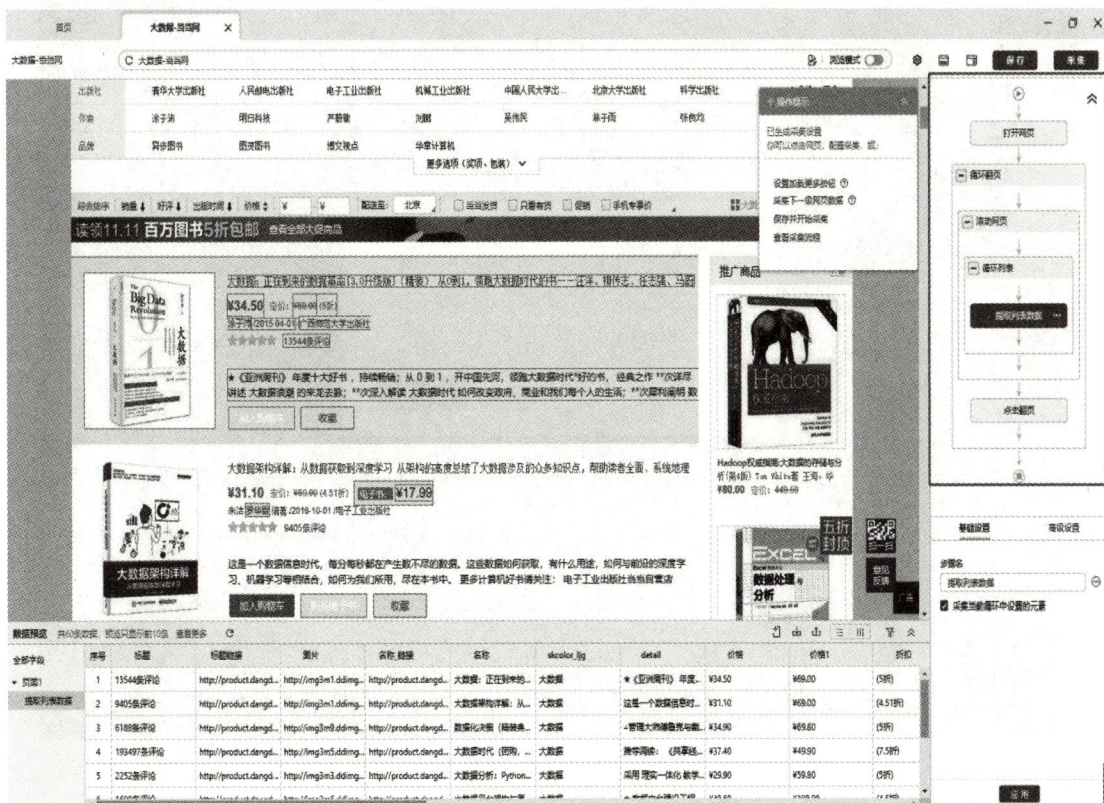

图 8-14　生成采集流程

第五步，设置字段。

如图 8-15 所示，【数据预览】中设置字段的目的是告诉采集器需要抓取当前页面的什么内容，将鼠标放在需要抓取的内容上，当内容完全变绿便可以进行左键单击操作，采集器就会在上方配置抓取模板页面将所需内容抓取出来，单击字段名称便可进行名称修改。右上角的"+"可以添加特殊字段，包括页面网址、采集时间、页面标题、固定字段等。

图 8-15　数据预览设置字段

第六步，开始采集。

设置好所有采集内容后，单击图 8-14 右上角的【采集】，选择【启动本地采集】，八爪鱼就会开始全自动采集数据。

如图 8-16 所示，采集界面上方为浏览器窗口，可以查看当前采集器操作界面，下方为采集到的数据，并且有已采集数据量、已用时和平均速度。采集完成后单击【导出数据】即可进入数据导出界面。

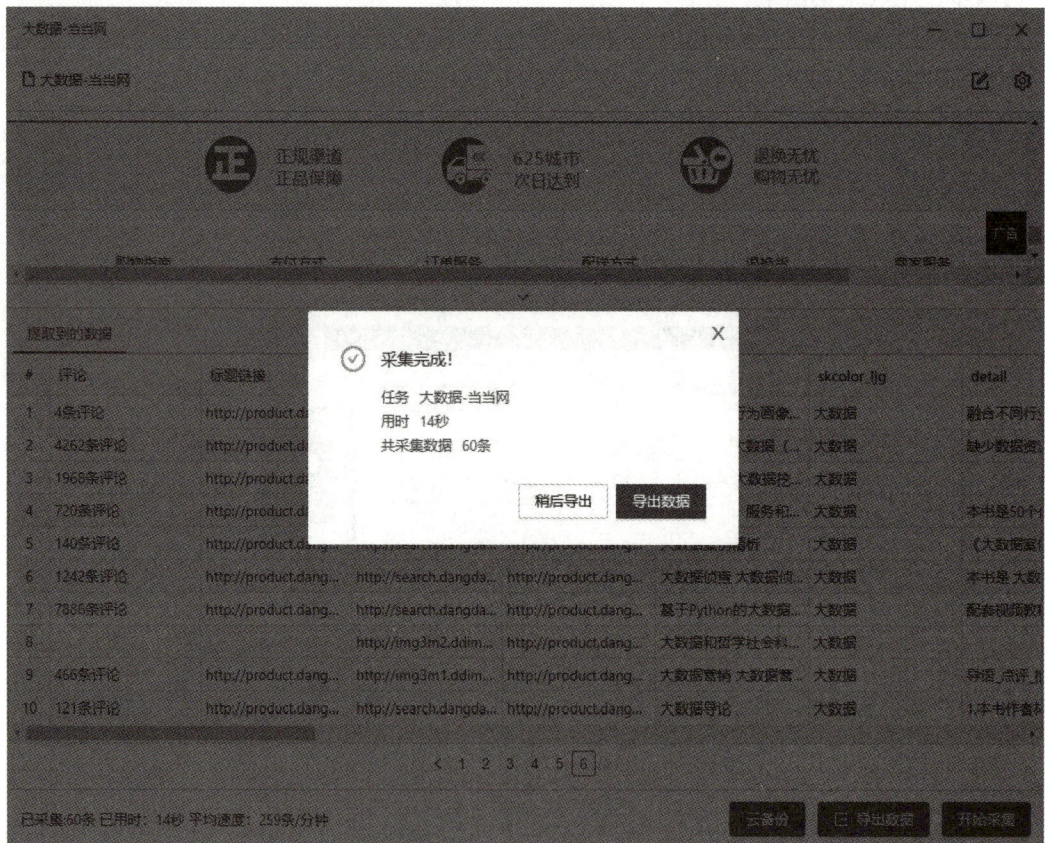

图 8-16　采集界面

第七步，数据导出。

如图 8-17 所示，采集器支持导出的数据格式有 Excel、CSV 文件、HTML 文件、JSON 及数据库，数据库支持 MySQL、Sql Server 以及 Oracle。云采集数据还支持数据定时导出功能。

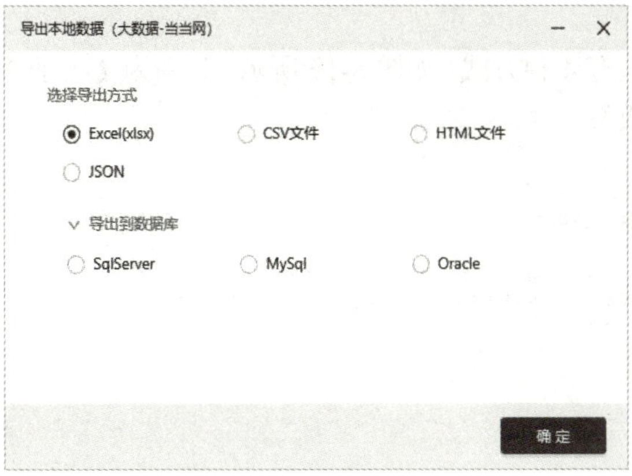

图 8-17　数据导出界面

3) 自定义采集模式

自定义采集模式适用于进阶用户，该模式需自行配置规则，可以实现全网 98% 以上网页数据的采集。自定义采集模式通过在不同功能模块之间搭积木式的组合实现各项采集功能。

在自定义模式中，每一个任务 (规则) 的制作只需四步：设置基本信息→设计工作流程→设置执行计划→完成。重点在第二步设计工作流程上，设计工作流程需要对网页规则进行配置，任务的不同主要体现在该步骤当中。

规则的配置主要强调的是模拟人浏览网页的操作。在高级模式学习中，同样是先通过学习三种采集类型熟悉高级模式的使用。

自定义采集具体应用流程将在 8.2.2 小节中介绍。

8.2.2　自定义采集应用流程

自动识别可支持识别列表型网页、滚动和翻页。针对不同类型的网页对自定义采集进行介绍。

1. 单网页数据采集

本次使用的示例网址为 http://www.skieer.com/guide/demo/simplemovies2.html。

1) 创建自定义采集任务

自定义采集有两种创建方式，如图 8-18 所示，分别是在【请输入要采集的网址、网站名称】处输入示例网址，单击右侧的【开始采集】按钮，或单击菜单栏界面中【新建】→【自定义任务】进行创建。

图 8-18　自定义采集创建方式

2) 网址输入

自定义采集网址输入有 4 种方式，如图 8-19 所示，分别为【手动输入】、【从文件导入】、【从任务导入】及【批量生成】。

图 8-19　自定义采集网址输入

【手动输入】可通过复制粘贴的方式将网址放入输入框中，如图 8-20 所示。多条网址以换行符 (回车) 分隔，最多可放入 1 万条网址。

图 8-20　手动输入网址

【从文件导入】可以将文件内的链接导入进行采集，支持 csv、xls、xlsx、txt 文件格式，最多可放入 100 万条网址。

【批量生成】通过对特定网址中特定参数的全自动补充，可批量生成一大批采集网址。如图 8-21 所示，修改网址链接中的页数，要求从 1 开始，每次增加 1，到 100 页截止，采集器会自动生成 1 ~ 100 页的链接，打开该链接可直接跳转到对应页数。参数类型支持数字变化、字母变化、时间变化及自定义列表，最多可生成 100 万条网址。

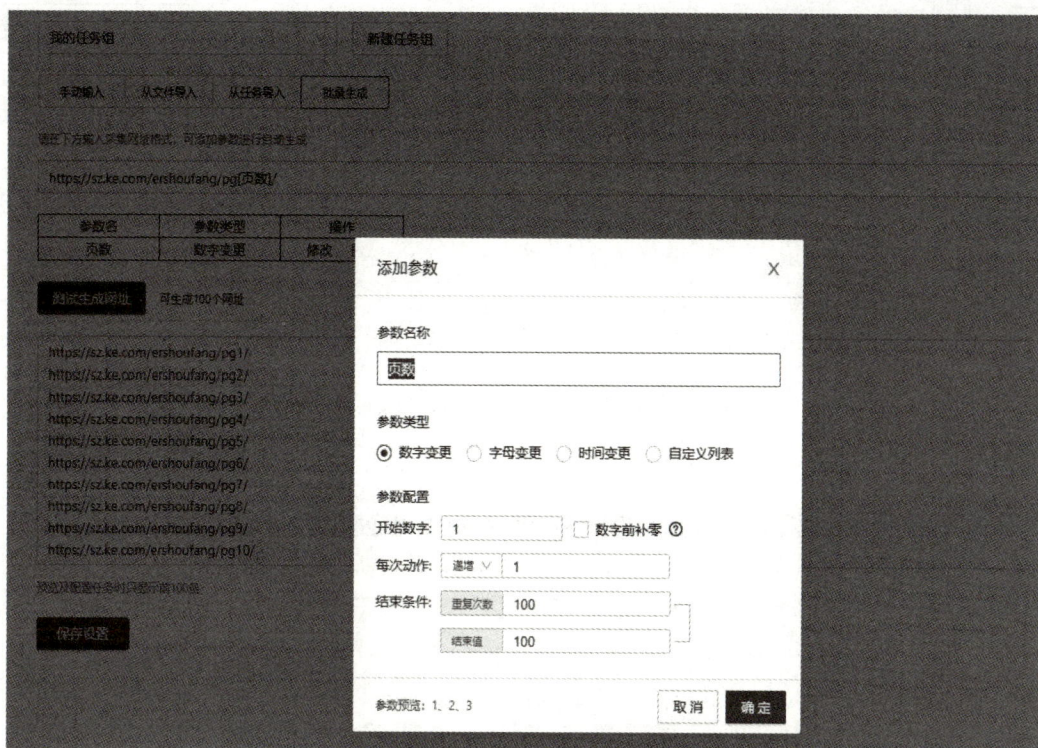

图 8-21　批量生成网址

【从任务导入】可使用采集器其他任务采集结果中的链接，如图 8-22 所示，选择需要导入链接的任务所在任务组，并在选择任务中选中该任务，在选择字段中选择链接字段所在列名，确定后单击【保存设置】按钮即可。【从任务导入】无链接数量限制。

图 8-22　从任务导入

3) 自定义采集界面介绍

如图 8-23 所示，自定义采集界面左上角为任务名，双击后可进行修改，修改完成后单击其他位置即可进行保存。

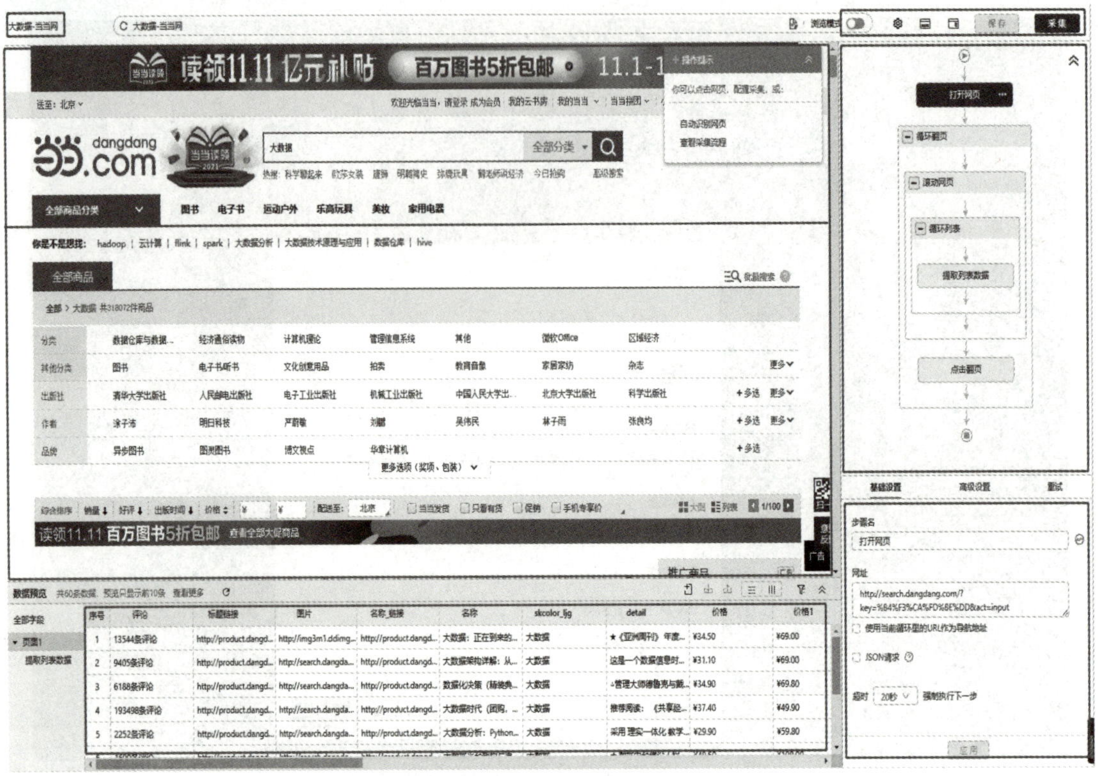

图 8-23　自定义采集界面

界面右上角为切换浏览模式、设置、单击隐藏数据预览、单击隐藏流程图、【保存】及【采集】按键。

切换浏览模式是当处于浏览模式状态下，可以像在浏览器中一样正常单击操作网页，若需编辑流程图，则需关闭浏览模式；设置按键会进入任务设置界面，进行各项任务设置；单击隐藏数据预览会隐藏下方的数据预览；单击隐藏流程图会隐藏右侧的流程图；【保存】按键的作用是保存任务；【采集】按键会先进行保存然后进入采集方式选择界面。

界面中间为浏览器界面，展示当前网页，可通过单击行为对页面中不同元素进行操作，操作会在流程图中生成模块，方便查看。

界面中下方为【数据预览】，可查看当前页面中选中的数据组。

右侧为流程可视化，代表了流程中各模块进行的顺序，从上至下进行查看。最右侧为各模块详细参数设置页面。

流程图右下角是流程图每个步骤的【基础设置】【高级设置】及【重试】的模块，通过不同功能模块组合可实现不同使用需求。

4) 提取数据

提取数据可将当前网页中的数据提取出来。操作方式如图 8-24 所示，在下方浏览器界面中，鼠标放置在要提取的元素上，待元素变绿后，鼠标左键单击，在操作提示中选择采集该元素的文本，可见流程界面中生成提取数据步骤。依次对所有需求字段进行提取后，修改字段名称即可。

提取数据步骤的详细设置有：添加特殊字段、删除字段、字段位置移动、字段导入导出、步骤名设置、执行前等待以及触发器，下面分别介绍这些设置。

如图 8-25 所示，鼠标左键单击流程图中的【提取数据】步骤，【提取数据】下方为设置项区域，中下方的【数据预览】为提取字段内容。

图 8-24　自定义模式提取数据操作

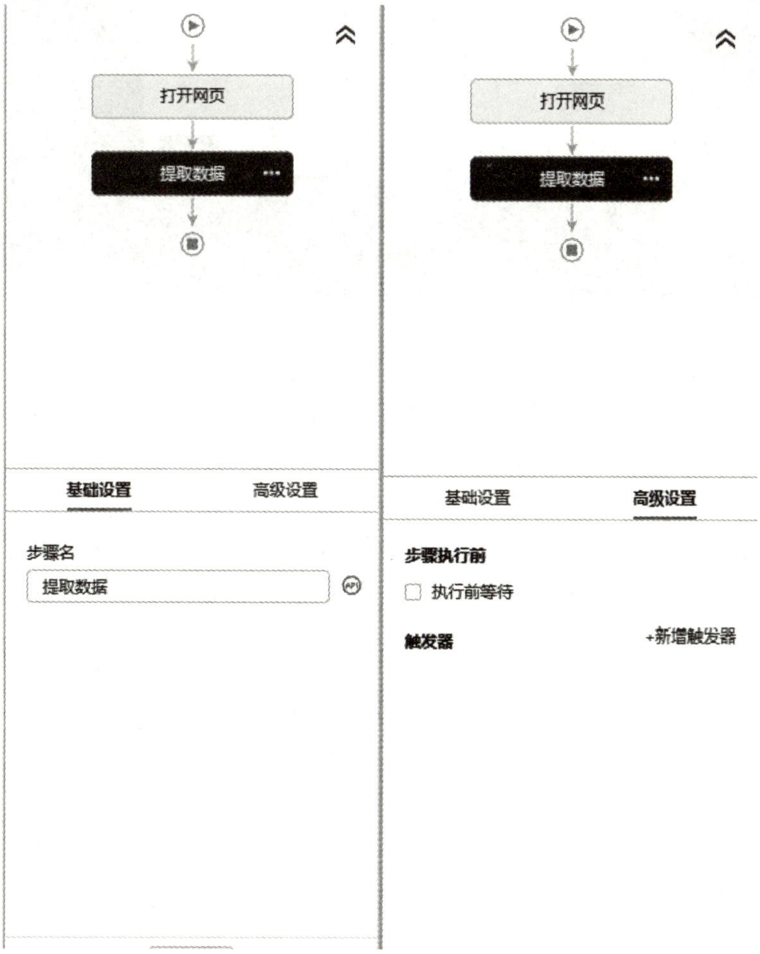

图 8-25　自定义模式提取数据设置项

设置项区域分别为【基础设置】及【高级设置】。

【基础设置】区域可设置【步骤名】；【高级设置】区域可设置【执行前等待】及【触发器】。

(1) 步骤名：修改该步骤名称，方便辨识，大部分步骤均有该选项。

(2) 执行前等待：运行至该步骤前，进行一定时间等待，大部分步骤均有该选项。【或出现元素】用 XPath 设置网页内元素，当设置元素出现时，强制结束等待时间立即执行该步骤。【执行前等待】时间和【或出现元素】为"或"关系，只要出现一个就执行该步骤。

【触发器】的作用为针对不同采集内容作出不同操作，可在采集过程中对数据做初步清洗。

(1) 操作：切换【高级设置】区域，单击【新增触发器】，即可打开触发器设置界面，如图 8-26 所示。

图 8-26　自定义模式提取数据触发器

(2) 设置参数：触发器可设置字段为所有提取数据中的字段，设置字段内容为红框中选项，可设置条件为【且】和【或】。对于满足条件的内容可做的操作为丢弃本条数据、结束循环以及结束本次采集。

(3) 应用场景：对文本内容筛选、时间判断的增量采集、数字比较等场景。

如图 8-27 所示，【数据预览】的工具栏内可操作项为添加特殊字段、字段导入 / 导出、切换横纵向的字段布局、数据去重。鼠标移动至字段名称可修改字段名称、删除字段及字段位置移动。

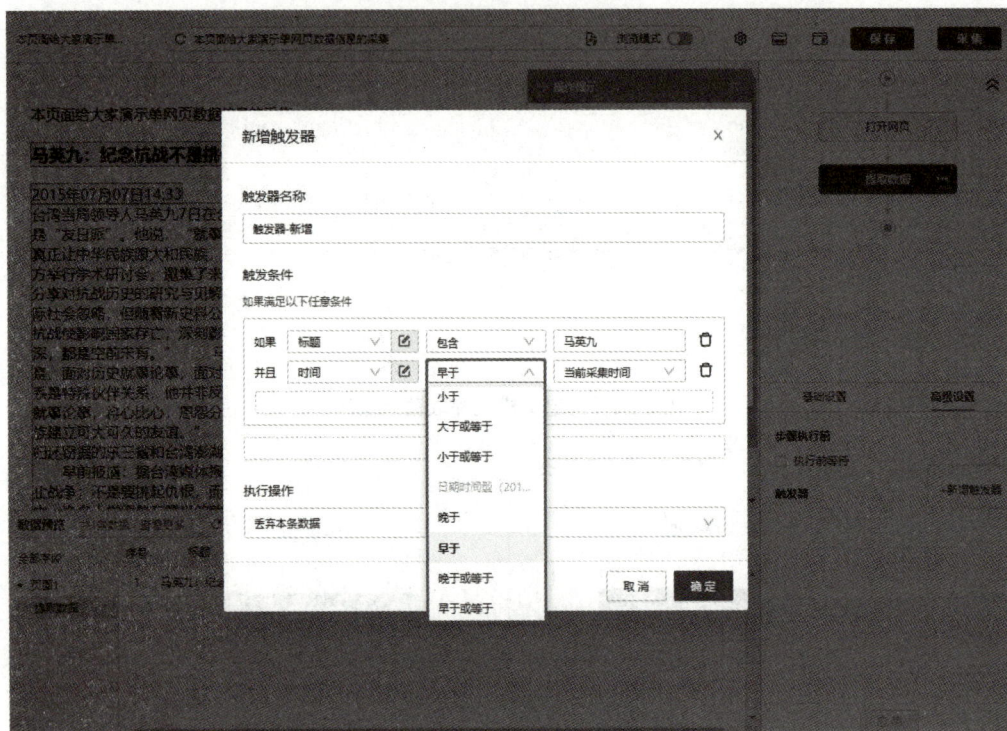

图 8-27　自定义模式数据预览工具栏

①　添加特殊字段：添加一些在网页中提取不到的内容，例如页面网址、页面标题、当前时间、固定字段、空字段等。可以根据不同需要自行选择添加。

②　字段导入 / 导出：将提取数据步骤单独导出为一个文件使用，分为导入及导出两个操作。

③　切换横纵向的字段布局：横向的字段布局和我们熟悉的表格格式一致，可以快速查看当前页面提取的数据组；纵向的字段布局可以查看单个字段提取的情况，修改字段定位 XPath。

④　数据去重：根据选择的某个或多个字段，比对某一行数据该字段的内容与其他行该字段的内容是否相同。仅比对已选择的字段，只要选择的字段都是相同的，就认为该条数据是重复数据，其他未选择的字段会自动忽略，即使其他字段是不相同的也不进行考虑。去重后仅保留重复数据中的第 1 条。

⑤　删除字段：将当前选中字段删除，当前选中字段显示会变蓝，删除操作不可撤销。

⑥　字段位置移动：调整字段顺序，分为上移一位与下移一位两个操作。

如图 8-28 所示，单击字段名字后的更多字段操作，可以对该字段进行【复制】、【删除】、【格式化数据】、【元素抓取方式】、【修改元素定位】、【同一字段的多行合并】操作。

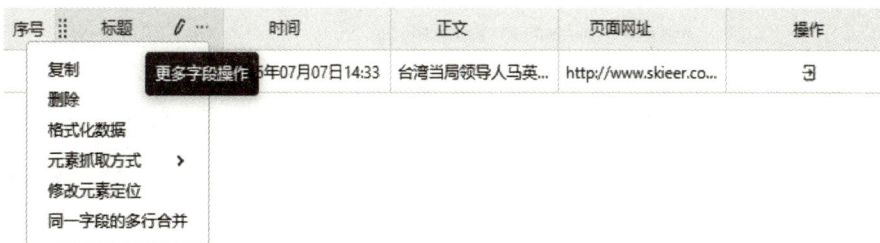

图 8-28　【自定义模式更多字段操作】界面

①　复制：将当前选中字段复制，复制的字段内容和定位都与选中的字段一致。

②　删除：将当前选中字段删除，当前选中字段会变蓝进行显示，删除操作不可撤销。

③　格式化数据：数据采集完成之后，有时候格式不是想要的，或者只想从一段数据里提取特定数据，这时可通过格式化数据来处理。

④　元素抓取方式：对提取内容进行详细设置，可设置内容为自定义抓取方式、自定义定位元素方式、格式化数据及自定义数据合并方式。

⑤　修改元素定位：在采集数据过程中，可能会出现字段提取不到、字段错位等情况。其中一个重要的原因就是对字段的定位不准。可通过修改元素定位的方式，修改字段定位 XPath，对数据的位置进行正确的定位。

⑥　同一字段的多行合并：在做新闻类数据采集的时候，新闻的正文一般都有多个段落。如果想将正文完全按照原文结构顺序采集下来，并将所有内容合并到一条数据中，则可以用文章段落构建循环，然后设置【同一字段多次提取合并为一行】。

5) 本地采集及数据导出

(1) 本地采集：设置好打开网页及提取数据步骤后，单击页面上方的【采集】，在弹出窗口选择【启动本地采集】即可，如图 8-29 所示。八爪鱼有本地采集及云采集两种方式，本地采集使用当前计算机的硬件设备及 IP 网络进行采集，采集速度受限于网速与计算机硬件。本地采集有手动启动本地采集和定时本地采集两种方式，前者是配置完流程后手动启动本地采集，采集当前页面显示的数据，后者是本地采集的任务设置定时启动。启动定时本地采集时，如果计算机休眠、关机、没有连接网络等，则会采集失败。因此，定时本地采集期间，需保证设备正常运行、八爪鱼客户端处于打开状态。

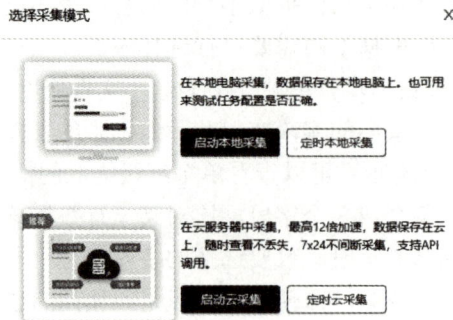

图 8-29　运行任务

(2) 数据导出：采集完成后，单击导出数据，选择导出方式，按提示进行导出位置选择或数据库信息填入即可。

导出格式如图 8-30 所示，支持格式为 Excel、CSV 文件、HTML 文件、JSON 以及导出到数据库。

图 8-30　数据导出

导出到数据库选项支持三种数据库 (MySQL、SqlServer 以及 Oracle)，会使用到数据库导出工具。如图 8-31 所示，需要设置目标数据库的类型、服务器名称、端口、用户名称、密码等信息，测试可以连接后选择数据库并单击【下一步】建立映射关系即可开始导入。

导出到数据库 (自动) 可以实现任务有新数据时自动导入至设置好的数据库当中，云采集采集到的数据才可以使用该功能。

图 8-31　数据库导出工具

2. 列表详情页数据采集

列表详情页相比于单网页采集，过程及逻辑类似于前文示例，以京东手机列表详情页为例，可直接在京东搜索手机获得。

示例网址：https://search.jd.com/Search?keyword= 手机 &enc=utf-8。

如图 8-32 所示，可通过列表页中每个商品的标题进入商品的详情页当中，首先打开网页，其次翻动每一页，然后单击当前页所有商品标题即可提取数据。其中打开网页及提取数据参照单网页采集的操作方法，这里不多做介绍。

图 8-32　列表详情页采集示例

1) 循环

循环的作用是将一个或多个元素排序，然后依次将序列里的元素传递给循环中的模块执行操作。循环是采集器最重要的模块，是实现批量操作的主要模块。

循环可以与打开网页、点击元素、提取数据等模块配合使用进行批量操作。

如图 8-33 所示，示例中使用【下一页】进行翻页，单击【下一页】后，在【操作提示】中选择【循环点击下一页】，流程中生成循环框以及框内的点击翻页模块。

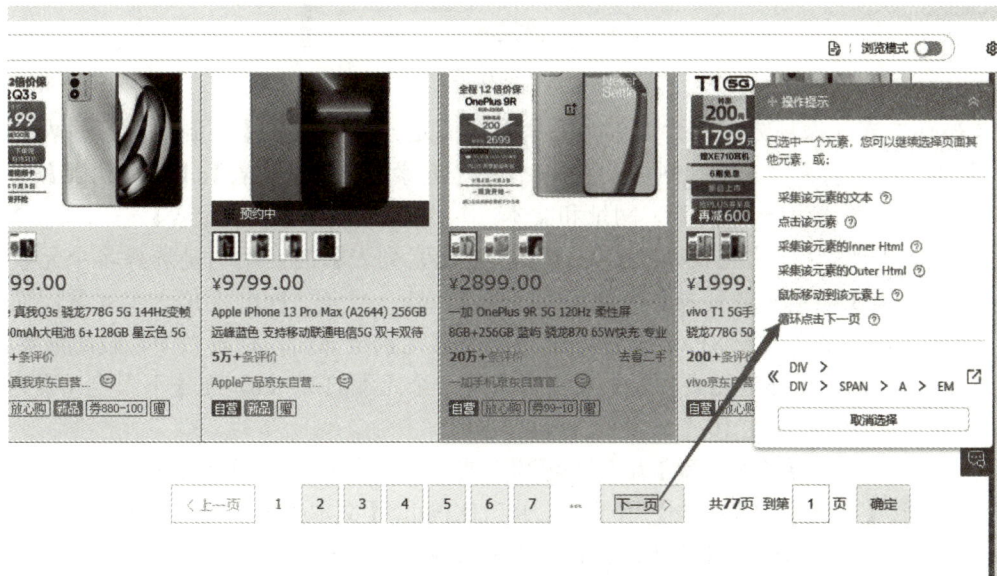

图 8-33　自定义模式循环翻页操作

如图 8-34 所示，循环设置项分为【基础设置】和【高级设置】。

【基础设置】包含【步骤名】、【循环方式】、【元素 XPath】、【元素在 Iframe 里】等设置，【高级设置】包含【执行前等待】。【步骤名】及【执行前等待】在提取数据模块中介绍过，这里不再提及。

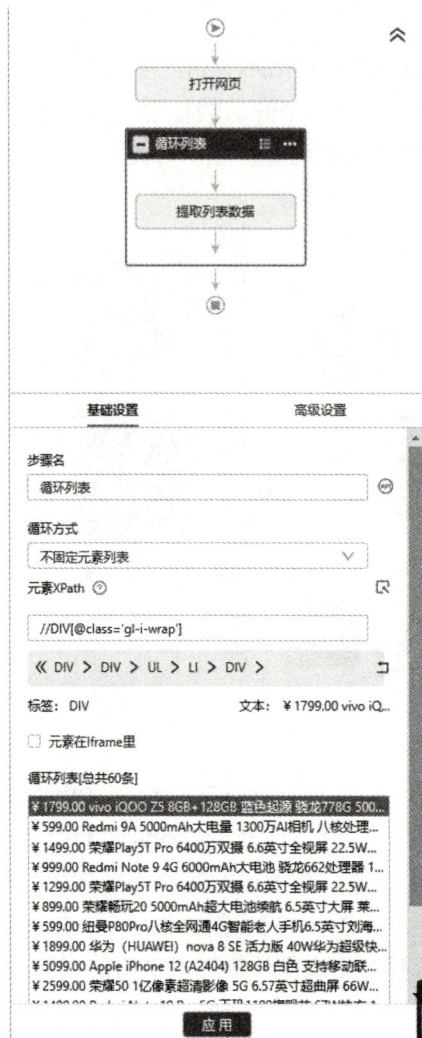

图 8-34 循环设置项

(1) 循环方式。循环方式包含【单个元素】、【固定元素列表】、【不固定元素列表】、【网址列表】、【文本列表】与【滚动网页】五种。【单个元素】、【网址列表】、【文本列表】与【滚动网页】，循环的内容为一个元素、网址和文本，勾选后在下方【单个元素】输入元素 XPath 或网址及文本即可。【固定元素列表】与【不固定元素列表】的作用均是选择多个元素进行排序，区别在于【固定元素列表】需要写入多条 XPath，一条 XPath 定位一个元素，而【不固定元素列表】可以将一条 XPath 能够匹配到的所有元素全部加入列表当中。假如需要将 10 个元素加入循环，则【固定元素列表】需要写入每一个元素的 XPath，而【不固定元素列表】只需要写入一条能够匹配这 10 个元素的 XPath 即可。

从应用场景来说，【单个元素】用于循环翻页或循环单击某元素，【固定元素列表】用于自动生成采集器，【不固定元素列表】用于人工修改 XPath，【文本列表】常配合输入文字模块用于循环输入关键词进行搜索，【网址列表】和【滚动网页】用于循环打开多个网址。

(2) 元素在 Iframe 里。Iframe 是网页的一种标签，它的作用是创建包含另外一个网页文档的内联框架，可以理解为将另外一个网站的一部分镶嵌在当前网页之中使用，少数网页会使用该种架构。

火狐浏览器可以在元素位置右键，存在此框架则表明元素在 Iframe 当中，其他浏览器可查看网页源码，存在 Iframe 标签或 frame 标签均需要勾选元素在 Iframe 当中，并在其后写入 Iframe 元素 XPath 才可正常使用。

2) 点击元素

点击元素的作用是对指定元素进行一次鼠标左键点击操作,示例中循环翻页中点击【翻页】即点击元素。

点击元素可以与循环构成循环点击操作，即对多个元素进行点击操作。如图 8-35 所示，点击两个商品标题，采集器就将所有同类型标题选中，点击操作提示中的循环点击每个元素，即可生成循环点击详情页模块。配合循环翻页模块即可翻动每一页，并在每一页点击所有商品标题进入详情页采集内容。

图 8-35　自定义模式循环点击操作

如图 8-36 所示，点击元素设置项可分为【基础设置】、【高级设置】及【重试】三项。

【基础设置】内【步骤名】、【元素 XPath】和【高级设置】内【执行前等待】均在前文讲解过，这里不多做介绍，重点介绍以下内容。

(1) 开新标签：勾选该选项后点击行为会在新的标签页打开结果，不勾选该选项则在当前页面进行页面跳转。

(2) Ajax 加载：一种特殊的网页加载方式，设置了 Ajax 的网页点击元素后只对网页的部分信息进行交互，而不会重新加载整个网页。最明显的标志为点击后采集器下方浏览器窗口网址区域不会重新加载转圈。采集器对于是否完成点击元素的判断标准是网页是否加载完成，因为 Ajax 网页不会重新加载，所以采集器无法判断，会等待 2 分钟才跳过步骤，所以需要人工告诉采集器多久跳过该步骤，即 Ajax 超时。设置一定时间后，采集器判定步骤完成，自动进行后续步骤。本示例中，翻页的点击操作即为 Ajax，需要设置 Ajax 超时。

(3) 页面加速：优化非 Ajax 页面的加载速度。

(4) 定位锚点：页面打开后翻动到指定位置，即锚点。

(5) 滚动页面：页面加载完成后可以向下进行滚动，包括翻动一屏和翻动到最底部两种滚动模式。滚动页面的应用场景有两种：部分网页需要翻到最下方才加载剩余部分内容，示例网站便属于这种类型，所以需要设置滚动页面。

图 8-36　点击元素设置项

【重试】即为网页刷新，重试菜单可设置在一定条件下才进行重试，且可在重试后切换代理 IP，重试条件包括页面文本或元素是否包含什么内容便进行重试。

设置好循环翻页及循环点击详情页后，浏览器会自动跳转为详情页，配置好提取数据字段后即可完成列表详情页数据采集，如图 8-37 所示。

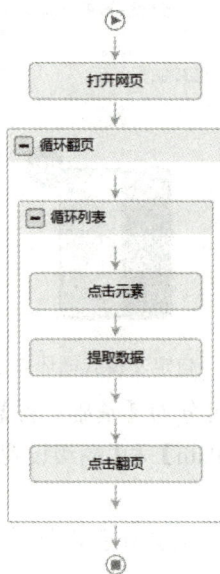

图 8-37　列表详情页数据采集流程图

3) 循环提取、分支判断应用

前文主要介绍了如何运用采集器采集各类型网页数据，本小节以列表页采集示例来介绍采集时如何进行筛选和清洗。

示例网址：https://search.jd.com/Search?keyword= 手机 &enc=utf-8。

如图 8-38 所示，本示例采集判断商品是否为京东自营。若是，则采集商品列表数据，字段包括商品标题、价格、店铺名。若不是，则跳过不采集。与列表详情页采集方法类似，此示例的主要步骤为打开网页→翻动每一页→采集每一页信息，示例中翻页步骤需要在新标签页打开，这里主要介绍"采集每一页信息"步骤。

(1) 循环提取。如图 8-39 所示，循环提取时要循环的内容为整块信息，即图中浏览器框线区域，单击两个区域采集器就会选中所有同类型区域，在操作提示中选择【选中全部子元素】

即可生成循环提取模块，修改提取数据内字段为所需字段即可。

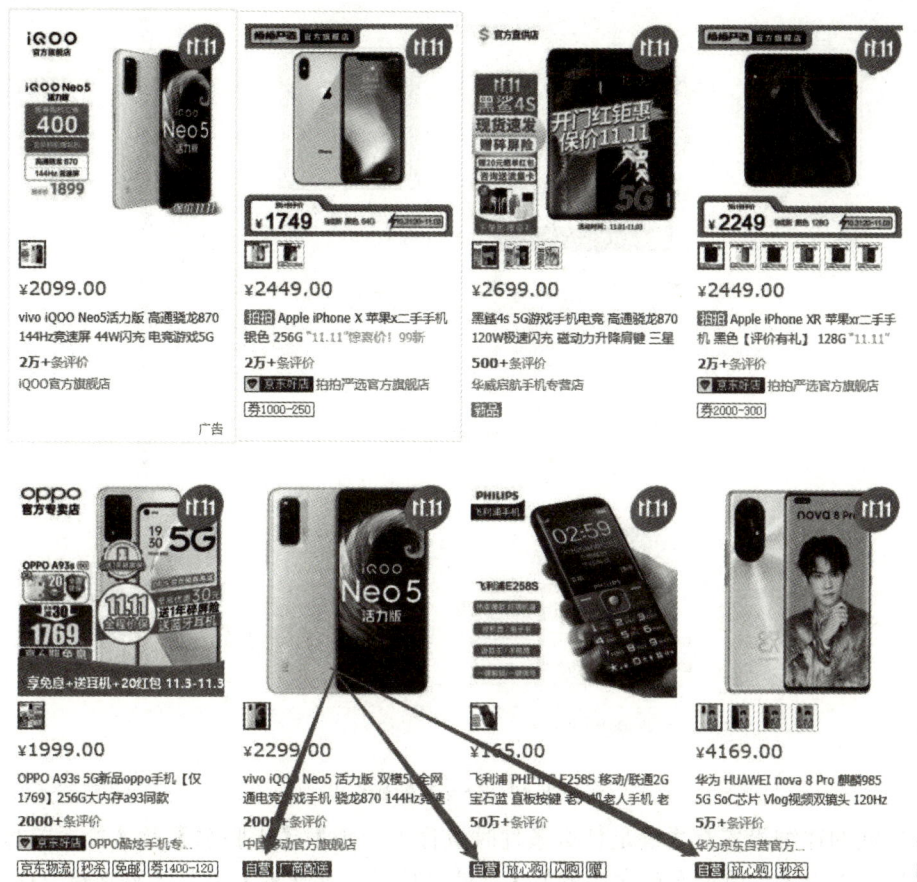

图 8-38　列表页采集示例

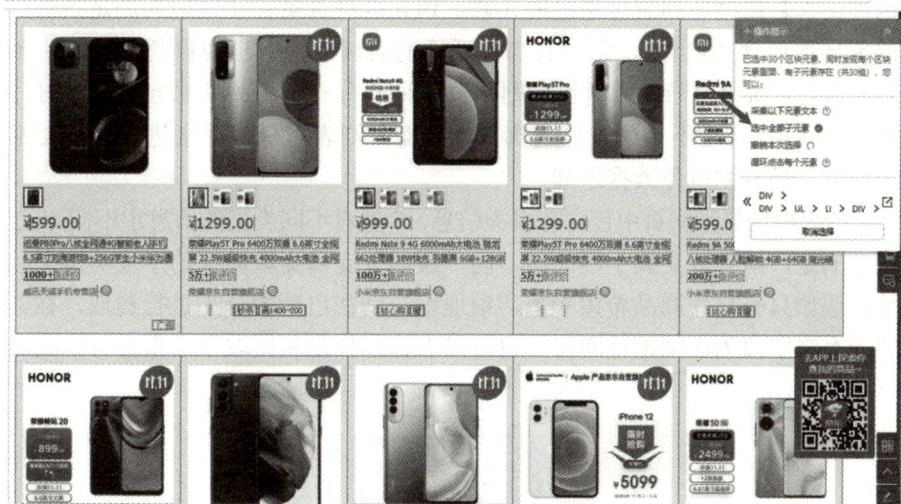

图 8-39　自定义模式循环提取操作

(2) 分支判断。采集过程中有时只需采集网页中某些特征的数据，而忽略其他数据，这时除了可使用前文提到的触发器功能，还有一种更简单的方式是分支判断。

分支判断可以设置多种条件，针对不同条件分支会从左往右进行判断，满足条件则进行操作，不满足则右移一个条件再判断，直到条件判断完或满足条件为止。例如示例中对京东自营的商品做提取。如图 8-40 所示，首先从工具栏中拖动分支模块进入循环提取中，之后对不同条件做不同提取数据设置即可。

图 8-40　分支判断操作

　　分支判断的详细设置有【满足什么条件时执行下一步】、【步骤名】及【执行前等待】。判断条件可以设置为【当前页面包含文本】、【当前循环项包含文本】以及【不判断，总是执行该分支】等。其中【当前页面包含文本】指只要页面中任意位置包含条件则判断为满足条件，【当前循环项包含文本】指循环列表传递出的元素，该元素符合条件才判断为满足条件。例如示例中使用当前循环项包含"自营"，则只有当前循环的店铺信息中出现自营时才满足条件，其他商品出现则不满足；而使用当前页面包含则该页面只要有一个商品信息含有自营时，其他所有标题都判断为满足条件。【不判断，总是执行该分支】则表示任何元素进入该分支都判断为满足条件，一般放在最右侧避免数据遗漏。

　　分支判断的应用场景为网页中包含有多类信息，希望对不同类型的信息用不同方式进行提取。

　　需要注意的是，所有分支属于同一级，同一级的分支内提取数据的字段类型必须一样，比如店铺地址，假如只有自营商品希望采集店铺地址，则在自营的分支进行提取，在其他分支的提取中设置一个空字段为店铺地址即可，也可以右键选择复制提取字段再进行修改。

任务 8.3

大数据采集实训

8.3.1　如何成为百事通

　　实训网址：http://finance.people.com.cn/n1/2021/1102/c1004-32271737.html。

第一步，输入网址。

单击首页内输入框，输入实训网址并单击【开始采集】，如图 8-41 所示。

图 8-41　输入网址

第二步，提取字段。

如图 8-42 所示，进行如下操作，鼠标放置于采集字段上，当内容变蓝后符合需求，单击鼠标左键，然后单击【采集该元素的文本】，修改数据预览中【提取数据】模块内的字段名称。

图 8-42　提取字段

第三步，开始采集

在图 8-42 中单击界面右上方的【采集】，选择【启动本地采集】进行采集，如图 8-43 所示。

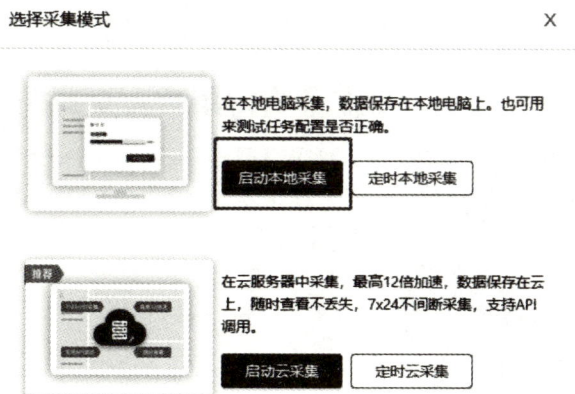

图 8-43　运行任务

第四步，数据导出。

如图 8-44 所示，采集完成后单击【导出数据】，选择导出方式进行导出即可。

图 8-44　数据导出

8.3.2　买什么 5G 手机最划算

大数据采集
实训之买什么
5G 手机
最划算

实训网址：https://list.suning.com/0-20006-0.html。

采集内容：如图 8-45 所示，实训网站为苏宁易购手机列表页，单击筛选页面中的标题包含 "5G" 两个字的内容，进入详情页后采集标题、价格及页面网址。

图 8-45　实例采集内容

购买步骤如下：

第一步，选择自定义采集模式。

第二步，翻页设置。

如图 8-46 所示，将网页在自定义模式下方浏览器窗口中翻动至最下方出现【下一页】按键处，单击后选择【循环点击单个链接】。可见点击翻页中，系统已默认设置 Ajax 超时。

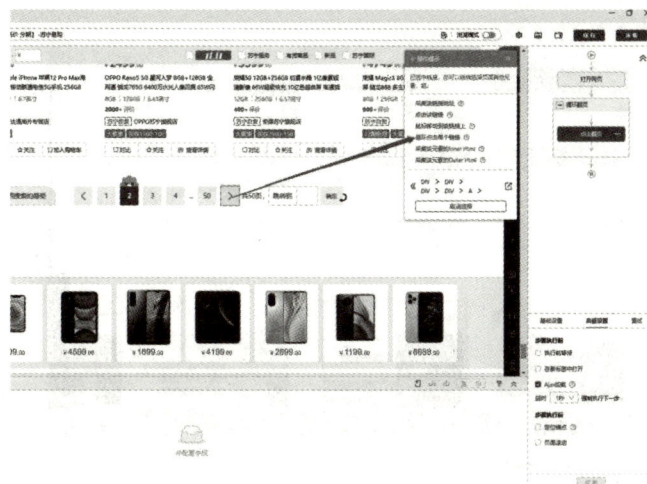

图 8-46　列表详情页翻页设置

第三步，滚动页面设置。

通过第二步下拉滚动页面，发现苏宁列表页后续商品必须翻动到指定位置后才会进行加载，需要设置滚动页面。需要设置滚动翻页的步骤有两处，分别为打开网页及循环翻页的点击翻页步骤，设置打开网页滚动是为了完全加载第一页内容，而设置点击翻页滚动是为了加载翻页后的每一页内容。

设置滚动翻页的操作方法为分别单击【打开网页】及【点击翻页】步骤，选中该步骤后会变成蓝色，单击下方的【高级设置】，勾选【页面滚动】，根据该网页加载方式选择【滚动次数】为 5 次，【每次间隔】为 1 秒，【滚动方式】为【滚动到底部】，如图 8-47 所示。

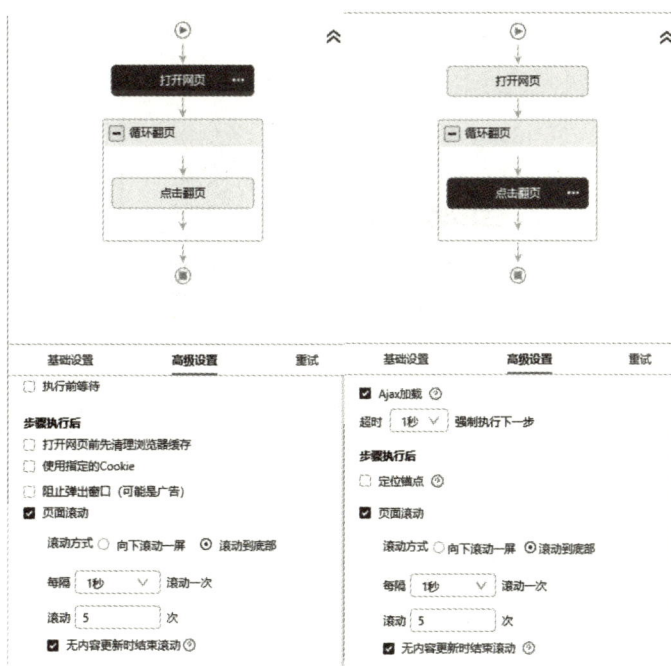

图 8-47　滚动页面设置

注意：该任务的【打开网页】模块及【点击翻页】下的【自动重试】需取消勾选，因为该网页使用 Ajax 加载方式，Ajax 加载方式和自动重试不要同时勾选。

第四步，点击进入详情页设置。

如图 8-48 所示，在浏览器窗口中确定商品全部加载完，单击两个商品标题，确定所有标题均被绿框选中，选择操作提示中的【循环点击每个链接】，可见流程中已有循环点击元素步骤。

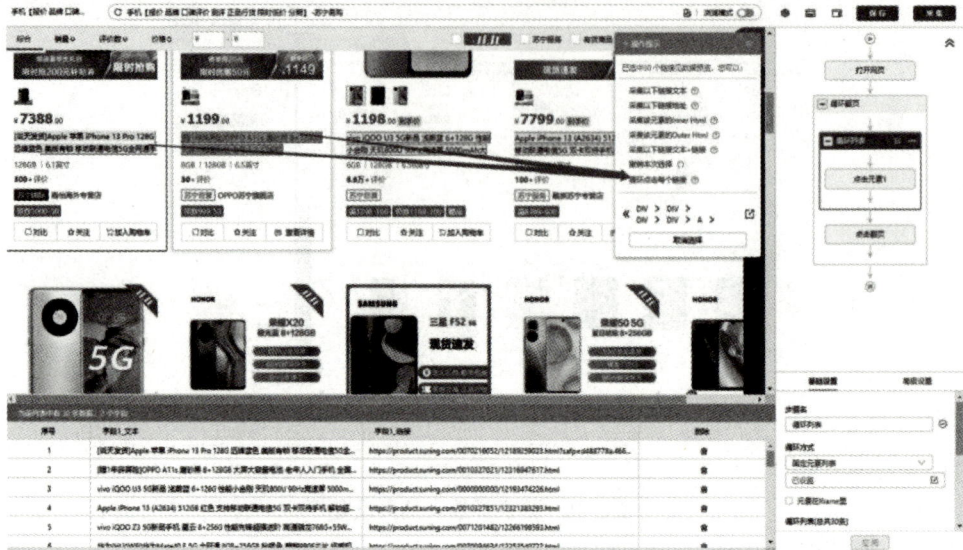

图 8-48　点击进入详情页设置

第五步，筛选包含"5G"字样标题商品，点击进入详情页。

该步骤需要使用判断条件功能，从工具栏中拖动判断条件模块，如图 8-49 所示，单击"+"添加至【判断条件】流程，拖动位置为【点击元素】到列表页循环框内将点击元素拖动至左侧条件分支中，并将左侧条件分支勾选【当前循环项包含文本】，输入文本"5G"。该步骤实现对每个标题进行判断，只有包含"5G"文字的标题才会进行详情页打开，从而进入详情页提取上方的标题和价格。

图 8-49　判断条件筛选设置

第六步，开始采集。

如图 8-50 所示，单击界面右上方的【采集】，选择启动本地采集进行采集。

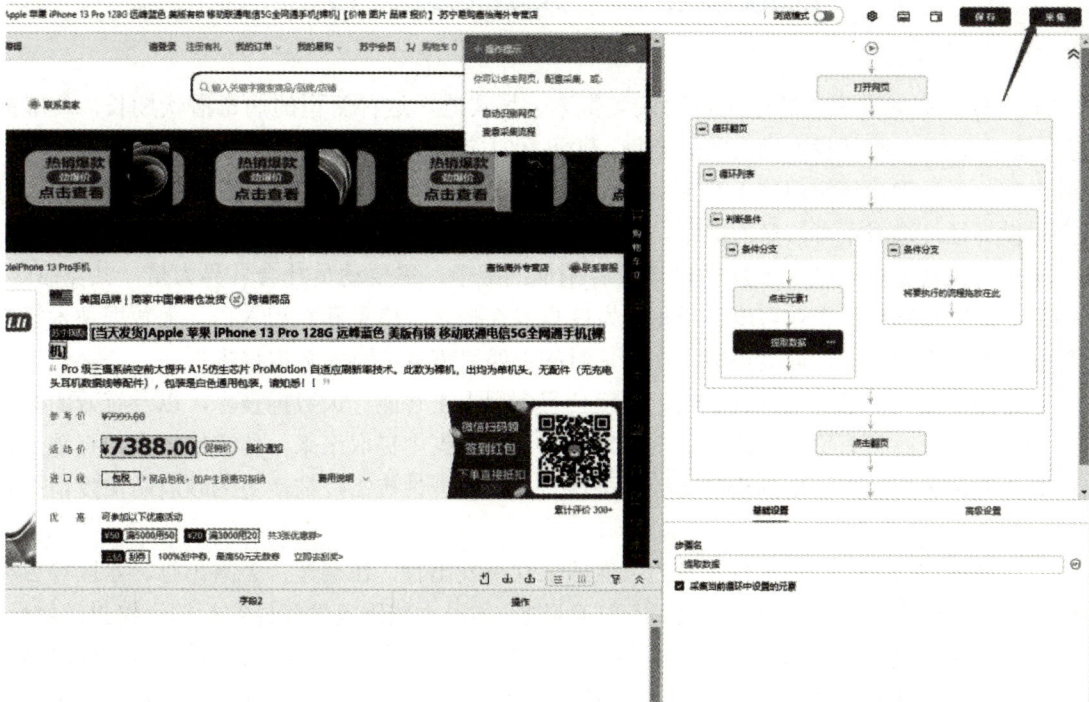

图 8-50　运行任务

第七步，数据导出。

采集完成后单击【导出数据】，选择导出方式进行导出即可，如图 8-51 所示。

图 8-51　导出数据

思政聚焦——大数据战"疫"

大数据战"疫".mp4

2020 年，突如其来的新冠病毒给人类带来一场灾难。这种新型的病毒潜伏期长，传播能力强，危害极大，一时却找不到有效的药物。截至 2021 年 6 月 6 日，全球共有 212 个国家（地区）受到影响，累计确诊病例超过 1.73 亿，仅美国病毒感染病例就超过 3000 万，死亡病例超过 61 万，对世界经济造成不可估量的破坏。

面对汹涌而来的疫情，要赢得这场没有硝烟的战争，需要动员社会各界力量，共克时艰、砥砺前行。互联网科技企业百度公司积极发挥自身在搜索、信息和知识入口、大数据技术等方面的影响力，主动出击、迎战疫情，在第一时间上线"疫情实时大数据报告"。

随着疫情相关信息的爆炸式增长，百度公司利用人工智能、大数据技术，以及有效的数据处理和分析手段，将有价值的信息从不断增长的海量数据中提取出来，传递给公众，将越来越多的先进数据分析技术运用到疫情防控，不仅引导公众理性抗击疫情，更为政府防治疫情提供决策参考。

百度地图依托大数据技术持续发力，保障公众平安出行。在驾车、公共出行、景区等各类场景进行不间断提示，号召公众减少出行，注意防护，实时上线因疫情管控实行的道路封闭信息；高频升级百度迁徙平台，客观反映全国各城市迁徙状况；上线全国 200 余个重点城市发热门诊信息，运用热力图功能查看公众场所人流密度。百度地图还推出了"百度迁徙数据"，可以直观看到离开武汉的人流入到哪个城市。这些数据都已成为政府制定防控措施的有力依据。

随着疫情防控进入新阶段，基层社区居民排查、快速摸清健康情况和流动情况，已成为防控新型冠状病毒肺炎疫情的重要措施。但社区住户密集、流动大的状况，让工作人员较少的基层医疗卫生机构、居委会等组织难以快速完成排查。对此，百度紧急推出针对疫情防控的智能外呼平台，可提供流动人员排查、本地居民排查/回访、特定人群通知三大场景的外呼服务，比人工电话效率提高数百倍。

在全民抗疫、科学抗疫之下，中国取得了阶段性胜利：到 2020 年 2 月 19 日，中国全国 13 地新增病例为 0，3 月 1 日武汉首家方舱医院"休舱"，浙大一院首批支援武汉的医护人员开始隔离休息。当中国疫情得以缓解之时，中国便开始全力支援世界，2020 年 2 月 29 日向伊朗派出专家组，紧接着向巴基斯坦、意大利等国派出医疗队，截至 2020 年 5 月底为止，中国已援助 150 多个国家和地区。

科学防疫，全民防疫，一方有难，八方支援，殷忧启圣，多难兴邦。在灾难面前，中国人选择了坚强、奋斗、团结和博爱。改革开放 40 多年以来，在中国共产党领导下，中国人民一次次在各种灾害中顽强抗争、守望相助，一次次在废墟中挺直脊梁，彰显出伟大的中国力量、中国速度和中国精神，把中国特色社会主义制度集中力量办大事的制度优势充分发挥出来，让历经磨难的中华民族生生不息。

大数据技术上课课件和素材

第 9 章　人工智能应用

从远古的星辰璀璨到今日的科技进步，人类对自我奥秘的探索从未停歇。随着科学技术的突飞猛进，人们不断解锁生命之谜，逐渐揭开人体的生命密码。在这个过程中，人们怀揣着对未来的憧憬，渴望通过创新的技术与途径，创造出能够模拟人类思维和行为的"替代品"，以助力人们应对多元化的工作挑战。如今，人工智能已步入人工智能生成内容 (Artificial Intelligence Generated Content，AIGC) 时代，这是人工智能领域的一大飞跃。在这个时代，人工智能不仅致力于模拟、延伸和扩展人类的智能，更致力于创造全新的智能形态，引领人们走向一个更为智能的未来。人工智能的本质在于模拟人的思维信息过程，实现人类智能的物化表达，而 AIGC 时代的来临，更是将这一理念推向了新的高度。无论是在历史的长河中，还是在当前的科技浪潮中，抑或展望未来的无限可能，人工智能技术始终是科学研究的热点话题。它引领着人类科技前进的步伐，不断拓展人们的认知边界，为人们打开了一扇通往更广阔世界的大门。在 AIGC 时代的推动下，人工智能将继续书写辉煌的篇章，为人类的未来注入更多智能与活力。

任务 9.1

人工智能的发展历程

1956 年的达特茅斯会议标志着人工智能的诞生：约翰·麦卡锡 (John McCarthy) 联合马文·闵斯基 (Marvin Minsky)、克劳德·香农 (Claude Shannon)、艾伦·纽厄尔 (Allen Newell)、赫伯特·西蒙 (Herbert Simon) 等人在达特茅斯组织了两个月的研讨会。达特茅斯会议将不同研究领域的研究者组织在了一起，提出了"人工智能"这个名词，人工智能从此成为一个独立的研究领域。

2016 年，科技界的大事件之一有阿尔法狗战胜围棋高手李世石，此举将人工智能的热点推向高潮，人工智能的概念在全球开始流行，第一次出现在普通大众的生活中。2017 年 10 月，

人工智能的发展

最新版本的"阿尔法狗零"自学三天，就将上个版本的阿尔法狗打了个 100 ：0，人工智能再次进入人们的视野。

从 1956 年到 2016 年短短 60 年的历史，人工智能从最初的仅被科研人员知晓的专业名词到今天成为家喻户晓的热词，其发展历程并不是一帆风顺的，其间经历过几起几落，直到今天有了超性能计算技术和海量大数据的支撑，人工智能技术才得以大放异彩。

9.1.1　第一次浪潮

伴随着通用电子计算机的诞生，人工智能悄然在大学实验室里崭露头角。1951 年夏天，当时普林斯顿大学数学系的一位 24 岁的研究生马文•闵斯基 (Marvin Minsky) 建立了世界上第一个神经网络机器 (Stochastic Neural Analog Reinforcement Calculator，SNARC)。在这个只有 40 个神经元的小网络里，人们第一次模拟了神经信号的传递。这项开创性的工作为人工智能奠定了深远的基础。由于闵斯基在人工智能领域的一系列奠基性的贡献，他在 1969 年获得计算机科学领域的最高奖—— 图灵奖。

人工智能的诞生震动了全世界，人们第一次看到了智慧通过机器产生的可能。以艾伦图灵提出图灵测试为标志，数学证明系统、知识推理系统、专家系统等里程碑式的技术和应用在研究者中掀起了第一波人工智能热潮。20 世纪 50 年代到 60 年代，在巨大的热情和投资的驱动下，一系列新成果在这个时期应运而生。在此期间出现了大量的研究成果，比如 Herbert Simon、J.C.Shaw、Allen Newell 创建了通用解题器 (General Problem Solver)，它是第一个将待解决问题的知识和解决策略相分离的计算机程序；Nathanial Rochester 的几何问题证明器 (Geometry Theorem Prover) 可以解决一些让数学系学生都觉得棘手的问题；Daniel Bobrow 的程序 STUDENT 可以解决高中程度的代数题；麦卡锡 McCarthy 主导的 LISP 语言成为了之后 30 年人工智能领域的首选；Minsky、Seymour Aubrey Papert 提出了微世界 (Mircro world) 的概念，大大简化了人工智能的场景，有效地促进了人工智能的研究。麻省理工学院的约瑟夫•维森鲍姆 (Joseph Weizenbaum) 教授在 1964 年到 1966 年间建立了世界上第一个自然语言对话程序 ELIZA，ELIZA 通过简单的模式匹配和对话规则与人聊天。虽然以今天的眼光来看这个对话程序显得有点简陋，但是当初它第一次展现在世人面前的时候，确实令人惊叹。

期望越大，失望越大。虽然人工智能领域在诞生之初的成果层出不穷，但还是难以满足社会对这个领域不切实际的期待。那个年代，无论是计算机的运算速度还是相关的程序设计与算法理论，都远不足以支撑人工智能的发展需要。很快研究者发现，即使是在当时看来最尖端的人工智能程序也只能解决他们尝试解决的问题中最简单的一部分。于是，从 20 世纪 60 年代末开始，无论是专业研究者还是普通公众，大家对人工智能的热情迅速消退。

9.1.2　第二次浪潮

进入 20 世纪 80 年代，由于专家系统、人工神经网络等技术的新进展，人工智能的浪潮再度兴起。20 世纪 80 年代到 90 年代，人工智能出现了第二次研究高潮，那的确是人工智能研究者和产品开发者的一个黄金时代。1980 年卡耐基梅隆大学为 DEC 公司制造出了专家系统，这个专家系统可以帮助 DEC 公司每年节约 4000 万美元左右的费用。受此鼓励，至 1988 年，全球顶尖的公司都已经装备了专家系统。随着专家系统的广泛应用，知识库系统和知识工程得到了普及，从而加速了第五代计算机的研制。

与此同时，人工智能在数学模型方面也有了重大发明，基于统计模型的技术取代了传统的基于符号主义学派的技术，并被应用到语音识别、机器翻译等领域且取得了不俗的进展，比如语音识别错误率由之前的 40% 左右降低到 20% 左右。人工神经网络的研究也取得了重要进展，在模式识别等应用领域开始有所建树，其典型代表是 1986 年提出的多层神经网络和 BP 反向传播算法。

但到了 20 世纪 80 年代末期 90 年代初，随着专家系统的不断发展，技术、用户界面、数据、维护、学习曲线等多方面的复杂度的快速提升，基于知识库和推理机的专家系统显示出了让人不安的一面：难以升级扩展，鲁棒性不够，直接导致高昂的维护成本。统计模型虽然让语音识别技术前进了一大步，但识别率还是比较低，测试环境稍稍变化就会造成识别效果大幅下降，远没有达到与大众需求接轨并稳步发展的地步。人工神经网络的研究受到计算机硬件性能的限制，也没有收获预期的目标。在失望情绪的影响下，产业界对人工智能的投入被大幅度削减，人工智能的发展再度步入冬天。

9.1.3　第三次浪潮

时间到了 20 世纪 90 年代，研究人工智能的学者开始引入不同学科的数学工具，比如高等代数、概率统计与优化理论，这为人工智能打造了更坚实的数学基础。在数学的驱动下，一大批新的数学模型和算法被发展起来，如统计学习理论、支持向量机、概率图模型等。新发展的智能算法被逐步应用于解决实际问题，如安防、语音识别、网页搜索、购物推荐、自动化算法交易等。

进入 21 世纪，互联网和大数据技术推动人工智能进入新的春天。随着深度学习技术的成熟，加上计算机运算速度的大幅增长，还有互联网时代积累起来的海量数据财富，人工智能开始了新的复兴之路。语音识别、图像分类、机器翻译、可穿戴设备、无人驾驶汽车等人工智能技术均取得了突破性的进展，面向特定领域的专用人工智能技术在单点或局部的智能水平测试中甚至超越了人类智能，比如大败人类围棋顶尖高手的阿尔法狗。

目前，人工智能可分为以下 3 个层次：

(1) 计算智能。计算智能很早已经取得了比较大的突破，主要依据计算机的强大存储能力和运算资源，在某些任务中对人的一些行为进行模拟。

(2) 感知智能。利用计算机对眼、耳等人的感官进行模拟，使计算机真正能听会说、能听会看，包括语音识别、图像识别及基于计算机的视觉自动驾驶技术等。

(3) 认知智能。认识智能比感知智能更进一步，包括对知识的组织、整理、灵活运用、联想推理等，使计算机真正达到能理解、会思考的水平。

专家们普遍认为，目前的人工智能水平还处于弱智能水平，与真正的人类智能还相差甚远。人工智能虽然在某些专用领域确实取得了瞩目的成就，甚至超过了人类在相关领域的能力。但通用人工智能技术依然处于起步阶段，研究和应用依然任重道远。人类的大脑是一个通用智能系统，可以举一反三、融会贯通。与之相比，现有的人工智能差距还比较大，如没有智慧、没有情商等。从这方面来看，人工智能学科还有很大的发展空间。

任务实施

【任务目的】

(1) 了解人工智能未来的发展趋势，树立积极心态应对"智能代工"时代的人才挑战；

(2) 学会撰写研究小论文。

【任务内容】

有人说在不久的将来，许多工作都将由机器取代，甚至人类最终会被超人工智能的机器人所统治，那么你是怎么看待这个问题的？你对现在的人工智能技术是持赞同还是反对的态度？在人工智能时代，你认为该如何学习以及学什么？通过查阅网络资源或图书资料，完成一篇小论文阐述你的观点。

可以参考如下资料：

(1) 微信公众号：机器之心、AI 科技评论、创新工场、量子位、全球创新论坛、新智元。

(2) 吴军．智能时代 [M]．北京：中信出版集团，2016.

(3) 尤瓦尔·赫拉利．未来简史 [M]．北京：中信出版集团，2017.

(4) 李开复，王咏刚．人工智能 [M]．北京：文化发展出版社，2017.

任务 9.2

新一代人工智能的核心技术

新一代人工智能的研究和应用掀起高潮的原因有：一方面得益于计算机硬件性能的突破，另一方面则依靠以云计算、大数据为代表的计算技术的快速发展，使得信息处理速度和质量大为提高，能够快速、并行处理海量数据。目前新一代人工智能的核心技术主要有：模式识别与感知交流、机器学习与知识发现、机器推理与知识图谱等。

9.2.1　模式识别与感知交流

模式识别与感知交流是指计算机对外部信息的直接感知以及人机之间、智能体之间的直接信息交流。

模式识别的主要目标就是用计算机来模拟人的各种识别能力，当前主要是对视觉能力和听觉能力的模拟，并且主要集中于图形、图像识别和语音识别。机器感知是研究如何用机器或计算机模拟、延伸和扩展人的感知或认知能力，包括机器视觉、机器听觉、机器触觉等。机器感知是一连串复杂程序所组成的大规模信息处理系统，信息通常由很多常规传感器采集，从传感数据中发现并理解模式，实现语音识别、指纹识别、光学字符识别、DNA 序列识别、自然图像理解等。

而计算机交流理解能力，目前包括计算机对自然语言的理解和对图像的理解，它是智能系统进行信息交流的关键。自然语言理解 (Natural Language Understanding，NLU) 就是计算机理解人类的自然语言，如汉语、英语等，包括语音识别和机器翻译。图像理解 (Image Understanding，IU) 就是对图像的语义理解，它是以图像为对象、知识为核心，研究图像中有什么目标、目标之间的相互关系、图像是什么场景以及如何应用场景的一门学科。

1. 图像识别

图像识别是指利用计算机对图像进行处理、分析和理解，以识别各种不同模式的目标和对象的技术。比如让计算机从一大堆手写的数字图像中识别出对应的数字，如图 9-1 所示。

新一代人工智能的核心技术

图 9-1　计算机对手写数字图像的识别

　　人类见到一个东西之后，通常就会下意识地给其归类：是动物还是植物，属于哪一门纲目属科，有果实吗，花朵是否漂亮，是否有毒等等，这一大串归类构成了人们对于这种事物的整体认知。这种能力对于人类甚至是一些动物来说，是非常简单而且几乎是与生俱来的。但是在模式识别中，机器似乎并不如人们所预料的那样"智能"。为了让计算机感知和理解人们输入的各种图像信息，早期采用的基本思路是：首先人为进行特征定义，再对输入信息进行特征匹配。比如人们手工设计了各种图像特征，这些特征可以描述图像的颜色、边缘、纹理等基本性质，结合这些图像信息的特征来识别和检测物体。但事实上这些图像信息的特征很难定义的，比如每幅图片都是以二进制串的形式存储在计算机里，要从这些数据中提取类似"有没有眼睛"这样的特征是一件极其困难的事情。

　　当通过人工设计图像特征来分类图像的准确率已经达到"瓶颈"之后，研究者们开始研究模拟人类识别图片时神经元采集信号的工作原理，并利用统计学方法，为机器建立完成图像分类任务的人工神经网络，如图 9-2 所示。

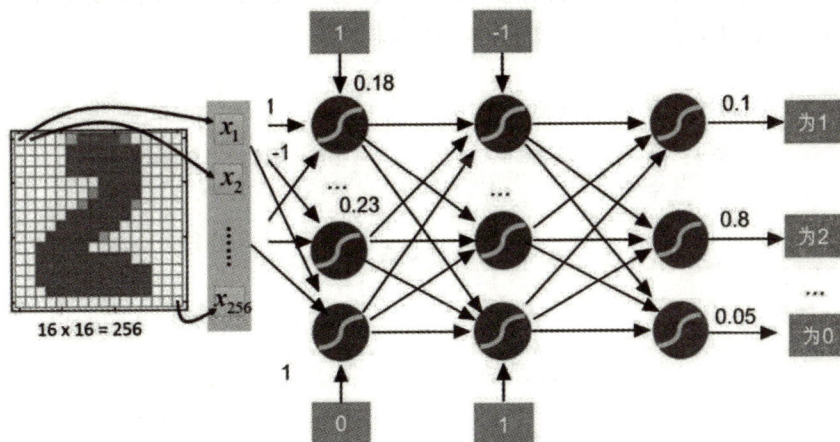

图 9-2　采用人工神经网络实现手写数字图像的识别

　　这种基于神经网络的思想在 2012 年的 Image Net 挑战赛（计算机视觉领域的世界级竞赛）中给人们带来了惊喜，来自多伦多大学的参赛团队首次使用深度神经网络完成了对 120 万张图片进行了 1000 种分类，分类的正确率达到了 84.7%，比上一年度采用人工特征设计算法的第一名的成绩整整提高了 10 个百分点。到 2017 年，通过改进和调整深度神经网络的深度和参数，图片分类的错误率已经可以达到 2.3%，这个成绩比人类的分类错误率 5.1% 还要好，基于深度学习的神经网络模型超过了普通人类的肉眼识别准确率。

　　深度神经网络之所以有这么强大的能力，就是因为它可以自动从图像中学习有效的特征。

人们向机器输入大量的图片，机器在识别这些图片的同时就是一个不断进行学习的过程。在传统的模式分类系统中，特征提取与分类是两个独立的步骤，而深度神经网络将二者集成在了一起。类似于人类识别图像的方法，当人们给一个从未见过小狗图片的小孩展示多幅小狗图片之后，这个小孩就可以习得小狗的特征，并可以从新的图片集里挑选出小狗的图片。

随着在机器视觉领域的突破，以深度神经网络为支撑的模式识别技术迅速开始在语音识别、数据挖掘、自然语言处理等不同领域攻城略地。此外，基于深度学习的科研成果还被推向了各个主流商业应用领域，如银行、保险、交通、医疗、教育等，而这一切得益于计算机处理能力的增强以及大数据时代的到来。

2. 语音识别

与机器进行语音交流，让机器明白你说什么，这是人们长期以来梦寐以求的事情。中国物联网校企联盟形象地把语音识别比作为"机器的听觉系统"。语音识别技术就是让机器通过识别和理解过程把语音信号转变为相应的文本或命令的高技术。语音识别技术主要包括特征提取技术、模式匹配准则及模型训练技术三个方面。

近年来，相关学者将人工神经网络应用在语音识别中，取得了不错的识别效果。在这些研究中，大部分采用基于反向传播算法（BP 算法）的多层感知网络。人工神经网络具有区分复杂的分类边界的能力，显然它十分有助于模式划分，特别是在电话语音识别方面，由于其有着广泛的应用前景，因此成了当前语音识别应用的一个热点。

语音识别的应用领域非常广泛，常见的应用系统有：① 语音输入系统，例如讯飞语音输入法、百度语音输入法等，相对于键盘输入方法，它更符合人的日常习惯，也更自然、更高效。② 语音控制系统，可以用在工业控制、语音拨号系统、智能家电、声控智能玩具等许多领域，例如小米 AI 音箱是一款使用语音遥控家电的人工智能音箱，相对于手动控制来说更加快捷、方便。③ 智能对话查询系统，根据客户的语音进行操作，为用户提供自然、友好的数据库检索服务，实现家庭服务、宾馆服务、旅行社服务系统、订票系统、医疗服务、银行服务、股票查询服务等，例如腾讯云智能语音识别服务，支持云端 + 嵌入式，可以覆盖更多应用场景，满足各行业开发者的需求，其技术实现如图 9-3 所示。

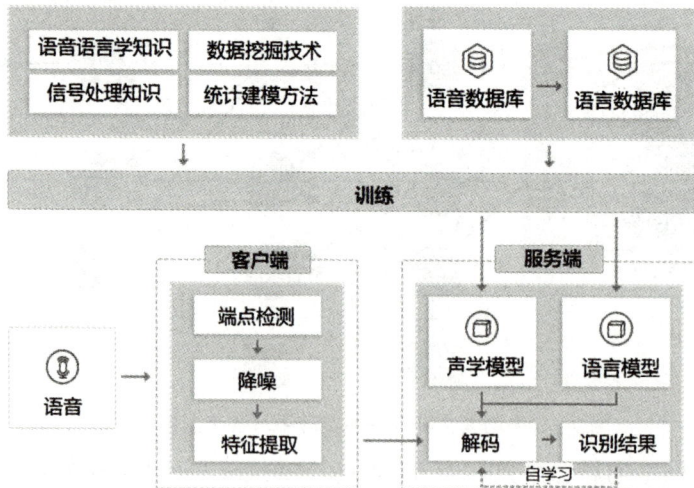

图 9-3　腾讯云智能语音识别产品技术架构图

3. 自然语言处理

语言是人类区别于其他动物的本质特性。在所有生物中，只有人类才具有语言能力。用自然语言与计算机进行通信，这是人们长期以来所追求的。试想一下，如果计算机能理解人类语言，那么人们可以用自己最习惯的语言来使用计算机，而无须再花大量的时间和精力去学习不习惯的各种计算机语言，计算机操作就会变得更简单。实现人机间自然语言通信意味着要使计算机既能理解自然语言文本的意义，也能以自然语言文本来表达给定的意图、思想等。

自然语言处理与理解 (NLP&NLU) 是计算机科学、人工智能、语言学的交叉学科技术领域。其技术目标是让机器能够理解人类的语言，是人和机器进行交流的技术。目前自然语言处理的主要应用领域有：智能问答、机器翻译、文本分类、文本摘要等。

1949 年，洛克菲勒基金会的科学家沃伦·韦弗就提出了利用计算机实现不同语言的自动翻译的想法，以逐字对应的方法实现机器翻译，但同一个词可能存在多种意义，在不同的语言环境下也具有不同的表达效果。到了 20 世纪 70 年代，语言学巨擘诺姆·乔姆斯基提出语言的基本元素并非字词而是句子，一种语言中无限的句子可以由有限的规则推导出来，基于规则的句法分析方法使得机器翻译结果更贴近于人类的思考方式。

语言的形成过程是自底向上的过程，语法规则并不是在语言诞生之前预先设计出来的，而是在语言的进化过程中不断形成的。这促使机器翻译从基于规则的方法走向基于实例的方法：基于深度学习和海量数据的统计机器翻译已是业界主流。谷歌正是这个领域的领头羊与先行者，实现理念从句法结构与语序特点的规则化解构转换为对大量平行语料的统计分析构建模型，将整个句子视作翻译单元，对句子中的每一部分进行带有逻辑的关联翻译，翻译每个字词时都包含着整句话的逻辑。图 9-4 是用谷歌的在线翻译功能对本文中某段文字的翻译结果。可以看到，机器翻译的结果已经与人类的英文表达相当接近，除了一些用词和句法处理有待斟酌外，整个英文段落已经具备了较强的可读性，几乎没有什么歧义或理解障碍。

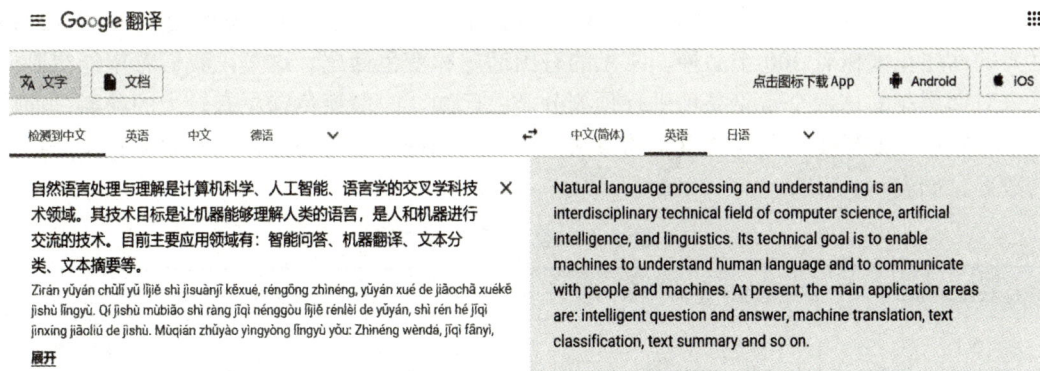

图 9-4　谷歌在线机器翻译效果图

任务实施

【任务目的】

(1) 体验人工智能技术在图像识别、语音识别、自然语言处理领域的应用；

(2) 感受人工智能技术对人们工作和生活提供的便利。

【任务内容】

(1) 登录百度识图网 http://image.baidu.com/?fr=shitu，体验 AI 识图功能。

(2) 登录讯飞人工智能开放平台 https://www.xfyun.cn/，体验 AI 语音合成、语音识别等功能。

(3) 登录 Google 在线翻译平台 https://translate.google.cn/，体验 AI 智能翻译功能。

(4) 完成体验报告的撰写，要求写出体验过程、体验结果截图、体验感受等信息。

9.2.2　机器学习与知识发现

学习是系统积累经验或运用规律指导自己的行为或改进自身性能的过程，而发现则是系统从所接收的信息中发现规律的过程。当今人工智能中的机器学习 (Machine Learning) 主要指机器对自身行为的修正或性能的改善 (这类似于人类的技能训练和对环境的适应) 和机器对客观规律的发现 (这类似于人类的科学发现)。

机器学习技术专门研究计算机如何模拟或实现人类的学习行为，以获取新的知识或技能，重新组织已有的知识结构，使之不断改善自身的性能。随着计算机硬件性能的不断提高以及云计算和大数据技术的快速发展，机器学习算法如虎添翼，成为现今人工智能的核心，其应用遍及人工智能的各个领域。尤其是在近几年来，机器学习在语音识别和鉴别视觉模式上取得了突破性进展。

机器学习按照其学习方式来分类可分为 4 种主要类型：监督式学习、非监督式学习、半监督式学习和强化学习。其实现理念都是让机器从已知的经验数据 (样本) 中，通过某种特定的方法 (算法)，自己去寻找提炼 (训练 / 学习) 出一些规律 (模型)，提炼出的规律就可以用来判断一些未知的事物 / 事情 (预测)。

1. 监督式学习 (Supervised Learning)

监督式学习是拥有一个输入变量 (自变量) 和一个输出变量 (因变量)，使用某种算法去学习从输入到输出之间的映射函数。它的目标是得到足够好的近似映射函数，当输入新的变量时可以以此预测输出变量。因为算法从数据集学习的过程可以被看作一名教师在监督学习，所以称为监督式学习。监督式学习可以进一步分为分类 (输出类别标签) 和回归 (输出连续值) 问题。

下面以识别鸢尾花的种类为例，介绍监督式学习的基本思想。鸢尾花鲜艳美丽、赏心悦目，全世界的鸢尾花大概有 300 个品种，常见的有山鸢尾和变色鸢尾。这里，我们希望能得到一个公式来对鸢尾花的这两个常见品种进行预测分类。已知，一般变色鸢尾有较大的花瓣，而山鸢尾的花瓣较小。如果使用监督式学习的方法，为了得到这个分类公式，则需要先收集一批鸢尾花的数据，如表 9-1 所示。

表 9-1　鸢尾花的尺寸

萼片长度 / 厘米	萼片宽度 / 厘米	花瓣长度 / 厘米	花瓣宽度 / 厘米	类别
5.1	3.5	1.4	0.2	山鸢尾
4.9	3	1.4	0.2	山鸢尾
4.7	3.2	1.3	0.2	山鸢尾
4.6	3.1	1.5	0.2	山鸢尾
7	3.2	4.7	1.4	变色鸢尾
6.4	3.2	4.5	1.5	变色鸢尾
6.9	3.1	4.9	1.5	变色鸢尾
5.5	2.3	4	1.3	变色鸢尾
⋮	⋮	⋮	⋮	⋮

表 9-1 中每一行称为一个样本 (sample)。可以看到，每个样本包含了两个部分：用于预测的输入变量 (萼片长度、萼片宽度、花瓣长度、花瓣宽度) 和预测输出 (类别)。利用表 9-1 中的数据，可以让机器学习出分类预测公式，并对不同的预测公式进行测试，通过比较在每个样本上的预测值和真实类别的差别获得反馈。然后机器学习算法根据这些反馈不断地对预测的公式进行调整。在这种学习方式中，预测输出的真实值通过提供反馈对学习起到了监督的作用，因此我们把这种学习方式称为监督式学习。本小节的任务实施里将给出利用监督式学习技术设

计一个二分类器来识别两种不同的鸢尾花的具体思路。

2. 非监督式学习 (Unsupervised Learning)

监督式学习要求为每个样本提供预测量的真实值，这在有些应用场合是有困难的。比如在医疗诊断的应用中，如果要通过监督式学习来获得诊断模型，则需要请专业的医生对大量的病例及它们的医疗影像资料进行精确标注。这需要耗费大量的人力，代价非常高昂。为了克服这样的困难，研究者们提出了非监督式学习。

非监督式学习指的是只有输入变量，没有相关的输出变量。非监督式学习的目标是对数据中潜在的结构和分布建模，以便对数据做进一步的学习。相比于监督式学习，非监督式学习没有确切的答案，学习过程也没有监督，它通过算法的运行去发现和表达数据中的结构。非监督式学习进一步可以分为聚类问题 (在数据中发现内在的分组) 和关联问题 (数据的各部分之间的关联和规则)。

非监督式学习往往比监督式学习困难得多，但是由于它能帮助我们克服在很多实际应用中获取监督数据的困难，因此它一直是人工智能发展的一个重要研究方向。

3. 半监督式学习 (Semi-Supervised Learning)

半监督式学习是一种监督式学习与非监督式学习相结合的学习方法。半监督式学习拥有大部分的输入数据 (自变量) 和少部分的有标签数据 (因变量)。可以使用非监督式学习发现和学习输入变量的结构；使用监督式学习技术对无标签的数据进行标签的预测，并将这些数据传递给监督式学习算法作为训练数据，然后使用这个模型在新的数据上进行预测。

半监督式学习通过有效利用所提供的小部分监督信息，往往可以取得比非监督式学习更好的效果，同时也把获取监督信息的成本控制在可以接受的范围。

4. 强化学习 (Reinforcement Learning)

在机器学习的研究中，还会遇到另一种类型的问题：利用学习得到的模型来指导行动。比如在下棋、股票交易或商业决策等场景中，我们关注的不是某个判断是否准确，而是行动过程能否带来最大的收益。为了解决这类问题，研究者提出了强化学习。

强化学习的目标是要获得一个策略去指导行动。比如在围棋博弈中，这个策略可以根据盘面形势指导每一步应该在哪里落子；在股票交易中，这个策略会告诉我们在什么时候买入、什么时候卖出。与监督式学习不同，强化学习不需要一系列包含输入与预测的样本，它是在行动中学习。

强化学习可以训练程序作出某一决定。程序在某一情况下尝试所有可能的行动，记录不同行动的结果并试着找出最好的一次尝试来做决定。强化学习可以自动进行决策制定，并且可以做连续决策。它主要包含五个元素：Agent、环境、状态、动作和奖赏, 如图 9-5 所示。

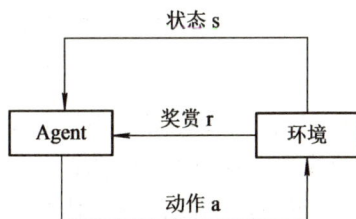

图 9-5　强化学习模型

以围棋博弈为例，围棋棋盘上黑白子的分布位置就是一系列可以动态变化的状态 (State)，每一步选择落子的位置就是可以选取的动作 (Action)，围棋博弈中的对手可以看成决策主体 (Agent) 进行交互的环境 (Environment)，当决策主体 (Agent) 通过行动使状态发生变化时，它会获得奖赏或者受到惩罚 (奖赏为负值)。

强化学习会从一个初始的策略开始，通常情况下，初始策略不一定很理想。在学习过程中，决策主体通过行动和环境进行交互，不断获得反馈（奖赏或者惩罚），并根据反馈调整优化策略。这是一种非常强大的学习方式。持续不断的强化学习甚至能获得比人类更优化的决策机制。2016 年击败围棋世界冠军李世石的阿尔法狗，其令世人震惊的博弈能力就是通过强化学习训练出来的。

任务实施

【任务目的】

(1) 了解机器学习技术的基本含义和应用场景；

(2) 掌握监督式学习的特点并使用监督式学习技术设计二分类器的算法思想。

【任务内容】

设计一个二分类器，实现对鸢尾花样本数据库中山鸢尾和变色鸢尾两种类别进行分类的功能。

(1) 数据采集。在鸢尾花样本数据库中，人们采集到了大量的两种鸢尾花的花瓣长度和宽度等信息，并且人为地标注了每一朵花的真实类别，如表 9-1 中的数据所示。那么可以拿出样本库中的大部分样本作为计算机学习的依据，这部分样本数据，称之为训练集。当计算机通过不断地训练获得了一个令我们比较满意的分类器时，我们再拿剩下的样本数据来检测训练得到的分类器的分类效果，这部分数据叫测试集。为简单起见，此处的特征值只考虑花瓣长度和花瓣宽度。

(2) 训练数据，求解参数。基于训练集来训练分类器的过程，其实就是一系列判断、计算和不断调整参数的过程。对两种鸢尾花进行分类的问题就是要依据样本数据库中每一朵花的特征值来将两种类别分开，不同类型的花按照其特征值来划分就会分别集中分布在特征空间中不同的两块区域，那么一定会存在一条这样的直线可以将两个区域大致划分开来，如图 9-6 所示。训练的目标就是要找到这条直线，因此这种二分类器又被称为线性分类器。

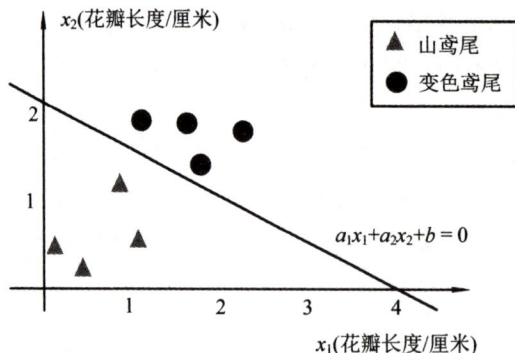

图 9-6　山鸢尾和变色鸢尾线性分类示意图

如果把要找的这条直线对应的线性方程记为 $f(x_1, x_2) = a_1 x_1 + a_2 x_2 + b$，那么我们的目的就是要找到合适的参数 a_1、a_2、b，使得对应的线性分类器能够正确区分开山鸢尾和变色鸢尾。下面介绍一种常见的训练线性分类器的算法——感知器，来看看这种算法是如何利用训练数据自动寻找参数的。

感知器的主要思想是利用被误分类的训练数据调整现有分类器的参数，使得调整后的分类器判断得更加准确。在图 9-7 中通过简单的示意图来进行说明：最开始，计算机肯定不知道这条直线应该画在哪里，也就是不知道 a_1、a_2、b 的真实值是多少，因此 a_1、a_2、b 三个参数的值可以任意设定，比如 a_1 和 a_2 设定为 1，b 设定为 0，这样分类直线对应的线性方程就是 $x_1 + x_2 = 0$，画出的直线如图 9-7(a) 所示。显然这条分类直线分错了 2 个样本，分类直线便向该误分类样本一侧移动，如图 9-7(b) 所示。第一次调整后，一个误分类样本的预测被纠正，但仍有一个样本被误分类。接下来，直线向着这个仍被误分类的样本一侧移动，直到分类直线越过该误分类样本，如图 9-7(c) 所示。这样，所有训练数据都被正确分类了，而图 9-7(c) 中的直线就是在当前训练集下训练得到的效果最好的线性分类器。后续可以拿测试集中的数据来测试该分类器分类效果的优劣。

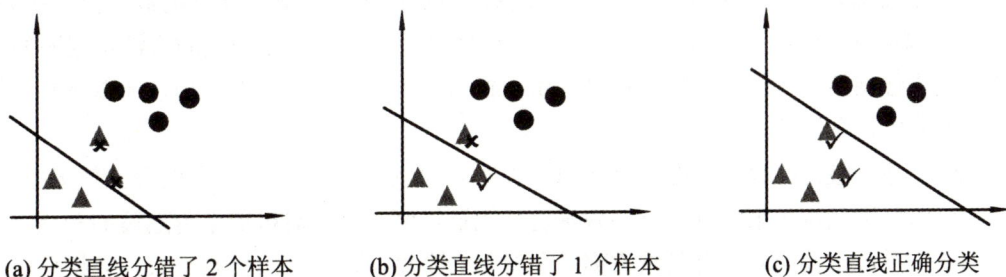

(a) 分类直线分错了 2 个样本　　　(b) 分类直线分错了 1 个样本　　　(c) 分类直线正确分类

图 9-7　感知器的训练过程示意图

基于上面描述的机器自动寻找参数的思想，感知器算法需要解决下面 3 个问题：

① 感知器是如何感知某个误分类样本在当前分类器下是被错误分类了。

② 如何衡量某次调整后得到的分类器的优劣程度，即对数据的误分类程度。

③ 该如何利用误分类的数据来调整分类器的参数使它趋向于真实值。

我们是通过先数学建模再量化并最终求解以上 3 个问题的。先来回答第一个问题：在样本数据库中可以用 +1 和 -1 来标注两种花的真实类别。比如 +1 代表变色鸢尾，其对应的样本数据应该在分类直线的上方；-1 代表山鸢尾，其对应的样本数据应该在分类直线的下方。在训练的时候，比如取到的样本类别真实值是 +1，用其特征值代入分类器中计算，如果 $a_1 x_1 + a_2 x_2 + b < 0$，那么该样本就是被误分类了；同样，如果样本类别真实值是 -1，而计算结果 $a_1 x_1 + a_2 x_2 + b \geq 0$，那么该样本也是被误分类了。把这两种情况综合起来，若 $y \times (a_1 x_1 + a_2 x_2 + b) \leq 0$，那么样本就是被分错了，其中 y 表示数据的真实类别。

第二个问题中，如何衡量分类器在当前训练集中对样本数据误分类的出错程度呢？感知器通过损失函数来计算分类器的出错程度。所谓损失函数 (loss function) 是在训练过程中用来度量分类器输出错误程度的数学化表示，预测错误程度越大，损失函数的取值就越大。在第一个问题中，已知 $y \times (a_1 x_1 + a_2 x_2 + b) \leq 0$ 的情况是出错的分类。如果把这种出错的值都进行求和统计，则最终这个和就是分类器的出错程度了。感知器采用的损失函数 L 定义为

$$L(a_1,\ a_2,\ b) = \sum_{i=1}^{N} \max \left(0, -y^{(i)} \times (a_1 x_1^{(i)} + a_2 x_2^{(i)} + b) \right)$$

上述感知器的损失函数表示对训练数据中每个样本计算 $-y \times (a_1 x_1 + a_2 x_2 + b)$，并和零比较。如果大于零，则是误判，损失函数值增加；否则损失函数值不变。显然，如果没有误分类的数据，那么损失函数为零，如果有误分类数据，就会使得损失函数增大；并且误分类数据越多，损失函数越大。换句话说，损失函数越接近零，意味着分类器的分类效果越好。

那么第三个问题中，当感知器在发现分类效果不佳时，自身是如何调整三个参数的呢？调整分类器参数的过程叫优化，优化就是使损失函数值最小化的过程。感知器按照以下三个步骤更新参数 (将箭头右边更新后的值赋给左边的参数)：

$$a_1 \leftarrow a_1 + \eta y x_1$$
$$a_2 \leftarrow a_2 + \eta y x_2$$
$$b \leftarrow b + \eta y$$

其中，η 是学习率，学习率是指每一次更新参数的程度大小。可以发现，更新参数时利用了当前误分类样本对损失函数的影响量，通过不断修正每个误分类样本的偏差，从而使得预测值不断趋近目标值。

感知器在训练时通过多次迭代以上三个步骤，不断优化分类器，计算机最终会寻找到 a_1、a_2、b 三个参数的最优值。可以发现，该算法会根据对每个样本预测得到的反馈结果不断地对预测的参数进行调整，预测输出的值通过提供反馈对学习起到了监督的作用，所以感知器算法是一种监督式机器学习算法。

（3）测试数据，验证参数。在得到合适的分类器后，我们希望知道分类器的分类效果怎么样，于是，我们需要用测试集来对分类器的效果进行测试。测试就像对机器学习之后的考试，在分类器的测试阶段，它会面对一批测试数据并要对每一个测试样本做出预测结果。如果分类的结果和测试样本的标注一样，那么分类正确，否则分类错误。

上面介绍了采用监督式学习技术来实现二分类问题。二分类问题在实际生活中有着广泛的应用，比如，手机对准人物拍照时，检测镜头下哪块区域是人脸？根据患者的生物组织样本图像，判断这是不是有癌症的医学影像……也可以基于二分类器来解决多分类问题，限于篇幅，在本书中不再扩展介绍，感兴趣的读者可以查阅相关书籍做进一步的了解。

9.2.3　机器推理与知识图谱

"知识"是我们熟悉的名词。但究竟什么是知识呢？我们认为，知识就是人们对客观事物（包括自然的和人造的）及其规律的认识，知识还包括人们利用客观规律解决实际问题的方法和策略等。对智能来说，知识太重要了，以致可以说"知识就是智能"。所以，要实现人工智能，计算机就必须拥有知识和运用知识的能力，为此，就要研究面向机器的知识表示形式和基于各种表示的机器推理技术。因此，知识表示与相应的机器推理是人工智能的重要研究内容之一。

1. 知识表示与机器推理

知识表示是指面向计算机的知识描述或表达形式和方法。具体来讲，就是要用某种约定的（外部）形式结构来描述知识，而且这种形式结构还要能转换为机器的内部形式，使得计算机能方便地存储、处理和运用。

知识表示是建立专家系统及各种知识系统的重要环节，也是知识工程的一个重要方面。经过多年的探索，现在人们已经提出了不少的知识表示方法，诸如逻辑表示法、产生式规则、框架、语义网络、面向对象的表示方法、模糊集合、因果网络（贝叶斯网络）等。这些表示法都是显示地表示知识，亦称为知识的局部表示。另一方面，利用神经网络也可表示知识，这种表示是隐式地表示知识，亦称为知识的分布表示。

逻辑形式的知识表示需要用程序语言转化为机器能理解的内部形式。原则上讲，一般的通用程序设计语言都可实现上述的大部分表示方法。但使用专用的面向某一知识表示的语言更为方便和有效。例如，支持谓词逻辑的语言有 PROLOG 和 LISP，专门支持产生式的语言有 OPS5，专门支持框架的语言有 FRL，支持面向对象表示的语言有 Smalltalk、C++、Java 等，支持神经网络表示的语言有 AXON。

机器推理与知识表示密切相关。事实上，对于不同的知识表示有不同的推理方式。例如，基于谓词逻辑的推理主要是演绎方式的推理，而基于框架、语义网络和对象知识表示的推理是

人工智能的
应用领域

一种称为继承的推理。在形式逻辑中推理分为演绎推理、归纳推理、类比推理等基本类型。产生式规则是一种十分普遍的知识表示形式，机器中运用产生式进行推理是用所谓的产生式系统来实现的，产生式系统是一种应用广泛的问题求解系统模型。产生式系统的核心部分由综合数据库、知识库 (产生式规则库) 和推理机三部分组成，加上输入模块的知识采集系统和输出模块的解释系统，其结构如图 9-8 所示。本小节的任务实施中将给出利用产生式系统设计一个推理机来识别不同动物种类的具体思路。

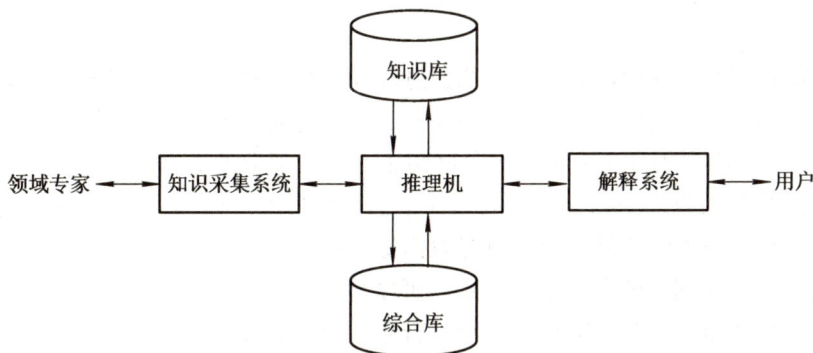

图 9-8　产生式系统的结构

2. 知识图谱

知识图谱的定义："知识图谱本质上是语义网络 (Semantic Network) 的知识库"，可以简单地把知识图谱理解成多关系图 (Multi-relational Graph)。在知识图谱里，通常用"实体 (Entity)"来表达图里的节点，用"关系 (Relation)"来表达图里的"边"。实体指的是现实世界中的事物，比如人、地名、概念、物品、公司等，关系则用来表达不同实体之间的某种联系，比如小明"居住在"珠海，小明和小芳是"朋友"，编程语言是数据结构的"先导知识"，等等。现实世界中的很多场景适合用知识图谱来表达，图 9-9 采用知识图谱表示社交网络关系图。

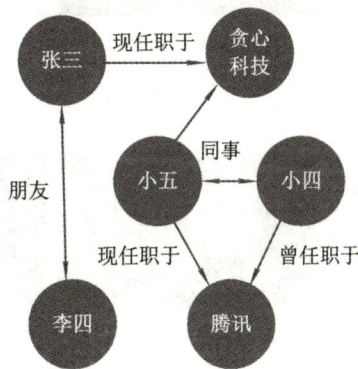

图 9-9　社交网络知识图谱

知识图谱是计算机科学、信息科学、情报学当中的一个新兴的交叉研究领域，旨在研究用于构建知识图谱的方法和方法学，关注的是知识图谱开发过程、知识图谱生命周期以及用于构建知识图谱的方法和方法学。

大数据正在改变我们的生活、工作和思考方式，大数据对智能服务的需求已经从单纯的搜集获取信息需要转变为自动化的知识提供服务。这些需求给知识工程提出了很多挑战性的问题，我们需要利用知识工程为大数据添加语义 / 知识，使数据产生智慧，完成从数据到信息再到知识，最终到智能应用的转变过程，从而实现对大数据的洞察，提供用户关心问题的答案，为决策提供支持，改进用户体验等目标。

知识工程从大数据中挖掘知识，可以弥合大数据机器学习底层特征与人类认知的鸿沟。知识图谱将信息表达成更接近人类认知世界的形式，可以将内容从符号转化为计算机可理解和计算的语义信息，可以更好地理解信息内容。知识图谱构建大数据环境下由数据向知识转化的知识引擎，是实现从互联网信息服务到知识服务新业态的核心技术。

知识图谱已广泛应用于知识工程、人工智能以及计算机科学领域，应用于知识管理、自然语言处理、电子商务、智能信息集成、生物信息学、教育等方面以及语义网之类的新兴领域。知识图谱已经成为推动人工智能发展的核心驱动力之一。

3. 知识图谱技术案例

知识图谱的构建是后续应用的基础，构建过程需要把数据从不同的数据源中抽取出来。一般垂直领域所应用的知识图谱数据源有两种渠道：一种是业务本身的数据，通常包含在关系型数据库中存储，称为结构化数据；另一种是网络上公开、抓取的数据，通常是网页等各种存储形式，称为非结构化数据。结构化数据只需简单的预处理即可作为 AI 应用系统的输入，非结构化数据则需要借助自然语言处理等技术提取出结构化信息。

已经构建好的知识图谱就像一个知识库，可以得到广泛的应用，比如百度知识图谱就覆盖了亿级实体、千亿级事实，包含影视、人物、音乐、教育、体育、地理、生活信息等领域上百种问答类型。依托知识图谱可以更好地理解用户意图，组织资源，图谱问答服务直接满足用户所求。通过知识映射真实世界、理解世界，让复杂的世界更简单。因此百度的搜索引擎是具有人工智能的智能搜索引擎，如图 9-10 所示。

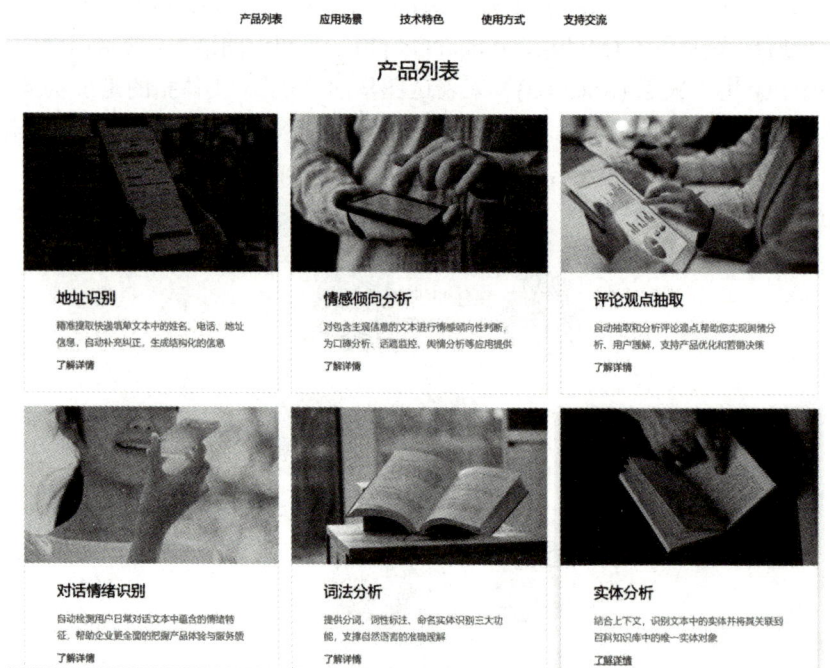

图 9-10　百度智能搜索引擎

由于知识图谱的图结构特点，使用传统的关系型数据库存储大量的关系表，在做查询的时候需要大量的表链接，导致速度非常慢，因此知识图谱大部分采用的是图数据库。根据统计(2018 年上半年)，图数据库是增长最快的存储系统，而关系型数据库的增长基本保持在一个稳定的水平。常用的图数据库系统有 Neo4j、OrientDB、JanusGraph 等。其中 Neo4j 系统是使用率最高的图数据库，它拥有活跃的社区，而且系统本身的查询效率高，但它唯一的不足就是不支持准分布式。而 OrientDB 和 JanusGraph(原 Titan) 支持分布式，但这些系统相对较新，技术支持的社区不如 Neo4j 活跃，在实际使用过程中遇到了一些棘手的问题，这些问题涉及的资料相对匮乏，导致解决起来颇为困难。

任务实施

【任务目的】

(1) 了解机器推理技术的基本含义和应用场景；

(2) 掌握产生式系统的特点和使用产生式系统设计推理机的算法思想。

【任务内容】

设计一个推理机，实现根据已知动物特征推断出是哪种动物的功能。

(1) 建立推理规则库。

为了识别这些动物，首先可以根据动物识别的特征，建立包含下述规则的规则库：

> R1：如果动物有毛发，则动物是哺乳动物。
>
> R2：如果动物有奶，则动物是哺乳动物。
>
> R3：如果动物有羽毛，则动物是鸟。
>
> R4：如果动物会飞且会生蛋，则动物是鸟。
>
> R5：如果动物吃肉，则动物是食肉动物。
>
> R6：如果动物有犀利牙齿且有爪且眼向前方，则动物是食肉动物。
>
> R7：如果动物是哺乳动物且有蹄，则动物是有蹄类动物。
>
> R8：如果动物是哺乳动物且反刍，则动物是有蹄类动物。
>
> R9：如果动物是哺乳动物且是食肉动物且有黄褐色且有暗斑点，则动物是豹。
>
> R10：如果动物是哺乳动物且是食肉动物且有黄褐色且有黑色条纹，则动物是虎。
>
> R11：如果动物是有蹄类动物且有长脖子且有长腿且有暗斑点，则动物是长颈鹿。
>
> R12：如果动物是有蹄类动物且有黑色条纹，则动物是斑马。
>
> R13：如果动物是鸟且不会飞且有长脖子且有长腿且有黑白二色，则动物是鸵鸟。
>
> R14：如果动物是鸟且不会飞且会游泳且有黑白二色，则动物是企鹅。
>
> R15：如果动物是鸟且善飞，则动物是信天翁。

(2) 导入实际数据。比如给出动态数据库中的几条初始事实：

f1：某动物有毛发。

f2：吃肉。

f3：黄褐色。

f4：有黑色条纹。

(3) 实现推理算法。

如果采用正向推理算法的产生式系统来搜索目标节点，则其推理过程可以表示为如图 9-11 所示的推理树。

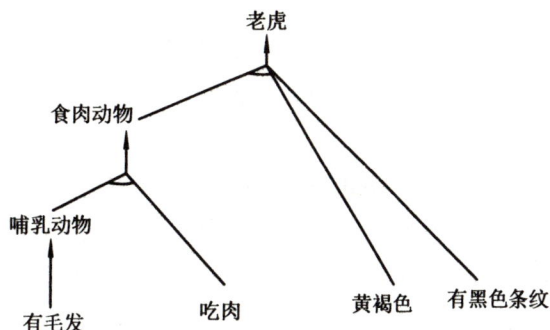

图 9-11　关于"老虎"的正向推理树

采用正向推理算法的产生式系统的基本过程如下：

① 初始化规则库，并获取事实库数据。

② 检查规则库是否还有未使用过的规则，若无，则跳转至⑤。

③ 匹配规则库与事实库中的特征，若一轮规则匹配之后无任何匹配项，则跳转至⑤。

④ 提取出可用规则结论，若结论为中间值，则将结论加入事实库，并进行新一轮的规则匹配，即跳转至②。若结论为最终答案，则直接输出，并结束程序运行。

⑤ 若规则库中所有规则均无完全匹配项，则说明该问题无解，结束程序运行。

任务 9.3

生成式人工智能概论

生成式人工智 (AIGC) 指的是利用人工智能技术生成内容，这是近年来 AI 领域的一项重大科研成果。AIGC 在一定程度上代表了 AI 发展的新趋势，其不仅推动内容创作生产力大幅提升，而且赋能元宇宙，为元宇宙的发展提供核心驱动力。

9.3.1 ChatGPT: AI 新纪元已经开启

随着深度学习、自然语言处理等 AI 技术的深度发展，ChatGPT 横空出世，且在各大领域中得到应用和发展。ChatGPT 为众多大型企业打造了更加便捷、高效的服务方式，帮助企业进一步实现了降本增效。如今，人类已经进入 A1 发展的新纪元。

1. ChatGPT 掀起 AIGC 的热潮

2022 年 11 月 30 日，人工智能研究公司 OpenAI 推出了新一代聊天机器人——ChatGPT。智能应用 ChatGPT 是 AI 文本处理方式的新研究和新突破，掀起了 AIGC 热潮，刺激了众多大型企业加快布局智能化内容生成领域。

ChatGPT 基于 GPT-3.5 参数规模和底层数据，对原有的数据规模进行了进一步拓展，也对原有的数据模型进行了进一步强化和完善，实现了人类知识和计算机数据的突破性结合。ChatGPT 通过自然对话方式进行交互，可以自动生成文本内容，自动回答复杂性语言。自推出后，ChatGPT 用户迅速增长，成为当下火爆的消费级应用。

腾讯、亚马逊、字节跳动等大型企业竭力将 ChatGPT 融入自身的业务中，以加深 AI 对企业业务的渗透，助力企业降本增效。例如，字节跳动利用 ChatGPT 加快"AI+"内容的布局，实现了自动辅助写作、自动生成短视频等。

而阿里巴巴利用 AI 技术自动生成高质量的产品介绍文案，不仅提升了文案的生产效率，还极大地提升了文案质量。腾讯将 AI 技术融入广告制作中，实现了广告视频和文案的自动生成，极大地降低了广告的制作成本。

ChatGPT 助力众多大型企业加快 AIGC 应用布局，在文本内容设计和生成方面给企业提供了有力帮助，推动内容生成的降本增效。2023 年 3 月 14 日，OpenAI 发布了新一代大型多模态模型——GPT-4。和 ChatGPT 所用的模型相比，GPT-4 的优势更为显著。

GPT-4 的重大突破便是除了处理文本内容，还可以处理图像内容。用户可以同时输入文本内容和图像内容，GPT-4 将根据这些内容生成语言、代码等。在官方演示中，GPT-4 只用了 2

秒左右的时间就完成了网站图片的识别，生成了网页代码，并制作出了相应的网站。除了普通图像，GPT-4 还能够处理论文截图、画等内容复杂的图像，提炼其中的要点内容。

GPT-4 在语言方面的功能更加强大。在测试中，GPT-4 在多种语言方面的表现均优于此前的 GPT 系列大语言模型的语言性能。其中，GPT-4 的英文准确性为 85.5%，中文准确性为 80.1%，两者的语言准确性较之前都有很大提高。与 ChatGPT 不同，GPT-4 目前仅向付费用户开放。同时，其也将作为 API(应用程序编程接口) 提供给各大企业，使这些企业将该模型集成到自己的应用程序中。未来，伴随着 GPT-4 应用的普及，其将为企业发展提供更多助力。

2. ChatGPT 的多场景应用

ChatGPT 应用场景广泛，社会效应显著。随着 AI 技术的快速发展，AIGC 将代替人工完成大量的文本设计和创作工作。以下是 ChatGPT 的主要应用场景。

1) 传媒

ChatGPT 能够帮助传媒企业实现新闻的智能写作，提升新闻发布时效。同时 ChatGPT 基于算法模型，能够自动策划、编写新闻，实现新闻自动化采编，帮助传媒企业更加快速、精准地生成内容。

2) 电商

ChatGPT 能够打造虚拟客服，助力电商企业为用户提供 24 小时无缝对接服务。虚拟客服能够填补电商平台人工客服休息时的时间空白，实时为用户提供服务，更加全面、准确、快速地了解和响应用户需求。ChatGPT 对虚拟客服的话术有严格的约束，极大地增强了虚拟客服服务的可控性。

3) 影视

ChatGPT 能够分析海量剧本，并通过对分析结果的总结和归纳，为影视创作者提供更符合观众需求的创作思路。ChatGPT 也能够按照预设风格自动生成剧本，影视创作者可以对 ChatGPT 生成的剧本进行筛选、加工和优化，以更好地完善剧本，缩短影视作品的创作周期。

4) 教育

ChatGPT 能够实时生成教育资料，为学生解答学习疑惑。学生可以通过 ChatGPT 提供的在线问答功能与虚拟语音机器人实时交流问题和困惑，极大地提升了学生学习的自主性。此外，ChatGPT 还能够帮助学校和教师快速生成大量教学课件、试卷、试题等。

3. 安全性 + 版权保护 + 道德问题

2023 年初，ChatGPT 频频登上热搜榜，引发了众人的关注，其也在两个月的时间内收获了 2 亿个活跃用户。在感叹于 ChatGPT 的智能时，一些人也表达了对 ChatGPT 的担忧。关于 ChatGPT，我们应该关注以下几方面的内容。

1) 安全性

ChatGPT 表现出了强大的智能性，展现出了巨大的市场价值。ChatGPT 在为人们的生活提供便利的同时，也可能会因对其滥用而产生安全威胁。

第一，ChatGPT 可能会成为不法分子进行网络攻击的工具。不法分子可能会借助 ChatGPT 进行代码编写，并进行有规模的网络安全攻击。这将增加网络安全攻击的频次。同时，以往以大型企业为目标的攻击模式或将转变，大中小企业都将成为网络安全攻击的目标。

第二，不法分子可能会借助 ChatGPT 的信息编写功能生成规模化的钓鱼信息，智能生成的诈骗信息更加难以识别真伪，可能会导致更多人受骗。

第三，ChatGPT 的算法逻辑中缺乏事实核查能力，很容易产生虚假信息，而这种风险又会在社交媒体中不断放大。网络用户难以识别出这些信息的真伪，由此也会加大网络舆情治理的压力。

针对以上安全性问题，我们应该怎么做？当前，我国已经颁布了《中华人民共和国网络安全法》《网络信息内容生态治理规定》《互联网信息服务算法推荐管理规定》等法律法规，对AI、算法等技术的应用进行了详细的规定，并建立了完善的监管体系。这些可以应对短期内ChatGPT可能引发的网络安全风险。同时，各大网络平台也要更新监管技术，提升监管力度，积极进行智能生成内容审核产品的研发和推广。

2) 版权保护

ChatGPT功能强大，能够生成文案、论文、新闻等多种内容。从版权的角度来看存在一个问题，那就是使用ChatGPT生成的内容是否受版权保护？《中华人民共和国著作权法》第三条规定："本法所称的作品，是指文学、艺术和科学领域内具有独创性并能以一定形式表现的智力成果。"而ChatGPT的生成逻辑是在海量数据和机器学习的基础上，应用算法而产生的结果。

同时，人类创作内容耗费了很多精力，能够体现创作者想要传达的情感，是一种复杂的智力劳动。这种智力劳动是值得著作权法保护的。ChatGPT生成的内容虽具有人类智力创作成果的表象，但其生成过程与创作者的智力创作并不同，其生成的内容并不属于著作权法所涵盖的作品。因此，ChatGPT生成的内容并不受著作权法的保护。

ChatGPT生成的内容并不受著作权法的保护并不意味着他人可以自由使用ChatGPT生成的内容。ChatGPT生成的内容与作品市场的利益关系密切相关，可能会在未来受到相关法律的关注和保护。目前，已经有学者提出通过邻接权制度对ChatGPT生成的内容进行保护。邻接权即与著作权有关的权利，如版式设计者权、表演者权等。未来，这一可行性设想或将实现。

3) 道德问题

ChatGPT引发的道德问题同样值得关注。如果没有输出控制，那么ChatGPT很容易被用来生成不良言论、垃圾邮件等。除了直接生成有害内容，还要警惕ChatGPT从海量的训练数据中嵌入一些偏见和错误看法。

虽然为了规避出现以上问题，OpenAI公司为ChatGPT安装了过滤器，但从目前来看，OpenAI公司的防护效果并不理想。未来，ChatGPT还需要进行技术迭代，加强在道德问题相关内容方面的管理。

9.3.2 AIGC 发展梳理

随着互联网的不断发展，内容生产方式经历了PGC(专业生产内容)、UGC(用户生成内容)和AIGC(人工智能生成内容)3个阶段。

1. PGC: 企业和平台是内容创作主体

在Web 1.0时代，内容创作与发布的主体是专家。专家通过专业的方式将信息整合在一起，信息内容具备更高的质量和专业度，这种内容生产方式被称为PGC。浏览器、搜索引擎和门户网站是当时的主要产品。例如，亚马逊的互联网电影资料库、雅虎的综合指南网站等都是PGC的典型代表。

虽然互联网上的大多数内容都是由专家创作的，但PGC概念的真正普及是由内容平台、知识付费企业和互联网媒体机构共同推动的。PGC内容创作的主体是平台和企业，它们能够保障内容的专业性，具备较强的内容生产能力。它们一般以用户需求为中心对内容进行加工，并借助高质量原创内容赚取内容创作收益，如版权作品、在线课程等。同时，它们所生产的高价值内容能够收获大批流量并最终促成流量变现。

现阶段，PGC 这一内容生产方式仍被广泛应用。例如，腾讯视频、优酷、爱奇艺等平台的影视作品，虎嗅、36 氪等平台的新闻资讯，网易云课堂、得到等平台的音视频课程等，都属于 PGC 内容生产的范畴。

2. UGC: 用户成为内容创作主体

随着互联网时代的发展，互联网用户逐渐增多，用户对个性化、多样化内容的需求越来越大。同时，很多用户不再满足于单向地接收内容，而是想参与到内容创作中。此时，众多社交媒体的诞生逐渐满足了用户的这一需求。

在 Web 2.0 时代，用户从内容的消费者转变为内容的创作者，逐渐展现出自身的创造力。UGC 这一内容生产方式迎来爆发式增长，逐渐成为内容生产新趋势，内容创作主体也逐渐从企业和平台转变为用户。专业性已经不再是内容创作的主要门槛，非专业人士也能够创作出大众喜闻乐见的内容，互联网迎来了用户创作内容的新时代。

在微博、微信等社交平台上，用户能够通过图文形式记录、分享自己的生活，同时也能够了解他人的生活；在豆瓣、贴吧、知乎等论坛上，用户可以自由探讨感兴趣的文章、书籍和影视作品；在快手、抖音等自媒体平台上，用户能够通过短视频创作的形式获取关注和流量，还能够实现流量变现。在各类平台的角逐之下，内容生产方式逐渐从 PGC 向 UGC 转变，用户成为内容创作的主体。虽然 UGC 这一内容生产方式具有一定的优势，但也存在一些问题。例如，用户素质参差不齐，平台需要耗费大量的成本和精力去训练创作者，审核创作者发布的内容，把控创作者的内容版权。在 UGC 这一内容生产方式下，虽然内容供给问题得到了解决，但内容质量、内容版权、内容更新频率等方面依然存在问题。

3. AIGC: AI 成为内容创作主体

面对亟待解决的互联网内容生产问题，利用 AI 生成内容的新型内容生产方式——AIGC 诞生了。AIGC 不仅能够识别出各种语义信息，还能够进一步提升内容生产力。在 Web 3.0 时代，虚拟空间的发展需要高效的内容生产方式，而 AIGC 承载了人们对 Web 3.0 时代内容生产方式的期待，满足了人们对高效、高质量的内容生产的需求。

让 AI 学会创作绝非易事，科学家曾做过诸多尝试。起初，科学家将这一领域称为生成式 AI，主要研究方向为智能文本创建、智能图像创建、智能视频创建等多模态。生成式 AI 通过小模型展开，这种小模型需要通过标准的数据训练，才能够应用于解决特定场景的任务。因此，生成式 AI 的通用性比较差，难以被迁移。

同时，由于生成式 AI 需要依靠人工调整参数，因此很快被基于强算法、大数据的大模型取代。基于大模型的生成式 AI 不再需要人工调整参数，或者只需要少量调整，因此可以迁移到多种任务场景中。其中，生成对抗网络 (Generative AdversarialNetworks，GAN) 是早期的 AIGC 基于大模型生成内容的重要尝试。GAN 能够利用判别器和生成器的对抗关系生成各种形态的内容，基于大模型的 AIGC 应用逐渐出现在市场中。直到新一代聊天机器人模型 ChatGPT 出现，AIGC 才实现真正的商业化落地。AIGC 本质上是一种生产力的变革，其对内容生产力的提升主要体现在以下 3 个方面。

(1) AIGC 减少了内容创作中的重复性工作，提升了内容的生产效率和质量。

(2) AIGC 将创作与创意相互分离，使创作者能够在人工智能生成的内容中寻找思路和灵感。

(3) AIGC 综合了大量训练数据和模型，拓展了内容创新的边界，帮助创作者生产出更加独特的内容。

AIGC 有着不可逆转的发展态势，智能创作时代逐渐开启。AIGC 推动人类进入智能创作的新时代，其将成为智能化生产领域中的重量级新角色。

9.3.3 AIGC 的分类

AIGC 可以根据生成内容、生成技术、生成目的和生成方式进行分类，生成技术影响着 AIGC 的方方面面。

1. 根据生成内容分类

可以根据生成内容类型对 AIGC 进行分类，具体包括文字、图、音频、视频等多种形式。

AIGC 能够生成各种类型的文字内容，包括文章、新闻报道、故事、对话等。它可以根据给定的主题或写作风格生成与之相符的文字，并且能够模拟不同的语言风格和写作声音。

AIGC 可以根据文字描述或简单的指示生成图像内容。它能够生成照片插图、图表、地图等各种类型的图像，并且可以根据用户需求调整颜色、构图和版式。

AIGC 能够生成各种类型的音频内容，包括语音、音乐、声效等。它可以根据指定的语言和情感，生成具有特定语言风格或音乐风格的音频内容。例如，它可以根据文本生成一段具有特定语调的语音。

AIGC 可以生成各种类型的视频内容，包括短片、动画、广告等。它可以将生成的图像、音频和动画效果组合在一起，从而生成视频片段；也可以根据脚本或指示，控制视频的主题、情节和节奏。

综上所述，AIGC 生成内容是多样化和灵活的，它可以根据用户的需求和输入指示生成各种形式的内容。它的应用领域非常广泛，包括文学创作、广告设计、教育培训等。需要注意的是，AIGC 生成的内容基于模型的预测和学习，可能存在一定的主观性和创造性。

2. 人工智能在金融领域的应用场景

根据生成的技术的不同，AIGC 可分为如下两类：

(1) 基于规则的生成。基于规则的生成技术使用事先定义的规则和模板来生成内容。规则包括语法、语义、逻辑等方面的规定，它可以确保生成的内容符合特定的要求。例如，在基于规则的文本生成中，首先定义特定句式、词汇选择、句子结构等规则，然后根据这些规则，利用统计模型和概率分布来生成内容。它还可以通过分析大量的训练数据，学习数据中的模式和规律，然后根据这些统计信息生成新内容。例如，基于统计技术的语言模型可以根据单词或短语的出现频率，预测下一个单词，从而生成连贯的句子。

(2) 基于机器学习的生成。基于机器学习的生成技术使用机器学习算法和模型来生成内容。它通过对大量数据进行学习和训练，建立模型的表示能力，然后使用该模型生成新内容。例如，基于深度学习的生成模型，如循环神经网络 (Recurrent Neural Network，RNN) 和生成对抗网络，可以学习生成文本、图像、音频等多种类型的内容。基于强化学习的生成技术使用强化学习算法和框架来生成内容。它将生成内容视为一个决策过程，通过与环境的交互学习生成策略，并不断调整生成过程中的决策和行为，以获得更好的生成效果。例如，在基于强化学习的图像生成中，可以通过不断调整生成器网络的参数，使生成的图像更加逼真和符合要求。

这些生成技术可以单独应用，也可以组合使用，以获得更好的生成效果。不同的生成技术在生成内容的质量、效率、灵活性等方面有所差异，适用于不同的应用场景。因此，用户在选择和应用 AIGC 时，需要根据具体情况考虑生成技术的类别及特点，以确保生成内容的质量和适用性。

3. 根据生成的目的分类

根据生成的目的不同，可对 AIGC 进行分类。例如，在营销领域中，AIGC 可以生成广告文案、产品说明书等，以满足不同的营销目的；在新闻领域中，AIGC 可以生成新闻报道、新闻评论等，以拓展传统媒体的报道范围；在科技领域中，AIGC 可以生成科技文章、研究论文等，以推动技术进步；在教育领域中，AIGC 可以生成教育材料、测试题等，以提高教学效率。据此进一步细分，可将 AIGC 分为创意生成、辅助生成、教育生成、娱乐生成、个性化生成和品牌生成。

在创意生成方面，这种类型的 AIGC 旨在产生具有创意性和独特性的内容。它可以生成艺术作品、诗歌、音乐等具有创意性的内容，旨在激发人们的创造力和想象力。

在辅助生成方面，这种类型的 AIGC 旨在帮助人们完成特定任务。它可以生成各种形式的参考资料、报告、文档等，以满足用户对信息的需求。例如，它可以根据用户提出的问题，生成相关的研究报告或技术文档。

在教育生成方面，这种类型的 AIGC 可以生成教学材料、教科书、练习题等，以帮助学生学习和理解各种学科知识。它还可以根据学生的个性化需求，生成定制化的学习内容和辅助教材。

在娱乐生成方面，这种类型的 AIGC 旨在提供娱乐和娱乐内容。它可以生成电影剧本、游戏情节、角色对话等，以支持电影、游戏、虚拟现实等娱乐产业的创作和开发。它还可以生成幽默段子、趣味小说等，为用户带来娱乐和轻松的体验。

在个性化生成方面，这种类型的 AIGC 旨在根据用户的个性化需求和喜好生成定制化内容。它可以完成个性化推荐、定制化产品设计、个人风格化写作等任务，以满足用户的个性化需求。

在品牌生成方面，这种类型的 AIGC 旨在帮助品牌和企业进行内容营销和宣传。它可以生成品牌故事、广告语、社交媒体内容等，以提升品牌形象并推广产品或服务。

4. 根据生成的方式分类

根据生成方式的不同，可将 AIGC 分为单一生成、联合生成、交互生成、集成生成和迭代生成。不同的生成方式有着不同的优势和限制，用户应根据具体情况进行选择。

单一生成是指 AIGC 专注于生成一种类型的内容。例如，专门生成文本的 AIGC，专门生成图像、音频或视频的 AIGC，它们会根据指令或模型训练成相关的内容。

联合生成是指 AIGC 能够同时生成多种类型的内容，并将它们组合在一起形成更综合的结果。例如，AIGC 可以生成一篇文章，并为文章生成配图和相关的音频，从而形成完整的多媒体内容。

交互生成是指 AIGC 能够与用户进行交互，并根据用户的输入和反馈调和完善生成的内容。通过与用户交互，AIGC 可以更好地理解用户的需求和偏好，以生成更符合用户期望的内容。

集成生成是指 AIGC 能够整合多个不同的模型和算法来生成内容。不同的模型负责不同的任务或内容类型，通过集成它们的生成结果，可以获得更复杂和多样化的内容。例如，AIGC 可以同时利用文本生成模型、图像生成模型和音频生成模型来生成一段带有配图和音频的故事。

迭代生成是指 AIGC 可以根据之前生成的内容进行迭代和改进。它可以通过评估和反馈机制来不断优化生成结果，并根据反馈信息进行调整和学习以获得更高质量和更符合用户期望的内容。

按生成方式分类是为了描述 AIGC 生成内容的不同方式和策略。在实际应用中，用户可以根据具体需求和场景选择合适的生成方式，以获得最佳的生成结果。此外，用户可以根据具体需求对这些生成方式进行组合和调整，以满足复杂和多样化的生成要求。

综上所述，AIGC 可以根据不同的分类方式进行分组，不同类别的 AIGC 并不是互相独立的，用户可以依据不同的应用场景和目的进行选择，以提高生成效果，实现更好的应用效果。

在未来，随着人工智能技术的不断发展和创新，AIGC 将在各种领域得到更广泛的应用。

9.3.4　AIGC 的典型应用

AIGC 集成了 AI 领域的图像处理、自然语言处理、声音处理等多种技术，能够在不同的内容模态下实现多种数据的协同生成和有效处理。AIGC 通过整合不同模态的数据，能够实现更加精准、全面的智能预测和决策，在诸多领域都具有较高的应用价值。

1. AI 图像：AI 绘画趋于普遍

自 2022 年以来，AI 绘画成为艺术创作领域的发展趋势之一。以 Midjourney、Disco Diffusion 等为代表的 AI 绘画软件纷纷涌现，广受用户欢迎。

在使用 AI 绘画软件作画时，用户无须手动绘画，只需在软件中选择自己想要的视角和风格，并输入关键词，AI 绘画软件便能够按照用户需求自动生成一幅高水准画作。AI 绘画凭借高超的技术水准和创作能力，逐渐成为主流艺术创作形式。从生产力角度看，AI 绘画是图像生产领域技术层面的飞跃，大幅提升了图像的生产效率和质量。AI 图像是 AIGC 在图像生成领域的重要应用。目前，AI 图像有两种较为成熟的应用工具，分别是图像编辑工具和图像自主生成工具。其中，图像编辑工具的主要功能有增设滤镜、提高图片分辨率、去除图片水印等。图像自主生成工具聚焦功能性图像生成，常应用于海报、模特图、品牌 Logo 等图像制作方面。除上述两种应用工具外，AI 图像还有创意图像生成工具，主要应用于随机或者按照特定属性生成画作。

如今，很多互联网用户都在自己的朋友圈和短视频平台分享各种形式的 AI 画作。从运用方式角度看，AI 绘画可以分为 3 类，分别是借助已有图像生成新图像、借助文字描述生成新图像和二者的结合版。

AI 绘图是 AI 图像生成技术的具象表现。从技术场景来看，AI 图像生成技术的应用场景可以分为图像属性编辑、图像局部生成及更改、端到端的图像生成 3 种，如表 9-2 所示。

表 9-2　AI 图像生成技术的应用场景

技术场景	落地场景	内　容	现状及未来趋势	代表公司
图像属性编辑	图像编辑工具	图片去水印、调整光影、设置滤镜、修改图像风格、提升分辨率等	市场中已经出现大量应用产品；未来将持续更新产品使用体验，吸引更多用户	美图秀秀、PhotoKit、Imglarger、Hotpot 等
图像局部生成及更改	图像编辑工具	更改图像部分构成、面部特征等，可以调整照片的情绪、神态等	难以直接生成完整的图像，同时随着 AI 模型的不断发展，这类产品将越来越多	Adobe、英伟达等
端到端的图像生成	创意图像生成工具，如 NFT；功能性图像生成工具，如 Logo、宣传图等	可以生成完整图像、组合多张图像生成新图像等	当前市场中应用较少，将在未来短时间内实现规模化应用	阿里鹿班、Deepdream Generator、诗云科技等

AI 图像生成技术不断发展并实现商业化应用，市场十分广阔。未来，AI 图像将为艺术创

作提供更多可能性。

2. AI 文本：方案、广告、小说皆可智能生成

随着人工智能技术的快速发展，AI 文本生成技术日趋成熟，并逐渐落地。应用 AI 文本生成的方式主要有两类，分别是交互式文本生成和非交互式文本生成。交互式文本生成多应用于心理咨询、文本交互游戏、虚拟交友等领域；非交互式文本生成多应用于辅助性写作、结构化写作、非结构化写作等领域。

其中，辅助性写作主要包括关联内容推荐、内容润色等功能。从严格意义上说，辅助性写作不属于 AIGC 的范畴。结构化写作常见于新闻资讯、文章标题撰写等领域，非结构化写作常见于营销文本、剧情续写等领域。

结构化写作在早期便得到了应用。例如，四川省绵阳市发生 4.3 级地震，中国地震台网利用地震信息播报 AI 机器人在 6 秒内便撰写出一篇 500 字左右的新闻报道；四川省阿坝州九寨沟县发生了 7 级地震，该 AI 机器人不仅在新闻报道中写出了震源地的地貌特征、天气情况、人口密度等内容，还自动为新闻报道配置了 5 张地震现场图片，整个撰写过程仅仅花费了二十几秒的时间；在地震后续的新闻跟进中，该 AI 机器人撰写并发布余震资讯仅仅花费了 5 秒左右的时间。AI 结构化写作通常具有较强的规律性，能够根据高度结构化的数据生成文章。同时，AI 结构化写作的行文相对客观、严谨，在地震信息播报、股市资讯报道、体育资讯报道、公司年报呈现等方面具有一定的优势。很多媒体机构都有具有结构化写作能力的 AI 小编，如第一财经的"DT 稿王"、新华社的"快笔小新"、腾讯财经的"Dreamwriter"、今日头条的"Xiaomingbot"、封面新闻的"小封"、南方都市报的"小南"等。

非结构化写作难度相对较高，需要更加独特的创意，常见于诗歌、小说撰写，即便如此，AI 同样展现出惊人的非结构化写作能力。例如，微软推出的 AI 机器人"小冰"曾编写并出版诗集《阳光失了玻璃窗》，诗歌整体上富有逻辑、情感和韵律，同时带有朦胧的意象和美感。

AI 在交互式文本中的应用具备十分突出的优势。例如，游戏开发者尼克·沃尔顿推出的一款名为《AI 地下城 2》的游戏就是一款利用 AI 文本生成打造的文字冒险游戏。在游戏中，用户可以通过 AI 生成设定角色，以祈使句输入行动，游戏 AI 能够根据用户输入的行动生成对应的故事。

AI 生成文本代替了大量文字创作领域的重复性劳动，帮助人类更好地与 AI 互动。未来，AI 很可能成为文本内容创作的主体，帮助人们在创作方面节省大量的时间和精力。

3. AI 音乐：实现音乐的即兴创作

2023 年 1 月 27 日，谷歌发布 AI 内容生成领域的新模型——MusicLM。这是继视频生成工具 Imagen Video、文本生成模型 Wordcraft 之后，谷歌再次推出的内容生成式 AI 模型，该模型瞄准了音乐创作领域。

其实，普通用户想通过 AI 模型创作音乐并不是一件容易的事情。AI 音乐是在很多信号的相互作用之下形成的，包括音色、音调、音律、音量等，这是一个充满复杂性的综合系统。因此，早期的一些 AI 自动生成工具所创作的音乐往往具备明显的合成痕迹，听起来很不自然。

此前，可视化 AI 工具 Dance Diffusion、Riffsion 能自主创作音乐，OpenAI 也曾推出 AI 音乐生成工具 Jukebox。但是这些 AI 音乐生成工具受限于数据和技术等因素，只能创作简单的音乐，而对于相对复杂的音乐，它们无法保障音乐的质量和高保真度。AI 模型要实现真正意义上的音乐自动生成，需要通过大量数据模拟和训练，这是 AI 自动生成工具在保障音乐质量上必不可少的基础性步骤。

在 2024 年，一首名为《连花清瘟胶囊》的歌曲在网络上引起了广泛讨论，其背后的创作者并非人类，而是一个名为 Suno 的生成式人工智能音乐制作平台。这一事件标志着 AI 在音乐创作领域的新突破，但同时也引发了音乐界内外的复杂反应。Suno 平台的简易操作和快速生成能力，使得即使是非专业人士也能在短时间内创作出旋律各异的音乐作品。例如，一位 B 站博主将连花清瘟胶囊的产品说明书输入 Suno 后，平台迅速消化并创作出了完整的歌曲。此外，音乐人小柯在抖音上展示了将他的《因为爱情》歌词输入 Suno 后，得到了旋律不同的两首歌曲，网友们对此表示，这证明了音乐人的不可替代性。然而，并非所有人都对 AI 音乐创作持乐观态度。音乐制作人陈伟伦在体验并研究了 Suno 后，虽然对技术的进步感到欣喜，但也担心它可能成为音乐人偷懒的工具，影响音乐创作的深度。这种担忧并非没有根据，因为国外已有超过 200 位国际乐坛音乐人联合发表公开信，呼吁停止使用 AI 侵犯和贬低人类艺术家的权利，其中包括 Billie Eilish、Katy Perry 等知名歌手。Suno 的发展历程也值得关注。美国初创公司 SunoAI 于 2023 年 12 月发布了这款音乐生成产品，并在 2024 年 3 月推出了更为先进的 Sunov3 版本。新版本在创意性、流畅度、音质等方面都有显著提升，进一步巩固了 Suno 在音乐界的"ChatGPT"地位。

尽管 AI 音乐创作平台 Suno 带来了便捷和创新，但它也引发了关于音乐创作本质、人类艺术家角色以及技术与艺术关系的深刻讨论。随着技术的发展，我们有理由相信，AI 将在音乐创作中扮演越来越重要的角色，但如何平衡技术与人类创造力的关系，将是音乐界乃至整个社会需要共同面对的挑战。

任务实施

【任务目的】

(1) 了解生成式人工智能对现代艺术创作的改变和影响，熟悉人工智能对绘画、视频、音乐、建筑等方面的渗透；

(2) 展望生成式人工智能未来的发展。

【任务内容】

(1) 查看自己的智能手机里安装的常见应用，说说哪些 APP 程序使用了生成式人工智能技术，这些技术为你带来了哪些便利。

(2) 查阅相关文献资料，设想一下未来五年内生成式人工智能的发展蓝图。

(3) 和同学展开讨论，谈谈自己在哪一方面想得到生成式人工智能的帮助。

任务 9.4

任务拓展：AIGC 应用体验

9.4.1　利用通义千问撰写演讲稿

学校或是职场上需要演讲的场合非常多，小到会议发言、员工培训，大到产品推广、招商引资等。一篇好的演讲稿可以增强演讲者的自信心和表现力，帮助演讲者更好地表达观点、传达信息，让演讲更加精彩、更具有说服力，给观众留下更加深刻的印象。如果缺乏撰写优秀演讲稿的经验，则可借助 AI 强大的写作能力生成演讲稿。

可以按照如下思路引导 AI 生成演讲稿。

(1) 询问所需信息。写演讲稿是一项比较复杂和有挑战性的任务，如果不清楚 AI 需要哪些信息，可以直接向它提问，如图 9-12 所示。

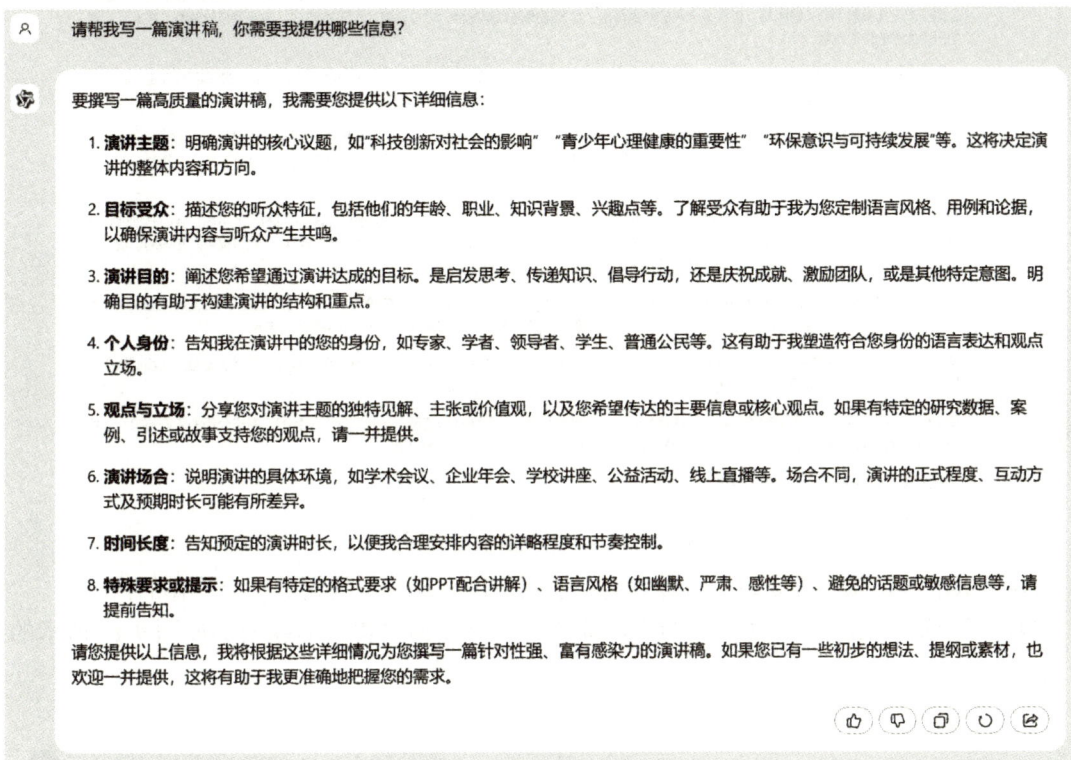

图 9-12　AI 生成的输出截图 1

(2) 确定主题。提供背景信息，明确演讲主题，如图 9-13 所示。

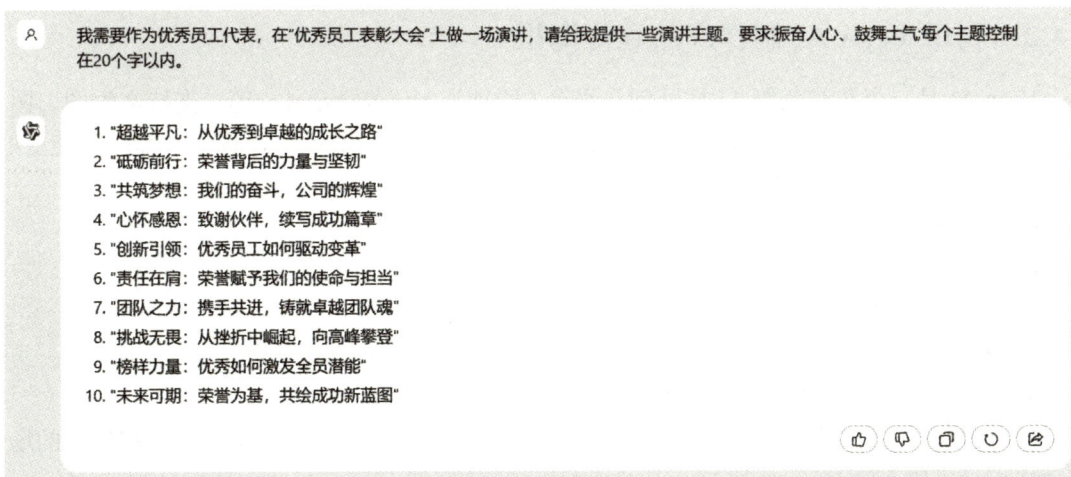

图 9-13　AI 生成的输出截图 2

如果 AI 提供的主题没有合适的或无法启发灵感，则可以继续命令它生成更多主题，从中筛选、提炼出所需主题。你可以继续提问：请再给我一些主题。

(3) 完善信息，生成演讲稿。补充相关信息，让 AI 生成演讲稿，如图 9-14 所示。

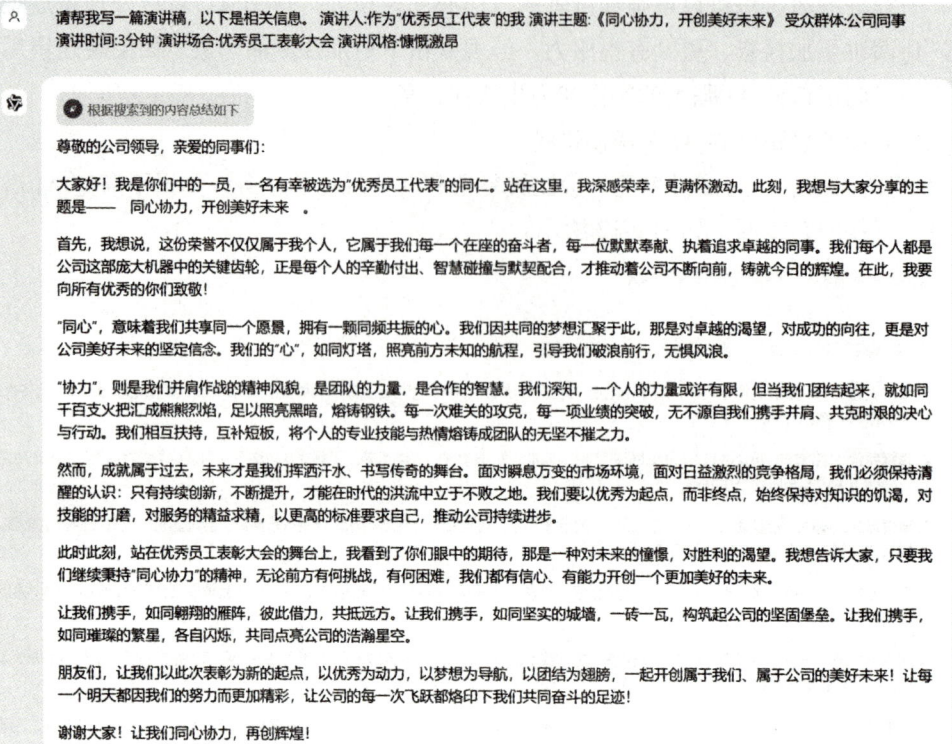

图 9-14　AI 生成的输出截图 3

AI 生成的演讲稿结构完整、内容丰富、适用范围广泛，但缺乏一些个性化的内容。

(4) 反馈迭代。继续向 AI 发送指令，让它不断优化演讲稿。继续增加如图 9-15 所示的提示词。

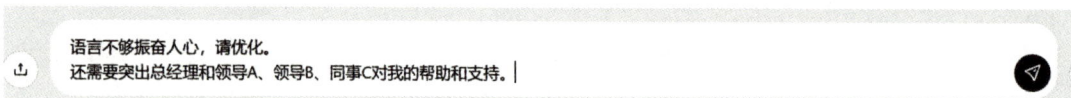

语言不够振奋人心，请优化。
还需要突出总经理和领导A、领导B、同事C对我的帮助和支持。

图 9-15　AI 生成的输出截图 4

9.4.2　利用 Vega AI 制作产品宣传海报

Vega AI 是一个在线免费 AI 插画创作平台 (网址为 https://vegaai.net/)，支持文生图、图生图、条件生图等多种绘画模式，是一款强大的在线创作工具，其操作流程更加简化，能更好、更快地创作内容，其具有以下特点：

(1) 能够快速生成高质量画面；

(2) 支持在线快速训练、自由定制；

(3) 率先开放视频生成大模型，体验视频生成的功能；

(4) 采用了全新的交互模式，是可以提高生产效率的新一代创作平台。

Vega AI 制作产品宣传海报的步骤如下：

(1) 在制作产品宣传海报的时候，可以让 KimiChat 描述一些画面场景，然后把描述的场景整理成提示词输入给 Vega AI 平台。

例如，我们想做一个咖啡机的宣传海报，向通义千问输入以下提示词 (如图 9-16 所示)：

我想让你充当 Vega 人工智能程序的提示生成器。你的工作是提供详细和有创意的描述，以激发人工智能创造独特和有趣的图像。请记住，人工智能能够理解广泛的语言，并能解释抽象的概念，所以请自由发挥想象力和描述力，尽可能地发挥。例如，你可以用括号中的格式 (1. 画面描述，2. 插画风格，3. 画面情绪，4. 画面光照，5. 色彩、6. 构图角度，7. 参考艺术家）描述一个咖啡机产品宣传海报，你的描述越详细，越有想象力，产生的图像就越有趣。

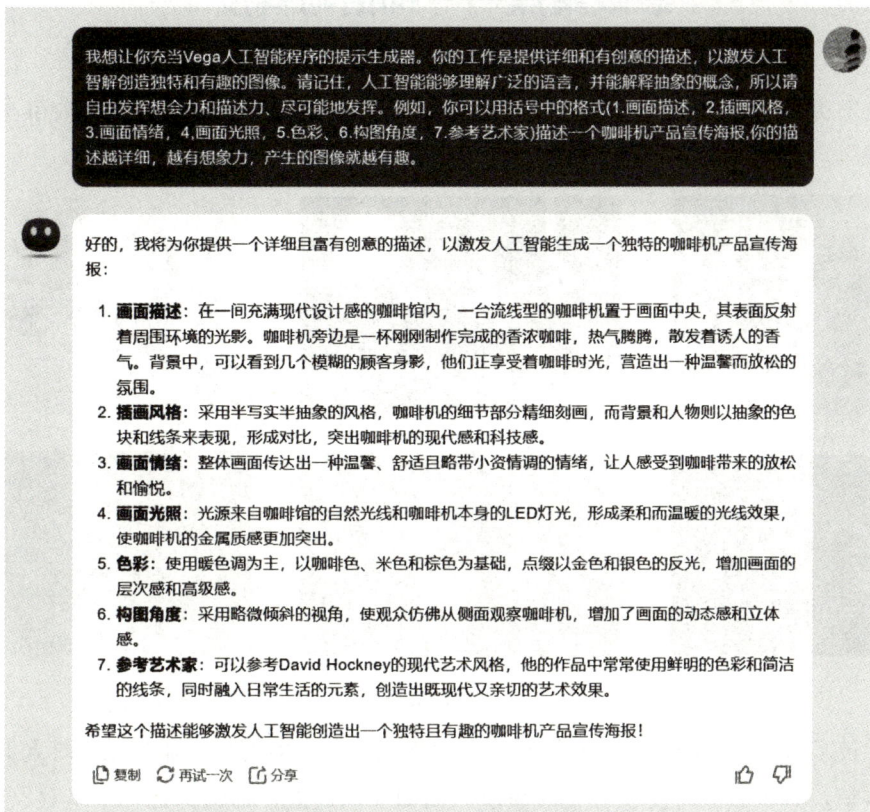

图 9-16　AI 生成的输出截图 5

(2) 将第一步 AI 生成的创意描述整理成为以下提示词：

在一间充满现代设计感的咖啡馆内，一台流线型的咖啡机置于画面中央，其表面反射着周围环境的光影，半写实半抽象的风格，舒适且略带小资情调的情绪，光源来自咖啡馆的自然光线和咖啡机本身的 LED 灯光，使用暖色调为主，以咖啡色、米色和棕色为基础，点缀以金色和银色的反光，采用略微倾斜的视角、David Hockney 的现代艺术风格。

(3) 将提示词输入 Vega AI 平台，生成的咖啡机宣传海报如图 9-17 所示。

图 9-17　AI 生成咖啡机宣传海报

思政聚焦——神话与科技

神话是未实现的科技吗？仔细观察如图 9-18 所示的图片，把相关的神话故事与对应的科技进行连线。

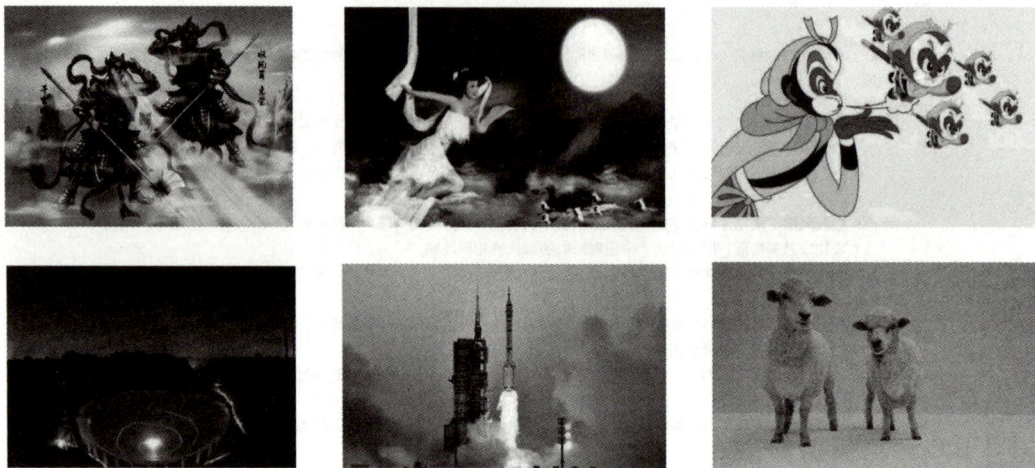

图 9-18　神话与科技

在科学技术还不发达的古代，人们对这个世界存在着许多幻想，那些在当时人们认为不可能发生的事情，大多数被寄托于神话故事里，比如女娲造人、嫦娥奔月、千里眼、顺风耳等。然而科技的发展远远不是人们所能预计的，这些不可能实现的事情在今天绝大多数变成了现实，下面我们就来看看有哪些已经"梦想成真"了。下面是吴承恩在《西游记》中的狂想：

天宫、龙宫、风火轮、八卦炉、火焰山、玉净瓶、紫金葫芦（叫一声对手的名字，只要对手答应，就收在了葫芦里，一时三刻化为脓水）、金刚琢（金刚套）、后天袋子（俗名叫作"人种袋"，能装神佛魔怪）、紫金铃（此宝共由三个铃铛组成，第一个晃一晃，就有三百丈火光烧人；第二个晃一晃，就有三百丈烟光熏人；第三个晃一晃，就有三百丈黄沙迷人，此沙最毒，钻入对手的鼻孔，就能伤人性命）、七星剑、幌金绳、避火罩、火眼金睛、七十二变化、分身术、龙王降雨、顺风耳、千里眼、筋斗云、人参果、三根毫毛、白骨精、悟空砍头、如意金箍棒、点石成金、天上一天地上一年、阴阳二气瓶、青牛鼻环、观世音的净水瓶、芭蕉扇、定风珠、隔板猜枚、下油锅、剖腹剜心、锦襕袈裟、莲花台、定风珠、避火罩、还魂丹、仙丹、人参果、蟠桃、舍利子、九转金丹、三头六臂等。

在这些狂想之中，有些已经变成了现实，例如，腾云驾雾、筋斗云对应着现代的飞机、火箭、导弹、喷气背包，千里眼、顺风耳对应着中国天眼 (500 米口径球面射电望远镜)、哈勃望远镜、激光、雷达、声呐等。

除了西游记，中国还有《山海经》《封神榜》《搜神记》《志怪》《聊斋志异》等，国外有希腊神话、罗马神话、埃及神话、印度神话、非洲神话、玛雅神话、印第安神话、印加神话等。每一个神话都是人类对浩瀚宇宙的认识和想象，没有人类对宇宙空间的梦想和追求，就没有现代的科学技术。

今天，许多的科技与文化的灵感来源于神话，中国人的载人飞船叫"神舟"；中国人的登

月探测器叫"嫦娥";中国人的月球车叫"玉兔";中国人的暗物质粒子探测卫星叫"悟空";中国人的量子实验卫星叫"墨子";中国人的全球卫星导航系统叫"北斗";中国人的深海潜水器叫"蛟龙";华为的操作系统叫"鸿蒙";华为的芯片叫"麒麟"。

随着第四次工业革命到来,人工智能为代表的新兴产业注定要实现一个个神话,也将注定产生一个个的神话。今天,人类又带着现代神话向未来的科学领域迈进,你能否创造一个神话?

人工智能应用技术上课课件和素材

第 10 章　区块链技术及应用

区块链本质上是一种基于密码学的分布式、去中心化的共享账本和数据库。在区块链中发生的各类交易都由网络中的全部节点参与确认和维护，通过共识机制来保证交易和信息的安全与有效性，使用链式结构和哈希算法保证数据的不可篡改性和不可伪造性，利用智能合约保证区块链应用的可拓展性，通过时间戳、激励机制等办法保证系统在无中心机构的前提下可追溯和稳定运行。本章内容包括区块链的相关概念、发展历史、关键技术，以及区块链的典型应用领域场景、发展趋势等。

任务 10.1

认 识 区 块 链

认识区块链

10.1.1　区块链的概念

相关知识

工信部指导发布的《区块链技术和应用发展白皮书 2016》中指出，狭义来讲，区块链是一种按照时间顺序将数据区块以顺序相连的方式组合成的链式数据结构，可构成以密码学方式保证的不可篡改和不可伪造的分布式账本；广义来讲，区块链技术是利用块链式结构来验证数据和存储数据，利用分布式节点共识算法来生成和更新数据，利用密码学的方式保证数据传输和访问的安全性，利用自动化脚本代码组成的智能合约来编程和操作数据的一种全新的分布式基础架构和计算范式。

通俗来讲，区块链是一种数据以区块为单位产生和存储，并按照时间顺序首尾相连形成链式结构，同时通过密码学保证不可篡改、不可伪造以及数据传输访问安全的去中心化分布式账本。区块链中的账本，其作用和现实生活中的账本基本一致，即按照一定的格式记录流水等交易信息。特别是在各种数字货币中，其交易内容就是各种转账信息。

区块链技术伴随着比特币而生，目前在数字金融货币领域的应用最为广泛，只是随着区块链的发展，记录的内容已由各种转账记录扩展至各个领域的数据，同时区块链技术的不断发展和更新，为其与更多领域的融合提供了可能性，利用这种可能性可构建不同的可编程行业区块链系统。例如，在供应链溯源应用中，区块链中记录了供应链各个环节中物品所处的责任方、位置等信息。

10.1.2 区块链的发展历史

相关知识

区块链
典型应用
与发展趋势

1. 比特币的诞生

2008 年 11 月，一位化名"中本聪"(Satoshi Nakamoto) 的人，在密码论坛 metzdowd.com 上发表了一篇名为《比特币：一种点对点的电子现金系统 (Bitcoin: A Peer-to-Peer Electronic Cash System)》的论文。该文重点讨论比特币系统，区块链在论文中被首次提出，且被描述为用于记录比特币交易的账目历史，是一种由密码学支撑、按照时间顺序存储的分布式共享数据账本。

2019 年 1 月 3 日，中本聪在芬兰赫尔辛基的一个小型服务器上创建了比特币的第一个区块——创世块 (Genesis Block)，并获得了其预先设定的"首矿"奖励——50 个比特币，最初的 50 个比特币宣告问世。在创世块的备注中，中本聪写入了当天英国《泰晤士报》的头版头条新闻标题—— The Times 03/Jan /2009 Chancellor on brink of second bailout for banks (《泰晤士报》，2009 年 1 月 3 日，财政大臣站在第二次救助银行的边缘)。我们可以从网站 https://en.bitcoin.it/wiki/Genesis_block 上给出的创世块的原始二进制数据及其 ASCII 码文本中看到比特币创世块备注中包含了该新闻标题信息。

比特币自诞生后就吸引了世界各国的关注，区块链作为比特币运行的底层支撑技术，也受到了前所未有的关注。区块链技术实际上是一种创新融合的分布式共享账本技术，该技术创新融合应用了分布式数据存储、点对点传输、共识机制、密码算法等计算机技术，对金融乃至各个行业的发展都可能带来深远的影响。

区块链的发展先后经历了加密数字货币、企业应用和价值互联网三个阶段，下面将分别对这三个阶段进行简要的介绍。

2. 区块链 1.0

区块链 1.0 为区块链发展的第一个阶段，也称为加密数字货币阶段。以数字货币的相关应用为起点，以比特币为代表的虚拟货币是区块链技术目前最成功的应用之一。

2009 年年初，比特币网络正式上线运行，这是区块链时代的开始，是比特币市场酝酿与发展的开端。2010 年 9 月，第一个矿场 (包含大量比特币挖矿设备的场所)Slush 发明了多个节点合作挖矿的方式，成为比特币挖矿这个行业的开端。2011 年 4 月，比特币官方有正式记载的第一个版本 (bitcoin 0.3.21) 发布。这个初级版本意义重大：首先，它支持通用即插即用 (Universal Plug and Play，UPNP)，实现了日常使用的 P2P 软件的能力，因此比特币才能够真正进入大众视野，让任何人都可以参与交易；其次，在此之前比特币节点最小单位只支持 0.01 比特币，相当于"分"，而这个版本真正支持了"聪 (比特币的最小计量单位，1 聪 = 0.000 000 01 比特币)"。

随着比特币市场的扩大，数字货币逐渐进入了"一链一币"的数字货币时代，也称为区块链 1.0 阶段。从 2009 年到 2013 年，区块链 1.0 是以比特币为代表的数字货币的应用，具备了去中心化交易平台的功能。

总体而言，数字货币的发展历程可以划分为四个部分。第一个部分是比特币区块链；第二个部分是使用比特币区块链协议，但不使用比特币的系统，如万事达币、彩色币、合约币以及

采用合并挖矿的域名币等；第三个部分是同时使用独立货币和独立区块链的系统，如以太坊、瑞波、莱特币、未来币等；第四个部分是侧链，采用独立的网络，但以比特币作为底层货币的系统，如 BTC Relay 等。

但是当人们尝试在比特币系统上开发加密数字货币之外的应用时，发现该系统作为一个为加密数字货币设计的专用系统，存在以下问题：

(1) 比特币系统内置的脚本系统主要是针对加密数字货币交易而专门设计的，不是图灵完备的脚本，表达能力有限，因此在开发诸如存证、股权众筹等应用时，有些逻辑无法表达，而且比特币系统内部需要做大量开发，对开发人员要求高、开发难度大，因此无法进行大规模的非加密数字货币类应用的开发。

(2) 比特币系统在全球范围内只能支持每秒 7 笔交易，交易记账后须追加 6 个区块才能比较安全地确认交易，追加一个块大约需要 10 分钟，这意味着需要大约 1 小时才能确认交易，不能满足实时性要求较高的应用的需求。

3. 区块链 2.0

针对区块链 1.0 存在的专用系统问题，为了支持众筹、溯源等应用，区块链 2.0 阶段（也称为企业应用阶段）支持用户自定义的业务逻辑，即引入了智能合约，从而使区块链的应用范围得到了极大的拓展，开始在各个行业迅速落地，典型的代表是 2013 年启动的以太坊系统。

2013 年 11 月，Vitalik Buterin 发起了以太坊 (Ethereum) 项目，并在同年 12 月发布了以太坊白皮书的第一个版本。以太坊项目为其底层的区块链引入了被称为智能合约的交互接口，智能合约的引入是区块链技术的一个重要飞跃。以太坊创造性地使用区块链技术实现了智能合约的实际应用，这一时期被称为"区块链 2.0"，也被称为"区块链可编程时代"。

智能合约是一种通过计算机技术将纸质合约数字化，旨在以数字化方式达成共识、履约、监控履约过程并验证履约结果的自动化合同，它极大地扩展了区块链的功能。智能合约同时具备两个功能：一个是现实产生的合同，另外一个是不需要第三方的、去中心化的、公正的、拥有超强行动力的执行者。从最早的以太坊虚拟机 (Ethereum Virtual Machine，EVM) 定义的论文开始，到 2014 年正式开始预售，再到以太坊 2015 年 7 月第一个正式版本 Frontier，以及 2016 年 3 月的 Homestead 版本、2017 年的 Metropolis 版本，以太坊逐渐成为最热门的区块链项目开放环境之一。有了智能合约系统的支持，区块链的应用范围开始从单一的货币领域发展到合约共识的其他金融领域，如在股票、清算、私募股权等众多金融领域崭露头角，区块链技术迎来高速发展的时期。

4. 区块链 3.0

区块链 3.0 为区块链发展的第三个阶段，也称为价值互联网阶段。随着区块链技术的发展，区块链开始被应用于物联网、智慧农业、医疗、供应链、匿名投票等领域。

价值互联网是一个可信赖的实现各个行业协同互联，实现人和万物互联，实现劳动价值高效、智能流通的网络，主要用于解决人与人、人与物、物与物之间的共识协作、效率提升问题。它将传统的依赖于人或依赖于中心的公正、调节、仲裁功能自动化，按照大家都认可的协议交给可信赖的机器来自动执行。

2018 年 5 月 28 日，国家主席习近平在中国科学院发表讲话指出："进入 21 世纪以来，全球科技创新进入空前密集活跃的时期，新一轮科技革命和产业革命正在重构全球创新版图、重塑全球经济结构。以人工智能、量子信息、移动通信、物联网、区块链为代表的新一代信息技术加速突破应用。"

从技术的角度看，在区块链技术应用大发展的时代，以太坊、Corda、ZCash 等区块链项目并起，一种为商用分布式应用设计的区块链操作系统 (Enterprise Operation System，EOS) 也已出现，可实现分布式应用的性能扩展。同时，区块链技术的共识机制目前也日渐成熟，出现了多种类别和具体实现方式。区块链与云计算、大数据、人工智能等新兴技术交叉演进，将重构数字经济发展生态，促进价值互联网与实体经济的深度融合。

　　从行业的角度看，全球范围内票据、证券、保险、防伪、存证、溯源、知识产权等十几个领域都有了区块链应用的成功案例。国内外多家大的金融机构和其他传统企业也都纷纷建立自己的区块链项目。所以说，无论是行业的应用广度，还是区块链的应用深度，都得到了大幅度的提高。

　　在区块链 3.0 时代，众多区块链应用正在接受市场的检验，适应区块链技术的主要行业领域会逐步发展起来，对全球范围内人民的生活将产生深远的影响。

10.1.3　区块链的特点分析

相关知识

　　区块链系统是多种已有技术的集成创新，主要用于实现多方信任和高效协作。

　　区块链的核心优势是透明性和去中心化。首先，任何节点都可以参与共识形成的过程，而且新创建的区块必须在全系统公示，只有超过 51% 的节点都通过，才能确定一个新区块的添加；其次，区块链技术能通过时间戳、共识机制、经济激励等手段，在节点间无须互相信任的分布式系统中实现基于去中心化信用的点对点交易、协作。

　　区块链具有去中心化、透明性、自治性、不可篡改性、准匿名、可追溯性等特性。

1. 去中心化

　　区块链数据的验证、记账、存储、维护、传输等过程都基于分布式网络架构，无须第三方机构或中心机构参与。区块链系统中的所有节点之间都可以自由通信，所有节点都共同存储着区块数据，所有节点都扮演着"传播者"和"验证者"的角色。

2. 透明性

　　区块链系统整体上是开放透明的，除节点私钥以外，网络中的节点信息对所有参与者公开，区块链中存储的数据对所有参与者公开，区块链的源代码也对所有人公开。

3. 自治性

　　区块链系统采用特定的经济激励机制来保证分布式系统中所有节点均可参与数据区块的验证过程，并基于预先设定的规范或共识协议来增加新区块，整个系统中所有节点都自发维护其制定的规则。同时，区块链技术提供了灵活的脚本代码系统，支持用户创建高级的智能合约等形式的应用。

4. 不可篡改性

　　区块链技术使用哈希函数、非对称加密等密码学技术对区块数据进行加密，确保了数据和信息的基础安全；同时还借助分布式系统、经济激励和共识机制，使大部分节点自发抵御攻击，少量节点对区块的修改几乎不会影响整个区块系统，从而保证了区块链数据不可篡改和不可伪造。

5. 准匿名

　　区块链系统不采用传统的基于公钥基础设施 (Public Key Infrastructure，PKI) 的第三方认证中心 (Certificate Authority，CA) 颁发数字证书来标识用户身份，而采用由用户公钥转化而来的地址确认用户信息。用户在参与区块链系统的交互时，只需要公开地址，不需要公开真实身份。

因此，区块链上公开的用户信息不与用户真实身份挂钩，只与用户的地址挂钩，具有交易的准匿名性。

6. 可追溯性

尽管区块链的准匿名性使得用户无法获知交易双方的身份信息，但是区块链的链状结构保存了从第一个区块开始的所有历史数据，连接的形式是后一个区块存储前一个区块的哈希值，区块链上任意一条记录都可通过链式结构追溯源头。

10.1.4 区块链的模式类型

根据网络范围、开放程度的不同，可将区块链的模式类型分为公有链 (Public Blockchain)、私有链 (Private Blockchain) 和联盟链 (Consortium Blockchain)。

相关知识

1. 公有链

公有链是一种非许可链 (Permissionless Blockchain)，是指世界上任何个体或团体都可以发送交易，且交易能够获得该区块链的有效确认，任何人都可以参与其共识过程的区块链。公有链对外开放，用户无须注册就能匿名参与，也无须授权即可访问网络和区块链。

公有链是真正意义上的完全分布式的区块链系统，它通过哈希函数的性质与区块链的结构保证区块链数据的不可篡改，同时将加密算法验证和经济上的激励相结合，并遵循着一定的原则：每个人从中可以获得的激励与对共识过程作出的贡献成正比，从而在陌生的网络环境中建立共识机制，形成去中心化的信用机制。

公有链是最早出现的区块链应用类型，也是目前使用最广泛的区块链应用类型。目前，网络上大量出现的各种虚拟数字货币均基于公有链。公有链具有以下两个特点：

(1) 用户与开发者隔离。在公有链中，程序开发者无权干涉用户，因此用户的各种应用不会受到程序开发者的影响。

(2) 全部区块链数据处于公开状态。这是由区块链的去中心化特性决定的。首先，作为分布式共享的总账，各个节点都会保存区块主链的备份并对其加以确认；其次，对于已经存储在区块链上的区块，其内部封装的交易信息理论上可以由任何一个节点通过遍历访问，一直追溯到创世区块。这说明交易信息是公开的，也正因如此，区块链才可避免被篡改。

> **· 说明 ·**
>
> 公有链的典型案例是比特币系统。使用比特币系统，只需下载相应的客户端，创建钱包地址、转账交易、参与挖矿，这些功能都是免费开放的。

尽管公有链系统应用非常广泛，但该系统存在以下四类问题：

(1) 效率问题。现有的公有链中存在的一个很严重的问题就是产生区块的效率较低。由于公有链中区块的传递需要时间，为了保证系统的可靠性，大多数公有链系统通过提高一个区块的产生时间来保证产生的区块能够尽可能广泛地扩散到所有节点处，从而降低系统分叉 (同一时间段内多个区块同时被产生，且被先后扩散到系统的不同区域) 的可能性。因此，在公有链中，区块的高生成速度与整个系统的低分叉可能性是矛盾的，必须牺牲其中的一个方面来提高另一方面的性能。同时，由于潜在的分叉情况，可能会导致一些刚生成的区块的回滚，一般来说在公有链中，比特币中的区块在有 6 个基于它的后续区块生成后才能被认为是足够安全的，而这大概需要 1 小时，对于大多数应用来说根本无法接受。

(2) 隐私问题。目前公有链上传输和存储的数据都是公开可见的，仅通过"地址匿名"的方式对交易双方进行一定的隐私保护，相关参与方完全可以通过对交易记录进行分析从而获取某些信息。这对于涉及大量商业机密和利益的业务场景来说也是不可接受的。

(3) 最终确定性问题。交易的最终确定性指特定的某笔交易是否会最终被包含进区块链中。PoW 等公有链共识算法无法提供实时确定性，即使看到交易写入区块也可能后续再被回滚，只能保证一定概率的收敛。如在比特币中，一笔交易在经过 1 个小时后可达到的最终确定性为99.9999%，这对现有工商业应用和法律环境来说，可用性有较大风险。

(4) 激励问题。为促使参与节点提供资源，自发维护网络，公有链一般会设计激励机制，以保证系统健康运行。但在大多数激励机制下，需要发行类似于比特币的代币，这不一定符合各个国家的监管政策。

2. 私有链

私有链是一种许可链 (Permissioned Blockchain)，是指在一个相对较小的范围内建立、仅供小范围内应用的区块链，私有链上的读写权限、参与记账权限按私有组织规则来制定。

私有链的应用场景一般是企业内部的应用，如数据库管理、审计等，此外，还包括一些特殊的组织情况，如政府的预算、执行以及政府的行业统计数据等。私有链的价值主要是提供安全、可溯源、不可篡改、自动执行的运算平台，同时还可以防范来自内部和外部对数据的安全攻击。私有链有以下三个特点：

(1) 交易速度大幅提升。私有链的用户一般属于同一个组织，用户规模小，因此所有节点属于同一组织，彼此之间已经建立完全信任，无须复杂的共识机制即可进行交易验证，从而大幅提高交易速度。

(2) 安全性大幅提升。公有链中，各个节点都可以访问区块中的数据，尤其是在创建区块的过程中交易数据在全网范围内传播，而在私有链中，节点都属于同一个组织，使用特有的加密方式，从而提高了安全性。

(3) 交易成本大幅降低。由于私有链的各个节点之间属于同一个组织，彼此之间可以高度信任，不需要花费资源来验证交易，因此，私有链上的交易成本大幅降低。

私有链的重要缺陷就是不具备"去中心化"的特点，数据非完全透明公开。

3. 联盟链

联盟链也是一种许可链，在联盟链中，一般是由某个群体内部指定多个预选的节点为记账节点，每个区块的生成由所有的预选节点共同决定，其他接入节点可以参与交易，但不能参与记账过程，任何节点都可以通过该区块链开放的应用程序编辑接口 (Application Programming Interface，API) 进行限定查询。从本质上来看，联盟链采用了一种分布式的托管记账方式，只有预选节点参与共识过程。典型的联盟链代表是 Hyperledger Fabric 系统。

联盟链具备了"去中心化"的特点，但并不是完全"去中心化"的，它相当于在某个有限的范围内构造了一种公有链，如在金融机构之间或某个行业的全体参与者之间建立了联盟链后，联盟链的参与者按区块链的共识机制进行交易的验证和确认，不再需要外部的中心化信任机构，这可以在一定程度上减少流程的损耗，提高交易速度和效率。联盟链的特点如下：

(1) 效率较公有链有大幅提升。联盟链参与方之间互相知道彼此的现实世界身份，支持完整的成员服务管理机制，成员服务模块提供成员管理的框架，定义了参与者身份及验证管理规则；在一定的时间内联盟链参与方个数确定且节点数量远远小于公有链，对于要共同完成实现的业务在线下已经达成一致理解，因此，联盟链共识算法较公有链的共识算法约束更少，共识算法运行效率更高。

（2）更好的安全隐私保护。联盟链的数据仅在联盟成员内部开放，非联盟成员无法访问联盟链的数据；即使在同一个联盟链内，不同的业务之间的数据也会进行一定的隔离。

（3）不需要代币激励。联盟链中的参与方为了共同的业务收益而共同配合，因此有各自贡献算力、存储、网络的动力，一般不需要通过额外的代币进行激励。

联盟链与公有链相比，尽管大幅提升了效率，但依旧无法满足高性能要求，需要继续研究高性能共识算法、高效智能合约引擎等。国内领先的联盟链技术，目前每秒可以处理上万笔交易，但双十一高峰时阿里云交易速度达 30 多万笔每秒，且可能会继续增加，这两者的数量级还存在鸿沟。

此外，在安全隐私保护方面，需要全面支持国密算法和标准，研究更细粒度的隐私交易机制，同时，联盟的自治动态管理机制和高效的热备切换机制也是急需解决的关键问题。

🔵 任务实施

（1）双击桌面上的 IE 浏览器或 Google 浏览器图标，打开百度搜索。

（2）在搜索栏中输入"区块链 site:gov.cn"，然后按回车键，检索国家官方网站关于"区块链"相关的技术资讯，进一步深入理解区块链。

（3）通过浏览器访问阿里云官方网站 https://www.aliyun.com/product/baas?spm=5176.10695662.J_3717714080.1.2801688eUCO9eF，了解阿里云提供的区块链服务，如图 10-1 所示。

图 10-1　阿里云区块链服务

（4）通过访问阿里官方文档 https://help.aliyun.com/document_detail/134838.html?spm=a2c4g.11186623.6.603.558944f5XyyCUl，可以进一步了解"蚂蚁区块链"中联盟链的创建和管理，如图 10-2 所示。

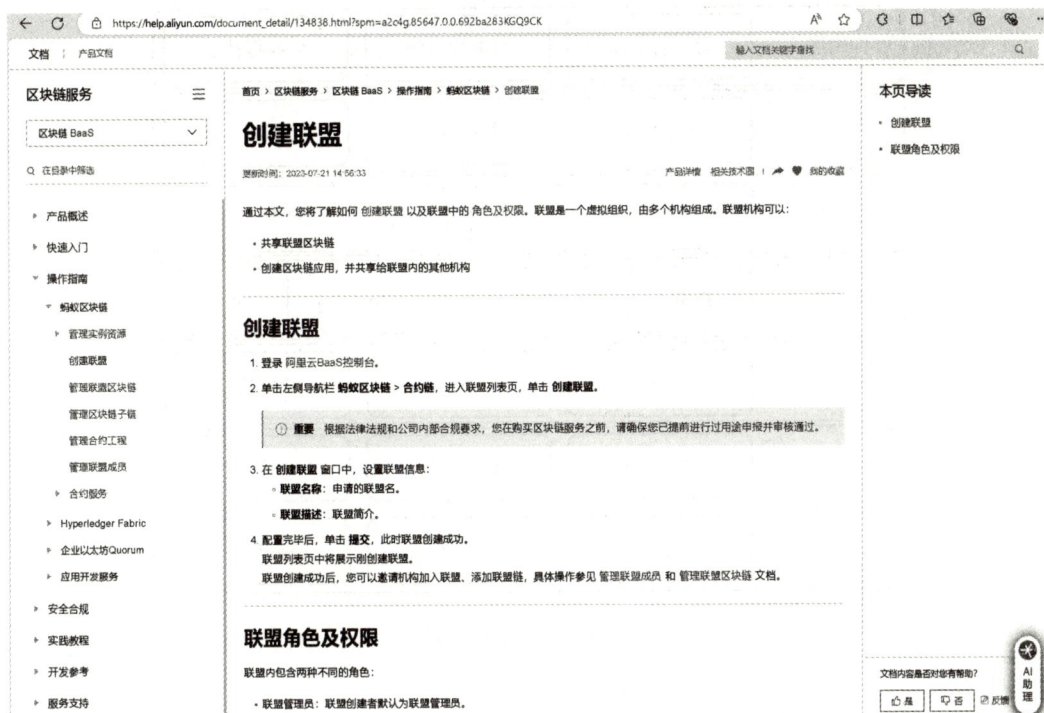

图 10-2　蚂蚁区块链联盟链介绍

任务 10.2

区块链关键技术

10.2.1　区块链系统框架

相关知识

1. 基础架构

区块链系统是由多种技术相互支撑构成的系统，包括数据区块、时间戳、数字签名、P2P 网络、Merkle 树、UTXO 模型 (Unspent Transaction Output，未消费的交易输出)、共识算法、智能合约等相关技术。

区块链基础架构可分为六层，层次由低到高分别是数据层、网络层、共识层、激励层、合约层和应用层，如图 10-3 所示。其中数据层完成数据加密、区块创建等，包括数据区块、链式结构、时间戳、哈希函数、Merkle 树、非对称加密等相关技术；网络层主要包括系统的组网方式以及数据传播验证机制；共识层包括工作量证明、权益证明等多种共识机制；激励层则引入经济激励，使得各个节点共同维护区块链系统运作；合约层是指各种合约脚本、算法等；应用层包括货币、金融等行业在区块链领域的各种应用。

区块链
关键技术

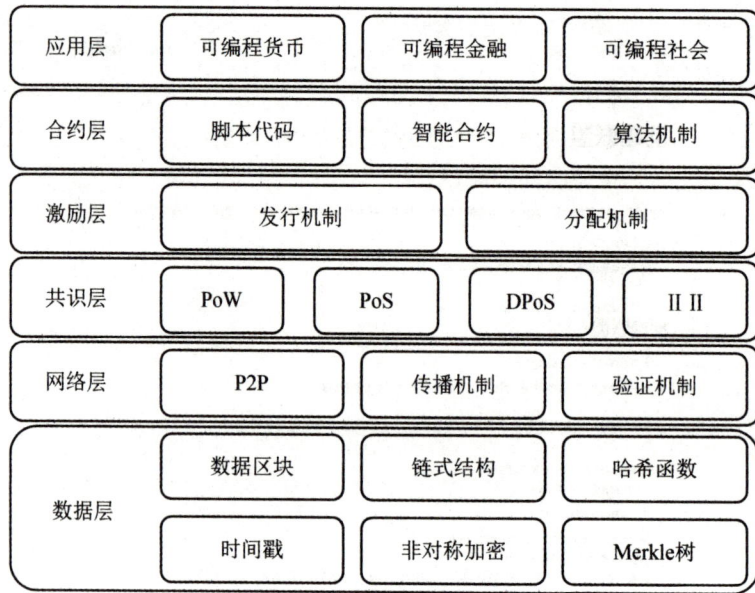

图 10-3　区块链基础架构

2. 数据层

数据层是区块链的核心部分，从创造至今一直在添加新的区块，构成了越来越复杂的链式结构，包含了各种各样的数据，最常见的就是哈希值、随机数、交易信息等。

(1) 数据区块。区块结构包括区块头和区块体，如图 10-4 所示。

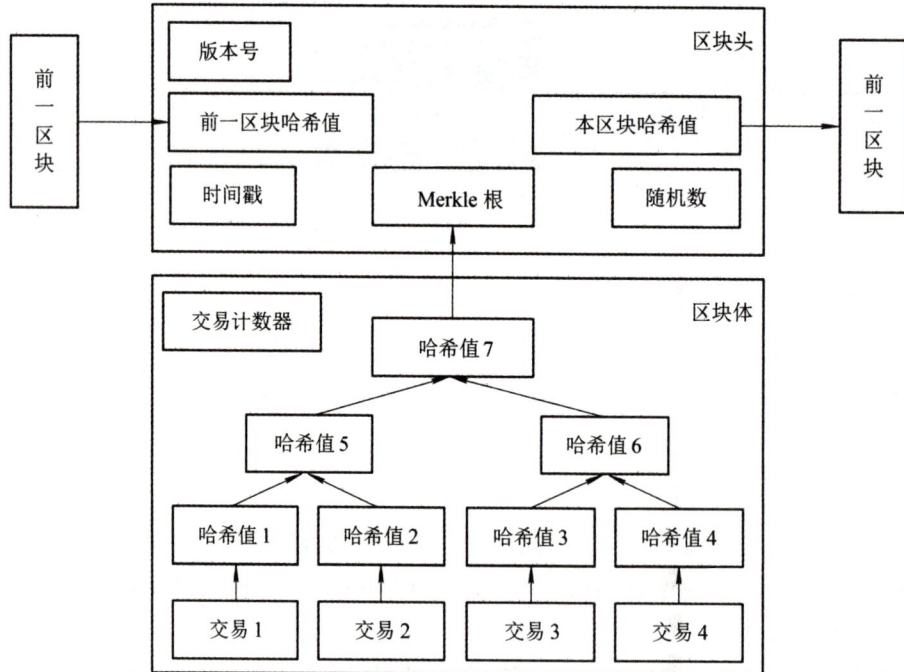

图 10-4　区块结构

区块头中包括当前区块的版本号、时间戳、随机数、Merkle 根信息以及前一区块的哈希值、本区块的哈希值等。

区块体中主要包括交易计数器和交易详情的交易列表。区块体附加在区块头后面，区块体中的 Merkle 树会对记录的各个交易进行签名，来保证交易的不可伪造性，同时通过 Merkle 树的哈希值计算过程产生唯一的 Merkle 根，Merkle 根记录在数据区块的区块头中，使区块头能够体现区块所包含的所有交易。

(2) 链式结构。新产生的区块与区块主链上的最末端区块连接，形成从创世区块到当前区块的一条区块链，这条区块链记录了所有的交易数据，使得在该条区块链之上的所有数据历史都可以被追溯和查询。

区块链的链接模型如图 10-5 所示，其中前一区块的哈希值指前一个区块头部的哈希值，而计算随机数规则决定了获得产生区块的权利。

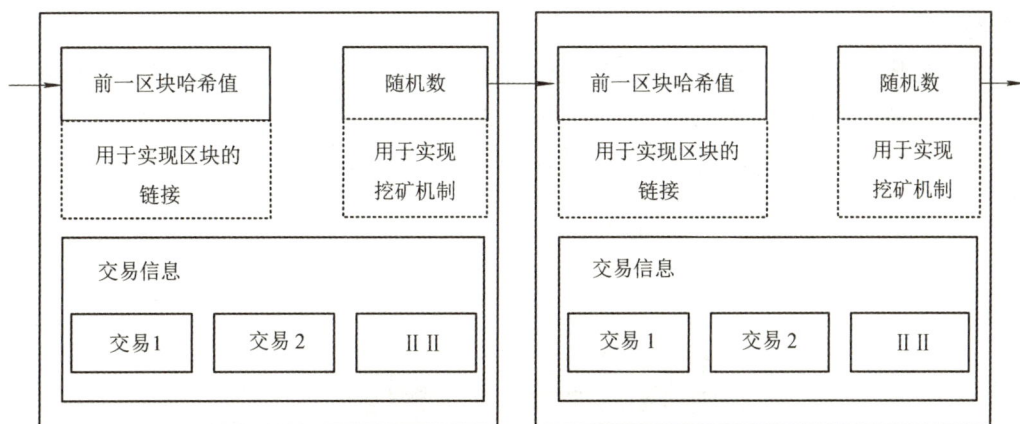

图 10-5　区块链的链接模型

若出现两个节点同时在当前区块主链上链接新的数据区块时，区块链会出现"分叉"现象，针对这一问题，系统约定在后续区块链接时，将通过计算和比较，将数据区块链接到长度最大的备选链上，形成新的主链，从而解决这一问题。

(3) 时间戳。时间戳是一个表示数据在特定时间已经存在的可验证的数据。区块链中每个数据区块头都需要加盖时间戳，来记录区块的写入时间，保证每个区块按顺序依次链接，后一个区块的时间戳可以对前一个区块的时间戳进行增强。

时间戳在区块链中的应用意义重大，用时间戳的方式表达文件创建的先后顺序，在文件创建后，其时间戳不能改动，这就使得文件被篡改的可能性为零，同时也为区块链应用于时间敏感的领域奠定了基础。

(4) Merkle 树。Merkle 树是数据结构中的一种树，可以是二叉树，也可以是多叉树，它具有树结构的所有特点。区块链中利用 Merkle 树实现信息快速方便的完整性验证。

Merkle 哈希树是一类基于哈希值的二叉树或多叉树，其中叶子节点存储数据块的哈希值，非叶子节点则存储该节点对应的所有叶子节点计算所得的哈希值。如图 10-6 所示为一个 Merkle 哈希二叉树。

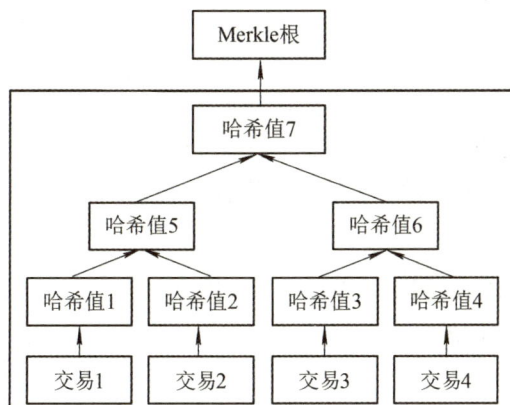

图 10-6　Merkle 哈希二叉树示意图

Merkle 二叉树会将区块链中的数据分组进行哈希运算，向上不断递归运算产生新的哈希节点，除底层哈希节点外，其余哈希节点都包含两个相邻的哈希值。Merkle 二叉树的根保存在区块头中，其余部分保存在区块体中。

Merkle 树使得区块头只需包含该区块记录的所有交易经过不断递归运算最终形成的哈希值，而不是全部的交易数据；同时使得节点在不了解整个区块的情况下，对是否包含某一交易进行验证，从而极大地提高了区块链的运行效率。

3. 网络层

网络层封装了区块链的组网方式、消息传播协议、数据验证机制等要素。网络层的设计是为了保证区块链中各个节点间的通信，通过特定的协议和机制，使得每个节点都能参与记账、数据校验等。同时保证数据区块是经过大部分节点验证后才记入区块链中的。

(1) P2P 网络。P2P 网络是一种不需要中心服务器，而是依靠节点间沟通的体系，如图 10-7 所示，网络中的每个节点地位平等，可产生信息，也可接收信息，每个节点都承担网络路由、数据验证等功能。

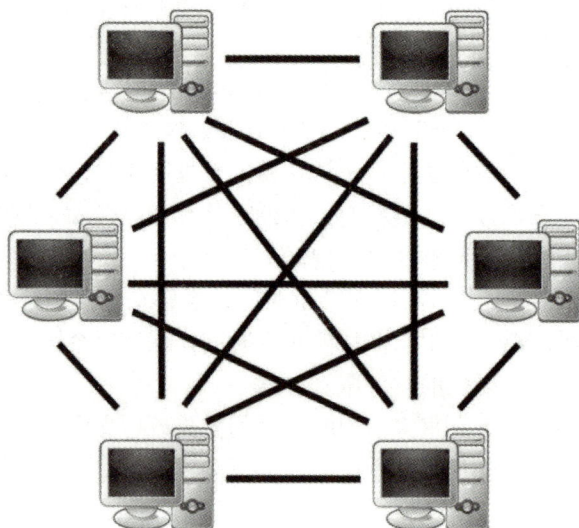

图 10-7　P2P 网络示意图

(2) 传播机制。信息的传播机制有多种方案和技术，此处区块链网络交易的公布方式是广播。在区块链网络中，有两种广播机制：交易广播和区块构造广播。

交易广播是指生成交易的节点将交易信息传播给相邻节点，相邻节点验证后继续传播给其他节点，通过节点间的相互传播，使得交易信息快速被网络中的所有节点接收，若多数节点 (51%以上) 接收验证通过，则交易得到确认。

区块的生成需要一个正确的随机数，区块构造广播是指找到正确随机数后对其进行广播，其他节点进行验证，若大部分节点验证通过，则确认记账权，生成新区块。

(3) 验证机制。数据验证机制指节点通过对广播的交易信息和区块进行验证的过程。

4. 共识层

该层封装了各种共识算法，例如 PoW、PoS、DPoS 等。区块链架构是一个分布式的架构，区块链共识技术的优势之一是在去中心化的系统中使节点间对区块数据的有效性保持一致。

5. 激励层

激励层一般由发行机制和分配机制构成，其主要功能是将经济因素集成到区块链技术体系中，区块链的运行与安全性依靠众多节点的参与，激励层的目的是提供一定的激励措施鼓励节点参与区块链的日常运作以及共识验证工作。如数字货币等区块链一般会把特定数量的货币奖励给区块创建者。

6. 合约层

合约层是区块链 2.0 新出现的拓展架构，但却是区块链延伸各种应用功能的必要支撑，合约层的出现极大地提升了区块链的可拓展性。作为区块链 2.0 的重要标志，合约层封装区块链系统的各类脚本代码、算法以及由此生成的更为复杂的智能合约。

智能合约是一种旨在以信息化的方式传播、验证或执行合同的计算机协议。其实质就是嵌入区块链的控制代码，在合约达到约束条件后自动执行合约条款，无须人工干预。

合约虚拟机是区块链中智能合约的运行基础，为合约代码提供了沙盒式的执行环境。合约虚拟机本身一般不存储到区块链上，而是与区块链并行存储到各个节点计算机中。每个校验节点都会运行合约虚拟机，并将其作为区块有效性校验协议的一部分。

7. 应用层

应用层也是区块链的业务层，封装了区块链的各种功能业务与各个行业的应用场景，包括可编程货币、可编程金融、可编程社会等。该层是在区块链 3.0 时期发展最快的区块链架构，其涵盖的应用场景不再仅限于数字货币和金融领域，区块链在医疗、科学、政府、工业等领域都迎来了重大的发展机遇。

在进入区块链 3.0 后，区块链的应用层便不再仅限于货币交易应用，更多的在于信息的数字化、管理的数字化、资产的数字化，在于应用模式的全方位变化。

任务实施

(1) 将"第 10 章 \ 任务 10.2　区块链关键技术 \ 素材 \ blockchain-demo 工程"导入 eclipse 开发环境。

(2) 查看 Block.java 中定义的示例区块结构，如图 10-8 所示。

```java
package com.blockchain.demo;

import java.util.Date;

public class Block {
    private int version = 1;
    public String rootHash;
    public String previousHash;
    private String data; //our data will be a simple message.
    private long timeStamp; //as number of milliseconds since 1/1/1970.
    private int nonce;

    //Block Constructor.
    public Block(String data,String previousHash ) {
        this.data = data;
        this.previousHash = previousHash;
        this.timeStamp = new Date().getTime();
        this.rootHash = calculateHash(); //Making sure we do this after we set the other values.
    }
```

图 10-8　区块定义代码示例

(3) 运行 blockchain-demo 工程，结果如图 10-9 所示，可以看到前 3 个初始区块的创建内容输出示例。

```
 module-info.java    Block.java    Sha.java    BlockchainTest.java ⊠
1 package com.blockchain.demo;
2⊕import java.util.ArrayList;
3
4 import com.google.gson.GsonBuilder;
5
6 public class BlockchainTest {
7
8     public static int difficulty = 5; //used by mining
9     static final ArrayList<Block> myblockchain = new ArrayList<Block>();
10
11⊕    public static void main(String[] args) {
12
13 //        Block genesisBlock = new Block("Hi, I am the first block", "0");
14 //        System.out.println("Hash for block 1 : " + genesisBlock.rootHash);
15 //
16 //        Block secondBlock = new Block("Hi, I am the second block", genesisBlock.rootHash);
17 //        System.out.println("Hash for block 2 : " + secondBlock.rootHash);
18 //
19 //        Block thirdBlock = new Block("Hey, I am the third block", secondBlock.rootHash);
20 //        System.out.println("Hash for block 3 : " + thirdBlock.rootHash);
21
22         //add our blocks to the myblockchain ArrayList:
23         myblockchain.add(new Block("Hi, I am the first block", "0"));
24         myblockchain.add(new Block("Hi, I am the second block",myblockchain.get(myblockchain.size()-1).rootHash));
25         myblockchain.add(new Block("Hey, I am the third block",myblockchain.get(myblockchain.size()-1).rootHash));
26
27         String blockchainJson = new GsonBuilder().setPrettyPrinting().create().toJson(myblockchain);
28         System.out.println("\nThe block chain: ");
```

⊟ Console ⊠ Problems ⊟ Debug Shell
<terminated> BlockchainTest [Java Application] C:\Users\huawei\.p2\pool\plugins\org.eclipse.justj.openjdk.hotspot.jre.full.win32.x86_64_16.0.1.v20210528-1205\jre\

```
The block chain:
[
  {
    "version": 1,
    "rootHash": "890a31cfc2e0e13cd19cc42c069f698b2d5897642b414b8761446e510ce081fe",
    "previousHash": "0",
    "data": "Hi, I am the first block",
    "timeStamp": 1623906158489,
    "nonce": 0
  },
  {
    "version": 1,
    "rootHash": "eaa242297b07dc6b07bdfbc0aea76d55ffa4fe328ef881cbf38caf80c5641e13",
    "previousHash": "890a31cfc2e0e13cd19cc42c069f698b2d5897642b414b8761446e510ce081fe",
    "data": "Hi, I am the second block",
    "timeStamp": 1623906158523,
    "nonce": 0
  },
  {
    "version": 1,
    "rootHash": "53a2a4017f2fa56af4548c79dfe5070cf2944dc3681ca1d551829eea99386e27",
    "previousHash": "eaa242297b07dc6b07bdfbc0aea76d55ffa4fe328ef881cbf38caf80c5641e13",
    "data": "Hey, I am the third block",
    "timeStamp": 1623906158523,
    "nonce": 0
  }
]
```

图 10-9　区块创建内容示例

10.2.2　密码学技术

区块链能够构筑安全、可信的存储与交易网络的核心就是密码学技术。在区块链系统中，使用了哈希函数、公钥密码技术等密码学技术。

◉ 相关知识

1. 哈希函数

哈希函数是实现区块链完整性保护的主要工具，区块链系统中至少包含 2 个层级的完整性保护。首先，一组账本的全局状态由 Merkle 树所保护，其根哈希存储于区块中。这组数据内任意信息改变都可能导致一个新的根哈希值，从而导致整个区块哈希值的改变。其次，通过使用哈希指针，区块的历史能够得到保护，区块一旦添加到区块链中，其内容就不可改变。

哈希函数也称散列函数，是一种单向密码体制，即一个明文到密文的不可逆映射。哈希函数能够将任意长度的输入映射成固定长度的输出，即哈希值 (散列值)。

若用 $h = H(m)$ 表示哈希函数的表达式，其中 H 指哈希函数，m 指任意长度的明文，h 则是对应哈希函数 H 的哈希值。哈希函数对于不同的输入可以获得不同的哈希值，如果对于不同的输入获得了相同的哈希值，则称为哈希碰撞。表 10-1 给出了几种常用哈希函数对明文 m = "1110" 及明文 m = "1111" 运算的结果。

表 10-1　几种常用哈希函数运算示例对比

H	$h = H(1110)$	$h = H(1111)$	h 长度 /B
SHA-1	533958a2148aa8a3466fa3a8340d51e28294f41d	011c945f30ce2cbafc452f39840f025693339c42	20
SHA-256	055f78940c07630352676197ab7c3ed8d5bb204d406e5c6ff101f870bc9b7dd7	0ffe1abd1a08215353c233d6e009613e95eec4253832a761af28ff37ac5a150c	32
SHA-384	98567311267b4ed8f458d42478de4d9870d05d61504d32de70fee11ac0faaf47e692106b5f6289e003c4cc3aaf0fa3f9	7318735a5559d423f7706bbb8b6f10a610cb1b74b308a0e17849ace4bb3a34db34b3b126aa3a8d73b117f98be0e4af67	48
SHA-512	3cd247d38a712ae754cf58787db34da6304a8826e41d582b7cec981dda7f6a7444e08cb02f85f600d5def36cd472ff7ac790304a78a26e0608443f2baf173e97	33275a8aa48ea918bd53a9181aa975f15ab0d0645398f5918a006d08675c1cb27d5c645dbd084eee56e675e25ba4019f2ecea37ca9e2995b49fcb12c096a032e	64
RipeMD-160	15f69288d06df24a97d19a612cdb0882847b68a8	3ae2b25dc4fcc262c399c0b6c8247a6c2a8be7f0	20

通常，哈希函数具有以下特点：

(1) 单向性：对于给定的哈希值 h，要找到 m' 使得 $h = H(m')$ 计算上是不可行的。

(2) 易压缩：对于任意大小的输入 m，哈希值 h 的长度都是很小且固定的长度。

(3) 高灵敏：每一位输入的变化，都会引起输出值巨大的变化。

(4) 抗碰撞：哈希函数的抗碰撞性是寻找两个不同的、能够产生碰撞的消息在计算上是不可行的。

区块链技术使用的是双 SHA-256 哈希函数，它将任意长度的原始数据经过两次 SHA-256 哈希运算后转换为 32 B 的二进制数字统一存储和识别。

SHA-256 哈希函数需经过补位、增加长度、取常量、迭代计算等几个运算步骤：

(1) 将长度为 K 比特的消息补位直到满足要求，即需要补位后的长度对 512 取余后的余数为 448(即 512 – 64)。即使消息长度 K 刚好满足要求，也要进行一次补位操作。补位的规则很简单，第一位补 "1"，然后补 "0"，直到长度满足要求。

(2) 完成补位操作后，需要再添加 64 bit 的长度信息 (若消息长度 $K > 2^{64}$，则对消息长度设为取模 2^{64} 后的值)，这就是为什么第一步补位需要余数为 448。

(3) 将完成补位和添加长度信息的消息分为 512 bit 的数据块。

(4) SHA-256 使用自然数中的前 8 个质数 (2，3，5，7，11，13，17，19) 的平方根的小数部分二进制表示的前 32 位作为初始化常量，参与运算。

(5) 进行迭代运算，最终经过 64 步迭代运算后，产生 256 bit 的哈希值。

SHA-256 运算的流程示意图如图 10-10 所示。

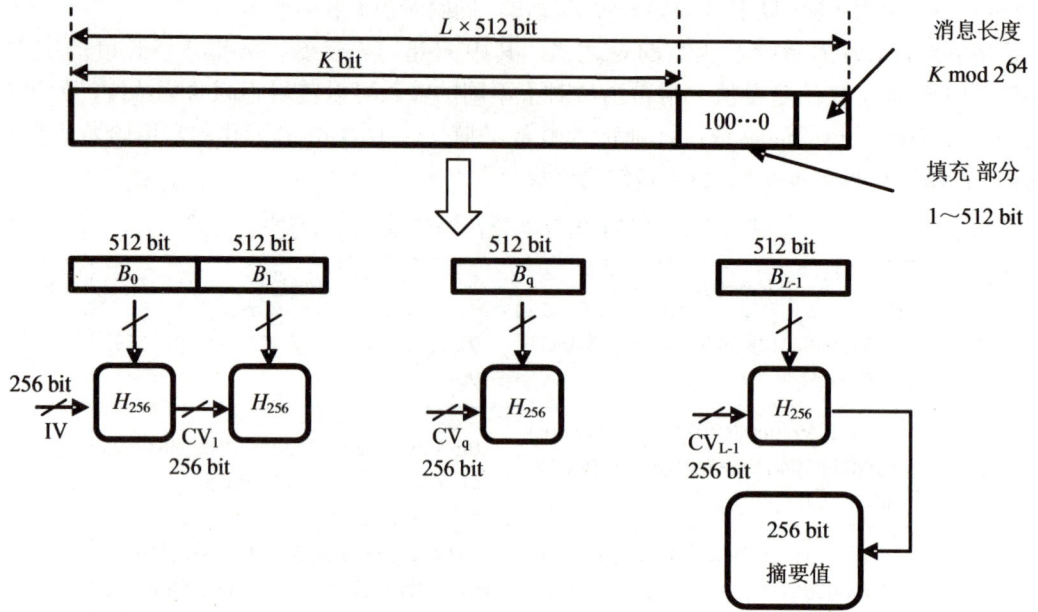

图 10-10　SHA-256 运算流程示意图

·说明·

以比特币系统为例，使用了两个密码学哈希函数：SHA-256 和 RipeMD-160。SHA-256 哈希函数主要用于加密交易区块的构造，在比特币地址的生成过程中也用到了 SHA-256，同时 PoW 的共识机制也是基于寻找给定前缀的 SHA-256 哈希值。RipeMD-160 哈希函数主要用于生成比特币地址。

2. 公钥密码技术

公钥密码技术也称双密钥密码技术或非对称密码技术（非对称密码技术是一种信息安全技术，非对称加密是利用非对称密码技术对消息进行加密运算）。该技术使用两个不同的密钥，即公钥和私钥。公钥指公开的密钥，私钥指非公开、私有的密钥。通常情况下，发送者通过公钥对信息进行加密，接收方通过私钥对收到的信息进行解密。非对称密码技术的模型如图 10-11 所示。

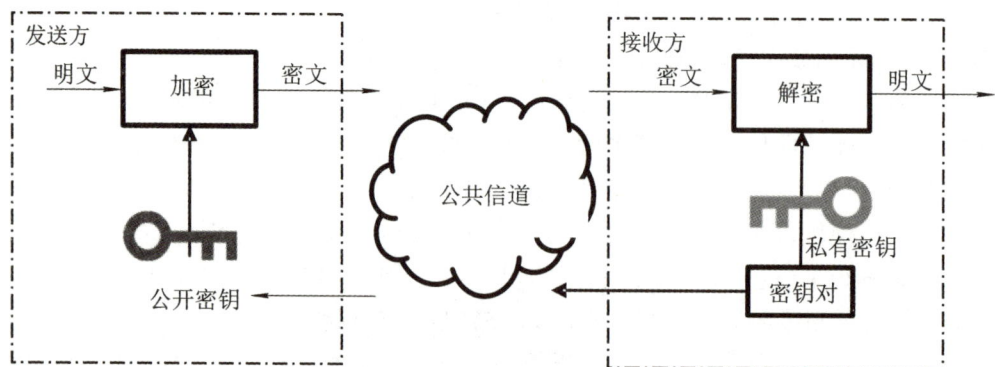

图 10-11　非对称密码技术模型

信息发送前，发送方首先获取接收方的加密密钥，加密时使用该密钥将明文加密成密文，加密密钥即公钥；解密时接收方使用解密密钥对密文进行处理，还原明文，解密密钥即私钥。

非对称密码技术的通信安全性取决于私钥的保密性。

常见的公钥密码技术包括基于大整数因子分解问题的 RSA 密码、基于有限域上的离散对数问题的 ElGamal 密码、基于椭圆曲线上的离散对数问题的 ECC 密码等。

SM2 椭圆曲线公钥密码技术是我国自主设计的公钥密码技术，SM2 与 RSA 不同的是，SM2 是基于椭圆曲线上的点群离散对数难题，相对于 RSA，256 位的 SM2 密码强度比 2048 位的 RSA 密码强度要高。

3. 数字签名技术

数字签名也称为电子签名，通常采用公钥密码技术实现类似物理签名的效果，用于对数字消息进行签名，以防消息的冒名伪造或篡改，也可以用于通信双方的身份鉴别。目前已经有包括中国、欧盟、美国等在内的很多国家和地区认可数字签名的法律效力。

数字签名一般由两部分组成，即签名算法和验证算法。

签名算法的流程如下：

(1) 签名者 A 对原始数据通过哈希运算计算数字摘要，使用非对称密钥对中的私钥对数字摘要进行加密，这个加密后的数据就是数字签名。

(2) 数字签名与 A 的原始数据一起发送给验证签名的任何一方。

验证算法的过程如下：

(1) 签名的验证方一定要持有发送方 A 的非对称密钥对中的公钥。

(2) 在接收到数字签名与 A 的原始数据后，首先使用公钥对数字签名进行解密，得到原始摘要值。

(3) 对 A 的原始数据通过同样的哈希函数计算摘要值，进而比较解密得到的摘要值与重新计算的摘要值是否相同。如果相同，则签名验证通过；否则，验证失败。

A 的公钥可以解密数字签名，保证了原始数据确实来自 A；解密后的摘要值与原始数据重新计算得到的摘要值相同，保证了原始数据在传输过程中未经过篡改。签名和验证的过程如图 10-12 所示。

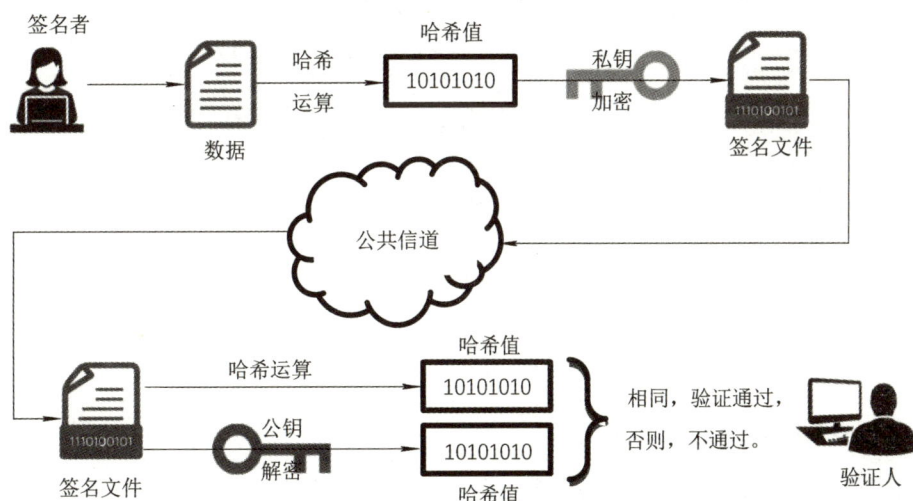

图 10-12　签名和验证过程示意图

区块链中，用户使用公钥对信息进行加密，只有对应的私钥才能进行解密，其中私钥由用户选取，并产生相应的公钥，公钥记录在对应区块的地址上。此外，用户还可以使用私钥对自己的交易信息进行数字签名，保证消息传输的完整性，其他用户可以使用公钥对消息的签名进行验证。区块链中使用的公钥密码技术是椭圆曲线密码技术。

✍ ◎ 任务实施

(1) 在 eclipse 中打开"第 10 章 \ 任务 10.2　区块链关键技术 \ 素材 \ blockchain-demo 工程"。

(2) 查看 Sha.java 中定义 SHA-256 的调用示例，如图 10-13 所示。

```java
   module-info.java     Block.java     Sha.java ⊠    BlockchainTest.java
 1 package com.blockchain.demo;
 2 import java.security.MessageDigest;
 3 public class Sha {
 4     //Applies Sha256 to a string and returns the result.
 5     public static String applySha256(String input){
 6         try {
 7             MessageDigest digest = MessageDigest.getInstance("SHA-256");
 8             //Applies sha256 to our input,
 9             byte[] hash = digest.digest(input.getBytes("UTF-8"));
10             StringBuffer hexString = new StringBuffer(); // This will contain hash as hexidecimal
11             for (int i = 0; i < hash.length; i++) {
12                 String hex = Integer.toHexString(0xff & hash[i]);
13                 if(hex.length() == 1) hexString.append('0');
14                 hexString.append(hex);
15             }
16             return hexString.toString();
17         }
18         catch(Exception e) {
19             throw new RuntimeException(e);
20         }
21     }
22 }
23
```

图 10-13　SHA-256 算法调用示例

(3) 运行如图 10-14 所示的 main 函数，查看每个区块 SHA-256 的计算输出。

```java
   module-info.java     Block.java     Sha.java     BlockchainTest.java ⊠
 7
 8     public static int difficulty = 5; //used by mining
 9     static final ArrayList<Block> myblockchain = new ArrayList<Block>();
10
11     public static void main(String[] args) {
12
13         Block genesisBlock = new Block("Hi, I am the first block", "0");
14         System.out.println("Hash for block 1 : " + genesisBlock.rootHash);
15
16         Block secondBlock = new Block("Hi, I am the second block", genesisBlock.rootHash);
17         System.out.println("Hash for block 2 : " + secondBlock.rootHash);
18
19         Block thirdBlock = new Block("Hey, I am the third block", secondBlock.rootHash);
20         System.out.println("Hash for block 3 : " + thirdBlock.rootHash);
21
22         //add our blocks to the myblockchain ArrayList:
23 //      myblockchain.add(new Block("Hi, I am the first block", "0"));
24 //      myblockchain.add(new Block("Hi, I am the second block",myblockchain.get(myblockchain.size()-1).rootHash));
25 //      myblockchain.add(new Block("Hey, I am the third block",myblockchain.get(myblockchain.size()-1).rootHash));
26 //
27 //      String blockchainJson = new GsonBuilder().setPrettyPrinting().create().toJson(myblockchain);
28 //      System.out.println("\nThe block chain: ");
29 //      System.out.println(blockchainJson);
30
31         //add our blocks to the myblockchain ArrayList:
32 //      myblockchain.add(new Block("Hi, I am the first block", "0"));
33 //      System.out.println("Trying to Mine block 1... ");
34 //      myblockchain.get(0).mineBlock(difficulty);
        <
   Console ⊠    Problems    Debug Shell
<terminated> BlockchainTest [Java Application] C:\Users\huawei\.p2\pool\plugins\org.eclipse.justj.openjdk.hotspot.jre.full.win32.x86_64_16.0.1.v20210528-120
Hash for block 1 : 4e2aed90a8693312f0e5d9e0f67330024777bf3948b070f0aba162d3613e6a2a
Hash for block 2 : a60527f881d32d345d7c5cf891641547b7615331ebd40d6b95ba5bf92e3a3e49
Hash for block 3 : dc0db7032410f2fa6d5a13be1c003181b80f2ab5d4cd946a136fdcfeb2ad942f
```

图 10-14　SHA-256 算法运算结果示例

10.2.3　共识机制

区块链的关键特征就是去中心化，但是分布式系统由于缺乏权威的中心化代理，其信息的可信度和准确性会面临一定的质疑。在传统中心化系统中，因为有权威的中心节点背书，所以可以以中心节点记录的数据为准，其他节点仅简单复制中心节点的数据即可，很容易达成共识。然而，在区块链去中心化的系统中，如何保证所有节点都记录一份相同的正确数据，即达成共识，是一个十分关键的问题，它关系着整个区块链系统的正确性和安全性。

相关知识

1. PoW 共识机制

区块链系统中每个加入系统的节点都要保存一份完整的账本，但每个节点却不能同时记账，因为节点处于不同的环境，接收到不同的信息，如果同时记账，则必然会导致账本的不一致，造成混乱。因此，需要一种信任基础，也就是共识机制来确定有权记账的节点。

以比特币为例，它的信任基础并不依赖于中心化货币发行机构，而是依赖于"工作量证明"(Proof of Work，PoW) 这种共识机制。PoW 的共识形成过程就是俗称的"挖矿"，每个参与竞争记账权的节点称为"矿工"，"挖矿"的过程就是各个"矿工"通过计算资源来竞争同一个可动态变化和调整难度的数学问题，并且成功解决该数学问题的"矿工"将获得区块链的记账权以及比特币系统预设的激励，同时在当前时间段的所有比特币交易记录被打包存储在这个新区块上，并按照时间顺序将其链接到链上。

简单地说，工作量证明机制就是节点使用算力资源多少的证明。参与挖矿的节点耗费算力越多，获取记账权的概率就越大，即根据节点的工作量分配记账权。

PoW 共识机制挖矿就是通过算力资源，计算出一个符合规则的随机数，即可获取记账权。

· 说明 ·

以比特币为例，在比特币的挖矿过程中，矿工需要不断调整 Nonce 值，对区块头数据做双重 SHA-256 哈希运算，使得结果满足给定数量前导 0 的哈希值。其中前导 0 的个数，决定了挖矿难度，前导 0 的个数越多，挖矿难度就越大，在每创建 2016 个区块后将计算新的难度，此后的 2016 个区块将使用新的难度。

工作量证明的最大的优点体现在协议的相对公平性和安全性，节点挖出新区块获得记账权以及预设奖励的概率与其算力占全网总算力的百分比具有一致性；相应的，攻击者的算力需要占据全网 50% 以上的算力，才能在与全网其他诚实节点的竞争中取得成功，从而实施攻击，工作量证明在一定程度上增加了攻击的困难性。

然而随着时间的推移，PoW 共识机制的缺陷也逐渐体现出来。资源消耗巨大是 PoW 共识机制最显著的缺点，算力是由计算机硬件提供的，从初期的 CPU 到如今的专用矿机，消耗的电力资源庞大，而且由于节点还需要一定的时间付出算力资源以作为工作量证明，完成特定随机数的计算才能成功创建区块，同时需要得到其他节点的验证，因此降低了区块链系统的效率，无法做到交易数据的实时确认。

除此之外，PoW 共识机制不适合私有链和联盟链。这是因为，一方面 PoW 算法是一个最终一致性共识算法，而不是一个强一致性共识算法，企业应用需要有强一致性的共识算法来保证交易的正确性，而不能依靠概率来决定；另一个方面是其共识效率低，提升共识效率又会牺牲共识协议的安全性。

2. PoS 共识机制

为了弥补 PoW 共识机制的能耗问题，不需要耗费大量算力资源的权益证明机制 (Proof of

Stake，PoS) 也成为区块链技术中的主流共识机制之一。

PoS 共识机制实质上是要求用户证明自己拥有一定数量的数字货币的所有权，也就是"权益"。PoS 共识机制与 PoW 共识机制相比而言，它并不需要大量的算力就可以创建新区块，减少了大量算力资源的耗费，但只有拥有一定数量数字货币的用户才能参与创建区块。在实施权益证明机制的数字货币中，创建区块的过程由于不需要耗费大量算力，因此一般不称为"挖矿"，而称为"铸币"。

PoS 共识机制中还引入了"币龄"的概念。币龄在区块链发展早期是用于区分比特币交易的优先级，但并没有在比特币安全模型中承担关键作用。币龄是指货币数量与货币持有时间的乘积。如 Alice 向 Bob 发送了 55 个货币，Bob 持有了这些货币 5 天的时间，则 Bob 收集到 $5 \times 55 = 275$ 的币龄；如果 Bob 随后花费了这些货币，则系统会认定 Bob 收集到的币龄已被"消费"。此时，根据 PoS 共识机制，Bob 创建新区块的能力也就归零了。显然，权益证明的理念是新区块的创建应该由具有经济权益的用户决定。

PoS 共识机制是应用较为广泛的新型共识机制之一，与 PoW 共识机制相比，它具有以下优势：

(1) PoS 共识技术使 PoW 共识机制算力资源的浪费问题有所缓解。在工作量证明系统中生成区块的概率和矿工工作量成正比，而在权益证明系统中，区块生成的概率和币龄成正比，因此用户不需要耗费大量的算力资源来抢夺铸币权，矿工们也不再需要消耗大量资源进行算力竞赛。

(2) 由于掌握大量货币成了攻击者实施成功攻击的必要条件，攻击者对货币系统的攻击代价大大提高，攻击持续的难度也有所增加，如果在一个规模庞大的数字货币系统中，其攻击成功的可能性是非常低的。

(3) 因为货币所有者和利益相关人一般持有大量数字货币，他们会更倾向于维护区块链数字货币系统的安全，一旦基于 PoS 共识机制的区块链遭到攻击，货币系统遭到破坏，他们将遭受严重的经济损失。

但 PoS 共识机制也存在一定的缺陷：

(1) 初始币的分发。基于权益证明机制的加密货币一般使用以下两种方式对初始币进行分发：一种是初期借用 PoW 机制进行挖矿，待货币系统稳定后使用 PoS 机制进行系统维护；另一种是采用首次公开募股 (Initial Public Offerings，IPO) 的方式，但是采用 IPO 的方式发行货币会使货币集中在开发者和少数人手中，使得货币系统缺乏信任基础。

(2) 囤币行为的自发形成。在基于 PoS 机制的区块链中币权交易通过销毁币龄来生成区块和获得利息，但被打包进区块的其他普通交易的币龄也会因此被重置为零，这些币龄并不会为货币持有者带来收益，因此用户会更倾向于囤积货币，降低上线频率，导致区块链系统交易活跃性下降，同时掌握大量货币的用户可能会直接垄断记账权。

3. DPoS 共识机制

授权股权证明机制 (Delegated Proof of Stake，DPOS) 是一种综合完善 PoW 共识机制和 PoS 共识机制的新型共识算法。

授权股权证明机制最主要的特点是引入了见证人 (Delegated) 的概念。新的区块不再是由区块链系统根据算法选定的，而是由权益随机投票选出的 N 名见证人。

每个持有数字货币的用户相当于拥有一个选票的选民，最终得票前 N 位的见证人即担当代表，代表的数目 N 为至少有 50% 的节点认为已经充分去中心化的数量。见证人的候选名单每个维护周期（一般为 1 天）更新一次。见证人然后随机排列，每个见证人按序有 2 秒的权限时间生成区块，若见证人在给定的时间片不能生成区块，则区块生成权限交给下一个时间片对应的见证人。DPoS 的这种设计使得区块的生成更为快速，也更加节能。

选出的代表拥有提出改变网络参数的特权，包括交易费用、区块大小、见证人费用和区块区间。若大多数代表同意所提出的改变，则用户有两周的审查期，这期间可以罢免代表并废止所提出的改变。这一设计确保在技术上没有直接修改参数的权利以及所有的网络参数的改变最终需要得到持股人的同意。

DPoS 共识机制实质上是一种代议制共识，通过投票机制将所有用户的权力集中到了少数人手中，形成一种有约束的中心化，这种中心化会大大加快交易的确认速度，确认时间缩短到秒级。但与中心化系统的弊端类似，记账权利一旦集中，就不得不提防获得代表权的用户是否会为了自身利益而损害系统的公平公正，这就降低了信任基础。

任务实施

(1) 在 eclipse 中打开"第 10 章 \ 任务 10.2　区块链关键技术 \ 素材 \ blockchain-demo 工程"。

(2) 查看 Block.java 中定义的 mineBlock 函数，该函数属于 PoW 共识的一个挖矿示例，根据定义的哈希值前导 0 值个数，进行挖矿，如图 10-15 所示。

```java
31
32    public void mineBlock(int difficulty) {
33        String target = new String(new char[difficulty]).replace('\0', '0'); //Create a string with difficulty * "0"
34        while(!rootHash.substring( 0, difficulty).equals(target)) {
35            nonce ++;
36            rootHash = calculateHash();
37        }
38        System.out.println("Block Mined!!! : " + rootHash);
39    }
40 }
41
```

图 10-15　挖矿示例

(3) 运行如图 10-16 所示的 main 函数，查看挖矿的示例结果，如图 10-17 所示。

```java
⧉ module-info.java    ⧉ Block.java    ⧉ Sha.java    ⧉ BlockchainTest.java ⊠
5
6  public class BlockchainTest {
7
8      public static int difficulty = 5; //used by mining
9      static final ArrayList<Block> myblockchain = new ArrayList<Block>();
10
11     public static void main(String[] args) {
12
13 //        Block genesisBlock = new Block("Hi, I am the first block", "0");
14 //        System.out.println("Hash for block 1 : " + genesisBlock.rootHash);
15 //
16 //        Block secondBlock = new Block("Hi, I am the second block", genesisBlock.rootHash);
17 //        System.out.println("Hash for block 2 : " + secondBlock.rootHash);
18 //
19 //        Block thirdBlock = new Block("Hey, I am the third block", secondBlock.rootHash);
20 //        System.out.println("Hash for block 3 : " + thirdBlock.rootHash);
21
22         //add our blocks to the myblockchain ArrayList:
23 //        myblockchain.add(new Block("Hi, I am the first block", "0"));
24 //        myblockchain.add(new Block("Hi, I am the second block",myblockchain.get(myblockchain.size()-1).rootHash));
25 //        myblockchain.add(new Block("Hey, I am the third block",myblockchain.get(myblockchain.size()-1).rootHash));
26 //
27 //        String blockchainJson = new GsonBuilder().setPrettyPrinting().create().toJson(myblockchain);
28 //        System.out.println("\nThe block chain: ");
29 //        System.out.println(blockchainJson);
30
31         //add our blocks to the myblockchain ArrayList:
32         myblockchain.add(new Block("Hi, I am the first block", "0"));
33         System.out.println("Trying to Mine block 1... ");
34         myblockchain.get(0).mineBlock(difficulty);
35
36         myblockchain.add(new Block("Hi, I am the second block",myblockchain.get(myblockchain.size()-1).rootHash));
37         System.out.println("Trying to Mine block 1... ");
38         myblockchain.get(1).mineBlock(difficulty);
39
40         myblockchain.add(new Block("Hey, I am the third block",myblockchain.get(myblockchain.size()-1).rootHash));
41         System.out.println("Trying to Mine block 1... ");
42         myblockchain.get(2).mineBlock(difficulty);
43
44         String blockchainJson = new GsonBuilder().setPrettyPrinting().create().toJson(myblockchain);
45         System.out.println("\nThe block chain: ");
46         System.out.println(blockchainJson);
47     }
48 }
49
```

图 10-16　main 函数示例

```
Console ✕   Problems   Debug Shell
<terminated> BlockchainTest [Java Application] C:\Users\huawei\.p2\pool\plugins\org.eclipse.justj.openjdk.hotspot.jre.fu
Trying to Mine block 1...
Block Mined!!! : 00000ee8afb444a0b73667400c9613dc2c6849d21ee1e2be29e128b45f6237d8
Trying to Mine block 1...
Block Mined!!! : 00000ee4b79e5d603f3bd796c4439460e02b2725c697260b01af3c3c0a49350f
Trying to Mine block 1...
Block Mined!!! : 000001a27369d0a1ee0e5c7398655157a0a2d31b17d3d73f4486cd8112be9399

The block chain:
[
    {
      "version": 1,
      "rootHash": "00000ee8afb444a0b73667400c9613dc2c6849d21ee1e2be29e128b45f6237d8",
      "previousHash": "0",
      "data": "Hi, I am the first block",
      "timeStamp": 1623907055592,
      "nonce": 1070978
    },
    {
      "version": 1,
      "rootHash": "00000ee4b79e5d603f3bd796c4439460e02b2725c697260b01af3c3c0a49350f",
      "previousHash": "00000ee8afb444a0b73667400c9613dc2c6849d21ee1e2be29e128b45f6237d8",
      "data": "Hi, I am the second block",
      "timeStamp": 1623907057285,
      "nonce": 1591309
    },
    {
      "version": 1,
      "rootHash": "00000a27369d0a1ee0e5c7398655157a0a2d31b17d3d73f4486cd8112be9399",
      "previousHash": "00000ee4b79e5d603f3bd796c4439460e02b2725c697260b01af3c3c0a49350f",
      "data": "Hey, I am the third block",
      "timeStamp": 1623907059629,
      "nonce": 1714959
    }
]
```

图 10-17　挖矿结果示例

10.2.4　智能合约

智能合约 (Smart Contract) 是密码学家 Nick Szabo 于 1994 年提出的概念，最初它被定义为以数字形式定义的合约，其设计初衷是通过将智能合约内置到物理实体从而创造各种灵活可控的智能资产。当智能合约处于规定的条件或环境中时，智能合约就会被触发并自动执行相应的合约条款，在执行合约的过程中，任何参与者或机构都不能够随意修改或删除合约，也无法阻止智能合约的自动执行。

然而在传统的中心化体系下，由于中心化系统的高权限，存储于中心机构的智能合约可以被系统管理者随时修改或删除，导致智能合约在过去几乎没有实际利用价值。但是随着区块链技术的发展，智能合约在以太坊中得到很好的应用，推动了区块链 2.0 时代的开启。

相关知识

1. 智能合约的概念

智能合约作为区块链技术的核心架构之一，是一种可由事件驱动的、具有状态、运行在区块链系统上的计算机程序，以数字化方式传播、验证或执行合同，进而控制和管理区块链上的智能资产。

在区块链技术中，智能合约可以看作一种嵌入式程序，能够内置于数据区块中，形成可编程控制的数字化系统。在部署智能合约之前，会预先设定好与合约有关的所有条款的逻辑流程，当预先编程好的条件被触发时，智能合约便会自动执行相应的合同条款，用户与智能合约的交互行为都要严格遵守此前制定的逻辑流程，以防止出现违约行为。

智能合约与区块链同样具备分布式存储验证、不可篡改伪造等特性。签署合约的参与方需要就合约内容、违约条件、违约责任和外部核查数据源达成一致，必须对合约代码进行检查和测试，在确保无误后才能以智能合约的形式部署在区块链上，形成可不依赖任何信任中心机构的、自动化的、代表各签署方执行的合约。智能合约模型示意图如图 10-18 所示，其中各组成部分的定义如下：

(1) 合约参与方：执行智能合约的相关参与者。

(2) 合约资源集合：智能合约执行涉及的参与方资源，比如参与方各方账户、拥有的数字财产等。

(3) 自动状态机：智能合约下一步执行的关键，包括当前资源状态判断、下一步合约事务执行选择等。

(4) 合约事务集合：智能合约的下一步动作或行为集合，控制着合约资产并对接收到的外界信息进行回应。

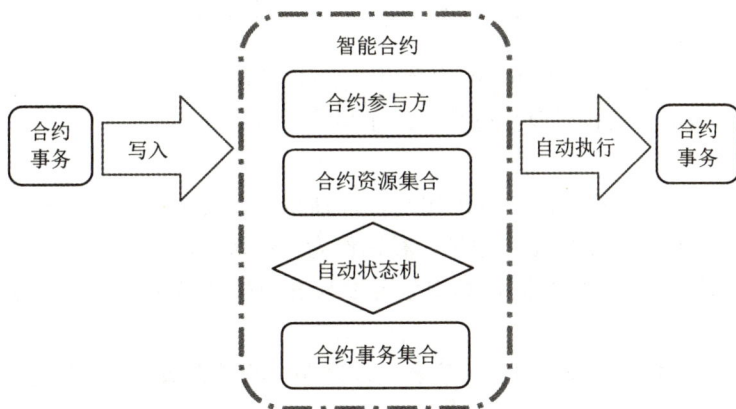

图 10-18　智能合约模型示意图

虽然从法律范畴上智能合约是不是一个真正意义上的合约还有待研究和确认，但在技术应用上，智能合约不仅为传统金融资产的发行、交易、创造和管理提供了创新性的解决方案，而且在社会系统中的监管执法、合同规范、资产管理等事务中也发挥了重要作用。

·说明·

可用银行账户的管理流程类比于智能合约的应用。在传统方式中，账户存款、取款等操作必须由中心化银行通过一定的流程进行授权完成，而智能合约能够完全代替中心化的银行职能，所有账户操作都已预先通过严密的逻辑运算制定，在操作执行时，只要正确地调用合约即可完成，无须银行参与。但智能合约一旦成功部署，就不会再受到人为的干预，从而无法随时修正智能合约设计中出现的漏洞，这也要求智能合约的编写者深入理解操作流程的各个细节，并进行合理设计。

2. 智能合约的运行机理

基于区块链的智能合约的运作主要是通过事务及事件处理和保存的机制，以及状态机完成。其中，事务主要指需要发送的数据，事件是对上述数据的描述信息，而状态机则用于接收和处理各种智能合约。事务及事件信息传入智能合约后，合约资源集合中的资源状态会被更新，进而触发智能合约进行状态机判断，当满足事件描述信息中包含的触发条件时，智能合约会根据条款输出预设的数据资源。智能合约的运行机理如图 10-19 所示。

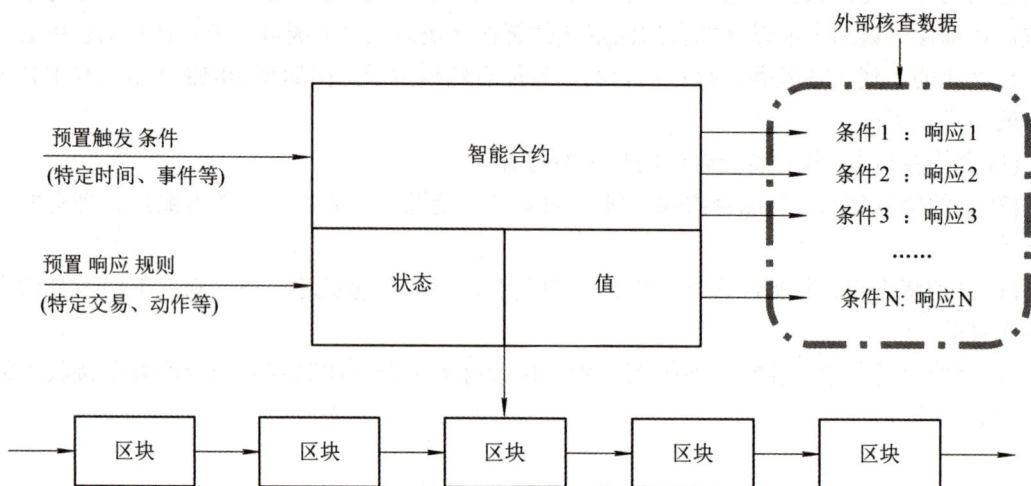

图 10-19　智能合约运行机理示意图

基于区块链的智能合约构建及执行分为三个步骤。

1) 合约制定

(1) 用户需要注册成为对应区块链的用户，注册成功后系统会返回一个公钥和一个私钥，其中公钥作为用户在区块链上的账户地址，私钥作为操作账户的标识。

(2) 参与用户根据需要商定合同，其中包含参与者的权利和义务，然后对该合同进行机器语言编程。

(3) 参与者还需分别用各自私钥进行签名，以确保合约的有效性，并发送到区块链系统中。

2) 合约传播

(1) 制定好的合约通过 P2P 网络发送至区块链中的每个节点，区块链中的验证节点会先存储收到的合约，等待新一轮的共识时间，触发对该份合约的共识和处理。

(2) 验证节点将这段共识时间内收集的所有智能合约打包成一个合约集合，并计算该合约集合的哈希值，之后将哈希值组装成一个区块结构向全网传播；在其他验证节点收到该区块结构后，将提取出合约集合的哈希值与自己存储的合约集合的哈希值进行比较，并发送其认可的合约集合。

(3) 通过一定轮次的比较和发送，所有的验证节点最终在规定的时间内对最新的合约集合达成一致。收到合约集合的节点，都会对每条合约的签名进行验证，验证通过的合约才会最终写入区块链中。最新达成的合约集合会以区块的形式传播，如图 10-20 所示。

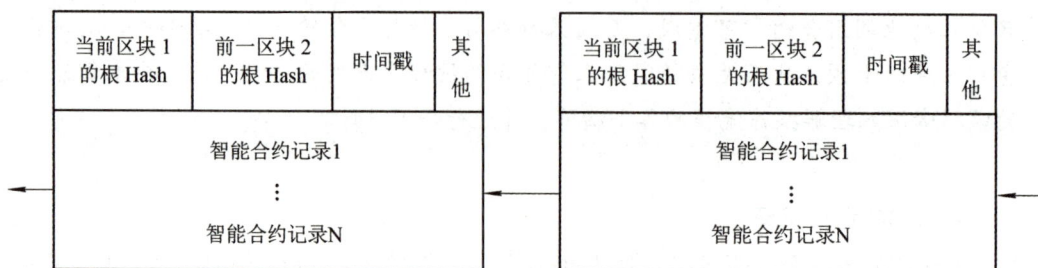

图 10-20　智能合约模型示意图

3) 自动执行

(1) 区块链系统会定期检查智能合约的状态，逐条遍历每个合约内包含的状态机、事务以及触发条件，然后将满足条件的事务推送到待验证的队列中，等待共识，未满足触发条件的事务将继续存放在区块链上。

(2) 推送至验证队列的事务也将传播到每个验证节点进行签名验证，确保事务的有效性；验证通过的事务会进入待共识集合，达成共识后，事务将会被成功执行并通知用户。

(3) 事务执行成功后，智能合约内含的状态机会判断所属合约的状态，当所属合约中所有的事务都顺序执行完成后，状态机将合约的状态标记为完成，并在最新生成的区块中移除该合约。

3. 智能合约的特点

智能合约的特点如下：

(1) 高效实时更新。由于智能合约的执行不需要人为的第三方权威或中心化代理服务器的参与，其能够在任何时候响应应用用户的请求，因此大大提升了交易运行的效率。

(2) 准确执行。智能合约的所有条款和执行过程是提前制定好的，并在计算机的绝对控制下进行。因此，所有执行的结果都准确无误，不会出现不可预料的结果。

(3) 较低的人为干预风险。在智能合约部署后，合约的所有内容都将无法修改，合约中的任何一方都不能干预合约的执行，也就是说任何合约人都不能为了自己的利益恶意毁约，即使发生毁约事件，事件的责任人也会受到相应的处罚，这种处罚也是在合约制定之初就已经决定好的，在合约生效之后无法更改。

(4) 去中心化权威。一般来说，智能合约不需要中心化的权威来仲裁合约是否按规定执行，合约的监督和仲裁都由计算机来完成。在区块链上的智能合约更具有这一特性，在一个区块链网络中一般不存在一个绝对的权威来监督合约的执行，而是由该网络中绝大部分的用户来判断合约是否按规定执行，这种大多数人监督的方式是由 PoW 或 PoS 技术来实现的。

(5) 较低的运行成本。正因为智能合约具有去人为干预的特点，其能够大大减少合约履行、裁决和强制执行所产生的人力成本，但要求合约制定人能够将合约的各个细节在合约建立之初就确定下来。

> · 说明 ·
>
> 虽然智能合约具有许多显著的优点，但也存在安全隐患。如智能合约本质上是一份程序代码，难免会有因为考虑不周导致出现的代码漏洞，由于智能合约在成功部署后的不可篡改性，因此智能合约存在严重的代码安全问题。

任务实施

Solidity 是目前智能合约较受欢迎的编程语言之一。在此我们利用 Solidity 代码编写一个简单的 HelloWorld 智能合约。

(1) 双击桌面上的 IE 浏览器或 Google 浏览器图标，打开浏览器窗口。

(2) 在浏览器地址栏中单击，输入地址信息 http://remix.ethereum.org，然后按回车键，进入 Remix，它是一个基于浏览器的 Solidity IDE，支持编写、测试和部署智能合约，如图 10-21 所示。

(3) 在 Remix 主页中单击【Workspaces】旁的按钮，打开创建工作项目页面，在输入框中输入项目名称"workspace_helloContract"，单击【OK】，如图 10-22 所示。

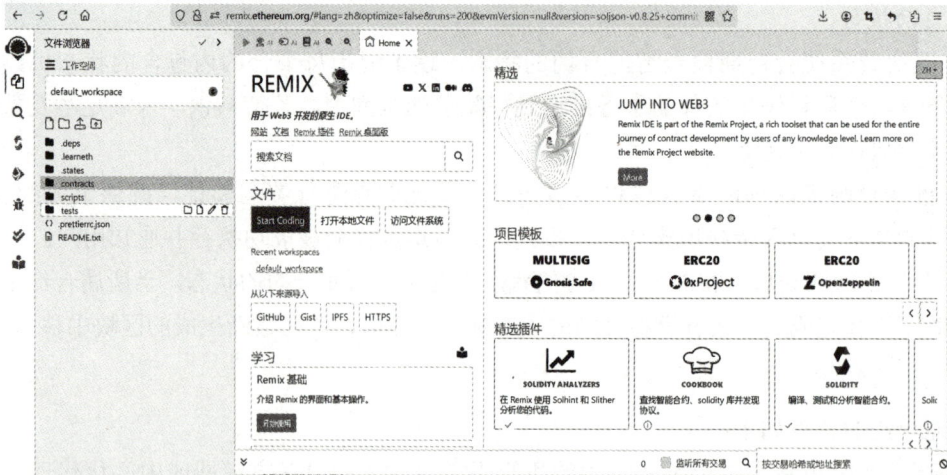

图 10-21　Remix 主页

(4) 单击【Workspaces】目录下的【contracts】文件夹，选中该文件夹 contracts，然后单击其上方的新建文件按钮 ，并输入新文件的名称"helloContract"，按回车键，效果如图 10-23 所示。

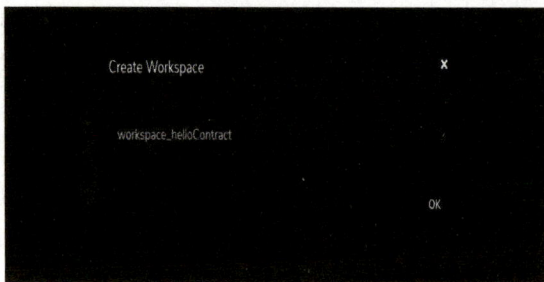

图 10-22　创建工作项目

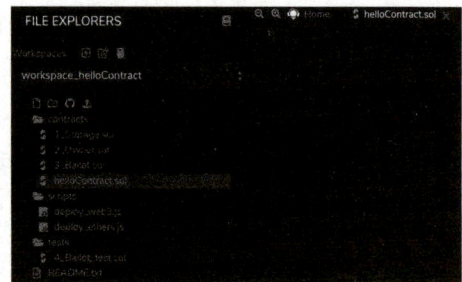

图 10-23　创建文件

(5) 在文件"helloContract"中输入如图 10-24 所示的示例代码。

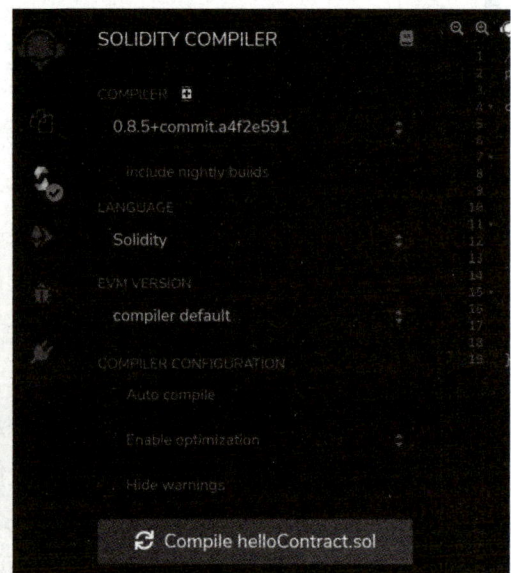

(6) 在页面左侧的工具按钮中单击【Solidity compiler】按钮 ，配置其中的编译器版本、语言、EVM(Ethereum Virtual Machine) 版本等信息，如图 10-25 所示，然后单击 Compile helloContract.sol，编译 helloWorld 智能合约。

图 10-24　示例代码

图 10-25　编译代码

（7）在页面左侧的工具按钮中单击右侧的【Deploy & Run trasactions】按钮，选择运行环境【JavaScript VM】，然后单击【Deploy】按钮，运行 helloWorld 智能合约，在运行结果提示框内会出现运行成功的提示，如图 10-26 所示，单击运行结果，可以查看详情，如图 10-27 所示。

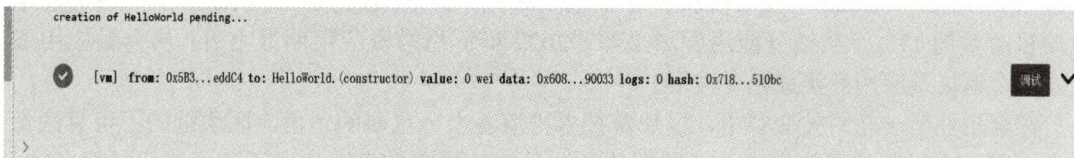

图 10-26　运行结果

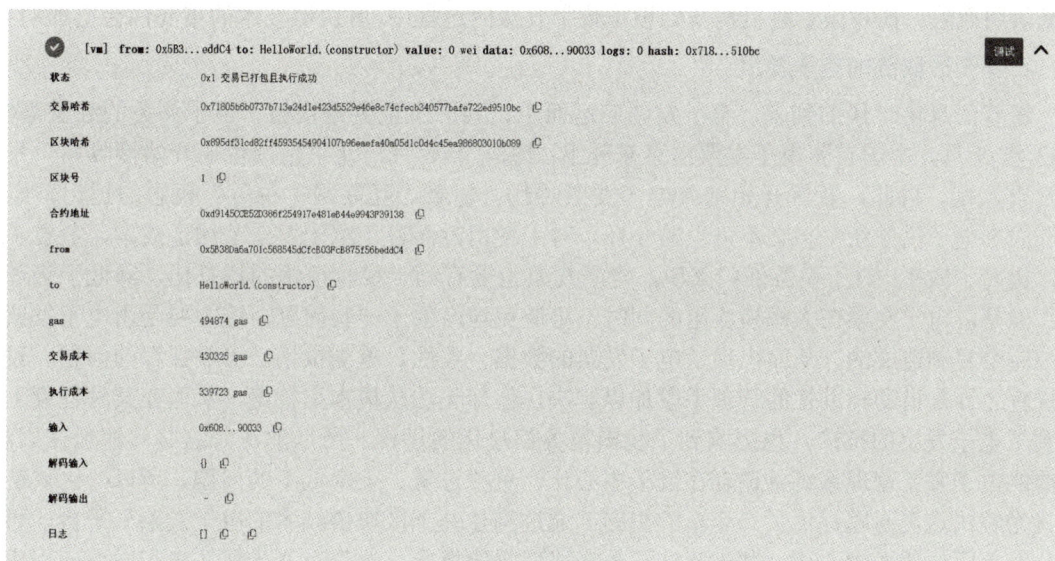

图 10-27　运行结果详情

任务 10.3

区块链典型应用与发展趋势

10.3.1　区块链典型应用

1. 区块链金融

区块链技术在金融领域的应用被叫做区块链金融，而区块链金融企业是指开发和应用区块链技术的金融企业，具有代表性的企业有平安集团的金融壹账通、京东集团的京东科技、腾讯的腾讯微众银行等。这些企业主要是将区块链等高新技术作为底层科技，通过开发具体应用场景的技术解决方案来为金融机构提供金融服务。金融壹账通以"金融＋科技"为经营战略，通过提供技术解决方案与金融机构展开业务合作，帮助金融企业实现"三升两降"，包括营收提升、效率提升、服务质量提升、经营风险降低、资本成本降低，最终实现传统金融企业向现代化金融企业的转型升级。京东科技同样是以区块链、大数据、云计算、人工智能等信息技术为基础，为客户提供"科技＋产业＋生态"的全方位服务。可以看出，与传统金融企业相比，区块链金融企业在通过提供技术解决方案解决传统金融问题方面有自己独特的优势。

根据 2023 年中国区块链创新应用发展报告所统计的数据，2023 年区块链技术在贸易金融、风控管理、股权市场、跨境金融等金融特色领域取得广泛应用，有效推动金融服务高质量发展。区块链技术打破了交易各方的信任壁垒，增强了贸易金融数据透明性与可验证性。根据赛迪区块链研究院统计，2022 年我国区块链在金融领域共落地 31 项应用，占 2022 年区块链应用落地项目总数的 17%。从细分应用领域来看，2022 年贸易融资应用明显上升；从金融应用成果来看，金融场景应用开始成熟化发展。

在金融业新一轮科技变革中，区块链技术扮演着十分重要的角色，区块链的不可篡改性让票据之间的支付清算更加清晰，还能够依托这种特性建立信息交流通道和集成化的服务体系，帮助企业筹集资金，帮助监管部门核验信息；还可以将众多企业信息数据结合上链，帮助企业降低信用风险。在我国金融机构基础设施数字升级的过程中，区块链技术的重要性会更加明显。

2. 基于区块链的电子发票

随着信息化时代的到来，电子发票应运而生，其产生主要是根植于电子商务的经营需要。2013 年 5 月，中国首张电子发票由京东开出；2014 年 6 月，北京市国税局开始接收第一张电子发票入账。自此，我国开始踏入电子发票时代。随着"互联网＋税务"概念的提出，电子发票成为电子税务新生态必不可少的一环。对于使用方而言，电子发票节约了成本，节省了资源，提高了效率；对于税务部门来说，电子发票也更有利于税收征管的信息化，降低了管理成本。但是，电子发票在大规模应用的同时不可避免地产生了一些问题，这主要是由电子发票可以被完全复制造成的，从而出现了电子发票的数据一致性、重复报销、可靠保存的问题。目前的权宜之计是借助辅助性的管理手段加以解决，但却无法从根本上杜绝，从而在某种程度上影响到了电子发票的推广，也影响到了我国税务信息化的进程，所以解决好这些问题迫在眉睫。目前的电子发票管理系统普遍存在过于中心化、负载过重、效率低下的问题，所以，区块链技术就为解决这类问题提供了一个新的思路。通过构建基于区块链技术的电子发票云平台，可以充分发挥区块链去中心化、共识算法、分布式广播的特点。这将有利于解决电子发票应用生态存在的痛点：一是利用区块链技术去中心化特点实现基于区块链网络中的分布式存储，通过广大节点的共识加密和算法来保证数据可信流转、一致性和不可篡改；二是采用由所有节点共同维护的公共账本来解决电子发票的重复报销、重复入账问题以及数据不一致的问题；三是电子发票涉及开票方、受票方和消费者，利用区块链分布式网络的传播，避免电子发票数据的不一致，防止数据的篡改，提高数据的准确性和效率。目前国内已有基于区块链的电子发票典型案例。2018 年 6 月，全国首个电子发票区块链平台"税链"在广州正式上线。广州燃气集团有限公司由税务机关授权加入区块链网络，开出首张"上链"发票，实现全国首张电子发票上区块链存储、交换和共享。2019 年 2 月，天猫商城商户开出首张区块链电子发票，"税链"区块链电子发票的应用范围首次扩展到大型电商领域。

3. 区块链＋版权保护

进入信息时代以来，经济全球化的发展越发深入，伴随而来的是知识全球化的蓬勃发展，知识经济也逐渐成为国家发展的重要领域，各个国家和地区想要提升国际市场上的竞争力，必须大力发展知识产权，提升知识产权在国家经济发展中的战略地位。在"互联网＋文化产业"全面发展的大背景下，我国数字版权产业也进入到高速发展阶段，数字出版物的数量一直增多，其类型也越来越多元化。2023 年，我国数字出版产业整体收入规模达到 12 762.64 亿元，比 2020 年增加 8.33%。但是由于网络的开放性比较大，公民的知识产权意识有限以及国家层面的监管制度有待完善等原因，我国网络侵权现象较为严重。区块链技术的兴起为解决数字版权的版权确权、版权交易以及版权保护提供了新的思路。区块链技术的去中心化特点能有效解决信任问题，分布式同步账本使得中介问题迎刃而解，而智能化合约则正好为解决执行问题提供了可能。

百度图腾是百度公司研发的一款基于区块链技术进行数字图片保护的产品，该产品通过区块链技术的时间戳功能为平台上注册登记的数字作品生成专属的版权 DNA，又基于区块链技术可追踪性强的特点，可以通过该平台对作品的创作、传播以及交易信息进行存证，为创作者的版权认证以及版权交易提供方便，也为创作者进行维权提供可靠的证据支持。

原本平台是上海七印信息科技公司研创的一个以区块链技术为核心，旨在为原创者、媒体行业以及政府机关提供数字版权认证、交易的存证平台。当创作者在平台上发布文章、图片以及视听作品时，原本平台会根据作品内容的独特性再辅以区块链技术的时间戳功能，为其作品生成一个专属的"电子 DNA"，该 DNA 则作为数字作品的身份证在网络世界中传播和交易，极大地方便了数字版权登记和交易。

4. 基于区块链的在线教育

随着互联网信息技术的迅猛发展，线下生态不断向线上迁移，远程教育模式开始得到广泛应用。极速增长的互联网用户数量使得满足求知者个性化需求的社区、网校等新的在线教育形式层出不穷。智能手机的兴起又带动了移动互联网的高速扩张。线下教育生态加速线上化催生了云课堂、直播课堂等新的移动教学方式。但是现有教学类管理系统并未很好地适应此类新型教学方式。这类系统大都基于传统的 B/S 架构实现，它们的功能集中于中心服务器，且管理员权限过于集中，因此可能会私自篡改数据，导致数据不可信。同时这类系统不利于多方认证查询。目前，随着互联网技术的不断发展和联盟区块链应用市场的不断扩大，区块链技术越来越受到各行各业的重视。经历十年发展的区块链技术不仅重塑了支付系统、金融服务等领域，而且还利用其数据不可篡改、可追溯的特点不断加深其在供应链管理、社会公益、文化娱乐等领域的影响。在此趋势下，教育类区块链应用也越来越受到社会的认可与期待。

而区块链技术恰好能重构这份信任，成为在线教育企业、高校、用人单位之间信任的桥梁。区块链的信任基础建立在信息透明之上。信息透明会带来企业间沟通成本的急剧减小。基于区块链的在线教育企业产生的学习数据不再存放在自己的中心数据库中，而是利用联盟链分布式存储在各个节点里。同时由于区块链数据的不可篡改、不可伪造的特性，上链存储的学习数据有了天然的可信力。

任务实施

使用 Python 3 代码编写一个简单的区块链：

(1) 定义区块结构。在区块链中，每个区块都存储索引、时间戳、数据、前一区块的哈希值、本区块的哈希值。每个区块的哈希值都是该区块索引、时间戳、数据和前一个区块哈希值的哈希值。

```python
1.  import hashlib
2.  import datetime
3.
4.  # Define what a Snakecoin block is
5.  class Block:
6.      def __init__(self, index, timestamp, data, previous_hash):
7.          self.index = index
8.          self.timestamp = timestamp
9.          self.data = data
10.         self.previous_hash = previous_hash
11.         self.hash = self.hash_block()
12.
13.     def hash_block(self):
14.         sha = hashlib.sha256()
```

```
15.          sha.update(str(self.index).encode('utf-8') +
16.                     str(self.timestamp).encode('utf-8') +
17.                     str(self.data).encode('utf-8') +
18.                     str(self.previous_hash).encode('utf-8'))
19.      return sha.hexdigest()
```

(2) 编写一个创建创世区块的函数。创世区块也就是第一个区块，它是一个特殊块，此区块的索引为 0。

```
1.  # Generate genesis block
2.  def create_genesis_block():
3.      # Manually construct a block with
4.      # index zero and arbitrary previous hash
5.      return Block(0, datetime.datetime.now(), "Genesis Block", "0")
```

(3) 编写在区块链中生成后续区块的函数。此函数将链中的前一个块作为参数，为要生成的块创建数据，并使用适当的数据返回新区块。

```
1.  # Generate all later blocks in the blockchain
2.  def next_block(last_block):
3.      this_index = last_block.index + 1
4.      this_timestamp = datetime.datetime.now()
5.      this_data = "Hey! I'm block " + str(this_index)
6.      this_hash = last_block.hash
7.      return Block(this_index, this_timestamp, this_data, this_hash)
```

(4) 创建区块链。在本例中，区块链本身就是一个简单的 Python 列表。列表的第一个元素是创世区块，并且通过一个 for 循环增加 10 个新区块。

```
1.  # Create the blockchain and add the genesis block
2.  blockchain = [create_genesis_block()]
3.  previous_block = blockchain[0]
4.
5.  # How many blocks should we add to the chain
6.  # after the genesis block
7.  num_of_blocks_to_add = 10
8.
9.  # Add blocks to the chain
10. for i in range(0, num_of_blocks_to_add):
11.     block_to_add = next_block(previous_block)
12.     blockchain.append(block_to_add)
13.     previous_block = block_to_add
14.     # Tell everyone about it!
15.     print("Block #{} has been added to the blockchain!".format(block_to_add.index))
16.     print("Hash: {}\n".format(block_to_add.hash))
```

运行结果如图 10-28 所示。

```
Block #1 has been added to the blockchain!
Hash: 6d80ff55744cc5d304c4f7e7eb918889adf83a0390847f25e253e614f2d496b3

Block #2 has been added to the blockchain!
Hash: 45c40e4eb99c92d6a2a5a1bdd3e0780d376334569fd46e9a07a2b3f90aa14219

Block #3 has been added to the blockchain!
Hash: 04db33fe175715c246eb622ca03459b508f25b23a9d5636890045a9e5f0ca1bf

Block #4 has been added to the blockchain!
Hash: b2b0baef28d9ff2c1440efd27aaf2d3dab91772701e5c8b600582bb585581b7d

Block #5 has been added to the blockchain!
Hash: 5d96f088a3ee621787e50cf2485e4a44076f2c84245aff4678a34f55ab7f703e

Block #6 has been added to the blockchain!
Hash: c8ad95cfa0d38beade038b63d49c59d95d1d18bdde63e504411c818e6dc57ad6

Block #7 has been added to the blockchain!
Hash: 97b6c2933fd63278928f45118f5c992e2f7375a4211fde195080cb3b2b83bfb4

Block #8 has been added to the blockchain!
Hash: ba8633bfbd7a9bf12e5c4131763d5697330af397e50d6890432f48475a2062d2

Block #9 has been added to the blockchain!
Hash: 0af040a5bca296ab3d9065e5b3345a5d3a33ad356347885cde9bb2252a3bb739

Block #10 has been added to the blockchain!
Hash: 1c39b9c44ce75cd9a05d4162331a473efbd3e4cb962ddb368ac1ca14d5575cf7
```

图 10-28　运行结果图

10.3.2　区块链技术发展趋势

　　区块链技术作为当前的一项热点技术，其未来的发展趋势受到了社会各界的广泛关注。基于区块链技术的发展，根据中国信息通信研究院区块链白皮书 (2023 年) 整理出来以下主要挑战与未来发展展望，为区块链技术的应用推广提供了依据。

1. 主要挑战

　　(1) 区块链技术自主研发能力存在短板，难以支撑应用深度创新。

　　我国在共识算法、数据存储等方面自主创新能力尚需进一步强化，身份安全、授权管理、生物识别等配套技术有待提升，以解决未来数字资产、数字身份等应用创新过程中提出的新问题。此外，我国仍存在开源社区话语权较弱、核心专利较少、基础设施与海外差距较大等困境，难以支撑未来数字资产交易规模化增长和自主化应用。

　　(2) 联盟链缺乏有效治理机制，产业规模化增长受限。

　　联盟链应用规模与公有链有较大差距，据 IDC(International Data Corporation) 预测，我国区块链市场规模预计在 2024 年突破 25 亿美元，而国外 2022 年 DeFi(Decentralized Finance) 领域市场规模已接近 500 亿美元，规模差距较为明显。国内区块链应用过程中重技术、轻治理，区块链平台往往由中心化机构发起建设，联盟的治理规则不健全，缺乏有效的激励机制，相较于公有链，区块链在公信力和认可度方面存在短板劣势，一定程度上限制了产业规模的可持续增长。

（3）区块链基础设施建设缺乏统筹，影响规模化应用。

国内各行各业各地区的区块链基础设施从区域和行业角度发展建设，以服务区域和行业应用需求为主。但从国家层面看，各个城市级、行业级区块链基础设施的技术标准不统一、节点不互联、数据难互通，服务特定区域、特定行业尚可满足需求，更高层面的区块链基础设施尚未出现，已经制约了跨区域、跨行业、跨主体的规模化应用，对我国区块链技术应用和产业的长期健康发展带来一定影响。

2. 发展展望

（1）支持大规模网络节点和高频交易的开放联盟链加快演进步伐。

目前我国联盟链技术已可以满足有限主体参与业务的行业应用需求，未来还将支撑涉及主体多、业务广、利益复杂的应用场景，万级节点规模、百万级 TPS(每秒交易数) 超高性能、PB 级别海量存储、链上隐私数据保护等，成为我国区块链技术发展的重点方向。同时，如何发挥我国区块链技术人才储备优势，结合开源协作的技术创新模式，基于开放联盟链形成区块链基础设施，也将成为我国技术创新的重点。

（2）服务更大范围价值流通的仍是区块链应用创新的重要方向。

目前，海外基于数字资产交易的区块链应用逐步发展成熟，分布式应用正在加快向 Web 3.0 演进，而我国在区块链通证方面应用经验有限，未来可能进一步拉大与国外差距，亟须加快探索。同时，区块链联盟的有效治理是应用深化的重要保证。国内区块链应用还需尝试借鉴公有链分布式自治组织的治理模式，进一步完善联盟内的利益分配方式，将联盟内主体数据贡献价值化，才能更好地促进资源有效配置。

（3）面向 Web 3.0 和数据要素市场，区块链将迎来全新发展机遇。

2020 年，数据正式成为新型生产要素写入文件，我国数据要素市场建设进入探索发展新阶段。2021 年以来，海外 Web 3.0 发展也进入快车道，各类分布式应用创造出众多新业态、新模式，基于区块链的技术能够帮助互联网用户自主掌控数据、资产和身份，明确个人数字资产权属，激活个人数据价值。从 Web 3.0 和数据要素的发展来看，明确数据权属、实现数据价值的可信流转正是两者的重要基础，区块链技术将在其中发挥更大作用。目前，我国正在加速构建数据基础设施，区块链以其独特的技术特点，成为促进数据安全流通的不可或缺的技术组件，有望迎来新一轮概念升级、技术突破和规模化应用。我国在区块链技术研发和应用创新方面已经积累了丰富经验，未来产业发展必将在更广阔的领域迎来新机遇。

思政聚焦——区块链与信任

区块链与
信任 .mp4

"请相信我……"，我们经常听到这句话，也经常说这句话，请注意，我们用的是"请"，我们不能命令、强迫、乞求别人"相信我"，同理，我们也很难完全相信别人。为什么"信任"这么难，是因为人性的复杂，下面举两个例子说明。

（1）立木为信。战国时期，商鞅在秦国推行变法图强，商鞅对秦孝公说："要想把国家治好，必须有赏有罚。有赏有罚，朝廷有了威信，一切改革也就容易进行了。"为了让老百姓信任变法，商鞅叫人在都城 (咸阳) 的南门竖了一根三丈高的木头，下命令说："谁能把这根木头扛到北门去，就赏十两金。"围观的人不相信如此轻而易举的事能得到如此高的赏赐，结果没人肯出手一试。于是，商鞅将赏金提高到 50 金。重赏之下必有勇夫，终于有人站起将木头扛到了北门，商鞅立即赏了他 50 金。这就是立木为信的故事，后来商鞅在秦国变法成功，让秦国变得富强起来，并最终统一中国。

(2) 烽火戏诸侯。西周末年，周幽王得到一个宠妃褒姒，褒姒虽然生得艳如桃李，却冷若冰霜，自进宫以来从来没有笑过一次，幽王为了博得褒姒的开心一笑，竟然在都城 (镐京：位于陕西省西安市长安区) 点起烽火台，诸侯看到狼烟四起，以为是西戎前来进犯，紧急领兵救驾，却看到幽王和褒姒在城门上饮酒欢笑。没过多久，西戎的军队真的前来进犯，周幽王急忙点起烽火，却没有等来诸侯援兵，都城被西戎攻占，从此以后西周灭亡。

关于信任的故事多如牛毛：一诺千金、一言九鼎、曾子杀猪、假道伐虢、退避三舍、尔虞我诈……，中华文明强调诚实守信，但也不否认"兵不厌诈"，当然"信"是对国家、社会、朋友、亲人的"信任"，"诈"是对敌人、恶人的"蒙蔽"。

信任对人类社会发展是如此的重要，试想：如果百姓不相信国王，就有"揭竿而起"的故事；如果士兵不相信主帅，就有"羊斟残羹"的故事；如果民众不相信政府；如果员工不相信领导；如果爱人不相信爱人，朋友不相信朋友；如果人与人之间没有信任，企业与企业之间没有信任，民族与民族之间没有信任，国家与国家之间没有信任；如果人们不相信政府，不相信医生，不相信中央银行，不相信学校，不相信法律，不相信科学，不相信任何人，任何组织，任何集体，世界会怎么样？

孔子说："民无信不立""言忠信，行笃敬，虽蛮貊之邦，行矣。言不忠信，行不笃敬，虽州里，行乎哉？"信任是人类文明大厦的基石，具有多层面的社会功能，它对人类社会生活而言具有不可或缺性。信任是社会生活最根本的基础，如果没有最起码的信任，那么我们的生活将寸步难行。信任常常被称为社会生活的润滑剂，社会组织的黏合剂，社会凝聚力的基础以及社会系统的动力。

区块链的价值主要是一种新的信任机制。据公安部的数据，中国网络犯罪占犯罪总数的 1/3，并以每年 30% 以上速度增长，网上的不可信、数据的不可信、身份的不可信、交易的不可信，已经成为整个未来网络要实现价值的瓶颈。区块链技术的出现就是要在这样一个互联网相对不可信、不信任或者弱信任的环境下，建立一个信息对称情况下支撑的可信体系。区块链的出现改变了人类"价值传递"的方式，并且带动传统产业从"信息互联网"向"诚信互联网"转变。

我们以前的信任是通过伦理、道德、法律法规建立起来的，它还不够健全强大，区块链用数字化的技术手段建立起一种去中心化的信任机制，用技术的手段完善信任的基石，促进社会的发展。

区块链技术上课课件和素材

参 考 文 献

[1]　李开复，王咏刚.人工智能.北京：文化发展出版社，2017.

[2]　廉师友.人工智能技术导论.3版.西安：西安电子科技大学出版社，2007.

[3]　周志敏，纪爱华.人工智能改变未来的颠覆性技术.北京：人民邮电出版社，2017.

[4]　汤晓鸥，陈玉琨，人工智能基础(高中版).上海：华东师范大学出版社，2018.

[5]　张为民，等.云计算：深刻改变未来.北京：科学出版社，2009.

[6]　曾文权.计算机技术基础.2版.北京：高等教育出版社，2014.

[7]　郭永玲，曾文权.用微课学•计算机应用基础(Windows 7+Office 2010).北京：电子工业出版社，2017.

[8]　谭志彬，柳纯录.信息系统项目管理师教程.3版.北京：清华大学出版社，2017.

[9]　毕伟，等.区块链导论.北京：北京邮电大学出版社，2019.

[10]　华为区块链技术开发团队.区块链技术及应用.北京：清华大学出版社，2019.